中国市长文集 ③

全国市长研修学院 编

中国城市出版社
·北 京·

图书在版编目（CIP）数据

中国市长文集：全3册/全国市长研修学院编. --北京：中国城市出版社，2012.9
ISBN 978-7-5074-2693-9

Ⅰ. ①中··· Ⅱ. ①全··· Ⅲ. ①城市管理－中国－文集 ②城市建设－中国－文集 Ⅳ. ①F299.2-53

中国版本图书馆CIP数据核字（2012）第224251号

序　言

中国市长培训工作始于20世纪80年代初，经历“十年动乱”后的中国城市百废待兴。在时任国务院副总理万里同志的倡导下，为适应改革开放和城市现代化建设的需要，1983年10月由中组部、建设部（住房和城乡建设部前身）和中国科协共同组织开办了首期市长研究班。到目前为止，共举办各类市长研究班近百期，培训市长6300多人次，为指导和推动城市现代化建设作出了重要贡献。

党中央、国务院一直高度重视市长培训工作，历任中央领导同志都曾多次接见过市长研究班学员并作出重要指示。胡锦涛同志在直接主管干部培训工作期间，曾两次对市长培训工作作出重要批示，要求以城市规划、建设、管理为主要内容，以提高管理现代化城市的能力和水平为目标，不断改进教学方法，提高教学质量，注重培训效果，努力把市长培训工作做得更好。温家宝同志、贺国强同志曾亲自接见市长学员并与学员座谈。2008年5月，中共中央政治局委员、中组部部长李源潮同志接见全国特大城市城乡规划专题研究班学员时，高度评价了有史以来的市长培训工作：“市长培训班从1983年开办到现在，25年来长盛不衰的原因是什么？主要有三点：一是重视实用；二是重视实例；三是重视实效。市长培训班的这些经验值得好好地总结，在全国干部培训系统中加以推广。”

市长研究班自创办以来，市长学员们提供了大量宝贵的城乡规划建设管理的经验交流材料及案例资料，并在学习期间，撰写了课题研究报告或国外考察报告。这些资料如实地记载了我国城市发展的历程，以市长的视角，阐述了在城乡规划建设管理过程中所积累的理论成果和宝贵经验，展示了市长在指导城市发展和建设中的新思路及取得的新成就。为贯彻党中央、国务院关于努力做好市长培训工作的一系列指示精神，更好地总结我国在快速城镇化建设进程中的经验教训，探索城市建设与发展的重大理论和热点、难点问题，促进住房与城乡建设事业又好又快发展，全国市长研修学院专门组织力量整理出版了《中国市长文集》系列丛书。我衷心希望《中国市长文集》能够成为城市领导者交流理念和经验的平台，并对指导中国城市科学发展起到重要作用。

王忠平

2012年5月

目录

目录

华东地区

华中地区

华南地区

西南地区

西北地区

目录

考察篇

案例篇

理论篇

如何用市场机制推进城镇建设

第41期全国市长研究班第一课题组

内容提要

本文首先分析了我国城镇建设的现状，指出了面临的机遇和遇到的困难；接着阐述了在城镇建设中利用市场机制的必要性；然后从四个方面提出如何利用市场机制推进城镇建设：基础设施投融资市场化、市政公用事业经营适度商业化、国有资产管理运营资本化、公共产品价格适当商品化；最后强调应当注意的一些问题：要处理好建设与规划、建设与管理、建设与法治、当前与长远的关系。

城镇建设是实施城市化战略的重要内容，也是推进城乡一体化的重要抓手。近年来，各地虽然在推进城镇建设方面进行了许多有益的探索，但由于城镇建设还没有形成投入—产出—再投入的良性循环机制，城镇基础设施主要靠政府出资建设，投资主体比较单一，造成建设资金短缺的矛盾比较突出，从而制约了城镇建设的快速发展。要解决这个问题，政府必须在实践中更新投资观念，确立用市场机制推进城镇建设的理念。本文试从市场化运作的角度对加快推进城镇建设作一个粗浅的研究，研究对象包括县级城市建设和小城镇建设。

一、中国城镇建设的现状

研究城镇建设，首先必须了解什么是城镇化。所谓城镇化，是人口由农村向城市迁移聚集的过程，也是人口、地域、社会经济组织形式和生产生活方式由传统落后的乡村型社会向现代城市社会转化的多方面内容综合统一的过程，是一个国家或地区经济社会发展进步的主要反映和重要标志。城镇化的内涵非常丰富，包括城镇数量的增加，城镇规模的扩大，城镇质量的提高；城镇产业结构的提升，城镇区域布局和形态的不断优化；城镇经济总量的扩大，生产、生活方式的转变和生活质量的提高；城镇功能的不断增强和充分发挥；城镇体系的形成和逐步完善，以及城乡关系的协调等。加快城镇化进程，不仅是经济社会进步的必然趋向，也符合社会主义的本质要求，符合最广大人民群众的根本利益。

20世纪80年代以来，随着社会经济的开放，我国农村城镇建设进入了高速发展时期。“八五”期间，我国城镇人口数量以年均3.1%的速度递增，全国城镇人口增加了4979万，城镇化率提高了2.63个百分点。“九五”期间，我国城镇人口年均增速达到5.47%，城镇人口数量增加了10732万人，城镇化水平提高了7.2个百分点。“十五”期间前4年，我国城镇人口由45906万增加到54283万人，增加了8377万人，城镇人口年均递增为4.28%；城镇化水平由36.22%提高到41.76%，提高了5.54个百分点，平均每年提高1.4个百分点。虽然与“九五”期间相比，“十五”期间我国城镇人口的增长速度有所放慢，城市化水平提高的幅度有所下降，但由于全国人口自然增长率下降较快，“十五”期间的城镇化平均弹性系数高达6.79，远远高于此前的任何一个时期。城镇化进程的加速推进，在一定程度上弥合了城镇化进程与工业化进程和非农化进程的差距。但从整体质量上看，我国的城镇化发展主要还是以“数量扩张”为特征，目前，我国的小城镇数量已达到2万多个，其中新设的建制镇中90%以上是撤乡建镇，通过改变名称使镇的数量增多。因此，与国家的经济发展速度和农村工业化、非农化进程相比，我国的城镇化发展水平仍然存在一定的差距，滞后于工业化8.1个百分点，滞后于非农化14个百分点。按照钱纳里发展模型，人均GDP达到800美元，城镇化水平应达到60.1%，而我国人均GDP达到800美元时，城镇化水平只有30.4%，低了30个百分点，与国家的经济发展水平不相适应。如果把中国的城镇化放在世界整体的城镇化进程来考察，其落后程度更为明显。世界银行统计资料显示：1996年世界城镇化水平已经达到45.5%，发达国家城镇化水平一般都在70%以上，而同期我国仅为29.4%，直至目前为止，我国也才41%左右，这与我国社会发展的要求不符。由此可见，我国的城镇化进程还任重而道远。

根据世界城市化进程的历史经验，城市化水平达到30%时，城市化进程将进入加速发展期，城镇建设既面临难得的发展机遇，也存在诸多挑战。

从机遇看，主要包括宏观层面和微观层面两个方面。一方面，党的十六大报告提出：“农村富余劳动力向非农产业和城镇转移，是工业化和现代化的必然趋势。要逐步提高城镇化水平，坚持大中小城市和小城镇协调发展，走中国特色的城镇化

道路。”党的十六届五中全会通过的《中共中央关于制定国民经济和社会发展第十一个五年规划的建议》也明确提出，要“坚持大中小城市协调发展，提高城镇综合承载能力，按照循序渐进、节约土地、集约发展、合理发展的原则，积极稳妥地推进城镇化”。这是党中央在建设社会主义新农村、促进城乡统筹发展、全面建设小康社会、加快推进社会主义现代化建设新阶段的重大战略部署，为我国城镇化进程指明了方向；另一方面，随着社会主义市场经济体制的逐步建立和完善，农村工业化的加速推进和农村经济结构的调整，农村人口和生产要素向城镇集聚，从客观上要求加快城镇建设。目前，我国农村实际剩余劳动力的数量达3亿之多，在外流动的农村剩余劳动力已逾1.2亿人，我国大中城市现有的基础设施根本难以承受如此庞大的人口压力和就业压力。相比而言，县级城市和小城镇在有效吸收解决农村剩余劳动力，满足农民相对稳定的生活需求，改善就业结构和人口分布结构等方面较大中城市更具优势；同时，各地户籍制度改革的顺利推进，社会保障体系的逐步完善，农村土地使用流转制度的逐步建立等，为加快推进我国的城镇建设营造了良好的政策环境。

从挑战看，我国城镇建设主要还存在几方面的问题亟待解决。一是城镇的规模普遍偏小，集聚和辐射能力不强。我国第一次农业普查资料显示，全国建制镇镇区平均只有1221.1户，4518.6人，镇区面积2.2平方公里。中西部地区建制镇镇区规模更小。由于城镇规模偏小，对资源的集聚能力就小，必然造成发展空间和辐射区域狭小，从而影响城镇功能的发挥和城镇经济的繁荣，阻碍农村城镇化建设的步伐。二是规划管理滞后，城镇建设品位不高。城镇建设中重数量、轻质量，重目标、轻过程，重建设、轻规划的现象还比较突出，没有在城镇规模的把握、城镇功能的定位上很好规划，特别是忽略了详细规划的编制，致使城镇建设普遍品位不高。而且，由于片面追求地方经济发展而盲目建设，导致城镇环境受到严重污染，人居环境日趋恶化，历史文化资源受到严重破坏。三是城镇建设资金短缺，基础设施投入不足。这是困扰各地城镇建设发展的最主要因素。虽然从全国来看，城镇的投融资体制呈现出多样化的特点，但总的来说政府部门的投资仍然是城镇基础设施建设最主要的来源，在很多地方甚至仍然是单一的投资渠道。在当前的财政体制和经济发展水平下，大量的地方财政都是“吃饭财政”，无钱进行基础设施建设，导致城镇基础设施建设严重滞后，影响了城镇居住环境的改善，减弱了城镇对人流、物流、资金流的集聚和吸引能力，使城镇建设陷入恶性循环的境地；同时，欠发达地区城建资金更加短缺，如贵州省人均城建资金支出与上海市相差5倍多。（2004年贵州省

767元，上海市4654元。）造成上述问题的原因是多方面的、错综复杂的，是多种因素和各种矛盾综合作用的结果。究其原因，最主要的还在于城镇建设没有建立起健全的适应社会主义市场经济体制要求的投资、运营、管理机制，造成大量的存量资产虚置，而增量资金严重短缺，城镇建设发展缓慢。

二、在城镇建设中利用市场机制的必要性

用市场机制推进城镇建设，就是运用市场经济手段，对构成城市空间和城市功能载体的自然生成资本（如土地、水源）、人力作用资本（如道路、桥梁）及其相关延伸资本（道路、桥梁的冠名权），进行重组、营运，最大限度地盘活存量，吸引增量，走以市聚财、以城兴城、滚动发展、良性互动的城镇建设市场化之路，是在市场经济体制下搞活城镇建设和管理工作、加速推进城镇化进程的重要途径。

"十五"期间，大连、青岛、上海、广州等许多城市都提出了经营城市的理念，把城市作为一种"产业"来经营，强化市场运作，推行城市建设投资多元化，鼓励民间投资和域外资金投向基础设施等领域，参与建设和经营，使城市面貌焕然一新。这种经营城市的理念为我们利用市场机制推进城镇建设提供了宝贵经验。近年来，浙江省海宁市加快推进投融资体制改革，建立完善土地收储机制，引导和鼓励外资、民资参与城市基础设施及公益事业建设，用市场机制加快推进城镇基础设施建设，城市的承载能力和服务功能不断增强，城市形象和人居环境得到了极大改善。实践证明，运用市场机制推进城镇建设，对于加快城镇化建设步伐、促进经济社会持续快速发展具有重要作用。

（一）缓解财政资金压力

资金短缺是制约城镇建设的主要因素。一方面，随着人们对城镇品位和城镇功能完善的要求越来越高，城镇各类基础设施建设步伐进一步加快，城镇建设和管理对资金的需求日益增大；但另一方面，财政用于建设的资金有限，使得城镇基础设施改善缺乏资金来源，资金短缺的矛盾日益突出，从全国平均来看，政府投入大约只能满足城建资金需求的20%。单纯依靠财政资金的老路子搞城镇建设已越来越难以适应发展的需要。运用市场机制推进城镇建设，按照"谁投资、谁开发、谁经营、谁受益"的原则，通过产权置换、有偿经营、资本重组等方式，出让部分城市公共产品产权和经营权，筹集城镇建设所需资金，使城建投资由主要依靠政府向主要依靠社会转变，由主要源于财政向主要源于市场转变，从而有效解决制约城镇发展的投入"瓶颈"问题，缓解财政资金压力。这是利用市场机制推进城镇建设最基本的

出发点。

（二）加快城镇建设步伐

城镇拥有大量的资源，利用市场机制推进城镇建设具有广阔的空间。这些资源包括：（1）自然生成资本资源，如土地、水源、森林、草地等；（2）公共设施资源，如道路、桥梁、广场、公园、电信、电力、供水、供气、环卫设施等；（3）政府经营权资源，如公交车线路、出租车、加油站的经营权等；（4）注意力资源，如城市规划，城市品牌、户外广告、广播电视、公共设施的冠名权等；（5）社会事业资源，如职业教育、医疗卫生、文化娱乐、体育健身等；（6）公共服务性资源，如城镇管理、物业管理及各类会展、庆典、赛事等；（7）其他延伸资源，如由于城市环境和公用设施的改变而带来的商机、增值、收益等。这些资源主要由城镇政府所支配，城镇政府通过市场经济手段对这些资源进行优化整合和市场化运营，可以实现资源的合理化配置和高效利用，从而有利于促进城镇整体利益的最大化和城镇经济的持续发展；同时，运用市场化手段，吸引民营资本进入城镇基础设施建设，有利于提高基础设施投资效率和服务质量，有利于提高群众建设城镇的积极性，充分发挥群众建设城镇的主力军作用，从而加快城镇建设步伐。

（三）加快政府职能转变

在计划经济时期，城市资产都是为人们提供生产、生活条件的无偿服务型、共享型的公共产品，政府职能重叠，混乱不清，严重影响了城市功能的发挥。而市场经济是法制经济，它要求政府采用以法律法规为基础的经济杠杆管理模式。在社会主义市场经济条件下，政府的主要职能是经济调节、市场监管、社会管理、公共服务。用市场机制推进城镇建设，可以有效促进政府职能的转变，如为投资者提供及时、可靠、准确的投资信息；运用各种政策和措施，鼓励社会投资主体的积极性；在投资和建设领域出现“市场失灵”的现象时，实施灵活而有效的调控等。从而使政府的管理从过去对企事业直接插手的微观管理转向对城镇整体资源的开发、利用、经营，转向对城镇设施、生态环境整体化的经营管理，真正实现政企分开，实现城镇整体资源的可持续发展。可以说，用市场机制推进城镇建设是城镇经济由僵化的计划经济转向市场经济，政府行为方式由微观模式转向宏观模式的具体表现。

三、用市场机制推进城镇建设的基本思路

随着市场经济体制的确立和城市化发展战略在我国的展开，每个城市都在探索城市建设、发展及其资金来源问题，而用市场机制推进城镇建设就是在探索过程中

产生的一种模式。具体运作方式如下。

（一）基础设施投融资市场化

公共财政理论认为：在市场经济条件下，基础设施属于“混合型产品”，其性质是公共消费与私人消费兼而有之，其使用与消费可以部分直接地对私人收费，弥补投资和部分成本费用。企业和私人资本完全可以进入基础设施建设投资领域，参与经营并获取利益。因此，要敢于突破仅仅依靠财政资金建设城市的局面，引入竞争机制，开放建设市场，运用市场机制最大限度地发挥城镇设施的使用效益，广泛吸纳社会资本并投入到城镇基础设施建设中。

一是项目融资。把经济效益较好的城建项目推进市场，通过专业融资机构和资本市场吸引社会资本直接投资，采取项目捆绑的方式扩大银行贷款。例如，海宁市在推进城镇供水一体化工作中，把长安镇城乡一体化供水项目【海宁市第二水厂扩建（二期）和小城镇城乡一体化供水管网建设】进行包装后向银行融资，获得国家开发银行贷款15000万元，此举有效缓解了财政资金压力，确保了全市城镇供水一体化工程的顺利推进。此外，对一些旅游、三产项目也通过包装后向社会融资，取得了较好效果。

二是政策融资。发挥财政资金的导向、示范和催化作用，在一些重点基础设施项目中，政府进行适当投资或进行贷款贴息，吸引更多的社会资金，投入城镇基础设施建设，把有限的财政资金用在刀刃上。例如，山东省泰安市为吸引城市公用设施建设资金，打破政府垄断，放宽市场准入，按照“谁投资、谁受益”的原则，拍卖和出让城市公用事业和基础设施建设的经营权。2000年该市城区沿街改造，建设公厕，政府决定采用土地无偿使用30年，免收一切行政收费，各种入网费、增容费减半征收，并允许同步建设1~3倍面积的商业用房等优惠政策，鼓励外资、个体私营经济成分参与，经过短时间即吸引1亿多元社会资金，建设、改造公厕2196个，彻底改变了该城市公厕脏、乱、差的面貌。

三是招商引资。将外资导入城市建设领域，是利用市场机制推进城市建设的一个重要手段。这在各地都有成功的范例。例如，山东省济南市采用这种方法，同以色列的泽威集团就建设城市中的现代化主体停车场及经营、管理达成协议。外方投入资金、设备，中方提供停车场地，停车位置空间和其他相关用地，从而最终对城市交通做出统一开发建设与系统经营管理。但是吸引外资投入城镇建设特别是小城镇建设的还不多。虽然近年来各级政府都非常重视招商引资工作，有的甚至把招商引资工作作为该地的“一号工程”来抓，但引资的重点大多侧重于工业企业的引进，带动城镇发展的三产服务业方面比较少，城镇基础设施建设方面就少之又少了。从城镇特别是小城镇本身来看，其基础设施行业的垄断性并不是很强，大部分基础设施行业既有公益性也有营利性，具有引入外资的空间。因此，要进一步优化投资环境，吸引更多资金投入到城镇建设项目中去。

四是激活民资。富余的民间资本是弥补城镇建设资金不足的一个重要来源。例如，江西省南丰县自1998年全面启动小城镇建设以来，用于小城镇基础设施建设的民间资本达到5亿元，占总投入的80%。广东省中山市的小榄镇鼓励、吸引民间资本积极参与大信广场、美加花园、建华花园以及管道燃气工程等城镇基础设施建设，引入民间资本高达23.2亿元。由此可见，民间资本市场是非常广阔的。因此，在城镇建设中要放宽民间资本准入领域，凡是国家没有明令禁止的都允许其参与经营，以吸引更多民间资本进入城镇基础设施建设；同时，为鼓励民间投资，政府要把投资管理工作的重点逐步转向为各类投资主体创造公平竞争的政策环境和市场环境上，通过制定相应的法规和政策，消除制约社会投资的政策和体制障碍，规范市场秩序。

（二）市政公用事业经营适度商业化

城市市政公共设施是城市重要的有形资产，必须积极创造条件赋予其资本属性，开放城市公用设施市场，实行企业化管理，逐步实现市政公用事业由社会福利型向经营服务型转变，使城市公用事业经营适度商业化。例如，将城市供水、供热、公共交通、污水处理、垃圾处理、园林管理以及文化场所、影剧院、体育馆等可用于经营的市政公用事业推向社会，实行企业化、产业化经营，提高运营效率和管理水平；对环卫、绿化、物业管理等城市公共服务行业实行公开招标，提高城市维护保养水平和服务质量等。各地在这方面也作了许多有益的探索和尝试。例如，湖南省政府于2004年出台了《关于加快市政公用事业改革与发展的意见》，明确了城市供水、燃气等市政公用事业向外资、民资开放，允许其投资或经营，用2~3年时间，培育起市政公用事业市场体系。海宁市在文体公用设施的市场化运作方面也作了积极探索，并取得了较好的效果。2005年海宁市将新建成的体育馆以租赁形式由经济实力雄厚的浙江鸿翔建设集团经营管理。租赁协议明确规定，租赁经营坚持以体育为本、多种经营为辅，每年向社会开放不少于350天，举办3000人以上观众大型体育文化活动不少于8次，对群众性体育活动实行优惠低价收费，馆外广场早晚对群众健身免费开放。此举探索了一条国有体育场馆设施推向市场运作，由“政府办”为“社会办”、双方利益兼顾的新路子，不仅减轻了财政负担，也为繁荣发展海宁

体育事业开辟了新的途径。

推动市政公用事业经营商业化，必须加快市政公用事业单位企业化改制。按照“政事分开、政企分开、管养分离”的原则，变“以费养人”为“以费养事”，将生产、经营、作业型市政、园林、环卫等事业单位进行企业化改革，其政府管理、监督职能划转到市政公用事业管理部门，其经营和作业部分，采取组建保洁公司、绿化公司、维护公司等方式，使其成为独立的市场主体，自主经营、自负盈亏。近年来，我国市政公用行业普遍进行了企业经营机制改革，调动了社会各方面参与市政公用事业建设和管理的积极性。海宁市先后组建了海宁市城市建设投资开发有限公司和海宁市旧城改造与建设投资公司，作为市政府进行资金运作，更大规模、更快速度搞好城市建设的有效载体，分别承担了城市建设和旧城改造的融资和实施工作；同时，以资本为纽带，组建成立了海宁市水务投资集团有限公司，实现了城市供水、污水处理的统一开发建设和经营管理。

对市政公用事业的商业化运作还要把握一个度，正确区分经营与非经营的界限，要区别对待可经营性资源和公益性非经营性资源。在不断拓展市场化手段的广度和深度的同时，政府对一些公用事业要作出无偿投入，对一些不宜市场化的城镇资产仍应由政府管理。例如，保证居民学习、日常休闲活动的公共场所，图书馆、群众文化馆、青少年宫等不能搞承包经营。至于一些自然、历史文化遗产和著名的风景旅游区更不能轻易出让经营权，应当加强控制管理，合理开发利用。

（三）国有资产管理运营资本化

促进资本流动，实现资产实物形态向资本价值形态转换，是调整资本结构、优化资源配置的主要手段，也是释放经济潜能、促进生产力发展的有效途径。城市是重要的国有资产。长期以来，一提到国有资产，就会想到国有企业，并把国资与国企等同起来。为了发展经济，许多城市走了相同的路子，即跑项目、争贷款、办企业，但由于种种原因，经济没有发展反而背上了沉重的债务包袱。因此，用市场机制推进城镇建设首先就是要突破把城市资产仅仅当做某个企业、某个局部的狭隘观念，把城市本身当做资产，并从整体上运作城市资产，使其货币化、资本化。

一是做好土地资源的资本化运营。土地资源是城镇最大、最具活力、最有增值潜力，也最容易被政府控制的重要资产。用市场机制推进城镇建设，重点和关键就在于经营好土地资源。首先要制订新增建设用地计划和盘活存量土地计划，做到科学供地，充分挖掘土地的增值潜力。其次要完善土地收储制度，政府必须高度垄断土地一级市场，对城市所有的建设用地实行集中统一管理，统一储备，统一供应。

最后是大胆探索多元有偿供地模式，有计划地进行土地开发。通过实行国有土地年租制、国有土地使用权租赁、国有土地置换、集体土地农转用等多种形式打好“土地牌”，实现以地生财、以地建城，获得土地收益的最大化。

二是做好公共设施资源的资本化运营。用市场机制运作资本，就是要把公共设施由“公共产品”转变为“城市商品”，凡是能够推向市场的都推向市场。例如，对可以投入市场运营的道路、桥梁等市政设施及公交线路使用权和经营权推向市场，按照租赁、抵押、拍卖等方式千方百计盘活资产存量，把实物形态转化成价值形态和货币形态。对附属在公共设施上的延伸资源进行经营，如桥梁、街道、公园、公交站点等公共设施的冠名权进行公开拍卖，实行有偿使用。

三是做好政府经营权资源的资本化运营。政府经营权包括户外广告标牌经营权、路桥收费、加油加气站经营权、政府采购权等。政府经营权资源的资本化运营主要包括三个方面：一是出让城市经营权，将已经建成的公路、桥梁、隧道的收费经营权进行拍卖转让，收回投资。例如，1998年襄樊市拍卖了长虹大桥15年经营权，此举为城市建设筹措资金3.8亿元。二是把城市无形资产转化为有形资本，如对公交路线经营权、户外广告发布权、路桥街道冠名权等无形资产进行有效控制和深度开发，激活无形资产，变无形为有形。三是利用各地自身特有的地域优势、历史文化遗产等无形资产进行宣传、造势，通过冠名等方式实现无形资产有形化。例如，山东潍坊利用“风筝”这一“城市名片”，通过转让冠名权、承办权等形式盘活了风筝会的无形资产。

（四）公共产品价格适当商品化

公共产品是不具有排斥性和竞争性的商品。由于受长期计划经济体制影响形成的思维定式，提到城市水、电、气、热、公交等公共产品，基本上被看做无偿的福利性分配，其商品属性被忽视。政府以财政补贴方式来维持其低效运营。这样的公共建设量越大，政府背的包袱就越重，形成“建设越多、亏损越大；投资越多，黑洞越深”的恶性循环。而实际上，除了国防、治安之类公共产品不能依靠市场机制解决，应由政府财政全额负担外，许多公用设施如邮政、公交、电信等公共产品并不具有“非排他性”。因此，从理论上讲，对于这一类公共产品的供给，则应该采取政府和市场共同分担的原则，国际上就倾向于用收费的方式来取得相关收入，以冲抵政府的投入。

在对公共产品制定价格的过程中必须要坚持以人为本，充分考虑群众的承受能力。就准经营性的公共产品而言，政府可根据相关商品或者服务的社会平均成本、

市场供求状况、国民经济与社会发展要求、社会承受能力及直接成本价等，进行适当的补贴或政策优惠，再对外进行招投标，执行与纯经营性项目类似的程序，即从企业报价、政府核价到公众议价后再定价。对于政府投资的非经营性公共产品，因无收费机制及资金流入，也不存在价格的定位。但可创造条件，通过制定合适的价格机制，使非经营性项目逐步向经营性项目过渡。总之，合理的价格定位可激活投资热情，提高投资效率，促进投资发展。

四、用市场机制推进城镇建设必须处理好四个关系

运用市场机制推进城镇建设，能够有效推进城镇化发展步伐。但是，目前大多数地方对这方面还处在探索阶段，既有许多成功的经验，也有不少失败的教训。例如，为了追求短期收入，而对城镇资源进行不合理的开发，造成资源被破坏和浪费、功能退化；由于缺乏系统观念，一些资源（如土地）的市场化运作，却导致了城镇整体功能的下降（如过高的房价、要素外流）等。显然这种城镇建设往往只注重了市场机制的资金导向而忽视了功能导向，注重了眼前利益而忽视了长远发展。因此，城镇建设要持续、有序、健康地发展，必须在运用市场机制推进城镇建设的同时正确处理好四方面的关系。

（一）要正确处理好建设与规划的关系

城镇规划是实现城市科学有序发展的蓝图，是国家指导城市合理发展及管理城市的重要依据和手段，因此必须把规划放在城镇建设的龙头地位。用市场机制推进城镇建设一开始就要围绕城镇的总体规划进行，全力保证规划的权威性和严肃性。任何脱离规划的市场化操作都会造成城镇资源的严重浪费，导致城镇的无序发展。在城镇规划上，必须做到三个有利于：一要有利于优势区域、优势经济优先发展，在区域发展规划、城镇体系规划的指导下，依托产业和区位优势，布点在有经济优势、资源优势、产品优势的区域，有利于城镇资源的优化配置。二要有利于自然生态与社会人文环境的和谐，结合自身的优势条件、人文历史、民族习俗等，突出城镇建设的地方特色，找准自身发展的定位，着力打造特色品牌。三要有利于基础设施的超前发展，必须从建设社会主义新农村的战略高度出发，在城镇规划上坚持高起点、长计划、短安排，合理确定城镇规模、布局、功能分工，体现超前性、连续性。根据规划，提前排定项目，确定方案，防止盲目决策。

（二）要正确处理好建设与管理的关系

要维护城镇建设的市场秩序，保持城镇持续、协调、健康发展，必须克服“重建轻管”的倾向，采取疏堵结合、标本兼治的办法切实加强城镇建设和管理，不断提高城镇现代化管理水平。一要加强过程管理，即对运用市场机制推进城镇建设的项目运作过程进行监督管理。要加强决策监督，确保城镇建设项目科学决策、民主决策。要明确政府各职能部门对项目管理的职责，加强项目建设质量和资金使用的监督，确保项目顺利推进。要引入竞争机制，开放建筑市场，建立完善招投标办法，使招标拍卖工作规范管理，杜绝暗箱操作。要形成部门监督、媒体监督、群众监督相结合的监督体系，确保城镇经营处于公开、公平、公正和高效运作之下。二要加强成果管理，即加强对城镇的日常管理。要按照城镇建设与经营程序，协调政府相关职能部门的管理权限，避免重叠交叉或管理脱钩现象，尽快形成与市场经济相适应的城镇建设管理体制。要制定目标管理制度，完善城市监察、经营执法体系，增强管理的可操作性。

（三）要正确处理好建设与法治的关系

用市场机制推进城镇建设是一项系统工程，政策性强、涉及面广，要做到有法可依、依法行政。这就需要上级政府为县一级城镇政府营造一个公平有序的法制环境，将运用市场机制推进城镇建设工作尽快纳入法制化轨道，制定有关的地方性行政法规，完善相关的制度体系，规范城镇资源的经营行为，为每一位城镇建设的参与者创造平等的机会和竞争条件，以此调动全社会参与城镇建设的积极性。当然，运用市场机制推进城镇建设，也会出现一些与现行法规不相适应的地方，这就要求城镇管理者要积极探索和大胆改革。例如，市场化推进城镇建设中可以打破行业垄断，拆除政策壁垒，对城镇的人口资源、资本等生产要素进行整合自由流动，充分发挥市场机制作用，协调好部门、行业等各个方面的关系；同时，要对城镇资源市场化运作过程中出现的新情况、新问题进行认真研究，及时总结经验，制定出台相应的规章和规范性文件，使市场化推进城镇建设有法可依、有章可循，推动城镇经济持续快速、健康发展和社会的全面进步。

（四）要正确处理好当前与长远的关系

城市可利用资源大多都是有限的。因此，用市场机制推进城镇建设，必须坚持以人为本，树立正确的政绩观，科学推进城镇建设，促进城镇建设持续、有序、健康地发展。在建设中，既要重视经济效益，又要注重社会效益和生态效益；既要充分开发利用资源，又要严格做好城市资源的保护，尤其是对不可再生资源要有长远的使用规划，从而实现经济效益、社会效益、生态效益的和谐统一和资源利用的可持续发展。要着力于提升城市功能的战略性经营意识，重视节约、保护资源，坚决克服急功近利的思想，杜绝因追求短期政绩、追求暂时利益而乱上项目、搞“形象工程”等现象发生。在运用市场机制推进城镇建设的过程中，要体现政府对城镇整体发展的战略意图，体现群众的根本利益，考虑群众的承受能力，体现城镇发展的长远利益。

总之，加快推进城镇化是统筹城乡发展、实现城乡一体化的重要内容，也是建设社会主义新农村的题中之意。而推进城镇化的关键则在于机制体制的创新，在社会主义市场经济条件下，用市场机制推进城镇建设无疑是城镇化发展的必由之路。城镇建设是一项复杂的系统工程，可供市场化运作的城镇资源丰富多彩，用市场机制推进城镇建设的方式方法多种多样，需要我们在实践中不断探索。但是不管采用何种方式方法，用市场机制推进城镇建设必须始终坚持三个原则，即符合城镇规划、体现城镇特色、促进城镇发展。

[参考文献]

1. 建设部.关于加快市政行业市场化进程的意见.2002.
2. 仇保兴.中国城镇化——机遇与挑战.北京：中国建筑工业出版社，2005.
3. 建设部城乡规划司.城乡规划决策概论.北京:中国建筑工业出版社，2004.
4. 余池明、张海荣.城市基础设施投融资.北京：中国计划出版社，2004.
5. 吕政等.“中国工业化、城市化的进程与问题”.中国工业经济，2005 (12).
6. 林烽.“国外城镇基础设施建设资金筹集模式借鉴”.中国建设信息，2004 (4).
7. 丁芸.“我国城市基础设施投融资体制改革研究”.中央财经大学学报，2004 (8).
8. 王建玲.“小城镇基础设施性质与多元化筹资思路”.福建师范大学学报，2002（1）.

课题组组长：

吴振兴　安徽省天长市副市长

课题组成员：

王彦清　河北省安国市副市长

姜海山　辽宁省兴城市常务副市长

尹　林　吉林省延吉市副市长

张金根　浙江省海宁市市长

吴振兴　安徽省天长市副市长

李新才　河南省禹州市副市长

刘发雄　广东省南雄市副市长

邢俊强　海南省东方市副市长

普炳生　云南省红河州石屏县副县长

孙玉龙　甘肃省敦煌市市长

执笔人：

张金根　浙江省海宁市市长

研讨助理：

余池明　全国市长培训中心教研处副研究员

县级城市管理中的问题与对策研究

第41期全国市长研究班第二课题组

内容提要

城市管理是当今城市政府普遍关注的课题。目前，我国城市管理远远滞后于城市建设和城市经济社会发展，并且成为制约城市经济、社会发展的重要因素。所以，随着市场经济的进一步完善，加强城市管理工作也显得更为迫切。本文对目前我国县级城市管理中的发展现状、存在的主要问题及其原因等进行了初步的探讨，并对今后的城市管理对策与思路、措施与建议提出了一些观点。

随着当代城市的快速发展，城市建设现代化水平的不断提高，城市管理已日显重要，成为各级政府依法行政、依法治市、深化公共服务的重要组成部分。面对21世纪城市经济实力不断增强、城市建设快速发展的新形势，探索和创新与之相适应的城市管理体制和运行机制，是各级政府所关注、思考的十分重要而迫切的现实问题，也是时代赋予城市管理者的历史责任。根据本期研究班有关领导、专家的理论与实践辅导，本文所阐述的县级城市管理问题，侧重于城市政府和人民群众关注和思考的城市综合治理和城市基础设施的管理，希望通过对此问题的探讨，促进城市管理的深化和城市的可持续发展。

一、县级城市管理的现状

城市是人类文明与社会发展的产物，是国家和地区的政治、经济、文化、科教和信息中心，是人类生产要素的聚集地，是经济和社会发展的主要载体，在国家和地区的经济社会发展中，发挥着主导作用。

城市是一个涉及多方面的综合概念。首先既是经济概念又是政治概念，这是主要的；其次还有地理、社会等多方面的概念。

（一）城市管理的概念和定义

城市管理是人们对城市发展和人居环境所进行的控制和治理活动的总称，是涉及城市经济、社会、文化、环境、城市安全和城市的规划、建设、经营、服务等多领域、多层次的综合性强的管理体系，是城市永恒的主题，同时带有时代的烙印。

从管理的范围来看，城市管理是广义的范围；从管理的职能来看，城市管理是综合管理；管理对象是整个城市的工作，即城市政府的职能；管理方式是采用组织、指导、协调和控制的方式。

所以，现代城市管理是一个内涵丰富、涵盖广泛的大系统，是一个从宏观到微观、从整体到局部、从内部到外部、从物质到精神、从静态到动态的非常复杂的系统工程。

（二）县级城市管理的发展过程

我国的城市管理是伴随着城市发展而发展的，在很大程度上是城市的发展带动管理的深化，而管理在城市发展的进程中又起着十分重要的促进作用。

新中国成立以来，我国的城市管理体制，由于受国际形势的影响和国内经济社会阶段性发展的影响，经历了曲折和不断探索的发展过程。总体上通过计划经济时期、改革开放和经济体制转型，直至进入21世纪，城市管理体制随着城市的发展，不断地进行了相应的改革。许多城市亦从自身的历史、地理、经济基础和人文状况的实际出发，逐步呈现出多元模式并存的体制形式。概括起来基本上有三种管理模式：一是“规划、建设、管理三者合一”的“大建委”模式；二是“建设与管理合一”的模式；三是规划、建设、管理各自分离的模式。层级管理体制长期以来基本是以条条管理为主、块块管理为辅的方式运行，近年来有些城市逐步形成了“两级政府、三级管理”的格局。管理的机制也是从政府包揽型开始向公众参与型发展。新中国成立五十多年来，城市管理法制建设在国家政治、经济形势的影响下，伴随着中国法制建设的进程，经历了从无到有、从单一到配套、从不完善到逐步完善的过程，为我国城市建设和管理作出了重要贡献。

1.计划经济体制时期

城市管理体制基本上是自我管理、条块分离的管理体制。主要是：街道以卫生、治安、联防为主的管理；机关团体以内部建、管、卫生、治安为一体的块块管理；工矿企业以企业范围为界实施规划、建设、管理、环境、医疗、卫生、企业文化、公安保卫等一体化的自我封闭式管理。当时城市处于新中国成立以后恢复性建设和三线建设时期，工作的重点是工农业发展赶超英美和备战备荒为人民，城市管理是以依靠人民群众觉悟的自然管理，并带有“军管”和“革委会”的时代特征。城市管理法律法规几乎是空白，城市管理依赖于各级政府制定的政策文件，管理手段完全是行政命令。

2.改革开放至20世纪90年代初

城市管理强化了政府主导的经济型，形成条条为重点的管理模式。这一时期，国家开始实施改革开放政策，计划经济体制被打破，工作重点以经济建设为中心，城市建设有了较快的发展；街道亦开始冲破束缚，发展集体工业，街道的城市管理权限被削弱，主要的社会资源和权力逐步强化并集中于条条管理，形成条条直管到底的城市管理模式。这一时期，国家相关部门开始出台了一系列城市管理的法规规章，并通过条条管理部门行使管理职权。这时的条块关系不顺，条条职能交叉，管理协调不利的现象开始凸显。

3.经济体制转型时期

城市管理开始引入市场机制，条条管理开始向条块结合转化。这一时期，随着改革开放的深化和经济关系的调整，建设现代化城市的理念得到了强化。特别是1990年《城市规划法》的颁布、《国务院关于全面推进依法行政的决定》的执行，2000年《国务院办公厅关于继续做好相对集中行政处罚权试点工作的通知》和2002年《国务院关于进一步推进相对集中行政处罚权工作的决定》的贯彻实施，国家依法治国基本方略深入落实，人们的法制观念逐步增强。政府依法行政、依法治市，使城市管理步入了法制化轨道，城市规划得到加强，并对城市的建设形成了必要的制约，城市管理得到了创新性发展。这一时期，机关企事业单位与城市管理职能脱钩，工矿企业的内部社会公共管理职能逐步交给当地政府和走向社会化，城市管理逐渐从城区向城郊向农村横向扩展，城市管理领域也不断向环保、城市文化内涵、公共安全等领域纵向延伸。城市管理内容已更广泛，涉及规划、建设、市政设施、城市形象与文化特色、有形市场、生态环境、城市交通、文化娱乐场所、流动人口、社区、社会治安、公共安全等方面。城市管理的条条管理模式已不适应现代城市管理要求，各级政府开始理性地思考现代城市更有效的管理模式，高瞻性地探索适应城市未来发展高要求的城市管理模式。

（三）目前县级城市管理的主要做法

计划和市场两种体制的交汇，构成了目前城市管理发展、运作的基本体制背景。交会点上的城市管理，最基本也最明显的特征就是处于新旧体制、新旧矛盾不断地相互融合、相互斗争、相互适应的过渡阶段中，两种体制、两种模式、两种观念、两种声音同时在城市管理实践当中发挥着作用。

目前这个阶段在城市管理中，起决定性作用的仍然是权力因素，市场在很大程度上还只是一种补充、一种“装饰”。在全国绝大多数城市，水、电、气、热等公用事业，仍然是政府垄断的行业。市政道路、房管、园林、环卫事业的改革也才刚刚开始起步，市场化成分还很低。在城市管理领域，我们发现许多“割裂”的现象：说的是市场经济，做的是计划经济；前边是计划经济，后边是市场经济；做的是市场经济的事，用的是计划经济的招。

从20世纪90年代以来，中国的城市管理进入了一个新的发展阶段。尤其是90年代中期以来，城市管理发生了一些适应性的明显变化：市场因素开始进入城市管理领域并发挥作用，市场手段被越来越多地应用到管理实践中，市场化也逐渐成为城市管理改革的主要方向，越来越多的城市在决策中注入了市场思维。城市政府不只是在观念上，更是在行动上着手改变长期以来“重建轻管”的做法。把对城市管理的重视落实到具体的政策举措当中，做了大量的工作，全面治理城市环境“脏、乱、差”。

1.讲究科学，规划立城

各城市政府都很重视规划的龙头作用，始终坚持高起点、高标准、前瞻性和可持续发展的原则，科学编制城市规划，通过规划引导、推动城市建设。

2.注重投入，合力建城

在加快经济发展的同时，十分注重对城市建设的投入，多渠道地筹措资金，逐年增大投入，加快城市基础设施建设，改善城市环境，增强城市综合功能。例如，绵阳市在过去的20年里，先后投入300多亿元用于城市建设，新建、扩建城市道路130多条，新建、扩建了15座过江大桥、18座城市立交桥，拓宽改造了8条通向城市外部的出口公路，城市道路总长度289.5公里，道路总面积569.7万平方米，城市道路铺装率达95%以上，人均道路面积13平方米。

3.部门联动，高压管城

一是大员上阵，专班管理。市委、市政府主要领导挂帅，成立了城市管理委员会，建立了高度统一、条块结合、分级负责、综合管理的城市管理体制。从公安、建设、工商、卫生、交通、文化、环保、民政等与城市建设管理密切相关的职能部门中，抽调人员组成综合管理执法队，加大对城市的管理力度。二是重拳出击，从严管理。以公安巡警和市容监察执法人员为城市的中坚力量，严管重罚，管出了城市的文明，罚出了城市的形象。三是健全制度，规范管理。各城市政府根据实际有

针对性地制定了文明市民条约、城市袋装垃圾管理办法、城市户外广告管理办法、城市容貌管理标准等地方性规章，为城市建设管理提供依据。四是堵疏结合，长效管理。为了解决城市占道经营、交通不畅等城市通病，城市政府在加强管理的同时，修建专业市场，在商业集中地、居民居住地建有停车场，自行车、摩托车车棚，从根本上解决了占道经营、乱停乱靠等问题。五是教育市民，自我管理。城市政府要求所有市民注重个人行为文明，共同维护城市形象。教育部门将城市管理行为规范纳入教学内容，宣传媒体开辟专题节目，宣传报道城市管理工作中的难点、热点问题，通过营造氛围，提高了市民服从管理、参与管理的自觉性。

4.内外并举，经营活城

通过吸纳内资、招商引资的办法，加强对城市有形资产、无形资产的经营，聚集、积累资金，推进城市建设；同时，通过城市扩张，拓展城市经营的空间，形成了城市经营与城市建设的良性互动。例如，广汉市坚持“先规划、后开发；先配套、后出让；先扩张、后改造”的原则，高水平经营城市，把经营城市作为筹措城市建设资金的主渠道，把市场经济的理念融入城市建设和管理的各项工作之中，经营效益很高。2005年，他们通过土地经营和项目合作开发实现经营收入8188万元，其中土地经营收入6388万元，项目合作经营收入1800万元。

二、县级城市管理中存在的问题

（一）两个不适应

1.现行县级城市管理与县域经济发展不相适应

一是城市管理有些方面还具有浓厚的计划经济体制的色彩，管理还比较粗放。在计划经济体制下产生的“大”建委模式，统管统揽，管理层次多，环节复杂；部门既权力过分集中，又职能交叉，功过不明；常用突击式管理，重短期效果，造成决策与执行上不同程度的脱节；主管部门的职能和作用弱化，管理效率降低，城市管理处于较低层次状态。二是城市管理方面的职能转变滞后于经济和社会发展，与城市化步伐加快和县城经济的发展不相适应，城市管理明显滞后于城市建设。

2.现行县级城市管理体制与市场经济条件下现代城市管理的要求不相适应

一是城市管理还没有形成强有力的统筹协调管理体制，社会资源未得到有效的整合。在城市管理活动中，沿用行政、非经济手段为主导的“建管合一”的城市管理模式，往往导致“重建轻管”，同实行“建管并重，重在管理”的初衷发生冲突。诸如城市管理体制不顺，条块关系不协调，事权、财权过于集中在“条条”，

街道、办事处往往责大权小。重审批轻管理，只收费不服务和部门行政执法机制膨胀等问题比较突出。二是城市的市政公共服务企事业改革相对滞后，公用事业基本处于政府独家垄断的经营状态，缺乏对经济、法律、技术、教育等手段的综合运用，社会资本进入公用行业的项目较少，特许经营还处于起步和探索阶段。这种机制既不利于强化城市管理的责任意识、公众的参与和监督意识，也不利于“三个文明”建设和城市综合管理绩效的发挥，制约了城市管理走上良性发展的轨道，缺乏应有的活力。

（二）两个缺乏

1.现行县级城市管理缺乏具有强制性和可操作性的法律法规依据

一是现行的联合执法还缺乏统揽全局的法律依据。我国的城市管理机构在国家是建设部，省里是建设厅，而在地方则分散于城管、规划、公用、园林、市政、房管等各个部门。在工作中涉及城市管理的部门还有公安、工商、卫生、环保等系统的主管部门。由于管理的法律法规一般都由政府的主管部门申请设立，这就造成我国现行有关城市管理的条文都散见于行业法规中，没有一部独立完备的城市管理法律法规，因而联合执法在法律上缺乏主体合法性和唯一性。二是联合执法的主体赋权不够，责权不清。目前，城管执法权资源的法定配置是在多个行业部门，城市管理仅是这些部门的部分职责，加之这些责任缺乏利益补偿机制，实际上是权责利不对等，造成管理部门多，多头执法，重复执法，多头收费，以罚代管，不合法行为经处罚变为合法。对难点和热点问题又往往是互相推诿，该管的不管，能管的又不主动，城管部门常常孤军作战，缺乏权威性。积聚的城管问题常常靠开展突击性的专项整治活动推动，整治成果不稳定，易反弹；同时，多个执法主体不利于监督，缺乏统筹与沟通，易造成执法显失公正，严重损害城市多数人的利益和政府形象。

2.现行县级城市管理缺乏市场化运作机制

城市管理的活力在于市场竞争机制、监督机制、保障机制。长期以来，我国的城市管理，实质上是政府通过权力控制、行政命令的约束来进行的，往往忽视研究城市资源科学配置，无暇顾及城市经济、社会、人文、生态、环境的协调与城市的可持续发展问题；管理效果取决于领导者和执法人员的个人素质，人为的随机性较大；公众参与城市管理的氛围不浓，缺乏有效的载体和监督。城市管理系统中的政府事业单位和企业之间的关系定位不清，市场运行的机制和制约机制没有形成，其自身活力不够。

（三）两个影响

1.现行县级城市管理的技术装备和科技投入不足影响城市管理水平的提升

随着城市化进程加快，城市管理的广度和深度在不断延伸，城市管理还不能通过现代科学技术，实现即时性、准确性和全面性的动态管理，部门之间信息传导和信息资源整合度低。城市的整治难点、热点问题，还在很大程度上依赖人员的路段督岗、定时巡查来完成，造成执法成本高与管理效率低，城市管理的整体效能和合力作用得不到充分的发挥，影响管理水平的提升。

2.县级城市管理队伍素质不高影响城市管理效率的提高

城市管理效率的高低在很大程度上取决于管理队伍的素质及其努力程度，不同层次的管理人员扮演着不同的角色，起着不同的作用。就县级城市管理队伍而言，一方面，他是“官方”代表，扮演联络员的角色，联系内外、上下、横向之间的关系；另一方面，他又是谈判者，扮演矛盾处理者的角色，发挥组织、协调作用，并在某种程度上参与决策，发挥参谋作用，影响和引导当事人。从城市管理工作职能要求及城市经济发展要求来看，城市管理队伍必须具备良好的职业道德、合理的知识结构和较强的工作能力。由于城管队伍人员的成分复杂、文化水平参差不齐、城市管理理念与城市发展要求不相符、知识结构不合理、工作方法简单粗暴，直接导致了目前这支队伍整体素质偏低，影响城市管理的效率。

三、县级城市管理问题的主要原因

（一）管理体制上的制约

1.长期“条块分割、各自为政”，破坏了城市系统的整体性和统一性

在传统计划经济的体制下，我国逐步形成了高度集权、条块分治、以条为主、建管合一的城市管理体制。在这一体制中，行业职能部门占有主要的地位，而街道、办事处被置于辅助地位。各级政府为了保证国家计划和指令的落实，必然要强化各级政府职能部门特别是经济主管部门的作用，使街道、办事处的管理权限受到一定的制约，从而使城市系统的整体性和统一性受到一定程度的破坏。

2.责权不对等，特别是财权没有与管理责任同时下放

一方面，城市管理法律法规赋予了相关行业职能部门的执法权力，自然造成了条与块的责权不对等；另一方面，由于缺乏利益的补偿机制，致使管理权力与管理责任没有同时下放。

3.城市管理各部门职能之间存在着交叉点和盲区，而现行的行政体制下，改革

的复杂性使管理相对滞后于形势发展

在社会主义市场经济体制下，城市政府着重搞好对城市系统环境的健全和完善，搞好城市经济、社会生活的公共环境和物质基础的管理，为城市经济社会的发展和居民创造良好的外部环境和物质条件，实现城市发展与经济建设的良性循环；同时，市场经济取代计划经济，宣告了“以条为主”的管理格局必须进行调整，“以块为主”的管理格局亟待深化和完善。

（二）法律法规上的制约

1.从城市行政执法的法律依据来看

大部分法律法规都是由“条”或者“块”提出草案，然后交人大或政府审议批准实施，这样就难以超脱地方、部门利益的狭隘眼界，往往会出现政府权力部门化、部门权力利益化、部门利益法制化。

2.从具体实施来看

各个有城市行政执法权力的部门，都有各自的法律法规，实践中存在“条”与“条”的关系难以理顺，“条”与“块”之间难以协调统一的问题，出现了行政执法的“交叉点”和“空白点”。

3.在传统的城市管理体制下

基本上每一部涉及城市管理的法律法规都相应地设置了一个执法部门，建立了一支执法队伍，结果造成从事城市行政执法的部门机构林立，队伍迅速膨胀，人们形容城市行政执法管理部门是“上管天、下管地、中间管空气”，“满街都是大盖帽”。

（三）思想认识上的制约

1.在行政上

城市政府主要依据上级指令性计划来行使城市管理职能，而不是按照城市的发展规律和自然、经济、社会的发展状况与特点进行管理。考核评价城市政府政绩的首要标准是各项经济计划指标的完成情况，这必然会促使城市政府把完成上级下达的计划指令作为第一职责，而较少考虑城市经济、社会和生态等诸多方面的协调发展，这就难以实现对城市建设和发展进行高效科学的管理。

2.在主观上

相当一部分领导不能正确对待城市建设和管理的关系。他们往往存在着“重建轻管”、“先建后管”的认识偏差，把主要精力放在了城市建设方面，把城市建设作为硬任务真抓实干，而把城市管理当做软任务应付检查，对城市管理中存在的问题，不能够认真深入研究和思考，致使在城市管理中经常可以看到重短期整治轻长效管理、重经济效益轻社会效益、重管理表象轻管理内涵等现象，严重地影响了城市管理的成效。

3.在客观上

对城市管理的复杂性、艰巨性认识不足。城市的不断发展对城市管理体制的调整不断提出新的要求，城市管理体制只有适应城市发展和要求，才能促进城市的快速协调和可持续发展。随着我国城市经济的活跃，城市化进程明显加快，大量农业人口向城市快速聚集，城市管理对象日趋多样和复杂，使得管理难度加大。市民，特别是城市化中新移民，多是原从事农业生产的群体，文明程度不高，在某种程度上给城市公共事业发展和管理带来了巨大的压力。由于各级各部门对扑面而来的新情况、新问题研究不够，认识不足，致使观念上对城市管理体制创新的必要性、科学性、紧迫性缺乏更深的认识。

四、对策与思路

（一）创新城市管理体制，实现由“单一型”主体向“综合型”主体管理转变

1.建立城市管理综合执法制度，逐步实行“一队多能，一人多用”，将管理职能的配置进一步优化，做到责权利相统一

实行城市管理相对集中行政处罚权对执法资源是一种优化配置，能够实现“一队多能，一人多用”，能有效减少政出多门、多头执法、重复处罚，克服多支队伍费用高的弊端，有利于政府把财政资金集中使用在城市建设和城市管理最需要的地方，以较低的成本取得较高的管理效益。

2.实行统一领导，分级管理，明确分工，落实责任，协调运转，形成管理合力，消除城市管理中的交叉点和盲点

实行城市管理相对集中行政处罚权制度，使管理审批权、行政处罚权和执法监督权三者分离开来，由多头执法管理向统一执法管理转变，由追求经济效益为主向追求社会效益为主转变，这样有利于克服主管部门既当运动员又当裁判员的现象，抑制行业不正之风，减少行政执法腐败现象；同时，对城市管理行政执法部门的职责范围和处罚权限进行界定和细化，明确相关管理部门之间的关系，也有利于杜绝那种“有利可图的抢着干，无利可图的踢皮球”的问题和现象，发挥各行政机关的职能作用，不断提高城市现代化管理和执法水平，改善城市软环境。

3.立足于解决城市管理中的重点问题和突出矛盾

一是解决好执法权力的配置问题。对集中的处罚职能必须明确和具体，不能有歧义和交叉。对划转出的行政职能，原职能部分不得再继续行使，力避出现新的多头执法和重复处罚。

二是解决好执法宗旨问题。相对集中行政处罚权是为解决目前执法体制中存在的问题，更好地为城市经济社会发展服务，为市民创造更好的人居环境，而不是为了某个行业和部门谋私利。

三是解决好执法形象问题。实行相对集中行政处罚权，要彻底改变过去城管联名执法中“联合国”式的松散型管理状况，实行一支队伍综合管理，一人多职、一专多能，确立依法行政、文明执法的理念，加强内部自律和外部约束监督，塑造新的城管执法队伍形象。

（二）建立城市管理执法体系，实现由“经验型”管理向“法制型”管理转变

1.坚持有法必依，执法必严，违法必究，实现人性化管理

一是倡导人性化管理，强调“执法为民”的理念。在执法中必须从自身做起，树立管理就是服务的理念，强化服务意识，倡导“四心”的工作方式，即调查核实要细心、说服教育要诚心、对方不服要耐心、纠正违章要公心。

在管理中，常能换位思考，关注弱势群体的利益，摒弃特权思想，改进粗暴冷漠的工作态度，最大限度地得到管理对象的理解和支持，既要严格执法、规范执法，又要文明执法、亲民执法，动之以情，晓之以理，将各种矛盾和纠纷化解于萌芽状态。

在执法过程中必须掌握好火候，把握好分寸，不能制造、激化矛盾，必须做到“三个结合”，即“教与戒相结合、堵与疏相结合、严与情相结合”，要教育在先，惩戒在后，引导违章者自觉规范经营。

二是加强队伍自身建设，树立“执法为民”的形象。建立一支廉洁、勤政、务实、高效的城市管理执法队伍，是提高执法水平、树立良好执法行为的基础。要提高执法队伍的整体素质，不仅需要执法人员加强学习，提高执法技能，而且还需要管理部门坚持不懈地抓好组织建设、思想建设、作风建设、制度建设、廉政建设，强化教育、培训、考核、奖惩等各项制度。

三是正确处理严格执法与文明执法的关系。文明执法应以严格执法为前提，严格执法应以文明执法为目标。违法必究，执法必严，是对所有执法人员的基本要

求，否则国家和集体的利益就要受到损失，人民群众的合法权益就不能得到保障；同时，要做到文明执法，要善于在行政执法过程中树立良好的形象。对管理对象要始终坚持有理有节、依法办案，严格遵守执法程序，准确、完整地告知其所享有的各种权利。

2.规范城市管理执法程序，健全执法管理责任制度

一是制定完善各项城市管理制度。由于城市管理面广量大，内容广泛，涉及的法律法规、规章及行政执法依据又分布在建设、工商、公安、环境、卫生等相关部门，在全国又没有统一的模式和运行机制，更没有一部完整的城市管理法。因此，我们必须根据法律法规赋予的城市管理职能，结合县级城市管理的实际，制定规范日常执法行为的规章。在日常执法中实行“四个统一”、“三个讲究”和“五公开”：即“统一执法文书、统一执法依据、统一执法服装和标志、统一罚没收据”，“讲究执法依据、讲究执法程序、讲究执法手段”，“公开执法依据、公开执法程序、公开执法权限、公开处理结果、公开执法相对人的权利”。

二是实行行政执法责任制和考核评议制。按照有关要求，将执法责任进行细化分解，落实到个人，使每个执法人员都明确各自的工作内容及职责范围；同时，对单位和个人的执法情况进行经常性的综合考评，奖优罚劣，对于那些执法违法、粗暴执法、徇私枉法的执法人员，一经查实，严肃处理。

3.加大执法力度，提高执法效率

城市管理工作有其管理对象的复杂性和任务的艰巨性，一是要运用综合手段来管理。在运用行政手段的同时，要适时运用经济、法律等手段，在城管部门采取强有力措施的同时，要协调民政、工商等部门采取配套措施跟进，真正实现标本兼治。二是要逐步延伸推进。城市管理要上新台阶、上新水平，必须由等级道路向背街小巷延伸，由公共地域向居民小区、单位庭院延伸，由城区向城郊结合部延伸，由街道向乡镇延伸，由重点时段管理向全天候管理延伸，由市容管理向综合管理延伸。应当整治一片，巩固一片，然后逐步推进，最终实现城市的每一个角落都没有“脏、乱、差”的容身之地。

（三）完善城市管理的长效机制，实现“突击型”整顿向“长效型”管理转变

要加快城市发展，必须突破传统的城市管理模式，树立“大城管”的理念，建立现代城市管理模式，由单一的“孤立”管理向全方位的“动态”管理转变，由突击管理向长效管理转变。

1.树立城市管理理念的现代化

在城市化进程逐步加快，城市管理方面的矛盾和问题日益突出的形势下，树立现代化的管理理念，关键要体现以下三个方面的内涵：

一是“以人为本”和“以环境为中心”。城市管理的每一个环节都有赖于人的作用的发挥，这就要求实施城市管理时，必须尽可能地满足人们日益增长的物质文化需求，达到舒适、方便，充分体现“人性化”；必须采取切实的措施，增强城市的人文色彩和特色风范，充分体现“人格化”；必须注重发挥广大人民群众在城市活动中的主动性和创造性，促进城市管理更好地发展，充分体现“人本化”。

二是“依法治理”和“以德治理”。依法治国的基本方略体现在城市管理上，主要是按照有关法律法规确立的基本原则，做到法律面前人人平等，把管理的各个环节纳入法制化轨道；同时，要从培养市民的社会公德意识、文明意识、环境意识、文化素质等方面入手，以开展“做文明市民，创文明城市”活动为载体，把“治城”与“育人”、“被管”与“管理”紧密结合起来，达到长效管理、根本管理的目的。

三是“系统管理”和“有效管理”。城市管理是一个庞大的系统工程，宏观管理要超前、全面，微观管理要灵活、务实。对城市一楼一路、一草一木的管理状况都要随时掌握，都要制定出快捷、有效的跟踪管理措施，从而实现高水平城市管理的目标。

2.达到城市管理目标的明确化

搞好城市管理，关键要切实解决好管理目标不明、管理责任不清、考核监督不严的问题。

一是建立目标管理责任制。要按照“政府统揽、分线监管、条块结合、以块为主”的总体思路，将城市管理的总目标层层分解到每一个管理层面和每一个管理环节，市、街道、社区层层签订责任书，城市管理综合执法部门与相关职能部门加强协调配合，实现城市管理的制度化、科学化、长效化。

二是引入市场运行机制。城市人民政府及部门要进一步转换机制、转变职能，引入市场运行机制参与城市管理，做到政企分开、政事分开、事企分开，将城市公共管理职能和服务项目交由企业、社会和私人机构运行，政府只负责制定规划、制定标准和质量监管。

三是强化综合考核监督。要建立行政监督机制，把城市管理绩效作为考核政府及相关部门负责人政绩的主要指标；建立人大、政协评议监督机制，定期邀请人大代表、政协委员视察、指导、评议城市管理工作；建立司法监督机制，对政府行政行为加强法律监督；建立群众监督机制，通过市长公开电话、行风热线、投诉信箱、群众接待日等形式，随时接受群众监督；建立舆论监督机制，利用各种传播媒体，广泛接受社会舆论监督。

3.实行城市管理执法的综合化

主要应抓住以下三个关键：

一是成立专门机构。各城市人民政府成立高层次、高权威的城市管理委员会或城市管理领导小组，由市长任组长或主任，由城市管理各相关部门负责人和法制工作者为成员，聘请城市管理方面的资深专家和不同层面市民代表为特约成员，按照城市管理规律，参照有关管理标准，对城市管理中的重大问题进行宏观决策，并统筹协调各部门的工作；同时，成立城市管理办公室或城市管理局，作为城市管理委员会或领导小组的办事机构，列为政府序列部门。

二是实行综合执法。城市管理综合执法要充分发挥综合协调作用，改变各部门各自为政、条块分割、自成体系及重复执法的局面，形成统一领导、协调合作关系，建立高效、合理、动态发展的超越行业或部门利益的执法运行机制。

三是力求规范执法。主要应包含以下几方面的行政处罚权：市容环卫、规划管理和市政公用的全部处罚职能，工商行政管理方面的无照设摊行政处罚权，园林方面的绿化处罚权，环保方面的社会噪声和饮食排污处罚权，公安交通管理方面的人行道占道停车处罚权等。推行相对集中行政处罚权，必须在相应的监督体制下完成。

4.力求城市管理参与的社会化

强化日常工作，就是要建立健全城市管理的各项制度，实现由人管人向制度约束转变。强化集中整治，就是要针对一个阶段存在的突出问题，广泛发动群众，定期组织开展以卫生城市、园林城市、人居环境范例城市等为目标的专项整治和创建活动，强化养成教育和全民参与，就是要通过广泛深入的宣传、教育、引导，真正把“人民城市人民建设、人民城市人民管、管好城市为人民”的号召变为每个市民的日常习惯和自觉行动。

五、措施与建议

（一）加强管理、依法行政、提高综合执法水平

1.建立健全完备的法律体系

国务院应及时制定出相应的《相对集中行政处罚权工作条例》，进一步明确相

对集中行政处罚工作的方式、步骤、领域、范围及报批程序，机构的设立、性质、地位，领导管理体制、运作和与相关部门的关系，以及行使职能的程序、公民权利受侵害时的救济途径等，并制定出具体规范。

2. 建立完善相对集中行政处罚权体制

在机制上形成权力与责任挂钩、权力与经济利益脱钩，这样才能从源头解决城市管理相对混乱的问题。例如，根据精减、统一、效能的原则，组建城市管理行政执法局。应做到三个保障：经费保障、装备保障、执法保障；建立四个机制：巡察机制、快速反应机制、信息共享机制、管理执法与互动机制。

3.坚持以人为本推进相对集中行政处罚权工作

城市管理的对象是人，服务对象也是人，人与城市的关系是辩证的统一。实行城市管理相对集中行政处罚权制度，核心是保护公民的合法权益，为广大人民群众的工作、生活、学习提供法律保障，营造良好的外部环境。因此，在实行城市管理相对集中行政处罚权制度的过程中，必须做到“三个结合”，即教育与惩戒相结合、疏与堵相结合、严格执法与热情服务相结合。教育在先，惩戒在后，为教育而惩戒，寓教育于惩戒。

4.循序渐进地推进相对集中处罚权制度

城市管理相对集中行政处罚工作具有广泛性、琐碎性、复杂性、持久性。因其广泛，丝毫不可松懈，必须统筹考虑；因其琐碎，不能高谈阔论，必须脚踏实地；因其复杂，必须以事实为依据，以法律为准绳，依法办事；因其持久，不能急功近利，毕其功于一役，必须积极稳妥，循序渐进。

（二）标本兼治，建管并重，着力解决城市管理难题

建设是管理的开始，管理是建设的延续，要将二者统一起来，坚持“标”“本”兼治、重在治“本”的原则。

一是在编制规划时，要坚持“适度超前”的原则，高起点、高标准地做好规划和建筑设计。例如，从现在起住宅小区停车位就要按户均一辆的标准预留。

二是在建设中，要强化规划管理，严格执行规划，确保规划的权威性和严肃性。实行项目联合会审，城市建设和管理各部门共同审查，从项目立项就开始严格监管，确保公共服务配套设施、物业管理和社区服务及时到位。

三是加强城市基础设施和公共服务设施建设，将加快建设与加强管理相结合，提高城市承载能力，进一步完善城市功能。

四是加快旧城改造特别是城乡结合部的旧村改造，消除脏乱死角，改变城市规

划布局不合理、城市建筑不美观的局面。

（三）提高效能，创新管理，建立城管长效机制

城市管理是一项涉及面广、综合性强的工作，需要城管、公安、交通、规划、卫生、工商、市政、环卫、绿化等各部门的有机配合，全社会共同参与，齐抓共管，逐步建立起城市管理的长效机制，提高城市管理水平。

一要强化日常管理。城市管理是一个动态的整体，需要将专项整治与日常管理相结合，强调“属地管理”和“条块结合、以块为主”的管理原则；扩大城市管理的覆盖面，将城市建成区和城镇规划区全部纳入城市管理的范围之内；加强基层政权组织和居民自治组织建设，实现管理重心下移，如下放部分环卫管理权到社区，实行大街小巷的卫生保洁与收费由社区负责。

二要提高管理效能。建立起“能者上、平者让、庸者下”的竞争机制，提高管理者的职业道德水平、业务水平和执法水平，造就一支高素质的城市管理队伍；加强制度建设，完善培训、监督、考核机制，保证执法的规范、及时、到位；消除审批与查处相脱节现象，处理好城市管理各部门之间的衔接问题。

三要不断创新管理。城市管理是一项庞杂的系统工程，需要行政、法律、经济、舆论等手段的综合运用，特别是要运用市场机制解决一些问题，实现管理理念创新；通过使用GPS全球卫星定位系统等高科技手段，加强城市管理，实现管理方法创新。

四要建立长效机制。建立原因导向城市管理模式，控制城市问题的产生，实现“突击型”整顿向“长效型”管理转变。通过完善管理机构，健全管理网络，创新管理模式，建立起城市管理的长效机制。

（四）以人为本，加强教育，提高市民综合素质

对“人”的管理是城市管理的主要内容。因此，要坚持“以人为本”的原则，以提高市民素质为目标，一手抓建设和管理，一手抓宣传和教育。

一要运用多种手段广泛宣传，把提高全体市民的素质放在突出的位置来抓。充分发挥新闻舆论的监督作用，跟踪报道“热点”、“焦点”问题，宣传表扬先进典型，揭露批评违法行为，调动广大人民群众参与城市管理的积极性，提高市民的城市意识。

二要继续推行“门前三包”、“月末清洁日”等行之有效的做法。广泛动员市民自觉维护城市环境，提高市民的环境意识。

三要重视对市民道德、法制的教育。从遵守交通规则、不乱扔废弃物等小事做起，不断提高市民的道德水平和守法意识。

结 论

城市管理是一个从宏观到微观、从整体到局部、从内部到外部、从物质到精神、从静态到动态的非常复杂的系统工程。从计划经济体制下形成的城市管理体制，到社会主义市场经济体制的建立与完善，对城市管理提出了更高的要求。创新城市管理体制，实现由“单一型”主体向“综合型”主体管理转变，建立城市管理执法体系，实现由“经验型”管理向“法制型”管理转变，完善城市管理的长效机制，实现“突击型”整顿向“长效型”管理转变的思路，是与社会主义市场经济和现代城市发展相适应的新体制的探索；同时建立完善相对集中行政处罚体制，提高综合执法水平，标本兼治，建管并重，着力解决城市管理难题，提高效能，创新管理，建立城管长效机制，以人为本，加强教育，提高市民综合素质的工作举措和机制，是加强实现城市管理的现代化、市场化、法制化的有益尝试。

[参考文献]

1．陈晓丽等.城市规划原理.北京：中国建筑工业出版社，2000.

2．陈晓丽等.城市规划相关知识（上）.北京：中国建筑工业出版社，2000.

3．上海市城市规划管理局.城市规划管理法规.北京：中国建筑工业出版社，2000.

4．吴良镛.城市研究论文集迎接新世纪的来临.北京：中国建筑工业出版社,1996.

5．全国市长培训中心.市长谈城市——全国市长研究班学员论文集（23）.北京：民族出版社，2004.

6．全国市长培训中心.市长谈城市——全国市长研究班学员论文集（24）.北京：民族出版社，2005.

课题组组长：

胡晓剑　贵州省都匀市市长

课题组成员：

苏成亮　山西省忻州市忻府区副区长

曹　锐　吉林省磐石市副市长

张亚忠　黑龙江省安达市市委常委、副市长

崔振华　河南省永城市副市长

邓义成　湖北省汉川市副市长

富卫平　湖南省安吉市副市长

戴文静　广东省廉江市政协副主席

胡华超　重庆市大足县副县长

执笔人：

邓义成　湖北省汉川市副市长

统稿人：

胡晓剑　贵州省都匀市市长

研讨助理：

陆进业　全国市长培训中心教研处实习研究员

社会主义新农村规划的探讨

第41期全国市长研究班第三课题组

内容提要

如何建设社会主义新农村，党中央已在宏观上提出“生产发展，生活宽裕，乡风文明，村容整洁，管理民主”二十字方针，由于我国经济发展不尽平衡，地域差异较大，因而在如何规划社会主义新农村上并没有进一步明确，本文仅就县域社会主义新农村规划提出的条件与背景、规划中要遵循的原则、规划的范围和目标、规划的基本内容及规划实施中需处理好的几个关系加以探讨。

一、规划提出的主客观条件及背景

建设社会主义新农村是我国“十一五”期间的一项重要任务，是党中央站在新的历史起点上，以党和国家各项事业全面发展的高度出发，按照科学发展观的要求做出的重大战略部署，反映了我国经济社会发展进入新阶段的客观要求，对全面建设小康社会，构建社会主义和谐社会具有重要意义。

经过二十多年的改革开放，我国的经济持续快速发展，经济实力和综合国力显著增强，经济社会发展进入了新阶段。2005年，我国国内生产总值达到18.2万亿元，位居世界第6位，按平均汇率计算，人均1700美元；财政收入达到3万亿元，与改革开放之初的1979年相比增长了10倍。因此从总体上看，我国已进入工业化中期阶段，为工业反哺农业、城市支持农村创造了有利条件。基于财力的提高，近年来中央逐步加大了支农惠农力度，连续3年出台了指导农村工作的一号文件，制定“两减免”、“三补贴”等支农政策。这表明，建设社会主义新农村的时机已基本成熟，条件已初步具备，这为建设好社会主义新农村奠定了坚实的基础。

同时，我们也必须清醒地看到，我国正处于并将长期处于社会主义初级阶段，城乡发展、地域发展极不平衡，解决“三农”问题的任务相当艰巨，全面建设小康社会、实现社会主义现代化，重点和难点都在农村，得失成败也在农村。诚然近年来我国农村经济社会发展取得了巨大成就，但随着我国工业化、城镇化、市场化的步伐加快，农村的土地、人才等资源和要素的流失也在加速，加之制约农业农村发展的深层次矛盾尚未得到根本消除，长期以来形成的工农关系、城乡关系失衡机制尚未根本改变，农业基础脆弱、农村发展滞后、农民增收缓慢的问题依然十分突出，城乡差别甚至有拉大的趋势。主要表现为：一是城乡居民收入和消费水平存在着巨大的反差。2005年城乡居民收入比达到了3.22：1，占总人口60%的农村消费品购买力只占总购买力的1/3。二是城乡社会事业发展存在着巨大反差，农村上学难、就医难、社会保障水平低等问题相当突出。2005年占总人口60%的农村人口，只占有23%的全国义务教育经费，仅享有25%的公共卫生资源，农村文化水平相对落后，农民文化生活极度贫乏。三是城乡基础设施和面貌存在着巨大反差。目前许多大中城市生活已达到中等发达国家水平，而许多农村仍处于极端封闭落后的局面。据统计，2004年我国尚有40%的村饮用水不合格，4%的村不通车，7%的村不通电话。我国的广大农村并未真正享受到我国几十年改革开放、经济发展带来的成果，如果听任这些矛盾发展下去势必严重影响我国国民经济的发展和社会的稳定和谐，影响全面建设小康社会的进程。因此说，建设社会主义新农村，不仅是解决当前经济社会发展突出的矛盾和问题的现实需求，也是全面建设小康社会、构建社会主义和谐社会的长远需要。

综上所述，建设社会主义新农村不仅十分必要，而且势在必行。规划是建设的前提和保证，规划是建设成败的关键，本文仅就社会主义新农村如何规划加以探讨。

二、规划的原则

建设社会主义新农村，对农民是一种福音，对农村是重大变革，对农业是发展机遇。规划社会主义新农村，既是一个崭新的课题，又是一个重大的历史任务，需要全新的思维、科学的理念，深刻领会党和国家建设社会主义新农村目标、核心和实质，创造性地将其融入规划编制中，为下一步的建设工作开好头、起好步。为此要求在规划中，紧紧把握“二十字”的要求，体现“生产发展是关键、生活宽裕是目标、乡村文明是保障、村容整洁是形象、管理民主是基础”这一宗旨，使规划具有科学性、合理性、持续性、务实性、主体性，为建设社会主义新农村、构建社会主义和谐社会当好先行。

（一）科学性原则

新农村规划首先必须始终把握科学性原则。规划作为新农村建设的龙头，必须紧紧围绕社会主义新农村的本质特征来实施。规划社会主义新农村既要考虑发展农村生产力，又要考虑调整和完善农村生产关系；既要加快农村经济发展，又要加快农村社会事业发展；既要提高农民群众的物质需求，又要提升农民的科学文化素质。“二十字”总要求，强调的是农村经济建设、政治建设、文化建设、社会建设、党的建设的全面推进，是农村经济社会的全面协调，可持续发展。因此我们在规划中要全面、系统、准确地把握其科学内涵，防止以偏概全、顾此失彼。

（二）合理性原则

规划社会主义新农村必须力戒贪大求洋、千篇一律。应该清醒地认识到，我国广大农村经济基础薄弱，地域差异很大，各地的经济环境、自然环境、人文环境，生态环境都各不相同，所以只能循序渐进、就村论村、就事论事，发达地区规划的重心可放在农业产业化、生活现代化方面，而欠发达地区的新农村规划应更多考虑从完善农村农民迫切需要解决的基本生产、生活条件入手，集中力量搞好道路、水利、教育、医疗卫生等基础设施和村容村貌整治等方面；同时规划要强化便民理念，修建广场和厕所等公共设施，要注重受益人口及受益半径，防止将投入变成象征。修建住宅楼要考虑农机具、农用物资等生产必需品的摆放，防止生产与生活脱节，益民工程不益民。

（三）持续性原则

一要强调发展的持续性。新农村规划在任何时候、任何情况下都要防止对农村自然生态环境的破坏，要把环境保护、生态建设作为规划的前提和保证。所有的项目，不论大小都要首先考虑对自然生态环境的影响，不能把城市的污染转移到农村，不能走先污染后治理的路子，脆弱的农村环境和农业经济根本无法承受这种压力。不能让农民群众在尚未分享经济发展成果之时，先承受到经济发展的负面效应。

二要强调规划实施的持续性。规划是一个地域一个时期的经济和社会发展的宏观纲领性文件，规划不是计划，说变就变。不能将规划视为某个人某届班子的产物，随着他的存在而存在，随着他的更迭而更迭，规划需要的是几届班子，甚至几代人共同不懈的努力，才能落实好并显现成效。

（四）务实性原则

规划社会主义新农村，要本着先易后难、循序渐进、切合实际、务求实效的工作思路进行。建设新农村是一项长期性任务，农村的相对落后和发展不平衡，决定了它的长期性、复杂性、渐进性，不可能一蹴而就，不可能齐头并进。新农村在规划中既要有总体安排，又要有近期考虑，并争取在短时间内取得阶段性成果，为下一步规划的实施奠定基础、创造条件。因此要求规划新农村建设要找准切入点，要从基础条件较好、干部群众积极性较高的地方入手，从比较容易见成效的事情入手，从资金筹措比较容易的项目入手，集中力量，尽快付诸实施，并在此基础上扩大领域，取得更大成果。

（五）主体性原则

社会主义新农村规划的目的在于实施，实施的目的在于农村各项事业的全面发展，受益于广大农民。一方面，农民是新农村规划建设利益的主体，是这项事业的直接受益者，规划新农村，要把广大农民群众的根本利益作为出发点和落脚点，以农民愿意不愿意、高兴不高兴、支持不支持，作为衡量工作的根本标准，让农民群众得到实实在在的利益，使之真正成为广大农民群众拥护和支持、经得起历史检验的民心工程；另一方面，农民是新农村规划建设实际受益的主体，是推动这一事业的主要力量。新农村规划不是烟雾腾腾的房间产物，而是田间炕头与科学指导的综合体，如果把新农村规划当做形象工程，脱离本地条件和承受能力，以建设新农村的名义乱集资、乱摊派由广大农民埋单，使受益者变成受害者，就有悖于新农村规划和建设的初衷，也必将此项工作引向歧途。

三、规划的范围和目标

（一）规划的范围

探讨的规划指在县（县级市）域内新农村建设的城市、乡镇、村庄三位一体的城乡体系规划。

（二）规划的目标

本规划的制定及实施后的实现目标概括为：生产发展、生活宽裕、乡风文明、村容整洁、管理民主。

具体表现为，通过规划的具体实施，统筹城乡经济社会发展、扎实推进新农村

建设；促进农村持续增收，夯实社会主义新农村建设的物质基础；加强农村基础设施建设，改善社会主义新农村建设的物质条件；加快发展农村社会事业，培训推进社会主义农村建设的新型农民；全面深化农村改革，健全社会主义新农村的乡村治理机制；切实加强领导，广泛宣传动员社会关心、支持和参与社会主义新农村建设。

社会主义新农村建设是体现经济建设、政治建设、文化建设、社会建设四位一体的综合建设。因此本规划不但要涵盖处理城乡关系解决"工农"问题的政策内容，而且还要赋予其新时期建设内涵；规划社会主义新农村不但要包括路、电、水、气等生活设施和教育、卫生、文化等社会事业建设，也要包括以农田、水利、科技等农业基础设施为主的产业能力建设；不但要包括村容村貌的环境整治，也要包括以村民自治区为主要内容的制度创新。应该说要通过规划的制定和实施，把农村建设成经济繁荣、设施完善、环境优美、文明和谐的社会主义新农村。

四、规划的具体内容

社会主义新农村建设的主要目的是改善农民生活环境，发展农村经济，建设好农民的家园，让农民过上宽裕的生活。因此在新农村规划中要注重实效，量力而行，突出特色；以农民增收为目标，发展新产业；以提高农民素质为根本，培训新农民；以农业产业化为动力，组建新经济组织；以创建文明村镇为先导，塑造新风貌。首先解决农民最需要、最基本的公共设施和公共服务，满足他们生存和发展的需要，以此发展农村新型产业、提高农民收入。

（一）县域规划

运用城乡协调发展和以广大农民群众的利益为出发点的可持续发展战略理念，把县域作为一个整体，进行综合研究、城乡统筹、合理布局。在摸清县域发展条件和制约因素的基础上，根据县内外的资源、环境条件及特点，制定相应的经济社会发展战略方向、目标、任务、模式、重点、突破口以及措施和对策。

县域规划是对县域内产业、经济、社会、城镇体系、土地、环保、基础设施、服务设施等进行专项发展规划和各项协调发展规划与布局。具体内容包括：提出区域城镇发展战略，确定资源开发、产业配置和保护生态环境、历史文化遗产的综合目标；预测区域城镇化水平，调整现有村镇体系的规模结构、职能分工和空间布局，确定重点发展的乡镇。确定区域交通、通信、能源、供水、排水、防洪等设施的布局；提出实施规划的措施和有关建议等。其中最主要的规划包括以下几点。

1．产业布局

发展县域经济首先要有明确的区域定位和产业定位，根据区域产业基础、资源优势、区位特点和市场需求，确立主导产业和特色产业，选择区域经济增长点、经济重心区域和发展节点，以营造发展环境，引进多种所有制形式的企业，发展具有市场竞争优势的产品；同时，按照“区域化布局、规模化经营、标准化生产、科学化管理”的要求，制定扶持措施。

农业仍然是广大农村的核心产业，规划除了引导农业发展模式和农业用地布局外，为使工业有效地反哺农业，需要合理布局农产品加工中心、农产品贸易中心、农业技术推广服务中心等其他农业服务中心。

2．基础设施

从区域的角度对路网进行合理的调整，确定区域内主、次干道的红线位置、断面形式，确定支路走向、宽度以及主要交叉口、广场、停车场位置、对外交通设施。

在充分调查的基础上对现状进行分析、评价，综合协调并确定城市给水、排水、供电、电信、燃气、供热等设施的发展目标和总体布局。

3．社会事业

根据各乡镇的具体情况，进一步优化资源配置，调整布局，重点撤并布局分散、规模小、效益低的学校，改造薄弱学校。调整中小学布局，办大、办优中心小学，提倡村与村之间联办片区中心小学，在人口集中、交通比较便利的行政村，按地市一级学校标准办好教学仪器齐全、设备设施完善、师资和教育信息化都达到较高水平的片区中心小学。对于确属边远地区、群众思想不通，目前难以撤并的学校，则把相邻行政村或自然村小学四年级以上的学生集中到片区中心小学，实行寄宿制，接受较高质量的信息技术教育和英语教育，并逐步推进学校撤并工作推进农村基础教育加快发展。

建立培训基地、培训教材、师资队伍三位一体的科学合理的培训体系，依托高校、职业技术学校，每个县建立一个职业技术培训中心，重点建设2～3个骨干专业，以先进实用农业技术、务工技能和三产服务技能培训为主要内容，提高农民的科技文化素质和就业、创业能力，解决农村发展的人才问题，把农村人力资源优势真正转化为经济优势和发展优势，促进农民增收致富。

加强农村文化建设，抓好基层群艺馆、文化站(室)、图书馆建设，开展形式多样、各具特色、群众喜闻乐见的文化活动，丰富群众文化生活，用先进文化占领农村思想文化阵地。

大力加强农村公共卫生事业，积极开展农村新型合作医疗试点，逐步扩大试点范围。将农村新型合作医疗制度县域全覆盖，努力提高乡镇卫生院卫生室和村的建设水平，改善设备条件，提高医护水平，逐步完善农村公共卫生体系。

把失地农民失业、医疗保险逐步纳入城镇居民社会保障体系，加快构建失地农民失业、养老、医疗等社会保障体系，积极创造条件与城镇社会保障体系接轨。把失地农民的就业逐步纳入城市居民就业体系。按照属地管理原则，将失地农民就业纳入街道或社区就业管理体系，建立城乡统一的就业机制，让失地农民享受与城镇劳动力平等的就业机会。

（二）乡镇规划

在县域规划的指导下，通过对本乡（镇）域现状和自然资源的综合评价，确定乡（镇）的产业布局，村庄布点；综合安排道路交通、水、电、气等基础设施；统筹考虑全乡（镇）的文化教育、医疗卫生等社会事业。确定乡（镇）性质、用地规模和发展方向，安排布置公共服务设施。

1．乡镇总体规划

乡镇总体规划主要是综合评价乡(镇)发展条件，确定乡(镇)的性质、发展方向和产业布局，预测乡(镇)行政区域内的人口规模和结构，拟定所辖各村的性质与规模，布置基础设施和主要综合公共建筑。

乡镇总体规划应对现有居民点和生产基地进行布局调整，明确各自在乡镇体系中的地位；确定各个居民点和生产基地的性质和发展方向，明确它们在乡（镇）体系中的职能分工；确定乡(镇)域及规划范围内主要居民点的人口发展规模和建设用地规模；安排交通、供水、排水、供电、电信等基础设施，确定工程管网走向和技术选型；安排卫生院、学校、文化站、商店、农业生产服务中心等对全乡(镇)域有重要影响的主要公共建筑。

2．镇区建设规划

镇区建设规划要以村镇总体规划为依据，确定镇区的性质和发展方向，预测人口和用地规模、结构，进行用地布局，合理配置各项基础设施和主要公共建筑，安排主要建设项目的时间顺序，具体落实近期建设项目。提高第二、第三产业规模与档次，使镇区功能完善，聚集产业和生活人口与就业人口，成为农产品加工基地和集散中心，农业信息与服务中心。

镇区建设规划应确定人均建设用地指标，计算建设用地总量；确定居住、公共建筑、生产、公用工程、道路交通系统、仓储、绿地等建筑与设施建设用地的空间布局，划清各项不同使用性质的用地界限；根据村镇总体规划的要求，对规划范围内的供水、排水、供电、电信、广播电视、燃气等设施及其工程管线进行具体安排；明确旧镇区改造和用地调整的原则、方法和步骤；对中心地区和其他重要地段的建筑体量、体形、色彩提出原则性要求；确定道路红线宽度、断面形式和控制点坐标、标高；综合安排环保和防灾等方面设施。

（三）村庄规划

村庄规划应根据村镇总体规划的要求，合理布局，节约用地，正确引导，依靠群众，自力更生，因地制宜，量力而行，突出特色，逐步实施。

1．农村新型社区建设

农村新型社区建设规划应统筹考虑全镇或乡的村庄布点，规划村庄布点应按照“平坝高度集中、丘陵适度集中、山区相对集中、适度移民”的原则，以若干个中心村为基础合并其周围的村庄。中心村是农村的基础性聚落单元，是依附周围区域城乡经贸关系发展的功能社区，在规模、功能上介于小村庄和乡镇之间，近期作为村镇之间的纽带，经过一段时间的发展，有的成长为功能比较齐全的小城镇，在规划定位时应注重其长期可持续发展，并留有足够的发展空间，村庄布局应有自身的特色，注意保留农村历史文脉，传承当地建筑文化；坚持人与自然和谐，注意保护山体、河流、水塘，保护生态环境和自然风貌，做到依山就势，体现乡村特色，凸显田园风光，严格控制占用耕地，充分利用山地和旧宅基地，方便农民生产生活，充分利用山形地势，不推山、不砍树、不填塘，追求人与自然和谐，形成不同的风格，设计成自然村落式、农村社区式、田园农庄式、城郊集中式等多种形式，避免使城乡一体化变成城乡一样化。深山区和沿河区的村庄规划要进行安全性评估。

2．基础设施

根据交通流量、结合自然条件和现状特点，按照有利生产、方便生活、节约投资、远近结合的要求确定道路交通系统，并有利于建筑布置和管线铺设。

改善村庄供水条件，有条件的村庄要充分利用城镇供水系统，建设连接城镇的供水管道；没有条件的村庄集中建设供水系统，采用高位水池（屋顶水箱、水塔）、消毒装置等设备，满足生活和消防对水质、水压和水量的要求，使村民在家里能用上自来水。要加强对农村饮用水源的保护，禁止在水源周边设置旱厕和畜禽舍，禁止垃圾和有害物品的堆放及排放污水。

推广建设分户沼气池，通过沼气利用形式将养殖、粪便污水和各种有机废物妥善处理，形成循环利用模式。有条件的村庄可建设简易污水处理构筑物和污水管道，污水通过管道收集，排入污水处理构筑物，处理后根据水质情况就近回用，可作为道路、绿地浇洒、景观用水及农田灌溉等。

农村生活垃圾、人畜粪便、农作物秸秆等多种生物质数量丰富，为再生物质能源的利用提供了保障，可考虑利用沼气，发展生态庭院经济；利用养殖畜禽及人的粪便和玉米秸秆等有机质作为发酵原料，建设沼气池，生产的沼气可用于炊事、照明、棚室增温等；沼肥是优质的有机肥料，可用于温室或大田作物等。

以提高农村村民生活质量、促进农村现代文明为目标，加大农村电力、通信、广播电视建设，支持发展农村小水电，逐步实现村村通电，运用现代技术手段，扩大电信和互联网在农村的覆盖面，加大广播电视投入，全面实现村村通广播电视。

推广生活垃圾的分类投放。平原和浅丘区村庄分户设置垃圾分类收集桶，设置垃圾收集站，由镇环卫部门统一清运，运往城市生活垃圾处理设施进行无害化处理。山区村庄设置垃圾收集站和垃圾堆埋点，生活垃圾集中到垃圾收集站，由保洁员分类回收，所得收益归保洁员；剩余不可利用垃圾存放到垃圾堆埋点。

各农户厕所和公共厕所的粪便均纳入沼气池处理系统进行无害化处理。

3．非行政村庄整治

非行政村庄原则上不再新建种类项目和公共服务设施，在充分调查分析当地自然、历史和现状的基础上，提出自然生态环境和历史文化资源的保护措施；对原有建设布局进行适度的整合、梳理，提出农村居民生活必需的公共服务设施；结合建筑质量评价，对现状建筑提出更新、整饰、改善等立面整治及风貌控制要求；结合实际整治需求，制定道路、给水、排水、供电、电信、广播电视等改造、建设要求，打造特色鲜明的社会主义新农村。

4．农村合作经济组织

以当地农业主导产业为载体，坚持“民办、民管、民营、民受益”的合作组织原则，尊重农民意愿，允许农民自愿组合，独立自主、进出自由地开展劳务、资本、技术、营销合作，实行民主决策、民主管理和民主监督，提高农业和农民生产的组织化程度，解决小生产与大市场的矛盾，促进农业走向现代化。

5．精神文明建设

立足于提高农民的生活质量，坚持贴近生活、贴近实际、贴近群众，注重实际，多办实事，用先进文化占领农村思想文化阵地，改变农村面貌、提升农村社会文明程度，促进农民生活方式、思维方式和价值观念向现代化转变，塑造社会主义新农村风貌，提高广大农民素质，构建和谐社会，推动农村经济发展。

五、规划实施中需要把握好的关系

建设社会主义新农村，是方向性的奋斗目标，是一个长期繁重的历史任务。在实践中不可避免会出现各种各样的困难和问题，尤其是在欠发达地区困难和问题将会更加突出，这就要求规划的实施者要不断探索、科学把握，使社会主义新农村建设这项惠及农民的工程，真正落实好、抓出成效。因此，在工作中要把握好以下几个关系。

（一）把握好新农村建设政府政策扶持与农民自力更生的关系

建设社会主义新农村是国家以加大对农村公益事业投入为切入点来全方位提高农村生产质量、提高农民生活水平的民心工程，也是经济发展到一定时期工业反哺农业、城市支持农村的具体体现。但这并不是说在建设社会主义新农村中，国家大包大揽，农民观望等待，充分发挥广大农民群众在新农村建设中的主体地位，是能否建设好社会主义新农村的关键所在。有些项目如通村公路、改水工程等，国家匹配资金有限，尤其是经济欠发达地区，县乡财政又十分薄弱，不能全部弥补资金缺口，这就需要农民以改变生活面貌、建设自己家园的态度，在力所能及的情况下，出工出劳，共同把事情做好，使自己早受益，这与增加农民负担是两种不同的概念，不能混为一谈。相互推诿、相互等靠，再好的政策也难以实现。农业生产、农民建房、沼气池等项目，要以农民自己投入为主，政府适当补助。建设社会主义新农村不是单独某方面的事，是需要全面动员，全社会参与，充分发挥各方面的积极性，才有可能做好的一项庞大的系统工程。

（二）把握好新农村建设与稳定的关系

建设社会主义新农村的目的是建设社会主义和谐社会，建设新农村必须着力解决农村社会矛盾。没有社会的和谐稳定，就没有社会主义新农村。建设新农村的一个重要方面，就是要使农村安定有序、充满活力，使农民安居乐业、和睦相处。广大农村形成安定祥和的局面，新农村建设的基础会更加牢固。当前，我国经济社会处于转型时期，各种利益关系趋于复杂化，社会矛盾处于多发期。农村社会矛盾尤其突出。因征地拆迁、土地承包等引发的矛盾时有发生，农民上访和农村群众性事件有所增加。有些地方党群、干群关系趋于紧张，这已成为制约农村发展、新农村

建设和社会稳定的重要因素。

建设社会主义新农村就要从农民最关心、最直接、最现实的利益问题入手，着力化解阶段农村经济社会中突出的矛盾和问题，降低农村社会的各种风险，努力构建经济繁荣、秩序良好、乡风文明的农村社会新秩序，加快推进和谐乡村建设进程。在建设社会主义新农村中，认真开展矛盾纠纷排查工作，构建社会利益协调机制，完善解决好来自各方面的利益诉求，完善处理不同利益群体的关系，认真解决好涉及群体性事件，建立预防和处置群体性事件的应急工作机制，确保一旦发生群体性事件，能够及时掌握，完善处理，要把农村社会稳定和建设社会主义新农村放在同等重要的角度来看待，确保农村在稳定中发展，新农村建设工作在和谐中前进。

（三）把握好新农村建设与加快城镇化的关系

统筹兼顾是科学发展观的基本要求，城乡关系始终是关系我国现代化建设全局的重大问题，推进新农村建设应当以统筹城乡发展为核心，积极建立新型城乡关系。在工业化、城镇化、市场化条件下不可能单纯就“三农”问题解决“三农”问题，而需要通过统筹城乡发展来解决“三农”问题。建设新农村与推进城镇化不但不相互矛盾，而且是我国现代化战略布局中相辅相成、不可或缺的两个重要组成部分。强调建设新农村，不是忽视城镇化、放慢城镇化，更不是否定城镇化，而是为了更好、更健康、更扎实地推进城镇化。因为一方面推进城镇化，可适时适度地转移农村人口，减轻农村资源压力，提高农业劳动生产率，为加快土地流转、集约化经营创造条件。另一方面建设好社会主义新农村，不仅可改变农村面貌，还可扩大内需，为工业化、城镇化的顺利推进创造条件。规划建设社会主义新农村一定要统筹兼顾，既要加大工业对农业、城市对农村的反哺支持力度，建立以工促农、以城带乡的新型城乡关系，逐步缩小城乡发展差距，又要深化改革、努力消除妨碍城乡协调发展的体制性障碍，破除城乡分割的二元体制和政策限制，着力培育城乡统一的要素市场，统筹城乡社会保障制度建设，统筹城乡教育、卫生等社会事业的发展，打破传统的二元经济结构模式，推进城乡一体化发展，尽快形成统筹城乡发展的新机制，合理配置资源，逐步形成城乡互动互促的良好局面，使城乡共同增强发展后劲，共同提高发展水平，共同分享发展成果。

（四）把握好新农村建设典型示范与面上推广的关系

建设社会主义新农村是一个长期的战略性任务，是一个庞杂的系统工程。从我国目前的经济现状来看，东西部之间、省与省之间、地区与地区之间差异很大，甚至同一县域的乡与乡、村与村之间经济发展水平也不尽平衡，因此在规划建设社会主义新农村中要因地制宜、区别对待，分类指导、分步推进。而建设社会主义新农村的终极目标是全面提高生产水平、生活质量，共享经济发展成果，这又要求在制定、实施规划中，要统筹兼顾、周密策划，在抓好点的同时做好推面工作，以点带面、以点促面、点面结合，共同提高。在规划指导上，要统一部署、统一策划、整体推进，同时又要注重抓重点、攻难点、出亮点，着力规划建设一批具有较高标准和较强示范作用的新农村示范典型，这样不但可以为整体推进提供经验，还可以进一步激发农民群众的积极性和创造性，更好地投身到此项工作中来。因此说搞好试点与整体推进是规划建设社会主义新农村的两个重要环节，缺一不可。需要指出的是，在选择试点、推广典型上，要充分注重代表性和今后在面上的可推广性，对试点地方加大指导力度，给予一定的扶持是必要的，但千万不能垒大户，把资源过分集中在少数试点上，将那些“好是好，就是学不了”的典型到处硬性推广，那样不仅无助于面上的整体推进，而且典型也成为一种展品，不具少操作性。所以开展试点不仅要尽快出成果、出效益，而且还要在一些长远的基础建设方面下工夫，不仅注重经验方面的积累和探索，也要注重教训方面的分析和总结，使点和面有其共同的遵循法则，便于操作。

建设社会主义新农村是我国现代化进程中的一项重大历史使命，是建设社会主义和谐社会的重要组成部分。规划社会主义新农村要充分提倡政府发挥主导作用，广大农民积极参与、配合；模式上力求以人为本，与自然和谐，先易后难，分步实施，不搞统一标准，不搞达标验收；把握统筹城乡发展，形成城乡良性互动；加强农村基层党组织建设，提高农民科技素质和政治素质，创建良好社会风尚，促进社会事业发展。只有这样，才能保证社会主义新农村规划及实施的健康、顺利进行。

[参考文献]

1．“建设社会主义新农村专题”.人民日报，2006（5）.

2．回良玉.贯彻中央加大“三农”工作的重大部署，确保社会主义新农村建设有良好开局.2006.

3．中国统计局.2005年国民经济年鉴.

4．“城市经济、区域经济”.中国人民大学，2000（1）.

课题组组长：

潘孝政　浙江省乐清市市长

课题组成员：

潘孝政　浙江省乐清市市长
周大寨　辽宁省大石桥市市长
赵新生　河北省新乐市副市长
孙东升　吉林省大安市副市长
刘全新　湖北省老河口市副市长
张家齐　贵州省仁怀市副市长
高春宁　山西省永济市副市长
何俊其　四川省江油市副市长
李传玉　湖南省资兴市助理调研员
胡君石　黑龙江省嘉荫县副县长
赵志鹏　山西省永济市建设局副局长

执笔人：

胡君石　黑龙江省嘉荫县副县长
何俊其　四川省江油市副市长

统稿人：

胡君石　黑龙江省嘉荫县副县长

研讨助理：

马金凤　全国市长培训中心教务处研究实习员
王明珠　全国市长培训中心城市发展研究所研究实习员

欠发达地区新农村建设问题探析

第41期全国市长研究班第四课题组

内容提要

在当代中国，建设社会主义和谐社会，重点在农村，难点也在农村；建设社会主义和谐农村，重点在欠发达地区，难点也在欠发达地区。

建设社会主义新农村，是党中央为统筹城乡发展、解决“三农”问题而采取的一项重大举措，它深刻体现了贯彻落实科学发展观与构建社会主义和谐社会的时代特征和要求，集中代表了亿万农民群众的强烈愿望和根本利益。经济社会发展相对落后的欠发达地区，应结合自身实际，努力破解建设新农村中的难题，全面推进农村小康建设进程。

一、我国欠发达地区的基本情况

欠发达地区，一般是指受历史、区位、资源、观念等方面的限制和不平衡发展战略的影响，相对发达地区而言，在经济和社会发展水平上有着较大差距的区域。

（一）以人均GDP划分的欠发达地区

人均GDP是反映一个地区经济和社会发展水平的重要指标之一，以此指标来划分我国区域发展状况虽有所片面，但也有一定的道理。如果以人均GDP2.5万元人民币为一般标准划分，我国34个地区可划分为三类：一类是发达地区(人均GDP2.5万元以上、农业GDP占5%以下、农业就业人口占20%以下、城镇人口占70%以上)，包括中国香港、澳门、台湾、上海、北京、天津六个地区；二类是初等发达地区(人均GDP8000元以上、农业GDP占15%以下、农业就业人口占55%以下、城镇人口占35%

以上)，包括广东、辽宁、黑龙江、浙江、山东、福建、江苏、河北八个地区;三类是欠发达地区,包括吉林、内蒙古、海南、湖北、新疆、湖南、青海、山西、广西、重庆、宁夏、陕西、河南、安徽、江西、贵州、四川、甘肃、云南、西藏20个地区，几乎全部集中在中西部，占了全国近2/3的省、市、自治区。

（二）欠发达地区的社会经济发展状况

建设社会主义新农村，是党中央在全国人均GDP超过1000美元，总体上进入工业反哺农业、城市支持农村的新阶段后提出来的。而欠发达地区农业占GDP比重偏高，农产品加工率不足20%，工业化水平比全国滞后10年以上；农业劳动力比重大，城镇人口数量小，城镇化率不足30%，远低于全国43%的水平。无论经济总量还是人均水平，与全国平均水平相比都有较大的差距，工业反哺农业、城市支持农村的能力有限。

（三）欠发达地区农村目前的基本面貌

改革开放以来，我国欠发达地区农村经济社会事业虽然得到了较大发展，但受发展基础、交通条件、自然资源等因素制约，总体发展步伐仍然缓慢，发展水平仍然较低，与全国发达和初等发达地区农村相比差距依然很大。主要是：农业生产基础薄弱，农业产业化、农民组织化程度低，不少地方还是靠天吃饭，生产效率低下；整体建设凌乱无序，“空心村”泛滥，“露天厕、泥水路、压水井、鸡鸭院”情况普遍，加上农民的不良习惯，环境脏乱差问题严重，个别地方生态破坏严重；农民普遍整体素质不高，民主法制意识淡薄，文化生活贫乏，陈规陋习严重，社会保障水平低下，治安问题突出等。

二、新农村建设是欠发达地区缩小与发达地区整体差距的必然选择

社会主义新农村建设作为系统解决“三农”问题的综合性措施，国家无疑将不断加大对农业和农村发展的支持力度。尤其是作为农业、农村和农民大省的欠发达地区，理所当然地是新农村建设的重点省份，也理所当然地是国家新农村建设的重点扶持省份。加上国家出于粮食安全考虑的政策倾斜、出于构建和谐社会考虑的扶贫支持、出于加强农村公共产品供给考虑的资金投入、出于环境保护和生态建设考虑的财政转移支付，必将使广大农民从中得到越来越多的实惠。这些无疑为欠发达地区加快农村经济社会发展，提升整体发展水平，缩小与其他地区的整体差距，提供了良好的机遇。

（一）实施新农村建设是欠发达地区缩小贫富差距、加快小康社会建设的迫切需要

如同中国的经济奇迹，今日的中国贫富不均，已举世公认。虽然从2004年起，连续三个“一号文件”下去，中央给予了农民大量实惠，但是城乡居民收入差距仍然没有缩小。据统计，改革开放之初，城乡居民收入比例为2.57：1，到2005年这一比例已增加到3.22：1，在中西部地区这一比例还会更高。一些地方的农村还不通公路、群众看不起病、喝不上干净水、农民子女上不起学等社会问题十分突出。党的十六大确定了新世纪前20年全面建设小康社会的奋斗目标，完成这一伟大历史性任务的重点和难点都在农村。但从目前情况来看，中西部地区小康社会实现程度普遍偏低，尤其这些地区的农村有越来越被边缘化的危险。国家统计局的一项研究表明，东部地区农村全面小康的实现程度达到30.8%，中部地区只有9.8%，而西部地区却是-14.1%。这种状况如果不能有效扭转，全面建设小康社会就会成为空话。面对这种状况，欠发达地区迫切需要采取有效手段，发展农村经济，使农民真正富起来，加速欠发达地区经济社会发展的整体进程，而社会主义新农村建设成了实现这一要求的综合抓手。

（二）实施新农村建设是统筹城乡发展、构建和谐社会的必然选择

我国尽管整体经济保持着良好的发展势头，但城乡之间、区域之间发展失衡却十分严重。2000年我国国内生产总值是8.9万亿元，2005年增速高达9.8%，国内生产总值规模达到18.2万亿元，同2000年相比，6年扩大了近2.5倍。但是中国城市地区与农村地区的经济增长率相差悬殊，目前农村与城市相比人均收入不到城市居民收入的1/3，收入差距导致占有财富的差距，集中表现为购买商品和服务的差异。占总人口60%的乡村人口只消费了社会消费品零售额的1/3，储蓄额不到居民储蓄总额的1/5；同时，城乡之间的基本建设、义务教育、医疗卫生、社会保障等方面也存在着巨大的差距。特别是欠发达地区农村目前仍有近1/10的农村人口处于贫困状态，其中400多万人的温饱问题还没有得到完全解决，如果不采取工业反哺农业、城市支持农村的发展战略，这个差距在未来25~30年内还会加剧。另外，作为人口大省的中部欠发达地区占有全国60%的农村剩余劳动力，就业转移压力十分巨大。从长期来看，无论国家对农业和农村给予怎样大的扶持政策，不管农业的深度开发和多种经营达到什么程度，农业所容纳的劳动力都是有限的。并且，由于乡镇企业发展日益面临环境治理力度不断加大的形势，也增加了农村富余劳动力就地转移的难度。必须加快农村经济全面发展步伐，把农村富余劳动力逐步转向城镇和农村第二、第

三产业，才能实现农村富余劳动力的有效转移。因此，作为欠发达地区，必须采取标本兼治的办法，有效解决当前“三农”发展中存在着的突出矛盾和问题。社会主义新农村建设把全面建设小康社会的难点重点、科学发展观的着眼点、构建和谐社会的着力点结合起来，较好地顺应了这一要求。

同时，社会主义新农村建设也是有效扩大区域内需，特别是农村内需，提高经济发展活力，保持区域经济持续健康发展的有效途径之一。因此，社会主义新农村建设，不仅是解决当前经济社会发展突出矛盾和问题的应对之策，也是保持区域社会经济平稳较快发展的长久之计。

（三）欠发达地区实施社会主义新农村建设完全可行

多年来，我国一直奉行农业支持工业的发展战略，农业和农村为我国工业经济建设作出了巨大的牺牲和贡献。但是目前，农业在国民经济中的比重已降为12.4%，农业支持工业、为工业提供积累的任务已经基本完成，我国进入工业化中期阶段，工业有能力支持农业。从2000~2005年，我国GDP由89404亿元增长到182321亿元，增长1.04倍，第二、第三产业增加值占整个GDP的87.6%，其劳动力就业人数占社会就业人数的比重已超过50%，经济实力和综合国力显著增强。虽然欠发达地区综合实力还不够强，工业化程度还比较低，但我国整体状况已进入工业和城市发展水平大幅度提升、财政收入快速增长的阶段，国家完全有条件通过调整国民收入分配格局，进一步加大对农业和农村发展的支持力度，所以欠发达地区实施社会主义新农村建设的经济基础已基本具备。

同时，社会主义新农村建设是惠民工程，农民具有较强的参与热情，群众支持度高。加之近些年，发达地区大力统筹城乡发展，不断加大城镇化建设步伐，创造了综合破解“三农”问题的许多成功典范；近两年来国家不断加强对中西部地区特别是农村地区发展的政策研究和制定，取得了较好的实践效果，这都为对欠发达地区实施标本兼治、建设社会主义新农村积累了有益的经验。因此，欠发达地区社会主义新农村建设的条件已基本成熟，具有较强的可行性。

三、欠发达地区新农村建设面临的突出问题

（一）生产发展不够

农业经营方式落后，粮食综合生产能力不高，抵御自然灾害和市场风险的能力十分有限；农民组织化和生产集约化程度低，科技支撑薄弱，制约农村经济发展的深层次矛盾较为突出。

（二）生活条件差

农民增收缓慢，农村社会事业发展任务艰巨。有关资料显示，全国亟待解决农村饮水安全和不能完全开通自来水的问题；60%~80%欠发达地区的农村需要在医疗、卫生、环境等方面加速建设和减少与城市和发达地区的差距。

（三）基础设施建设投入严重不足

由于多年来，农村基础设施公益事业建设主要靠农民群众和农村集体自身积累，所以农村交通、通信、水利设施建设缓慢。据统计，目前全国不通公路的167个乡、近5万个村有90%在欠发达地区，中西部农田水利设施普遍不足且标准低。

（四）农民素质普遍不高

欠发达地区农村人口比重较大，且集聚了全国90%以上的贫困人口，劳动力素质与新农村建设的要求还有很大差距。推进中西部地区新农村建设，培养和造就新型农民的任务相当艰巨。

（五）乡村两级负债严重

在我国乡村债务总额过大、乡镇债务覆盖面最广的是中西部地区，在这一区域内60%以上的乡镇负债。与经济发达地区乡村负债率趋同，但还债能力有限，危机更为严重。

四、欠发达地区新农村建设的思路、原则和重点

建设社会主义新农村，是事关全面建设小康社会和加快推进现代化全局的重大战略任务，也是新时期“三农”工作的总目标和总抓手。欠发达地区要积极抓住目前工农关系、城乡关系发生重大转变的时机，明确思路，强化措施，把握重点，有效加大区域“以工促农、以城带乡”机制的探索，稳步提升区域农村发展水平，推动社会主义新农村建设取得实实在在的效果。

（一）建设社会主义新农村的主要思路

建设社会主义新农村，要坚持以邓小平理论和“三个代表”重要思想为指导，全面贯彻落实科学发展观，统筹城乡经济社会发展，实行“工业反哺农业、城市支持农村”和“多予、少取、放活”的方针，按照“生产发展、生活宽裕、乡风文明、村容整洁、管理民主”的要求，以广大农民群众的根本利益为出发点和落脚点，以发展农村经济为中心，协调推进农村经济建设、政治建设、文化建设、社会建设和党的建设。

（二）建设社会主义新农村应坚持的原则

在当前的新农村建设中防止和克服一些认识和行动上的误区，把握实施原则，使思想更清醒、行动更自觉、步伐更坚定。

1．防止和克服一哄而起、大拆大建，搞政绩工程和运动式推进

新农村建设离不开村庄整治，但要明确农民的旧房改造必须立足实际，尊重农民意愿，有计划、有步骤、有重点地进行。

2.防止和克服操之过急、急于求成

建设社会主义新农村是我国广大农村经济、政治、文化和社会四个层面协调发展的过程。这个过程并不仅仅取决于人们的主观意志，从根本上说取决于生产力的发展状况，必将是个漫长而艰巨的过程。只能坚持从实际和现有条件出发，充分尊重自然规律、经济规律和社会发展规律，循序渐进，量力而行，科学地确定发展目标和实施步骤。

3.防止和克服大包大揽、不尊重农民，甚至损害农民权益

新农村建设必须组织和动员广大农民参与，自己当家做主，“大主意”应由农民自己拿，这是确保新农村建设健康发展的根本前提。在实际工作中，必须从制度和机制上牢固确立农民在新农村建设中的知情权、参与权和决策权。

4.防止和克服新农村建设一刀切的倾向

中西部地区农村经济社会发展层次低，推进新农村建设应坚持统一部署、科学规划、分段实施、先易后难、分类指导、逐步推进。推进新农村建设，应将统一安排与分类指导结合起来，将统一要求与特殊要求结合起来，将共性与个性、长远规划与阶段性成果结合起来。切忌在新农村建设模式上搞一律化，方法上搞一刀切，甚至盲目模仿城市，丧失农村特色，割断延续千百年的文化传统。

5.防止和克服重硬件、轻软件，把新农村建设简单理解为“农村新居建设”

要全面改变农村面貌，推进农村基础设施建设当然是必需的。但我们不可忽略或丢了新农村的软件建设。如果重硬件轻软件或硬件与软件建设不适应、不协调，新农村建设势必难以驶入科学的轨道。

（三）当前欠发达地区社会主义新农村建设的工作重点

新农村建设关键是要增强工作的针对性和实效性，强化宣传发动、规划统筹和示范带动，突出解决重点、热点和难点问题，确保社会主义新农村建设有良好开局。

1.提高农村经济的综合发展水平

建设社会主义新农村，必须始终将发展农村生产力放在新农村建设的首位，打造厚实的产业支撑。要大力提高农业综合生产能力，优化农业产业结构和区域布局，注重培育和发展特色农业，通过生产高产、优质、高效、生态、安全的农产品和农业产业化经营，稳定增加农业产量，持续提高农业效益，不断增强农业竞争力；同时，要坚持把发展农业与发展非农产业相结合，积极组织产品加工生产，鼓励农民大力发展工业和第三产业。农村的发展，要宜农则农、宜工则工、宜第三产业则第三产业，“八仙过海、各显神通”，既要确保粮食安全、不断巩固农业基础，又要因地制宜大力发展非农产业，不断壮大农村经济实力。

2.多措并举，促进农民持续增收

加大实施粮食直补、良种补贴和农机具购置补贴政策的力度。建立和完善对种粮农民的支持保护制度，搞好农业生产资料供应和市场管理。培育壮大县域经济，加快城镇化步伐，把城镇基础设施建设与产业发展、农村人口转移结合起来，继续对农村部分计划生育家庭实行奖励扶助制度，鼓励和支持符合产业政策的乡镇企业(中小企业)发展。加强农业科技应用与推广，完善农业科技推广服务体系，推行和完善“专家大院”、“专家+协会+农户”等科技服务模式。坚持开发式扶贫方针，加大扶贫开发投入。进一步整合城乡劳动力市场，构筑政府和社会多方面为农村劳动力提供就业信息、技术培训、咨询、中介和合法权益保护的服务网络，大力发展农村劳务经济。

3.加强农村基础设施建设

坚持山、水、田、林、路综合整治，加强农田水利基本建设，加大中低产田改造力度，努力改善农业生产条件。建设高产稳产基本农田。大力加强农民最急需的基础设施建设，巩固和发展人畜饮水解困工程成果，进一步加强农村公路建设，大幅度增加建设投资规模，加快普及户用沼气和改厨、改厕、改圈步伐，积极发展养殖场和生活污水净化大中型沼气。继续推进农村电网建设与改造，发展农村小水电，积极发展面向农村的广播电视电信等设施，提升农村互联网应用水平，引导农民自愿出资出劳，开展自我受益的乡村小型基础设施建设。进一步改善农村生态环境。巩固天然林保护、退耕还林等重点生态工程建设成果，加大困难地带植被恢复和生态建设力度。继续实施小流域综合治理工程，做好坡耕地改造和生态重点地区、水土保持重点防护区的水土流失治理工作。加强人居环境治理，注重村庄安全建设，开展危险区避让搬迁工程。搞好农村消防工作。积极开展乡村清洁工程建设，搞好农村污水和垃圾治理，加快小集镇生活污水和垃圾处理设施建设，加大集约化养殖场污染治理力度。

4.把发动群众、调动群众积极性放在首位

农民群众是建设社会主义新农村的主体力量和直接受益者，要加快社会主义新农村建设，必须把调动农民群众的积极性作为根本的力量源泉。因而要尊重农民意愿、顺应群众要求、增强政策观念、讲究工作方法，把农民的利益放在首位，从农民最关心、要求最急迫、受益最直接的事情做起；从农民最积极、干部最主动、条件最成熟的村子抓起，进一步激发他们建设家乡的积极性，变“要我干”为“我要干”。这样，农民才欢迎新农村建设，基层才拥护新农村建设，新农村建设也才能真正成为民心工程、德政工程。

5.要积极组织解决群众最关心、最需要的问题

社会主义新农村建设，要结合实际，充分考虑农民的切身利益和发展要求，区分轻重缓急，有的放矢，确保农民群众在新农村建设中真正受益。要积极引导农民开展“三清五改”，即清垃圾、清污泥、清路障，改水、改厕、改路、改塘、改灶，从培养农民良好的卫生习惯着力，改善农民的居住环境；突出建设重点，加强饮水安全、农田水利、乡村道路、农村能源等基础设施建设，有计划、有步骤地解决一些村庄“脏乱差”的问题。要有序加大对农村公共教育、公共卫生、公共设施、公共安全和社会保障等方面人力、物力和财力的投入，努力解决农村“行路难”、“饮水难”、“用电难”、“上学难”、“就医难”、“就业难”、“通信难”等实际问题，保证农村广大群众共享改革发展的成果。要积极推进新型农村合作医疗制度试点工作，加强以乡镇卫生院为重点的农村卫生基础设施建设，加大农村地方病、传染病和人畜共患疾病的防治力度，加强农村计划生育服务设施建设。

6.提高农民素质

农民是农业生产力中最活跃、最具创造力的因素，农民素质的高低直接决定着生产力水平的高低，进而决定着农业生产发展的进程和效益；同时，农民是农村各项文明建设的主体，没有农民文明素质的提高，文明建设就没有依靠；文明建设离开了农民文明素质，就失去了目的和意义。因此，没有新型的农民，就不可能建成新农村；没有农民的现代化，就不可能有农村的现代化。要打破教育方面的城乡二元结构，改变长期以来优质教育资源向城市倾斜的现象，统筹城乡教育资源，继续实施国家西部地区“两基攻坚”工程和农村中小学现代远程教育工程，建立健全农村义务教育经费保障机制，确保农村义务教育全面落实，从源头上杜绝新文盲的产生。整合农村各种教育资源，发展农村职业教育和成人教育。加快农村高中阶段学校建设尤其是职业技术学校建设，开展各种形式的职业技能培训，要让农民学习、掌握和应用新的适宜技术。大规模开展农村劳动力技能培训。扩大农村劳动力转移培训阳光工程实施规模，提高补助标准，增强农民转产转岗就业的能力。加强县文化馆、图书馆和乡镇文化站、村文化室等公共文化设施建设，继续实施广播电视"村村通"和农村电影放映工程，推动实施农民体育健身工程。积极开展多种形式的群众喜闻乐见、寓教于乐的文体活动，保护和发展有地方和民族特色的优秀传统文化，扶持农村业余文化队伍，鼓励农民兴办文化产业。深入开展农村形势和政策教育。抵制迷信、移风易俗、破除陋习，提倡科学健康的生活方式。积极推动群众性精神文明创建活动，强化和发扬农村自身拥有的尊老爱幼、妯娌和睦、邻里团结、重信守义、遵纪守法等良好的乡风民俗。

五、当前欠发达地区新农村建设工作的着力点

（一）强化龙头抓规划

建设新农村，要坚持规划先行，分步建设。规划要按照统筹城乡经济社会发展的要求，将其纳入地方经济与社会发展总体规划。使新农村建设与本地经济社会发展的总体规划相衔接，与"十一五"农村经济发展、产业发展布局、乡村基础设施建设等社会事业和基层组织建设规划相衔接，规划要体现经济社会发展的时代要求，体现以人为本和全面协调可持续发展的要求，要尊重自然规律、经济规律和社会发展规律，确保规划的科学性、民主性、前瞻性和可行性，既要搞好总体规划，又要搞好分项规划，统筹安排各项建设任务。搞好我省第二次全国农业普查工作，为建设社会主义新农村提供基础信息规划是行动的指南。要尊重自然规律、经济规律和社会发展规律，充分考虑和尊重农民的切身利益和发展要求，广泛听取基层和农民群众的意见建议，充分发挥他们在新农村建设中的主动性和创造性，着力解决直接关系农民切身利益的各类生产生活问题，提高规划的科学性、民主性和可行性，在符合农民意愿、带给农民实惠、得到农民拥护的基础上扎实稳步地向前推进。

（二）政府引导抓示范

建设社会主义新农村，既要全面推进，又要抓好试点示范。一方面，要选择一些基础比较好的村镇率先展开，重点建设一批具有较高标准和较强示范作用的新农村示范点，充分发挥它们在建设社会主义新农村中的引领作用、带动作用和激励作用。另一方面，要以一些困难多、条件差的村作为试点，加大扶持力度，积极引导它们谋发展、建新村、奔小康。对确定的试点乡（镇）或村社，要帮助厘清经济社

会发展思路，制定新农村建设的具体规划，各级党委政府要派出人员帮助、指导有条件的地方，要在资金等方面给予扶持，力争把新农村建设试点建设好，成为示范样板，通过试点总结经验，指导面上的工作。

（三）整合资金抓投入

新农村建设是一项求真务实、让农民得实惠的工程，与历史上曾提倡过的新农村建设相比较，一个重要的新特征就是要拿“真金白银”加大投入。要围绕新农村建设，整合现有各方面用于农村的建设资金，发挥整体效益。要制定相关政策措施，要推进公共财政支农改革。认真贯彻中央“工业反哺农业、城市支持农村”的方针，更加自觉地调整国民收入分配格局，扩大公共财政覆盖农村的范围。进一步加大政府财政对农业的投入，提高对农业的综合支持力度。鼓励和引导民间资本投向新农村建设。就现阶段而言要切实处理好农民主体和政府引导的关系，建立政府、社会、农民相结合的投入机制，当前尤为重要的是通过各级财政投入启动新农村建设，引导调动农民投资投劳的积极性；同时，要改进新农村建设的投资方式，只有这样，广大农民群众才能从新农村建设中得到实实在在的实惠。

（四）为新农村建设培养乡土人才

要注重结合各地农村经济社会发展实际，有落实新农村建设壮大人才培训工程，培育发展农村经济的能人、带头人和经济人，努力打造懂市场、会经营的新农村建设人才队伍。

六、结论与建议

推进社会主义新农村建设是时代的必然，是历史的必然。它是党中央统揽全局、着眼长远、与时俱进作出的重大决策，是一项不但惠及亿万农民，而且关系国家长治久安的战略举措，是我们在当前社会主义现代化建设的关键时期必须担负和完成的一项重要使命。全党同志和全国人民对此应当有明确而又深刻的认识，把思想和行动统一到中央决策上来，上下一心、步调一致地为之努力奋斗。

（一）结论

1. 新农村建设是一项长期任务

全国60多万个行政村，300多万个自然村，各地自然条件和经济文化状况差别很大。农村落后又是历史形成的，改变农村面貌绝不是朝夕之功，不可能一蹴而就，需要经过几十年、有些地方甚至需要上百年的艰苦努力，必须树立长期奋斗的思想。欠发达地区基础薄弱，实施和推动的难度会更大，因此要对此有更加清醒的认识。

2. 新农村建设是一项紧迫任务

必须尽快行动、取得实效，防止城乡差距进一步拉大。对欠发达地区，这一点显得更为迫切。

3. 新农村建设是一个不断发展的历史过程

内容应不断丰富和发展。欠发达地区有了此种认识，在新农村建设中就能认清方向，振奋精神、量力而行、尽力而为、有所作为；不会急于求成、操之过急，也不会消极等待、无所作为。

4. 新农村建设是一个庞大的系统工程，涵盖了经济建设、政治建设、文化建设和社会建设

建设新农村，必须坚持统筹城乡发展这个根本指导方针，在符合农民意愿、带给农民实惠、得到农民拥护的基础上扎实稳步地推进。当前，应集中解决农民生产生活中最迫切需要解决的实际问题，真正带给农民实惠。

（二）建议

1. 整合新农村建设资源

新农村建设既是一项艰巨的任务，也是一项系统工程，需要整合政治、经济、文化等各种资源，将人、财、物捆绑使用，形成合力，发挥最大效益。要按照“渠道不乱、用途不变、集中使用、各负其责”的办法，整合各类涉农资金向新农村建设倾斜；同时，还需要不断加强与周边地区的区域经济合作，促进区域资源整合和优势互补、共同发展。这是一项十分复杂的系统工程，必须切实加强规划工作。各地要按照统筹城乡经济社会发展的要求，把新农村建设纳入当地经济和社会发展的总体规划。要尊重自然规律、经济规律和社会发展规律，广泛听取基层和农民群众的意见和建议，提高规划的科学性、民主性、可行性，确保新农村建设扎实稳步推进。

2. 加大对欠发达地区新农村建设的投入和扶持

顺应经济社会发展阶段性变化和建设社会主义新农村的要求，坚持“多予、少取、放活”的方针，重点在“多予”上下工夫。调整国民收入分配格局，国家财政支出、预算内固定资产投资和信贷投放，要按照存量适度调整、增量重点倾斜的原则，不断增加对农业和农村的投入。扩大公共财政覆盖农村的范围，建立健全财政支农资金稳定增长机制。要把国家对基础设施建设投入的重点转向农村。抓紧制定将土地出让金一部分收入用于农业土地开发的管理和监督办法，依法严格收缴土地出让金和新增建设用地有偿使用费，金融机构要不断改善服务，加强对“三农”的支持。进一步加大支农资金整合力度，建立健全财政支农资金稳定增长机制。财政新增教育、卫生、文化等事业经费主要用于农村，国家基本建设资金增量主要用于农村，政府征用土地出让收益主要用于农村。强化财政资金的黏合作用和聚集功能，积极引导社会资金和民间资本投入新农村建设。进一步调整优化资金投向，突出建设重点。加大支农资金整合力度，加强资金监管，提高使用效益。积极推动以县为主的农业政府性投资。

3.逐步推行城乡统筹的社会保障体制

社会保障体系是社会主义市场经济制度的重要基石之一。逐步建立适合农村实际的社会救助和保障体系。按照城乡统筹发展的要求，逐步加大公共财政对农村社会保障制度建设的投入。完善农村“五保户”和重病、重残人群的供养、救助制度，逐步提高供养、救助标准，完善救助方式。在具备条件的地区，建立农村最低生活保障制度。在养老保障方面，有条件的地区可以将家庭养老、土地保障和社会养老保险相结合，探索建立农村社会养老保险制度。探索建立与农村经济发展水平相适应、与其他保障措施相配套的农村社会养老保险制度。积极扩大对农村部分计划生育家庭实行奖励扶助制度试点和西部地区计划生育“少生快富”扶贫工程实施范围。要加快建立有利于逐步改变城乡二元结构的体制，实行城乡劳动者平等就业的制度，建立健全与经济发展水平相适应的多种形式的农村社会保障制度。充分发挥市场配置资源的基础性作用，推进征地、户籍等制度改革，推进城乡义务教育均衡发展，把农村义务教育全面纳入公共财政保障范围，构建农村义务教育经费保障的新机制。进一步完善新型农村合作医疗的相关政策，逐步健全农村医疗卫生服务体系，提高农民的医疗保障水平。

课题组组长：

樊益民　陕西省韩城市副市长

课题组成员：

刘金恒　黑龙江省黑河市孙吴县县长

秦　煦　安徽省界首市副市长

周　刚　河南省信阳市商城县副县长

周耀发　湖南省常宁市副市长

林盛兴　广西壮族自治区宜州市副市长

李崇喜　四川省简阳市市委常委

樊益民　陕西省韩城市副市长

赵存益　青海省海东地区乐都县副县长

执笔人：

秦　煦　安徽省界首市副市长

研讨助理：

赵克进　全国市长培训中心教务处助理研究员

张海荣　全国市长培训中心城市发展研究所助理研究员

小城镇在社会主义新农村建设中作用的探讨

第41期全国市长研究班第五课题组

【内容提要】

建设社会主义新农村，是在我国经济社会发展处于关键阶段，以胡锦涛同志为总书记的党中央落实科学发展观和构建社会主义和谐社会的重大战略，是党和国家全面建设小康社会的重大举措。小城镇是连接城市经济和农村经济的桥梁，具有集聚效应、辐射效应、联结效应、反哺效应及融合效应，是实现农村现代化的重要载体，是“三农”工作的物质载体，直接体现着农村经济、社会文化、生态环境、农村面貌、农民生活状况乃至农村文明的总体水平，应是推动新农村建设的基地。以发展小城镇带动新农村建设，应成为加快农村现代化建设步伐的切入点和突破口，对于统筹城乡发展，全面建设小康社会、建设社会主义新农村具有十分重要的意义。

一、发展小城镇在建设新农村中的意义

（一）关于小城镇的概念

小城镇作为地理空间中一个特定的地域概念，各类研究人员在讨论小城镇问题时，都侧重于从自身学科的角度提出不同的看法。费孝通先生把小城镇定义为：“一种比农村社区更高一层次的社会实体，这种社会实体是以一批并不从事农业生产劳动的人口为主体组成的社区。无论从地域、人口、经济、环境等因素看，它们都既具有与农村相异的特点，又都与周围的农村保持着不可缺少的联系。”费孝通先生认为“小城镇是一个新型的，正在从乡村性社区变成许多产业并存的，向着现

代化城市转变中的过渡性社区。它基本上已经脱离了乡村社区的性质，但没有完成城市化的过程”。

1984年，国务院批转民政部《关于调整建镇标准的报告》，确立了“以乡建镇”新模式，设镇标准如下：县级国家机关所在地，均应设置镇；人口在2万人以下的乡，乡政府驻地非农业人口超过2000人的，可建镇；总人口在2万人以上，乡政府驻地非农业人口占全乡10%以上的，可建镇；少数民族地区、人口稀少的边远地区、山区和小型工矿区、小港区、风景旅游区、边境口岸等地，如有必要，可设镇。因此，小城镇是指区别于城市和农村村庄，在一定区域内具有一定规模的，主要由从事非农业生产活动的人口所聚居的社区，它包括国家已批准设镇建制的建制镇和尚未设镇建制的相对发达的农村集镇。我国相关文章报道中提到的小城镇，一般泛指县级市（县城）、建制镇和集镇。改革开放以来，尤其是80年代中期伴随着乡镇企业的蓬勃发展，农村小城镇发展成为我国城镇化建设最具活力的组成部分和主导力量。据统计，20年来，我国农村建制镇的数量扩大了近8倍，发展到了19060多个。

（二）关于发展小城镇国内外的一些看法

小城镇的区位特殊，它一头联系城市，一头联系农村，是大中城市辐射功能的“接收器”和“差转台”，是城乡联系的“中转站”。作为广大农村区域的政治、经济、文化科技中心，小城镇起着协调、指导本区域内各产业发展的作用，是我国“三农”工作的物质载体。中国20多年改革开放证明，小城镇通过发挥自身的辐射功能，可带动周围乡村发展，将城市的技术、信息和生产资料传送农村，为农业生产和农民生活提供服务，是农村经济的重要增长极，是实现农业现代化的重要支撑体系。费孝通教授在《小城镇·大问题》一文中指出：“小城镇是农村政治、经济、文化中心，小城镇建设发展是发展农村经济、解决人口出路的重要途径之一。”

德国地理学家克里斯塔勒(Walter Christaller)、经济学家廖什(August Losch)的“中心地”理论认为：城镇是人类社会经济活动在空间的投影，是一定区域的核心；城镇建立在位于广大乡村的中心地点，起到周围乡村中心地的作用，中心地收集输送地方产品，向周围乡村人口提供所需货物和服务；一个国家要想在全国范围内取得广泛的经济增长，就必须在整个国家范围内建立起一个一体化的(integrated)人居系统(settlementsystem)。这个人居系统应该是由具有不同规模及功能的城市、镇及乡村所组成。克里斯塔勒和廖什研究认为，对系统中作为节点的小镇(Small Town)，应充分发挥其作用和给予特别的重视。

许多专家学者认为：从实践看，农村发展计划之所以在发展中国家实际执行过程中没有取得良好的效果，重要原因之一在于这些国家没有将农村发展计划与这些国家在农村地区不断出现的中心地——小城镇联系起来，没有发挥出小城镇作为连接城市与乡村系统的作用。纽约州立大学的Obudho在非洲考察之后提出：以小城镇为中心的农村建设是促进农村地区发展的重要潜在力量，在充分重视城市中心对农村外围的重要影响力的同时，要将城市、小城镇及其周围农村紧密地联系起来，使各类中心设施能在整个系统内得到最合理、最有效的配置与利用，提高整个区域的总体经济效益，最终使城乡之间长期存在的不公平现象得以减少乃至消除。他更强调通过发展小城镇带动农村发展，并最终实现城乡一体化的目标。

（三）发展小城镇是建设新农村的重要抓手

党中央自1998年提出“小城镇、大战略”以来，就发展小城镇做出了一系列的战略部署。2000年6月专门下发了《关于促进小城镇健康发展的若干意见》；党的十六大指出要坚持大中小城市和小城镇协调发展；中央历次农村工作会议以及有关农村工作的文件也反复提出要搞好小城镇建设；2005年9月29日，胡锦涛总书记在主持中央政治局第25次集体学习时强调，坚持走中国特色的城镇化道路，努力形成资源节约、环境友好、经济高效、社会和谐的城镇发展新格局；2005年10月11日，十六届五中全会通过的《中共中央关于制定国民经济和社会发展第十一个五年规划的建议》中指出，“坚持大中小城市和小城镇协调发展，按照循序渐进、节约土地、集约发展、合理布局的原则，促进城镇化健康发展”；2005年12月31日，《中共中央国务院关于推进社会主义新农村建设的若干意见》中进一步明确：“着力发展县城和在建制的重点镇，从财政、金融、税收和公共品投入等方面为小城镇发展创造条件，外来人口较多的城镇要从实际出发，完善社会管理职能。”目前，我国的城镇化正处在加速发展时期，把优先发展小城镇作为新农村建设的重要抓手，以小城镇为广大农村区域的中心，通过以点带面、重点扶持，促进广大农村的发展，符合客观实际，容易形成新农村建设的着力点，具有纲举目张的战略意义。

二、小城镇建设在社会主义新农村建设中的作用

建设新农村，首要任务就是要缩小城乡之间的差别，实现大中小城市协调发展。从农村经济、社会结构的角度来看，建设社会主义新农村主要包括农村工业化、农业现代化和农村城镇化这三个方面，它既是农村经济社会发展到一定阶段的产物，也是经济社会结构转换的阶段性表征。按照“生产发展、生活宽裕、村容整

洁、乡风文明、管理民主”的要求，一方面，我们要缩小城乡差别、提高农村生活质量、普及现代生活方式以及提高农民素质；另一方面，我们要推动农村经济和社会结构现代化，彻底改变城乡二元经济社会结构，实现城乡一体化。

小城镇作为大中城市联系农村的桥梁和纽带，是大中城市向农村辐射的中心环节，比大中城市更能直接组织农村的经济活动，更能有力地推动农村经济社会的发展。当前，建设新农村成为全党全国的共同行动，小城镇正进入一个新的发展时期。对小城镇发展，要从工业反哺农业、城市支持农村、城乡统筹的角度来审视。从这个意义上说，发展小城镇是推动新农村建设，实现城乡一体化的现实战略。因此，小城镇发展面临着新的机遇和挑战。

（一）发展小城镇，促进农村剩余劳动力转移

随着农村经济结构的调整，大批农村剩余劳动力需要从传统的农业中分离出来，去开辟和从事新的产业。目前，我国农村实际剩余劳动力的数量达3亿之多，在外流动的农村剩余劳动力已逾1.2亿。从我国农村人口外出流动打工的分布上看，大约有60%的人口集中在县级市以上的城市中，有40%集中在小城镇，这说明小城镇在吸收非农就业人口上起到重要作用。

从我国未来人口转移的趋势看，如果从现在起到2020年实现年均增长 1 个百分点的城镇化增长水平，就需要每年转移约1500万农村人口和900万个农村劳动力，总共要转移农村人口 2 亿多。如果要让现有的660多个城市全部接纳这些农村人口，平均每个城市至少要接纳30万人；如果包括现在已经在统计上计为城镇人口的进城务工农民，每个城市要接纳50万人。

相对于城市人口，农村人口的受教育程度水平要低得多，城市是否有足够的传统产业和劳动密集型产业容纳他们就业？城市如何满足他们的生存以及由此而带来的一系列社会问题？都很棘手。理论研究及客观实践已经证明，依靠大中城市吸纳农村剩余劳动力的能力有限，而且我国目前很多大中城市都有为数不少的下岗工人，本身就业压力就很大，加之大中城市现有的基础设施根本难以承受如此庞大的人口压力。

但小城镇和农村人口有着地缘联系，就业成本和定居成本比较低。有关专家推算，大城市安排一个劳动力就业，仅生产方面的投资就需要1.5万元，而小城镇只需0.4万元。因而，在未来农村人口转移过程中，小城镇具有不可替代的重要作用。

通过发展小城镇吸纳剩余劳动力有巨大的潜力。一是随着改革的深入和经济的发展，农村将逐步向工业、商业和服务业延伸，而人口与劳动力逐步集中，农民的

科学文化素质和生活质量逐步提高。这既是农村经济社会发展的必然规律，也恰好适应了农村人口向小城镇转移的客观需要。二是小城镇的发展提供了巨大的就业空间。小城镇发展需要大量人口从事城镇建设，到乡镇企业和城镇第三产业就业，这些工作岗位绝大多数可由农村剩余劳动力来完成。发展小城镇，是今后我国农村流动人口固定化，改善就业结构、人口分布结构的一条重要途径。

（二）发展小城镇，促进农村发展和农民增收

小城镇是城市经济梯次结构的基点，是农村经济社会的中心，具有交通枢纽功能，物资、信息、资金集散功能和文化、服务辐射功能等。它的发展可以扭转当前城乡不合理的投资结构，吸引城市及当地农民的过剩农业资本投向城镇，使小城镇成为农村科技研究开发、应用培训和服务的中心，成为农村市场的集散地，在推进农业现代化、工业化、乡村城镇化中起着特殊的作用。

1.小城镇的发展能促进传统乡镇企业的整体升级和农村工业化的发展

大多数小城镇都是农副产品的集散地和加工地，广大乡镇企业大多也是从农副产品加工开始。但现在以小城镇为依托，通过产业发展规划，对乡镇工业进行合理的空间布局，从大—中—小城市产业集群、产业分工的角度构建新型产业分工体系，可以使各小城镇形成特色产业优势，如中山古镇灯饰、东莞虎门服装等。这既解决了“户户点火”的乡村工业分散无序状态，又使工业生产的各种要素得以聚集。不仅可以解决生态恶化、资源浪费等问题，而且可以降低成本，提高工业生产能力，促进乡村工业的发展，同时，小城镇的发展带动乡村人口向其集聚，改善劳动力素质，也为乡镇产业结构调整创造有利条件。企业发展了，效益提高了，农民的收入增加了。

2.小城镇的发展能有效地启动农村需求，有利于农村市场的开拓

目前我国人均GDP刚刚超过1000美元，却出现了严重的农村消费需求制约，说明我国农村消费群体比重太小，市场开拓不足。小城镇作为农村区域的经济中心具有集聚辐射功能，在一定范围内能将各种生产要素集聚起来，将生产与消费结合起来。通过建立一定规模的专业化商品流通市场和各具特色的产品市场，有效地将小生产与大市场连接起来，将城市与农村连接起来，将封闭和分散的农村市场纳入以城市为中心的统一开放的市场体系中，有利于农村人口向城镇非农产业转移，增加农民收入。这不仅会扩大对工业生产消费品的需求，也会扩大对农产品的消费需求。通过小城镇的基础设施建设、住宅建设和环保事业的发展，各项投资需求也会带动商业、服务业、交通、运输、通信以及文化娱乐业的发展。一系列农村关联产

业的发展将成为农村经济重要的增长点，不仅能带动农民改变生产、生活和消费方式，也为买方市场的许多消费资料工业品和生产资料工业品找到新的市场，扩大内需，推动国民经济更快增长。

3.小城镇的发展推进农业集约化、产业化经营，加快农业现代化

第一，小城镇通过吸纳农村剩余劳动力，引导大批农民向非农产业转移，缓解“人地矛盾”，为农业集约化、规模化经营创造条件。第二，小城镇可以减轻农业的波动。我国农业的波动，一是受自然界影响波动较大，二是受农业劳动者生产积极性的影响，引起波动。随着生产条件的改善，受自然界影响的波动幅度大为减小，而后一种波动的根源是工农产品价格剪刀差引起的。如何缩小客观存在的工农产品价格“剪刀差”，调动农民生产积极性，稳定农业呢？靠继续提高农产品价格是一个方面，但考虑物价稳定空间不足，关键是依靠办在小城镇的乡镇工业的发展，拓宽农业产前产后的空间，提高农产品加工的水平，增加农民的收入，间接对农业进行补偿，实行“以工补农”的微观调节，给农业生产注入稳定剂，缓和农产品价格与价值背离的矛盾，让农村经济在内部得到调剂，减轻农业生产的波动。第三，小城镇可以为农业提供现代物质技术基础。农业现代化必须要有先进的技术装备来武装农业，农业先进技术装备要在农村推广使用，需要树立典型，提供维修、配件、燃料等服务。而小城镇拥有这些功能，能有效推进农业机械化和现代物质装备在农业中的使用，加快传统农业技术的改造，促进农业技术的进步。第四，小城镇在农业科学技术的推广中可发挥重要作用。许多地区的小城镇已成为良种试制、繁育、推广、供应基地和现代农艺技术的实验基地，成为加快农业科学技术推广的载体。在小城镇建立农业科学技术咨询处和服务站，可帮助千家万户科学种田。另外，通过在小城镇举办各种类型的培训班，用函授、电化教学方式加强青年农民的教育培训，可有效提高农民的科学技术水平。

（三）发展小城镇，促进乡风文明，提高农民素质

农村现代化根本目标是人的现代化，费孝通先生曾指出：“人的改变比经济更重要。”实行土地家庭承包经营后，农村又恢复了一家一户的小农生产方式，封建思想、宗派势力和小农经济思想在一些地区死灰复燃，农村社会稳定状况不容乐观。提高广大农民的素质，弘扬良好的乡风成为新农村重要而艰巨的工作，这些需要媒体参与，进行正确是非观的宣传、引导、教育。小城镇作为广大农村文化、教育、科技、卫生、体育、信息和服务事业的基地，应成为农村精神文明建设的示范点，加强公共设施建设，开展形式多样的文化科普活动，引导广大农民学文化、学

科学，不断提高自身的科学文化素质，引导农民移风易俗、革除陋习，破除封建迷信，崇尚科学，提高农民的思想道德素质。这对于提高农村人口素质，促进乡村精神文明建设将会起到巨大的推动作用。

小城镇从生活习惯和社会关系上看，更能满足农民对稳定生活习惯的需要，是亿万农民安居乐业的家园。农民的生活习惯及文化素质与小城镇比较相近，能很快适应小城镇的生活。发展小城镇，可以改善农民工作、生活环境，提高生活质量，使他们直接、就近享受现代城市文明，有利于促进农民转变小农意识，树立起与现代社会相适应的市场经济意识、法制意识、道德意识、开放意识，养成讲卫生、爱清洁、讲公德的良好风尚，缩小工农差别和城乡差别，实现共同富裕。因此，小城镇不仅为农村实现小康提供物质基础，也成为现代文明的载体、精神文明建设的阵地、构建和谐社会的舞台。为推动农村精神文明建设，提高农民生活质量，最终提高广大农民的素质，形成良好乡村文明风尚，发挥重要的作用。

（四）发展小城镇，促进农村公共服务设施的建设

建设新农村很关键的一环是要提高农村公共服务水平，改善人居环境。我国目前有250万个村庄，60多万个行政村，如果全部搞基础设施建设，投资过于分散，所需要的投资数额也是目前我们的综合国力难以承受的。当前，一方面要加强与农民生产生活条件密切相关的镇区、村庄道路、供排水、垃圾处理等基础设施建设，另一方面应重点支持小城镇完善医疗卫生、文化体育、信息网络等公共服务体系，提高公共服务设施的服务水平和覆盖率，从实质上改善农村地区公共设施严重不足的落后面貌，缩小城乡公共服务水平上的差距，增强小城镇扩大就业、聚集人口和生活服务能力，更有效地发挥对农村的辐射和带动作用，带动农村整体发展，促进城乡生活方式一体化。

要通过多渠道筹集资金，允许国有、集体、私营、合资、独资等多种形式并存，建立多元化投融资机制，重点支持改善小城镇服务设施建设，建设工业生活小区、专业批发市场、农贸市场、仓储、运输等与农民生产生活密切相关的公共设施，增强产业带动和生活服务能力，进一步缩小城乡差距，逐步吸引并形成农民“造城”的繁荣景象。

（五）发展小城镇，促进城镇化进程

发展小城镇，符合世界城镇化发展趋势。经济学家刘易斯在对发展中国家的城镇化作了研究后指出：“一个城市在其规模达到30万人以后，就会失去其规模经济效益。相当的办法应该是发展大批的农村小城镇，让每一个小城镇都拥有工厂、电

站、中等学校、医院以及其他一些能够吸引居民的设施。”从世界城镇化趋势看，从集中趋向分散的倾向也越来越明显，发达国家尤其如此。制造工业的衰落、聚集的不经济、产业活动的转移，以及居民对环境质量要求的提高，使得大城市中心区的吸引力不断下降，导致经济活动和人口持续由城市中心向外围和由大城市向中小城市迁移和扩散。

世界各国发展水平高的城市群也是由若干中心城市（区）以及星罗棋布、发展水平较高的小城镇组成。因此，各国都非常重视在大都市区发展小城镇，典型的例子是加拿大的大温哥华区域，它的中心城市被8个各有特色的“区域城镇中心”包围着，各城镇中心按居住密集型设计，工作、住房、购物、文化和社会服务都是集中的，并由绿色生产用农田隔开。我国珠三角、长三角城市群也是由中心城市，各具特色的专业镇构成。

农村小城镇建设将是我国城镇化发展最具活力的组成部分和主导力量。城市形成理论表明，农业的发展及由此产生的农业剩余和分工是城镇化的前提。对于中国城镇化的发展道路，在20世纪80年代初，我国就根据自己的国情，选择了发展小城镇来推进农村城镇化的道路，即对于从农村转移出来的人口，除了让现有的大中城市根据可能的条件容纳一部分人口外，重点引导向小城镇集聚，复兴原有的小城镇，促使新的小城镇崛起。探讨中国的城镇化发展道路，没有必要局限在“大小”之争，无论是重点发展大中小城市还是重点发展小城镇，都要把大量农村人口转移到城镇中从事非农业生产活动并定居下来。

城镇化与城市化互通，大中小城市和小城镇并举及协调发展，将是中国城市化的客观要求，重点是应更多地研究大中小城市与小城镇在城市集群体系中的功能与定位。积极推进各生产要素投向小城镇，提高小城镇建设、发展水平，使小城镇成为城乡经济联系纽带和经济增长极，促进农村各生产要素的集聚，整体推动农村的城镇化。

（六）发展小城镇，促进农村现代化建设

农村现代化是农村经济发展的表现和结果，是农村经济社会结构转换的不同阶段。农村城镇化意味着农村经济结构转换的后续和更高级阶段，它综合反映了农业现代化和农村工业化的水平，是农村现代化的集中体现，也是农村现代化的必由之路。农村现代化是一项系统工程，它涉及农村经济、政治、文化等各个方面的现代化。小城镇是农村的政治、经济和文化中心，在推动农村经济结构和社会结构现代化上必将发挥巨大作用。

农村现代化的关键和难点是把城市和广大农村作为一个整体，根据城乡发展的目标和任务，统筹安排社会生产，合理配置城乡生产要素，调整城乡产业结构，建立城乡社会经济网络，实现城乡一体化。这项工作的切入点和突破口，就是发展小城镇。通过发展小城镇，将城市先进的产品、技术、信息、管理方法等向农村地区传递并将农村的农产品或加工品等向城市输送，从而促进城乡商品流通及生产要素的合理流动和优化组合，推动城乡经济一体化。

小城镇作为农村经济的“发展极”和增长点，可极大地促进农村经济的发展，有利于农村经济资源的优化配置和经济发展的良性循环。加快小城镇发展，便于农民接受现代文明的熏陶，养成与现代文明、现代生活相适应的素质与价值观，促进农村社会事业的发展。

三、思考与建议

加快小城镇的建设发展和建设社会主义新农村两大发展战略共同推进，体现了城乡统筹发展、缩小城乡差距的发展理念，是建设和谐社会的具体举措。因此，当前加快小城镇发展面临良好的机遇，为更好地抓住机遇，加快发展应做到如下方面。

（一）抓好小城镇规划编制工作

规划是调控资源配置的手段，是小城镇建设发展的依据。由于种种原因，当前我国的小城镇规划编制工作，往往作为县域城镇体系规划的一部分，甚至作为县城总体规划编制中的一项附属工作，存在成果法律地位欠缺、成果粗糙、指导性不强、调控手段缺乏等问题。因此加快小城镇发展，首先应抓好规划。

1.要把小城镇发展规划纳入国民经济和社会发展规划，提升规划的战略地位

充分发挥省、市、县各级城镇规划体系的作用，制定促进小城镇发展的战略目标、具体政策扶持措施。对小城镇的发展目标、方向给予分类指导，根据小城镇发展水平、区位条件、资源条件，发挥其地方特色，确定发展重点。突出重点镇、中心镇在城镇规划体系中的地位，尤其要在产业发展、专业化上给予明确扶持，在发达地区重点发展一批卫星镇，使它们成为大中城市产业分工、产业链延伸的重要基地。在欠发达地区重点支持区位优势和发展潜力较大的小城镇，真正赋予它们作为区域中心的地位，使其更好地发挥综合辐射功能，带动片区的发展。

2.更新小城镇自身规划的理念，按城乡一体化的理念，实行规划全覆盖

在规划发展研究中不应因城镇人口规模的限制，使规划研究成果仅仅局限于镇区部分。要放开思路，对全镇的整体发展进行规划，对全镇的土地利用进行统筹安排，开展土地整理，既重视耕地的保护，又确定可以建设用地，宜农则农，宜工则工，使全镇的产业园区发展、生态保护工作共同推进。

3.要重点加强小城镇公共服务事业、基础设施的专项规划

按缩小城乡差距的原则，制定公共事业和基础设施的长远规划、近期建设目标、分步实施计划，指导好具体建设，防止盲目推进、急功近利等短期行为。对重大设施发展计划，要采取公示、听证等手段，让广大农民直接参与，广泛征询其意见。

（二）重视对小城镇的投入和创新小城镇建设的投融资体制

当前我国小城镇发展，最大的问题之一是资金障碍。山东青岛市实践经验显示，要建立一套较完善的、供5万人生活的城镇基础设施，需要3亿元以上的投资。除发达地区小城镇外，我国大部分小城镇财政单薄，又以吃饭财政居多，相当部分小城镇债务较重，普遍无能力投入资金到公共事业、基础设施建设。采取“国家拨一点，地方出一点，群众出一点”模式，往往因缺乏地方配套资金而影响项目的推进，结果很快就没有发展的后劲。因此，加快小城镇的发展，必须重视小城镇投入机制的创新，完善投融资体系，多途径解决资金来源问题，从而加大对小城镇的投入。

1.整合各级财政投入资源

中央、国务院非常重视财政资金对新农村建设的倾斜。据统计，投入支农的各项专项资金合计2700多亿元，牵涉部委20多个部门。为提高财政资金投入的效率和绩效，应整合资源，由多部门、多层次、多口径集中为财政部门统筹，直接划转到县市财政，既便于资金运用的监督又能发挥县市的积极性。可由国家相关部委制定较详细完善的小城镇公共设施项目明细表，由各县市根据地方实际、按项目轻急缓重，采取“菜单点菜”的方式确定年度项目建设计划，不需另行报批立项，上级部门定期抽查项目建设情况，使地方政府由原来重视项目立项、评审、申请等前期工作转变为重项目建成后的绩效评估，减少中间层次“跑项目”的费用，用好财政资金。

2.按社会主义市场经济体制的要求，建立多元化的资金筹措机制

坚决贯彻落实国家对基础设施投入领域准入制度的改革，开放小城镇基础设施建设的投资领域，按“谁投资、谁所有、谁受益”的原则，制定法规，明确公共设施的所有权、经营权，消除各种资本对公共设施投入的疑虑，保障投资者的利益。通过制定优惠政策，采取BOT、TOT等多种方式鼓励、促进民间资本、社会资本投入到小城镇的公共基础设施建设，拓宽公共设施投入渠道、舒缓财政投入不足。

3.制定相关政策规定和监督机制

动员全社会各种力量投入到小城镇的建设，完善小城镇公共服务设施。尤其是电力、通信、有线电视等国有控股公共服务企业，因相对垄断而在公共设施运营中确保了利润，但在资金投入方向上，要兼顾效益和公平，切实承担起提高公共服务设施普及率的责任。这方面可由相关部门制定各类地区不同发展阶段的最低公共服务设施建设标准，各相关公营企业分年度、按计划限期建完，对由此引起的政策性亏损可制定税收优惠等政策来扶持，最终达到提高小城镇公共服务的水平，减轻基层投入负担的目的。

（三）加大对有利于小城镇发展的制度创新

1.户籍制度的创新

改革现行的户籍管理制度，逐步淡化城镇户口与其所连带的物质福利关系，把户口作为一种居住地的登记制度。取消以商品粮为标准划分的做法，建立以居住地或职业为划分标准的户籍登记制度，实行以身份证为主的证件管理模式，实现以住房、职业和生活来源为落户标准的户口迁移制度，以消除城乡户口在身份、待遇、就业、上学等方面的差别。要让一部分农民“离土又离乡，进厂又进城”，使广大务工农民安心在城镇定居。

2.土地制度的创新

土地是农民的命根子，也起着农村社会保障的作用，应当允许进入城镇的农民在相当长的时期内保有其承包地的权益。积极建立和完善农村土地使用权流转制度，按“依法、自愿、有偿”的原则，让农民的主要生产资料——土地，合理流动起来。使耕地向种地能手集中，推进农业规模化经营，积极推动集体建设用地流转入市场，使建设用地向城镇集聚。要改革现行宅基地分配制度，应按村庄人口固化宅基地总量，对“空心村”的老宅基地应适时置换，探索宅基地市场化运作的方法，以倡导节约土地，保护资源。

3.社会保障制度的创新

逐步推行全省，乃至全国统一的城乡生活保障制度和医疗、养老、失业保险等社会保障制度；制定法规，使养老保险账户“户随人转”，让进城务工农民购买社保后真正老有所养、病有所医，解除他们进城务工、定居的后顾之忧，推进农村人口向城镇稳定转移。

[参考文献]

1. 仇保兴.中国城镇化——机遇与挑战.北京：中国机械工业出版社，2005.
2. 董忠堂.建设社会主义新农村论纲.北京：人民日报出版社，2006.
3. 程 章.加快小城镇建设促进经济社会发展.人民日报，2006.
4. 彭真怀.详解如何发展小城镇建设新农村.中国网，2006.
5. 费孝通.费孝通学术精华录.
6. 吕旺实、邵源等.国外小城镇发展的经验及借鉴.

课题组组长：

赵　亮　河北省河间市副市长

课题组成员：

赵　亮　河北省河间市副市长
常祖领　山东省青州市副市长
陈鲁起　山东省曲阜市副市长
吴宏亮　湖北省宜都市副市长
林健生　广东省江门市蓬江区副区长
王双林　西藏自治区日喀则市市委常委、政法委书记
李成辉　新疆维吾尔自治区昌吉市市委常委、常务副市长

执笔人：

林健生　广东省江门市蓬江区副区长

研讨助理：

江　竞　全国市长培训中心教研处助理研究员
高　红　全国市长培训中心教研处研究实习员

实践篇

用科学发展观引领城市建设

北京市西城区副区长 王砌卿

（2010年3月）

党的十六届三中全会提出，全党要牢固树立并认真落实全面、协调、可持续的发展观，这既是经济工作必须长期坚持的重要指导原则，也是解决城市建设发展中诸多矛盾必须遵循的基本原则。十七大报告中进一步指出，科学发展观，第一要义是发展，核心是以人为本，基本要求是全面协调可持续，根本方法是统筹兼顾。纵观西城区城市建设的实践，尤其是“八五”计划开始到奥运会筹备工作结束期间，西城区城市建设发展的轨迹充分表明，新形势下的城市建设，必须按照科学发展观的要求，遵循城市发展的客观规律，尤其需要坚持以人为本，树立全面、协调、可持续的科学发展观，这也是巩固奥运建设成果提出的进一步要求。

一、按照科学发展观的要求推进城市建设

西城区作为首都功能核心区，是国家政治中心的主要载体、国家金融管理中心、国内知名商业中心，同时也是传统风貌重要旅游地区，是首都“四个服务”体现最直接的地区。特殊的区位和条件，决定了西城区城市建设和发展必须走科学发展的道路。

（一）从发展战略看西城区城市建设的科学发展

1985年3月“西城区经济社会发展战略讨论会”提出要以旧城改造为突破口，搞好城市规划建设，并将此作为城市发展的根本途径，上升到战略高度；在1990年形成的《北京市西城区近中期经济社会发展研究》最终成果中，提出“促进旧城改造和调整城市布局，形成城建开发新格局”，城市建设作为全区发展的五大战略重点

排第二位，明确提出要利用土地资源优势，发展房地产业，深度开发重点街区，带动全区经济的发展，这也是重点街区建设作为西城区城市建设总体战略被首次提出来，以后的城市发展总体战略基本上也都是围绕这一重点工作展开，只是提法和侧重点稍有不同；1992年正式提出“繁荣西单、发展西城”发展战略，明确要结合危改，发展六街（阜成门外大街、复兴门外大街、德胜门外大街、西二环金融街、平安里西大街、西直门外大街），发展六街理念的提出表明区委区政府已经逐渐意识到街区建设在优化资源配置和经济结构，加快城市建设带动产业升级调整，实现全区经济繁荣的重要性；从1999年提出“大力发展五业、重点建设五街”的城市发展战略，把城市房地产业也是作为支柱产业，到2001年提出建设“六大功能街区”，在继续促进西长安街、平安大街发展的同时，重点加快建设西单商业区、北京金融街、西外地区、德外地区、阜景文化旅游街和什刹海历史文化旅游风景区6个资源优势集中、战略地位突出的功能街区，促进城市体系的完善和空间布局的优化。为构建现代化城区的基本框架奠定更加坚实的基础，则是从发展战略上，更加突出了城市建设在完善城市功能、促进产业结构转变升级、带动行政区划调整方面的基础地位。

纵观西城区近20年来的城市发展历程，我们可以得出三点体会：一是西城区城市建设始终放在战略发展的高度加以推进，在不同历史时期均作为重点加以推进和发展，成为城市综合发展的引擎和动力；二是从旧城改造为着力点，调整城市功能布局，到深入推动重点街区建设，再到六大功能街区建设，层层递进，逐渐深入，体现了西城区城市建设发展思路的连续性，整个战略规划是一脉相承的；三是反映了不同时期城市建设发展的新特点、新要求、新趋势，体现了与时俱进的时代要求，反映出区委、区政府对区情和任务、本质的认识在不断深化、逐步发展；正是在历届区委、区政府始终坚持突出区域优势、走可持续发展科学理念的指引下，西城区城市建设才取得了今天的发展成果。

（二）从发展成果看西城区城市建设科学发展

近年来西城区通过城市建设，为实现“经济强区、文化兴区、环境优区，促进经济发展质量和水平、城市品位和环境魅力、社会事业发展水平和社会和谐程度的显著提升，构建社会主义和谐社会首善之区”的目标作出了突出贡献。

1.城市建设快速发展

借助奥运会举办契机，近年来我区的城市建设速度逐年增长。“九五”期间，全社会固定资产投资累计完成170亿元，开复工面积541万平方米，竣工365万平方米；“十五”时期，全社会固定资产投资累计完成687.3亿元，开复工面积891万平方米，新开工718万平方米，竣工510万平方米。城市建设规模和建设速度不断提升，推动了产业结构的升级和产业布局的优化。

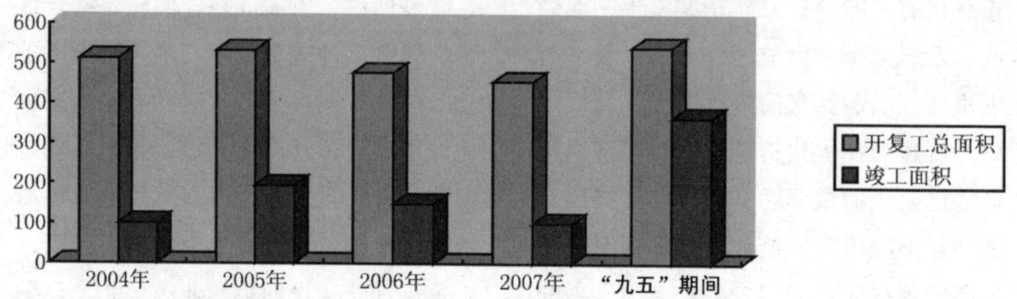

2.功能街区建设取得重大成效

功能街区发展日趋完善，资本、技术、人才高度聚集，创新驱动和消费拉动能力进一步增强。金融街基本完成原有规划建设，并适度向周边地区拓展，环境品质不断提升，配套设施更加完善，聚集了一行三会国家金融监管机构（中国人民银行、银监会、证监会和保监会）和40多家国内金融机构总部、大企业总部及外资金融机构，成为北京市建设具有国际影响力的金融中心城市的金融主中心区，2007年金融街地区实现的税收占全市税收的19.3%。德胜科技园是中关村科技园区的重要组成部分，是北京市确定的文化创意产业基地和金融后台服务区。西单商业区的景观环境进一步优化，购物交通条件得到改善，娱乐休闲功能大大拓展，商业商务氛围更加浓厚，2007年实现社会消费品零售额54.6亿元，占全区零售额的22.6%。

3.市政基础设施体系基本建成

德内大街、展西路等24条道路建设，对德胜门滨河路、力学胡同等120余条破损道路进行修缮改造，全区道路完好率达到90%以上，八横八纵路网格局不断优化，通行能力得到较大提高。结合道路改造，完善水、电、气、热力、通信等主要市政设施，带动基础设施升级换代。巩固“全国无障碍设施建设示范区”成果，完善医院、学校、奥运场馆等14类公共场所的无障碍设施，无障碍公共设施建设水平进一步提高，方便了残疾人和老年人的出行。

4.居民生活条件明显改善

通过危旧房改造、市政设施建设、“城中村”和城市边角地整治、文物腾退、解危排险、保护区疏散等多种途径，两年来，共改善1.4万余户居民的居住条件。积极探索保护区街巷胡同综合修缮改造的新模式，在庆丰胡同、温家街胡同等试点基础上，统筹规划、整体实施了12条街巷、411个院落的综合修缮改造，做到街巷、胡同、院落、房屋符合旧城风貌保护的要求，并达到结构安全、建筑节能、使用清洁能源、设施基本完善的标准。实施平房区供水管网、公厕户厕、低洼院、路灯、煤改电以及“一户两表”等便民工程，平房区居民生活条件得到改善。

5.景观环境彰显区域文化特色和城市魅力

区域主要大街沿线全部实现道路绿化美化，建成车公庄、旧鼓大街、白云路等一批各具特色的园林大街，形成了一街一景、形式多样的道路绿化格局。金融街中心区、德胜东滨河、北二环德胜公园、北展后湖等城市集中绿地成为景观亮点，为城市环境充实了绿量。全区绿化率逐年提高，人均公共绿地面积不断增加。结合迎奥运重点大街环境整治工作，对部分道路实施架空线入地工程，对重点大街实施外立面清洗粉饰等整治，西二环整治在全市起到了示范作用，整洁优美的景观环境进一步提升了城市魅力。

6.生态环境持续改善

基本实现垃圾分类处理，垃圾分类收集率达到40%以上。节约新技术、新措施得到推广应用，清洁能源使用率达到98%以上，资源节约型和环境友好型城区建设起步。环境质量的持续改善使西城区成为人居水平较好的地区之一，为建设宜居城市创造了基础。

7.历史文物和历史街区得到较好保护

区域大部分文物保护单位和14片历史文化保护街区以“一街三区”（阜成门至景山一条街、皇城核心区、什刹海地区和西四北一至八条四合院风貌区）为体系，纳入了城市建设控制性详细规划，为妥善处理保护与建设的矛盾和关系奠定了基础；历代帝王庙经腾退修缮已对外开放，成为祭祀历代帝王、进行历史教育的重要场所，在国内外产生了良好的影响；吕祖宫修缮后成为北京市道教协会的办公场所；白塔寺、天主教北堂主教府、火神庙、恭王府府邸等文物向社会开放，会贤堂、奎公府、克勤郡王府东路、砖塔胡同关帝庙及清真永寿寺等文物得到修缮，大高玄殿南牌楼得以复建，火德真君庙、醇亲王府、德外清真法源寺以及月坛等重点文物逐步得到修缮，西四北一至八条等地区平房院得到及时更新。区域丰富的文物古迹、完整的历史街区凸显了西城区的传统风貌，对传承历史文化和促进旅游业发展发挥了重要的作用。

综上，城市建设所取得的显著成绩使西城区城市面貌发生了深刻的变化，进一步赢得了广大人民群众的广泛认同；进一步激发了城市建设者的建设热情；进一步坚定了全区上下加快城市现代化建设的信心。更重要的是通过大规模的城市建设，使西城进入了一个以人为本、经济快速增长、人与自然和谐发展的可持续发展阶段。区委、区政府把城市建设的具体实施计划与“三区”战略目标有机结合，既确保了城市建设形态量的提升，又使城市发展获得质的提高，充分体现了全面、协调、可持续的科学发展观。

（三）从发展要求看西城区城市建设的科学发展

一是和谐西城、文明西城对城市建设提出更高要求。近些年来，尤其是奥运筹备阶段，西城区围绕奥运场馆建设、道路环境整治、平房区危旧房改造等方面建设力度逐步加大，建设规模始终保持较高，取得可喜成绩。但与此同时我们还应看到，在推动城市建设的同时，拆迁问题、施工扰民、民扰施工、农民工工资、建筑污染等旧有的矛盾和问题仍未得到全面解决，个别问题表现还相当突出，迫切需要我们在城市建设发展过程中，认真研究加以解决。另外，2005年10月26日，北京市西城区荣获首批“全国文明城区”称号，我区的城市建设由此也站在了一个更高的起点上。

二是百姓需求增加、维权意识提高对城市建设要求更高。随着生活水平、消费水平和层次逐步提高，百姓生活由解决温饱问题向追求小康社会、追求更高的生活品质转化，并且在市场经济体制和法律制度不断完善的过程中，特别是《物权法》的颁布，这种更高的需求逐渐转化为个人应当享受的权利，更加强调对出行权、休息权、采光权、眺望权、隐私权的保护，百姓更多地关心自己的健康、自己身边的环境，而且学会了运用法律武器维护自己的权益。而就西城区而言，可利用城市建设用地面积逐渐缩小，为节约用地，建设单位不断压缩楼间距，不断增高楼层，影响周围楼区采光；新建新批项目逐渐减少，改造项目逐渐增多，对原有道路系统、上下水管线、用电设施等市政设施造成影响，从而给附近居民出行、生活带来不便；工地紧邻居民小区，城市建设夜间施工又影响到居民的休息，引发居民对城建工作的抵触，引起居民反感。如果不妥善处理，长此以往，矛盾有可能升级，不仅阻碍城市建设发展，而且影响社会稳定。

高标准、高起点再加上西城独特的区情区位特点要求我们在城建工作中必须更加关注矛盾的化解，更加注重民生问题的解决，在考虑发展的速度和质量问题上必须切实转变发展理念，由“更快更好发展”到“又快又好发展”，从“又快又好发展”到“好字优先的发展”，突出全面、统筹、人本、和谐。从经济、政治、文化、社会四位一体的角度把握区情，既要促进发展，又要维护稳定；既要从首都功能核心区角度谋划，又要把着眼点放到解决群众最关心、最直接、最现实的利益问题上，走以人为本、可持续的良性循环发展道路。

二、按科学发展观的要求，正确处理城市建设发展中的各种关系

城市建设和环境综合整治工作是一项艰巨而复杂的系统工程，既要解决长期积淀的各种矛盾和问题，又要解决建设推进过程中出现的新矛盾和新问题，必须按照科学发展观的要求，正确把握和处理好以下几个关系。

（一）牢固树立统筹发展的发展观，正确把握城市建设与西城区总体发展战略之间的关系

城市建设工作要自觉服从服务于城市发展总体战略。就西城而言，现阶段总体战略就是要实现“经济强区、文化兴区、环境优区”。因而，在处理城市建设与区域总体发展战略高度上，就应该努力统筹二者的关系，坚持以城市建设为载体，以经济、文化、环境为内容，通过科学化的城市建设，强化经济基础地位，激发文化动力支撑，发挥环境服务保障，在城市建设和经济、文化、环境关系上体现“三个有利于”，即城市建设有利于经济发展、有利于文化繁荣、有利于环境优化，努力实现三者的有机结合。

一是有利于经济发展。城市化与产业集聚是相辅相成、互进互动的关系，城市化要以富有竞争力的城市经济体系和产业集聚为支撑，离开产业集聚的城市化，只能是唱“空城计”；同时城市建设要为产业集聚创造条件，城市规划要充分考虑产业集聚的需要，提供相应的空间。西城区金融街建设和发展就很好地体现了城市建设与产业发展的良性互动，从金融街的发展我们可以得出以下三点启示：

城市建设培育了产业。借助地域优势和软资源优势，通过危旧房改造打造金融发展平台，是金融街前期发展的基本思路。金融街发展之初，只是一片老百姓混杂居住的破乱老城区，平房院落、市政基础设施严重老化，经济发展停滞不前。1993年提出发展金融街，通过危改促建设，在“政府主导、企业运作、整体规划、分步实施”发展模式的指引下，不断加大硬件建设投资力度，积极打造金融产业发展平台，通过筑巢引凤，吸引银行、保险等大型金融总部机构入驻，经过近15年的建设、开发、拓展，现在金融街已经初具规模并焕发出勃勃生机，成为名副其实具有国际影响力的金融中心城市的金融主中心区，也成了促进西城区乃至北京市经济增长的重要一极，产业发展了，城市建设也上了一个新台阶。另外，德胜、西外等功

能区在规划建设时，也充分考虑了产业发展的基础地位，将城市规划与产业规划、园区规划统筹考虑、有机结合，立足现有产业布局特点，集中优势资源，把规划好产业空间集聚和引导产业区域布局的优化作为城市规划的重要方面，增强了中心区块的凝聚力和承载力。

城市建设服务于产业发展。随着金融产业的进一步发展，更多金融市场规模的逐步扩大，金融机构对金融街提出了更多的要求，促使金融街建设必须从简单地满足办公需求向完善金融配套设施，优化办公环境转变，利用、整合有限的区域资源，推动后台服务建设，建立餐饮、酒店、会展、娱乐、休闲、住宅等配套设施为一体的新型功能配套区，打造具有国际先进水平的金融功能区。

产业发展引导城市建设。一方面，更多的金融机构要求入驻金融街，原有区域承载力已不能满足办公需求；另一方面，随着金融产业的深化发展，金融分工越来越细，对金融后台服务产生了新的需求。西城区委、区政府审时度势，高瞻远瞩，顺应产业发展要求，适时提出 “金融街西扩”和德胜科技园区建设“金融后台服务基地”两个发展思路，充分体现了产业带动城建效应。

西城区功能街区建设和发展表明：西城区城市建设目前的发展思路是科学的、可行的、符合实际的，在实现立足现状、与产业互动方面实现了创新，走出了一条符合西城区发展的城市建设新路，真正体现了科学发展的理念。

二是有利于文化繁荣。文化是城市建设的“魂”， 在推进西城区城市建设的过程中，就要做到在搞好硬件建设的同时，充分重视文化建设。既要继承历史文化，又要致力于文化创新，在自然地理、历史文化、城市现状特点等多方面进行深入挖掘，努力将传统文化与现代特色结合起来，提升城市品位，做大文化产业，打造文化大区，将城市文化融于城市规划、城市建设、城市管理中。

西城区文化旅游资源优势突出，现有各级文物保护单位108处，仅国家级和市级文物保护单位就有58处，主要包括历史悠久、积淀深厚的皇家经典文化（如故宫、历代帝王庙），园林水系文化（如北海、景山公园、什刹海），王府文化（如恭王府、醇亲王府）等，发展旅游业的条件得天独厚。因此，加强文物保护、促进历史文化街区有机更新是我们实现“城建促文化”的一个基本工作思路。根据文物分布相对集中的特点，详细规划文物保护单位和历史文化保护街区相对集中的区域，即阜成门至景山一条街、皇城核心区、什刹海地区和西四北一至八条四合院风貌区，为妥善处理保护与建设的矛盾和关系奠定基础。同时在这些区域的危旧房修缮改造过程中，一方面，坚持保留传统风貌的整体格局，重点挖掘区域文化内涵，促进街区的有机更新，逐步形成了以文化文物古迹为基础、以湖光水色为基调、以民俗文化为特色的文化旅游街区；另一方面，借助什刹海独特的风貌、水域、古迹，打造酒吧文化，既方便了市民娱乐生活，又激发了传统旅游资源的活力，实现了现代文化元素与古代风貌的有机结合，在传统文物资源保护方面另辟蹊径。

三是有利于环境优化。对西城区而言，虽然经过多年的改造和整治，环境已经大大改观，但是目前仍存在多方面的问题：基础设施建设速度相对滞后；旧城平房区市政基础设施仍比较薄弱；区域道路网络和市政设施条件还不能完全适应国际城市中心区发展的要求；静态交通设施配套不足等，功能区平台建设、配套设施还需进一步完善。这些问题和矛盾，向西城区城市建设提出了新的要求，同时也明确了下一步城市建设工作的任务，即通过市政道路、煤改电、公厕和户厕改造、胡同市政道路大修等方式的改造，进一步完善旧城内的基础设施；继续巩固奥运环境治理成果，加大城市环境综合整治力度；通过消除环境死角、拆除违法建设和规范各类广告牌匾等措施，使城市面貌得到有效改观；通过完善路网交通缓解中心城区交通压力，继续开展对老旧小区、文保平房街区胡同整治和市政基础设施改造、修缮，切实改善居民生活环境，围绕功能区建设完善餐饮、文化、娱乐等配套设施建设，提升功能街区承载能力，优化功能街区投资环境。具体到2009年工作上，就是要求我们在已取得成绩的基础上，紧紧围绕上述重点开展工作，在地铁1号线、2号线、城铁13号线的基础上，尽快完成4号线建设，积极筹备6号线、8号线开工事宜，加快推进西长安街道路拓宽工程，通过提升地铁运输能力和改造现有道路，缓解路面交通压力，为市民营造良好的出行环境；大力推动危旧房改造工作力度，推进府右街中央办公区拆迁改造，为中央驻区单位营造良好的办公环境等。

同时，在城市规划和城市功能的优化上，应当树立“经营城市”理念，着力打造城市中心形象，树立名片意识，营造城市特色，绿化、美化、亮化城市，以建设标志性建筑为亮点，增添新的人文景观，把城市形象提高到一个新的层次。

（二）牢固树立以人为本的发展观，正确处理城市建设与保护古都风貌、保障群众利益、提高群众生活水平之间的关系

致力于城市现代化建设、改善居民生活条件，与保护古都风貌，不是对立的关系，但两者并重，要想处理好、协调好，需要理性、务实的思维。在处理古都风貌保护和改善居民居住条件的关系上，要坚决避免博物馆式的保留，要树立“被动的保护即是继续的破坏”的理念，处理好建设和保护的关系。

西城区内旧城占地面积17.56平方公里，占区域总面积31.66平方公里的55.5%，

历史文化保护区片多面广（全市共40片，西城区占了14片）。文保区内的居民有4万余户14余万人，人口密度高，平房大杂院多，房屋破旧、基础设施落后，建筑、消防、卫生等安全隐患突出，各类文物保护单位与民居混杂，保护和利用难度非常大。另外，由于文保区内没有集中供暖和燃气设施，户厕或者公厕条件差，上下水和供电设施落后，生活极为不便，居民迫切希望改善居住条件。这就决定了我区在解决古都风貌保护和改善居民居住条件的问题上，必须按照科学发展观的要求，更新观念，拓展思路，按照坚持政府主导、社会参与的原则，科学规划，努力实现古都风貌保护和居民居住条件改善的有机统一；在保护古都风貌的同时坚持以人为本的思想，不断更新理念，完善工作机制，加强基础设施建设，改善群众的居住条件。多年来，在历史文化保护区内的危房修缮改建工作中，我区始终坚持把文物保护与改善居民环境相结合，积极推进保护区内危旧房改造工作力度，采取“点”、“线”、“面”结合的方式，以区域内，尤其是二环路以内的“四、五”类危旧房为点，以市政道路建设、胡同街巷环境整治为线，以保护区为面，创造条件实施改造、实现突破，按照有机更新的方式，稳步推进，积极探索修缮、改善、疏散新的有机更新模式并取得了可喜成效。

（三）牢固树立可持续的发展观，正确处理城市开发建设与环境保护、节约型社会建设相适应的关系

可持续发展的定义是：在发展中，既要考虑当前发展的需要，满足当代人的需要，又要考虑未来发展的需要，不以牺牲后代人的利益为代价来满足当代人的利益。核心是：人类的一切经济建设、城市建设和社会发展都不能超越资源和环境的承载能力。结合城市建设和旧区改造，要做到可持续发展，就要处理好发展的速度、数量和质量之间的关系。要清楚地认识到，城市建设和发展不是为了仅仅达到“平方米”这一产量产值的单一目标，而是既要实现经济发展，又要完成包括社会进步和环境改善等多目标在内的目标体系，实现城市建设可持续发展。

近年来，随着奥运会的申办成功，绿色城市的理念也开始深入人心，“绿色北京”的提出对进一步巩固奥运环境成果，控制扬尘、降低能耗也提出了新的要求。为顺应这一要求，2008年9月北京市出台了《绿色施工管理规程》，对建设、监理、施工单位职责进行了明确，对资源节约、环境保护、职业健康与安全提出标准，这对于我区加强建筑施工规范管理、推广应用环保、节能的新材料、新技术、新工艺，切实降低建筑施工能耗、减少污染物排放，促进城市建设与环境和谐发展，起到了积极的推动和指导作用。西城区独特的地理位置、特殊的区位条件决定了我们必须在促进城市建设与环境可持续发展上大跨步走在全市前列。

三、找准落实科学发展观的切入点，提高城市建设水平

（一）狠抓基础工作，做到底数清、情况明

要采取措施，完善城市建设各项指标的调查、收集、统计，建立信息数据库，加强对数据的动态管理，确保得到及时更新，为决策提供翔实可靠的依据，包括三层意思：一是建立基础数据库，当前需要建立的数据库主要有：①街巷院落综合整治范围内，居民住房、自建房情况摸底调查，为认真研究确定疏散对象、制定疏散人口政策提供依据；②土地利用现状、土地利用潜力调查研究，摸清西城区土地家底，为编制规划提供依据；③城区既有建筑节能现状普查；④城区建设施工环境成本调查；⑤市政基础设施改造现状调查等。二是建立动态管理的机制，确保数据得到及时更新。三是实现城建系统内各项数据共享，逐步实现系统内部与系统外部数据的有效衔接。

（二）坚持规划指导，提高城市规划监管水平

一是发挥城市规划龙头作用。要确保规划先行，就要在城市总体规划、分区规划、重点地区和重点工程规划等方面建立内容科学合理、覆盖面广的规划体系，对城市建设确实起到引导作用。二是保持城市规划的连续性。城市规划工作要做到“总结过去、立足现实、着眼长远”，既立足区情，尊重历史，又体现阶段性发展的特征，与实际情况相结合，同时加强对于区域发展趋势性的分析，确保规划的前瞻性。三是要高度维护城市规划的严肃性，提高规划监督管理工作水平。要按照城市建设功能定位，把握好具体区域、具体项目的规划审批及跟踪管理，力求建设项目符合功能要求和规划理念，做到“规划用大手笔，建设用绣花针”，精雕细琢，多出精品。另外，要加大对违章建设、临时建筑的查处力度，重点解决“双拆”以后的违监建筑回潮现象，巩固整治成果。

（三）坚持建管并重，提升城市建设管理水平

要坚持以城市建设促进城市管理，以城市管理保障城市建设的总体思路，大力加强城市管理工作。要从完善机制、改革体制方面入手，加强城市管理的组织保障体系建设和经费投入，巩固城市建设成果，进一步完善古都风貌保护与改善居民居住条件的配套政策和措施，深入推进政府主导、社会参与、企业运作、居民支持的运行机制的建立；同时决不放松重点工程建设过程中的管理，完善建设程序，狠抓

质量、工期、安全三大环节，提高优质工程、精品工程和安全文明工地的比例，推动绿色施工全面达标。

坚持以人为本　突出海滨特色
打造“宜居宜业宜游”魅力之城
——秦皇岛城市规划建设管理的实践与体会

河北省秦皇岛市副市长　马宇骏

（2010年3月）

秦皇岛作为全国首批开放城市，地处省内沿海前沿。近年来，市委、市政府以科学发展观为统领，把城市建设作为牵引经济社会又好又快发展的重要动力，以经济发展、城建先行、环境建设、生态优先的发展理念，科学制定战略、适度超前谋划、突出特色设计、市场机制建设、依法文明管理，以“强基十项工程”、“迎奥运双十工程”和城镇面貌3年大变样活动为抓手，协调城乡，统筹“三生”，强力推进城镇化战略，全方位提升城市功能和环境品质，全面打造“宜居宜业宜游，富庶文明和谐”新秦皇岛，开创了沿海经济社会发展强市建设的新局面。

一、城市建设进入环境与经济良性互动的科学发展轨道

近年来，我们根据秦皇岛自身发展基础和区域竞争态势，不断解放思想，明确树立城镇建设先行、经济与生态并重的发展新路子，从城镇建设中获得竞争力、生成生产力，取得了城镇建设与经济发展相互协调并进的明显成效。

城市发展战略更趋明确。按照在环渤海经济隆起带中崛起的要求，邀请国内外顶级专家开展城市发展战略研究，拓展城市空间，增强区位发展优势，着力解决区域空间狭窄、人口规模和经济规模偏小、区位潜质和环境优势亟待拓展的问题，确定总体发展思路是：以旅游立市战略为统揽，围绕提升人居环境魅力、城市竞争力和经济社会发展活力，推进一项战略（实施以西港东迁为引领的城市功能调整，扩张产业聚集腹地，优化城市发展布局；加速推进北戴河新区建设，突出海滨海滩海

岛资源的保护性开发利用，拓展城市发展空间），提升三项功能（以道路交通为主的基础功能、以舒适生态为主的环境功能、以品位特色为主的竞争功能），实现五项突破（在基础设施、城市生态、景观打造、人居环境、标志性工程方面取得突破）。

空间布局调整取得重要进展。抓住城市总体规划和土地利用总体规划调编机遇，围绕中长期发展目标和产业定位，科学调整城市空间布局，按照“4+2”组团模式，谋划形成“一市两县六区”的城市空间新格局；同时，壮大县城，择优培育重点镇，构筑良性互动、协调发展的新型城乡关系，形成由中心城区、卫星城区、县域中心城镇、重点镇和一般建制镇共同构成的城乡统筹新格局。在此基础上，我们已启动实施投资1000亿元的西港东迁工程、100亿元的北戴河新区建设工程、76亿元的金梦海湾项目工程、19亿元的山海关古城保护开发工程和50亿元的小城镇建设工程，构建了国内一流现代化城市的发展框架。目前，秦皇岛城镇化率为47.4%。

基础设施建设发生巨大变化。坚持景观设计、绿色交通和空间净化理念，突出提升城市承载能力和竞争优势。持续推进道路建设。城市区主次干道完成投资42亿元，新改建道路181.8公里。全市城市道路面积1400万平方米，居全省第四位。人均道路面积达到15.3平方米，超过国家文明城市10平方米标准，居全省第三位。全面推进环卫设施建设。累计完成投资11.2亿元（BOT引资5.8亿元）。新增污水处理厂五座、垃圾处理场3座，污水处理和垃圾焚烧处理实现城市区全覆盖。城市区污水集中处理率达到95%以上，居全省首位；垃圾无害化处理率达到97%以上，居全省第三位。着力增强公用设施保障。城市区建成水厂七座，总设计供水能力41万立方米/日，城市供水普及率100%。天然气利用工程累计投资5.48亿元，2007年完成了人工煤气向天然气的转换，城市区燃气结构更加优化，生活环境更加安全。围绕推进供热体制改革，接收社会供热企业200余家，并逐步纳入集中供热。实施热电联网供热工程，累计完成投资5.2亿元。全市集中供热率达到80.3%，居全省第二位。城市公交全面增车、换型、开线、加密，全市拥有营运车辆743台，营运线路36条，线路总长度513.6公里，城市万人拥有车辆11标台。经过持之以恒的努力，秦皇岛的城市功能和环境品质取得了历史性改观。尤其是奥运期间，完善的基础设施、优美的环境面貌和良好的城市管理，得到了上级领导的充分肯定和社会各界的广泛好评。

生态环境建设成效显著。围绕无处不文化、处处讲生态，努力打造绿色生态体系。以公共规模绿地为重点，城区主干道、滨河系统绿化为骨架，游园和街头绿地为点缀，生态园林建设呈现“一面、二线、多点”的新格局。“一面”即以大绿化为基础，保护开发城区组团绿色隔离森林，实施1.5万亩海滨森林、湿地和海岸线生态恢复，完成建设改造面积5250亩，提升湿地森林生态系统功能。“二线”即配套绿化42条主要干道和迎宾线，新增道路绿地面积43公顷，打造城市“绿色走廊”线；同时，实施城市区六河水系综合治理，沿河实施“一园、二岛、四桥、五场、六带、十六景观”建设，新增绿地面积29万平方米，打造“生态亲水”线。“多点”即还绿于民，规划建设大型主题公园和小型游园。完成汤河带状公园、秦皇植物园、北戴河生态观光园、奥林匹克大道公园等绿地，新增公园绿地357.1公顷。新建、改造游园45个，新增游园绿地42.7公顷。大汤河一期工程获国家建设部“中国人居环境范例奖”，“绿荫中的红飘带”被国际知名旅游杂志《康德纳特斯旅行家》评为“世界建筑新七大奇迹” 之一。建成区绿化覆盖率45.6%，绿地率达到38.7%，人均公共绿地面积16平方米。比2003年年底分别提高6.2%、5.2%和5.4平方米。城市环境空气质量好于二级天数达99%以上，负氧离子含量达到6000个/立方厘米，是一般城市的20倍左右，在全省11个设区市环境质量最优。

经营城市水平不断提高。全方位推进城市公共资源向资本市场要素转化，推进经营城市战略，提升城市运行活力和竞争能力。实施财政投入拉动战略，放大土地资源增值效应。以政府信用和财政作担保，以投融资平台为载体，累计吸纳各类金融机构贷款76亿元，以此推进城市基础设施建设、完善城市功能，从而扩张土地增值空间，以政府增值收益反哺城市建设和社会公共事业，进一步优化城市发展环境，实现政府更大收益，形成了“一石三鸟”的良性经营机制。自2003年以来，累计出让土地1926宗，面积4618.73公顷，合同出让金263.2亿元，实现政府收益103.61亿元，极大提升了经济社会发展的支撑能力。近年来，累计投入33.6亿元支持完成旧改项目74个，投入3.7亿元支持改制企业162家，安置职工5000多人。通过企业“退城进郊”，盘活土地资源17亿元。支持了一批文化、体育、教育设施建设改造，累计投资32亿元。推进城市公共资源整合和经营权改革，激活公交、供水和城建存量资产9.2亿元，累计吸纳社会投资17.4亿元。大力实施招商引资，采取BOT、BOO、BT方式，实现融资32.4亿元。通过市场化运作，初步形成“群众不集资、企业不负担、政府少投入”的城市经营模式，做到了有钱能办大事、没有钱也能办大事。

人民群众得到更多实惠。在城市规划、建设和管理中，坚持“以人为本、适宜人居”的原则，把人作为城市的主语，力求公共设施建设和服务更惠及群众，城市管理更文明规范。尤其是带着责任、公平和感情做好拆迁改造工作，确保大规模拆迁不侵害到百姓利益。加大老旧小区和城中村改造力度，为全市1.2万户居民改善

居住环境。加强经济适用住房和廉租房建设，全市人均15平方米以下最低收入家庭100%享受廉租住房保障。在全省率先推行廉租住房和经济适用住房保障条件并轨，为7590户低收入家庭提供了住房保障。完成经济适用住房264万平方米，启动实施商品房和经济适用房联动配统机制。全市城镇人均住房面积28.37平方米，分别高于全省(24平方米)和全国(23.7平方米)人均住房面积4.37平方米和4.67平方米。在全国287个地市中，生活质量排名第26位。

近年来，秦皇岛在城镇建设发展上的大思路、大手笔和大气魄，如源头活水带动了经济社会发展。2009年，在金融危机的强烈冲击下，全市生产总值达到877亿元，同比增长10%；全部财政收入达到114.7亿元，增长6.4%；固定资产投资完成421亿元，增长38.7%。以综合排名第40位成为河北省在中国城市综合竞争力排名中最靠前的城市，2009年荣获“中国最佳和谐发展城市”。

二、在实践中形成了具有鲜明时代特色的发展之路

秦皇岛城镇建设与经济发展相得益彰的根本原因，在于市委、市政府能够自觉地把科学发展观和秦皇岛的发展实际结合起来，在实践中求突破、在创新中求发展，开辟了一条生产发展、生活富裕、生态良好、社会和谐的特色发展道路。

始终坚持把解放思想作为第一导向。近年来，市委、市政府着眼升温点火、鼓劲加压，相继开展全市范围的调查研究、学习考察、献计献策活动，动员各级干部外出学习考察，层层点燃加快发展的激情斗志。强调跳出秦皇岛看秦皇岛，用世界眼光和全国一流的标准来审视自己，瞄准先进，奋起学习，跨越追赶，着力在规划高水平、建设高标准、管理高效能、工作高效率、人员高素质上下工夫，力争城市规划建设和管理取得大的突破。市委、市政府先后组织到广州、深圳、厦门、青岛、烟台等地学习考察，潜心求取城市建设真经，并把学习考察成果转化为提升秦皇岛城市品位和内涵的具体决策和行动。

始终坚持把推进城镇化战略作为第一动力。一个地区可以引进资金和技术，但环境作为独有的资源和特色，只能靠自己创造。秦皇岛发展需要依靠外力，但根基和着力点必须投射到“内在自身”上，以良好的创业和人居环境，为借助外力提供主体性基础。我们不断统一认识，辩证看待城镇建设与经济发展的关系，把城镇建设放在促进发展、改善民生和增强竞争力的首要位置，最大限度调动各方面的积极性和能动性，集中有限的财力、人力投入到城镇建设上。坚持统筹城乡、统筹全市域梯度发展，在遵循规律的前提下，通过政府主导、行政动员和市场运作、全民参

与，大力实施城乡基础设施建设和拆迁改造，高度重视城市规划和设计，精心打造并不断强化城市风格特色，推动全市城镇面貌在较短时间内实现质的飞跃和提升。

始终坚持把生态保护作为第一任务。通过全面总结发展历程，反复比较各地的发展模式，我们清醒地认识到，环境优美、生态良好是秦皇岛的最大品牌、特色和优势，这个品牌必须贯穿体现到经济发展和城市建设之中，真正把生产、生活、生态作为不可分割的有机整体。既要金山银山，更要绿水青山；有了绿水青山，才有金山银山；在金山银山与绿水青山发生矛盾和冲突的情况下，宁要绿水青山，也不要金山银山。层层树立绿色价值观、生态政绩观和以人为本、生态优先的发展理念，以提高居民生活品质为根本宗旨，坚持生态优先、人居舒适，突出人与自然和谐，打造城市优势竞争力和创业环境，让秦皇岛变得更美丽、更干净、更生态。

始终坚持把改善民生作为第一原则。近年来的城市发展建设中，始终做到以人为本、民生为重。在巩固和扩大城市道路、绿化等基础设施建设成果的同时，适时将城建重点向适应经济发展需要和提高市民生活水平转移，着力提供高质量的社会公共产品，提升公共基础设施保障能力，努力把发展成果体现到城乡面貌的改善上来，让更多的老百姓享受到高品质的公共设施和公共服务，不断提升城市的生活品质，提高人民的幸福指数。积极创新城市管理体制机制，全面推进城市管理的科学化、规范化、标准化、专业化、精细化、长效化，以优美的环境鼓舞人、凝聚人、塑造人，提高城市文明程度和市民文明素质，实现人与人、人与城市的和谐共处。

始终坚持把凝心聚力作为第一保障。事业兴衰，关键在人。近年来，我们不断瞄准更新更高目标，鼓劲加压、发掘潜力，最大限度地激发干部群众的斗志和激情，营造“事在人为、人在精神”和“有苦不叫苦、攻坚不畏难”的工作氛围，切实把各方面力量引导到加强城镇建设、引导各界在城镇建设上多出思路，在破解难题上多想办法，在服务发展上多作贡献，努力形成秦皇岛城市发展建设特有的思想优势。实践证明，工作无止境，潜力无止境。只要全市上下心向一处想、力往一处使，就一定能实现城镇建设质的突破。

三、科学把握推动城镇建设的突破口

近年来的实践使我们清楚地看到：要在城市建设中更加深入扎实地推进科学发展，抓住以下环节至关重要。

第一，坚定不移地强化统筹“三生”的理念，切实做到高点站位。秦皇岛有着不同于一般城市的资源禀赋和环境区位，发展不好不行，环境生态遭到破坏更不

行，破解这一难题的强大思想武器就是科学发展观。贯彻落实科学发展观，很重要的是掌握统筹兼顾的根本方法，强化统筹意识，提高统筹本领。其中，最根本的统筹是统筹“三生”，即生产、生活和生态。生产是基础，生活是目的，生态是前提；生产要集约，生活要舒适，生态要优美。统筹“三生”，体现着城市建设的思想解放、理念升华和创新精神。统筹“三生”，首先要从城市规划、建设和管理做起，以基础设施建设为突破，以生态文明建设为抓手，通过高起点规划、高标准建设、高效能管理、高水平经营，全面推动城市品位和内涵迈入新境界，努力把秦皇岛建成中国最美丽、最干净、最生态化的城市。

第二，毫不动摇地确立实现“三宜”的目标，着力推进科学发展。立足秦皇岛自身特色和优势，我们必须进一步解放思想，树立实现“三宜”即宜居、宜业、宜游的城市发展定位和目标。宜居是指提高生活品质、建设高端城市，不仅使本地人宜居，同时为所有来秦的人提供中国北方最好的宜居环境；宜业是指优质生产要素和生活要素在这里聚集，在这里无障碍地发展壮大，成为适于各类客商特别是高端要素创业发展的热土；宜游是指适合所有游客来秦旅游休闲度假，成为国际知名、国内一流的滨海旅游度假名城和最佳旅游目的地。建设“宜居宜业宜游”的“三宜”之城，是统筹“三生”、深入落实科学发展观的必然要求，城市的方方面面都应符合“三宜”要求和目标，瞄准先进、争创一流、力求最好，努力把秦皇岛建成经济发展更具活力、文化特色更加鲜明、人居环境更为优美、社会更加和谐安定的宜居净地、宜业福地、宜游乐地。

第三，始终不渝地突出“三大战略取向”，切实提高建设水平。一是着力提升国际影响力，用世界眼光谋划发展，用国际化标准推动建设，不断提高城市载体功能、市民文明素质和开放创新能力。二是着力提升区域竞争力，以更大的力度拓展城市发展空间，加快西港东迁、北戴河新区建设、港口腹地拓展，在沿海隆起带崛起中更有效地集聚区域发展要素。三是着力提升可持续发展能力，进一步加大造林绿化和生态保护，推动海岸线和重点河流、重点地区的生态治理，推进土地、资源和能源的集约利用，保持秦皇岛山清水秀、环境优美、生态良好的最大品牌，实现一代接一代的永续和谐发展。

第四，坚持不懈地把握好“三大关注点”，不断彰显特色优势。借鉴国内外先进城市经验，立足自身实际，找准城市建设定位，科学规划，潜心设计，精雕细琢，力求完美，整体提升城市建设水平和质量。一是坚持城市规划的全覆盖，确保规划的系统性、全面性和前瞻性。首先体现在市域7812平方公里发展的全覆盖，整体规划，不留“盲区”；其次体现在各类规划的全覆盖，制定健全分区规划和专项规划，完善城乡整体规划体系；最后体现在整个过程的全覆盖，在增强规划刚性的同时，与时俱进地进行修编，在动态中保持规划的全覆盖。二是强化城市与建筑设计的新理念。坚持存之于内、形之于外的理念，突出挖掘城市固有独特的文化内涵和历史元素，通过城市和建筑设计，使山水人文景观合理组合、协调配置，集中打造一批建筑精品和城市亮点。三是凸显城市功能的人本化。把更好地满足群众生产、生活和生态需求，作为城市功能建设的重要内容和导向，高度关注城市建设管理中的“细节”，让人们实实在在享受到城市发展带来的好处。

围绕上述环节和理念，未来2~3年，全市城市建设要抢抓城镇面貌大变样的机遇，继续大幅实施道路畅通、环卫设施、旧城改造、绿化美化、住房保障等重点工程，预计完成投资450亿元左右。以城市规划为引领，强力推进事关经济社会发展的城镇空间布局调整、重要公共设施和重点项目建设。全力实施“东迁、西移、北进”主体战略，整体打造山海关、海港、北戴河、北戴河新区及昌黎、抚宁组团为构架的“4+2”市域城镇布局。

东迁，调布局推进西港东迁。在西起煤五期、东至沙河口、北起龙源大道、南至渤海潮汐线，建设占地2000亩的大型综合型现代港区。以秦承辅路为轴线，向北纵深延伸，建设100平方公里的临港产业聚集区。沿龙源大道两侧，建设国际口岸物流园区、华北国际采购与区域物流中心和重大装备制造业出海基地，形成具有第三代港口特征的临港物流园区。对现状西港区片区实施综合改造，建设集休闲旅游、商务会展、高档居住、现代服务于一体的滨海新城区。

西移，拓空间建设北戴河新区。以休闲度假旅游产业为主题定位，科学规划总占地425平方公里区域，充分利用海滨海滩海岛的核心价值资源，引进高档酒店、体育休闲等长线项目，全力打造国内一流、国际知名的旅游休闲度假胜地。

北进，强产业提升县城镇功能。对昌黎县和抚宁县逐步实行区一级管理体制，实现区县城市基础设施和城区公共管理一体化。卢龙县城和青龙县城，以龙城工业园和县城工业园为依托，推进旧城改造和新区建设，建成市域中北部具有一定辐射带动能力的中心城镇。

实施一场、三线、四区建设。“一场”即昌黎晒甲坨秦皇岛民用机场，设计年旅客吞吐量50万人，投资估算4.3亿元。“三线”即津秦客运专线、城市西部快速路、秦抚快速路，全方位打造市域快速通道。“四区”即打造开发区、秦皇岛临港产业聚集区、首钢秦皇岛工业园为先进制造业聚集区；北戴河经济开发区为高新技术产业聚集区；秦皇岛临港产业聚集区为玻璃建材、粮油食品传统产业聚集区；北戴河新区为高端旅游的现代服务业聚集区。

推进五大片区旧城改造。即火车站（范家店）片区、康乐里片区、东南山片区、归提寨片区和杨各庄片区改造，打造高端社区，改善人居环境，提升城市品位。

全面推进城市道路、园林绿化、环卫设施建设。预计到2010年，全市道路总长度将达到200公里以上，人均道路面积达17平方米。垃圾无害化处理率达100%；污水处理覆盖全市域，处理率达98%以上；城市区绿化覆盖率达47%，绿地率达42%左右，人均公共绿地达15平方米以上；城镇人均居住面积高于30平方米。现代化的“宜居宜业宜游、富庶文明和谐”新秦皇岛形成规模、初见端倪。

坚持规划引领　大力推进特色城镇化进程

山西省祁县县长 李丁夫

（2010年10月）

祁县位于山西省中部，总面积854平方公里，辖6镇2乡3个城区，160个行政村，总人口26.7万。祁县古称“昭馀”，因“昭馀祁泽薮”而得名，春秋时为晋大夫祁黄羊食邑，西汉初年正式置县，距今已有2200多年的历史。祁县是国家历史文化名城，历来以文化灿烂、商业繁荣著称于世，是晋商的发源地之一，留下了昭馀古城、乔家大院、渠家大院等许多杰出的建筑遗存。

近年来，我县牢固树立“抓城建就是抓发展”的理念，按照“保护古城、改造旧城、开发新城”的总体思路，科学规划、严格管理、有序开发，不断加快特色城镇化建设步伐。全县城市框架逐步拉大，城市功能不断完善，城市面貌明显改观。目前，县城规划区面积70平方公里，建成区面积10.78平方公里，县城人口8.93万，城镇化率达到42.6%。

一、加强规划编制，完善规划体系，使城乡建设有章可循

规划是城市建设的龙头，是政府引导和调控城市发展的主要手段。近年来，我们坚持以规划为先导的城市发展理念，强化规划在推进特色城镇化进程中的龙头作用，累计投入800余万元，聘请中国城市规划设计研究院、中国航天设计研究院、山西省城市规划设计院等专业部门，高起点、高标准地编制了一系列城乡建设规划，初步构建起城乡建设发展框架。

一是不断完善总体规划。按照《城乡规划法》的要求，结合我县发展实际，对《祁县城市总体规划》进行了修编。本次修编，明确了国家历史文化名城、著名的晋商文化旅游区和工艺玻璃生产之乡的城市性质，进一步确定了保护古城、改造旧

城、建设新城的建设原则，确立了东扩、南进、西连的未来城市发展方向。

二是突出抓好各类专项规划的编制。围绕古城保护，编制了《祁县历史文化名城保护规划》、《渠家大院文物保护规划》、《渠家大院周边环境整治规划》、《古城控制性详细规划》、《古城十字大街规划建设方案》等规划。围绕完善旧城区城市功能，编制了《祁县县城现状道路交通整治规划》、《祁县县城排水专项规划》等规划。围绕昌源新区开发建设，编制了《祁县昌源新区修建性详细规划》、《祁县昌源南路及周边地区控制性详细规划》、《祁县昌源北路景观规划设计》等规划。围绕新农村建设，加快乡镇总体规划和新农村建设规划编制，乡镇总体规划覆盖率达到75%，全县71 %的行政村完成新农村建设规划。

目前，全县累计完成城镇体系规划、专项规划、详细规划200多项，城市规划区详细规划覆盖率达到50%以上，以总体规划为龙头，详细规划、专项规划为骨架，远期规划为补充的县域规划体系初步形成，规划覆盖率不断提升，规划可操作性不断增强，为今后我县城乡建设绘制了宏伟蓝图。

二、加强规划管理，落实管理措施，维护规划的科学性、严肃性和权威性

在城乡建设中，我们始终以规划为先导，切实加强规划管理，规范规划审批，严格规划执法，逐步将规划管理工作纳入法制化、规范化的轨道。

完善管理机构。不断强化对规划工作的领导，完善城市规划的决策机制，成立了以县长为主任的城乡规划委员会。建立健全了工作制度，严格实行规划委员会审议和专家评审制度，统一指导、协调、监督全县城镇规划管理工作，负责审议城乡各类规划及重点建设项目、重点地段的城市设计。凡是规划变动必须经规划委员会通过，确保规划管理的科学、规范。

严格管理制度。一是严格实行“一书两证”的规划管理制度，从建筑红线、体系、造型、色调等方面严格把关。2007年，县邮政局计划对位于古城的业务用房进行改造，并争取到上级专项改造资金，但由于工程建设规划与古城保护规划不符，没有批准。二是严格办事程序。将建设部门包括规划在内的所有行政审批事项全部进入行政服务大厅，实行一个窗口集中办理。三是实施“阳光规划”，全面推行规划公示制，先后对城市总体规划、昌源新区详细规划、城市设计、城市雕塑设计等重要规划编制项目进行了公示，提高规划工作的透明度，不断强化市民规划意识，促进社会各界自觉关注城市发展动态，促进了规划的有效实施。

强化规划监管。组建了联合执法大队，实行分片监控，严厉打击违法违规行为，私搭乱建等行为得到有效控制，杜绝规划执行不到位、“规划跟着项目转”等问题。认真抓好批后管理，严格做到“三到场”，即放线定位到现场、建设中期监督检查到现场、验收复核到现场，确保规划执行到位。

三、加强规划引导，打造精品工程，全面提升城乡建设水平

规划决定着城市的发展方向。在城乡建设中，我们始终坚持规划引导，以完善功能、改善民生为突破口，规划实施了一批重点工程，有力提升了我县城市建设品位，推进了城市发展。

古城区坚持“保护为主、抢救第一、合理开发”的原则，以晋商文化为特色，致力于改善古城环境、恢复历史原貌，打响历史文化名城品牌。所有古城修复工程，必须严格履行审批程序，聘请有资质的修复单位施工，曾先后邀请全国名城保护专家罗哲文、郑孝燮等来祁进行实地指导。近年来，坚持“修旧如旧”的原则，我们先后对古城四条大街进行了立面整治、线缆入地、路面改造和上、下水改造，利用古城内商号旧址和民居宅院开办了晋商文化博物馆、晋商茶庄博物馆等旅游景点，恢复了明清商业老字号的牌匾、幌子，再现了古城明清风韵、商贾云集的历史街区风貌；同时，加大小街巷改造力度，有效改善了古城区居民生活条件，促进了古城旅游产业和商业发展。2009年，我们启动了古城东侧城区综合改造工程，目前各项前期准备工作正在顺利推进。

旧城区以规范整治、改善形象为重点，着力完善城市功能，提升城市承载能力，努力优化人居环境，以旧城改造带动整个县城的功能完善和形象提升。先后完成了丹枫东路、杏花路、新开路、清水路等道路建设，完善了城市道路小循环，城区道路通行能力不断提升；完成了二支退水渠改造、祁方线下水改造、一支退水渠改造，城市防洪能力明显提升；规划建设了东关、北关等四个综合市场，城区市场布局更加合理；先后开发建设了虹桥、御景居、田源花园等住宅小区，城镇人均居住面积达到31.5平方米，群众住房保障水平不断提高。加大了绿地、广场、便民市场等基础便民设施建设力度，强化城市环卫管理，全面提升居民的生活质量和品位。

新城开发立足城市未来发展需求，完善基础，集聚人气，努力建设设施完善、环境优美、服务齐全的生态化城市综合发展新区。规划建设完成了昌源北路拓宽改造、丹枫东路、东环路建设，新区路网骨架基本成型。完成了人民医院迁建、检察院办公楼、昌源北路安置房建设，丹枫市场、金世苑高层住宅、昌北经济适用房顺

利推进，祁县中学迁建、集中供热等重点工程即将动工，新区正成为我县扩大城市框架、提升城市品位、推进城镇化进程的龙头。

规划是政府指导和调控城乡建设和发展的基本手段，是城乡建设和发展的灵魂。不断完善的城乡规划体系，有效推动了我县城镇化进程。

一是强化了对城乡建设的指导。城乡规划对城乡经济、社会发展和城乡建设起着重要的综合调控作用。通过编制昌源新区详细规划，明确了新区的整体定位、功能构成、实施措施，对昌源新区乃至整个县城的建设都具有明显的推动作用。通过编制新农村规划，明确了各村产业的发展方向，达到了新农村规划为现代农业产业发展提供服务的目的。

二是优化了城乡发展空间布局。随着全县一系列总体规划、空间概念规划、分区规划、城镇总体规划及近期建设开发区域的控制性详规编制和实施，城乡发展有了明确的目标和定位，突破了城乡规划的二元结构和传统城市规划“重城市轻乡村”的不足，有效推进了城乡一体化发展。正在实施的《祁县县域城镇体系规划》，对祁县城乡空间管理的调控、人口与生产要素的引导和发展县域经济均有积极的推动作用。“中心村”的确定以及“乡村撤并”方案，对城乡资源统筹、县域基础设施和社会服务设施共享、新农村建设有很好的引导作用。

三是促进了资源的合理利用和保护。我们始终坚持资源利用与节约并举、保护与开发并重的方针，不断提高资源综合利用水平。新修编的《县城总体规划》，合理划定了城市建设区、限建区、禁建区和蓝线（河流、湖泊、湿地等水体岸线）、紫线（历史文化保护街区）、黄线（基础设施控制线）、绿线（绿地控制线）等规划强制性内容，严格规范了城乡建设活动，为可持续发展提供了保障。祁县历史文化名城保护规划，乔家大院、渠家大院文物保护规划为保护历史遗产，确保永续发展起到很好的指导作用。

当前，我县城乡规划建设工作取得了一定的成效，但仍存在许多不足和问题，与全国兄弟县市相比，还有一定的差距，表现在干部群众规划意识不强、详规覆盖率不高、基础设施还不完善，城市管理水平还有待进一步提升等。通过此次培训学习，我们将抓住国家统筹城乡发展、加快推进城镇化进程的机遇，进一步提升发展理念、拓宽工作思路，推动我县城乡建设管理工作再上新台阶。

赤峰市城市规划建设管理情况介绍

内蒙古自治区赤峰市市委常委、常务副市长 李学玉

（2009年5月）

赤峰是一座有200多年历史的老城，过去基础设施比较落后，人口非常拥挤。2003年新城区建设启动以后，城市建设步入了快速发展阶段。目前，中心城市建成区面积达到77平方公里，人口79.1万，全市城镇化率38.1%。到2010年，中心城市建成区面积将达到86平方公里，人口力争达到100万，初步实现建设百万人口区域性中心城市的目标。

几年来，重点做了以下工作。

一、高起点修编城市规划，合理定位城市功能

2002年，市政府出资1000万元，聘请中国城市规划设计研究院完成了《赤峰市城市总体规划（2002—2020）》修编和新城区（八家组团）分区规划、控制性详细规划、核心区城市设计三个层次的规划编制；同时，编制完成了《赤峰市城市近期（2003—2005）建设规划》和中心城区热力管网工程、绿地系统、管线综合、公共交通等专项规划。按照规划要求，确定了中心城区“西移北扩东进、两翼展开、整体提高”的发展思路和“沿河四片、外围三点”（四片：旧城、松山、八家和小新地组团；三点：桥北、党校和红庙子组团）的城市框架。整个中心城区按东、中、西部划分为三个区。东部以建设工业园区、发展工业为主；中部老城区以商贸、金融、生活居住为主；西部新城区以行政、文化、教育、生活居住为主。在规划阶段就注重突出历史文化特色，把城市建设与自然、生态、景观相结合，与民族、历史、文化相结合。为此，专门成立了新城区建设文化景观专家委员会，聘请市内文化名人担任委员，具体负责街路命名、景观设计等工作。目前新城区的主要建设项

目，都程度不同地体现了赤峰的历史文化特色。科学合理的规划，为城市发展建设提供了良好的依据和蓝图。

二、破解融资、征地难题，加大城市建设改造力度

新城区建设，首先要破解资金与土地这两个难题。在融资方面，抓住国家开发银行在地级市进行信用管理前移试点的机遇，2003年与开发银行签订了金融合作协议，争取到14亿元的贷款支持，作为新城区建设启动资金，主要用于征地和基础设施建设。在以后的建设过程中，又陆续从建设银行、中国银行、包商银行等金融部门获得了一些短贷支持；同时，按照经营城市的理念，广泛吸引市外和社会资金参与新城区房地产开发和水、暖、气等公用事业建设。到目前，新城区已累计完成投资180亿元，除了近40亿元的财政资金外，其余全部为社会资金。在征地方面，制定出台了《赤峰市新城区征地补偿方案》、《赤峰市新城区征地安置方案》，让农民得到合理补偿和妥善安置。截至2007年年底，新城区共征用收回土地18299亩，其中征用集体土地16983亩，收回国有土地1316亩。（2008年，收储土地17064亩，国有1629亩，集体15435亩。）征地工作基本做到了农民满意、社会稳定。在工程建设过程中，新城区所有建设项目的施工企业和监理单位都实行了全国范围的招投标，提高施工单位门槛，做到优中选优，确保了工程建设质量和水平。到目前，新城区已累计实施建设项目200余项。陆续完成了“十二横七纵六桥”建设，道路总长度达到60公里，铺装面积超过200万平方米，绿化面积超过180万平方米，完成管网敷设200公里。六道橡胶坝蓄水面积达到70万平方米。开发住宅420万平方米，竣工300万平方米，行政机关建筑50万平方米，学校建筑20万平方米，商业、餐饮、娱乐及酒店等建筑35万平方米。学校、医院、商场、酒店、写字楼等配套设施陆续建成并投入使用，核心区城市框架已经形成，功能日趋完善，新城区建成区面积已达到15平方公里，入住人口6.5万。

在加快新城区建设的同时，注重对老城区的改造提高。重点加大街路、小区、广场、河道、城中村等改造力度，实施城市绿化、美化、亮化工程，完善城市功能，改善居住环境，提高城市品位，实现新老城区协调发展。

在加快中心城市建设的同时，旗县城关镇和特色小城镇建设也在同步推进，力争到2010年，全市9个旗县城关镇人口均达到或接近10万，全市城镇化率达到45%。

三、积极培育多元产业，吸纳聚集城市人口

围绕百万人口区域性中心城市的建设目标，在不断扩大城市框架的同时，积极培育多元产业，加快聚集城市人口。东部红山经济开发区总规划面积43平方公里，已建成5平方公里，累计完成基础设施投资4.4亿元，入驻企业52家，预计年产值将达到120亿元，吸纳就业1万人。红山经济开发区和北部红山物流园区、松山物流园区，都已经成为城市建设的重要组成部分和城市产业的有力支撑。老城区中小企业、服务业的快速发展也承载了大量城镇就业，有效稳定了城镇人口。

西部新城区教育、商贸、餐饮、文化、旅游等服务业也实现了较快发展。目前，除70多家行政事业单位和企业总部入驻外，赤峰二中、红旗中学、内蒙古交通职业技术学院、内蒙古纺织工业学校、赤峰蒙中等学校也陆续迁入新城区，仅在校学生就已达到1.5万人。发展各类工商业户240多户，从业人员6000多人。各类服务业的发展，既完善了城市功能，又提供了就业岗位。随着金钰大都会、众联商城、文博中心、报业中心、国际酒店等一批新的大型服务项目竣工投入使用，将会吸纳更多的劳动力就业，吸引更多的人口入住。

四、理顺完善管理体制，不断提高城市管理水平

在加快城市建设和改造的同时，坚持建管并重，不断在加强城市管理上下工夫。一是严格规划管理。严格按照规划布局进行城市建设，凡不符合规划要求或未经规划许可的，一律不准建设。加强规划监察，对私搭乱建、临建插建等违规建筑，坚决予以拆除，有效维护了规划的权威性，保证了城市建设健康有序进行。二是完善城市长效管理机制。近年来，针对城市管理工作中出现的新情况、新问题，我们依据相关法律法规，不断完善管理措施，相继制定出台了《赤峰市城市管理暂行办法》、《赤峰市户外广告设置管理暂行规定》、《赤峰市牌匾标识设置管理暂行规定》等一系列规章制度，进一步理顺“市监管、区负责”的城市管理体制，努力把城市管理纳入制度化、法制化的轨道，有效提高了城市管理水平。三是坚持日常监管与专项治理相结合。近两年，市委、市政府先后组织开展了主次干道两侧户外广告和牌匾标识专项整治、临时商亭专项整治、吊筐吊栏专项整治、过街条幅及彩虹门专项整治、基础设施专项整治等多个城市管理专项整治行动；同时，城管部门还定期对城乡结合部、城中村、城市出入口、背街小巷等“脏乱差”极易反弹的死角开展不同规模的清理整顿行动，保持对重点区域的治理力度。通过开展专项整

治，美化了城市容貌，规范了城市秩序，使一些“城市顽疾”得到了有效治理。

近年来，市委、市政府把城市绿化作为提高生态质量、改善投资环境的大事，着力增加绿量、丰富内涵、提高品位、形成景观，对中心城区进行了高水平绿化建设。2008年，市区新建绿地31.5万平方米，绿化覆盖率达到29%，人均公共绿地8.7平方米。以中心城区河道为中轴，公园为点，城区道路为线，单位庭院、居住区为面，点线面有机结合的绿化网络已初步形成。

五、结合国家卫生城市建设，努力改善人居环境

1995年，赤峰市被全国爱卫办命名为全国第23个“国家卫生城市”，成为当时边疆少数民族地区、三北地区中小城市中的第一个国家卫生城市。赤峰市委、市政府对这一荣誉高度重视，一直把建设国家卫生城市作为提升城市形象、优化投资环境、提高市民生活质量的重要工作，坚持常抓不懈。

首先是切实解决环境卫生脏的问题。城市保洁经常化是卫生城建设的关键环节。为使城区达到无盲区保洁目标，对所有地面进行了科学规划，合理分配。一是主次干道及支路保洁。三区城管部门负责主次干道的清扫保洁，支路的保洁全部由街道办事处按照属地管理的原则承担相应责任。通过增加清扫工人、提高人员工资待遇、合理划分路段、增设卫生设施等措施，实现了道路保洁经常化。二是居民区保洁。通过加强物业管理，扎实推进社区治脏工作的有效落实；同时，加快对旧居民区的全面改造。三是机关单位保洁。组织开展了“卫生先进单位”创建活动，将机关单位的“门前三包”和院落卫生全部纳入考核指标。

其次是着力解决市区街路乱的问题。开展了市场与环境“共建共享”活动，把影响城区环境的企业迁出城市中心区；将长期占道的个体工商户规范至固定场所经营；将城区主要街道两侧、主要景观周边、主要公共活动场所四周的违章建筑全部拆除；对户外广告及牌匾标识进行集中规范；加大城区出口道路的改造力度；新建改建社区便民市场和休闲、运动场所。通过这些措施有效解决了街路行人拥堵、游商散贩沿街叫卖、占道经营等问题。为切实加强市区交通秩序管理，市政府下发了《关于在市中心城区道路禁止电动三轮车通行的通告》，市公安局联合交通、城管、运管、宣传等部门广泛深入地开展了专项整治工作。市区设立停车泊位7528个，出租车停降点309处，非机动车停车位1970处，完善禁左、禁行、单行交通标志521块；同时，交管部门对市区出租车、客运班车车容车貌进行了规范，对汽修业和客运车站进行了专项整治，市区的交通秩序有了明显改观。

在加强城市建设与管理的同时，按照国家创建标准，积极做好几项重点工作：以“五小”行业整治为重点，强化卫生监督；以宣传《中国公民健康素养》为重点，扎实开展健康教育；以传染病防治为重点，加强疾病预防控制；以实现节能减排目标为重点，做好环境保护；以滋生地治理为重点，综合防治病媒生物。

六、启动廉租房和经适房建设，为群众提供住房保障

赤峰市住房保障制度从2006年开始启动。出台了《赤峰市城镇廉租住房实施方案》、《赤峰市经济适用住房建设实施方案》和经济适用住房建设监督管理、价格成本控制、建筑装修、销售管理等一系列具体办法。市、旗县区两级政府都成立了住房保障工作领导小组。2006年，对市区低保家庭中的无房户，以发放租赁补贴的形式实施住房保障。2008年，开始对市区人均住房建筑面积13平方米以下、旗县人均住房建筑面积8平方米以下的低保家庭实施保障，全市发放补贴户数5655户，发放补贴资金797万元。全市开工建设廉租住房8.2万平方米，计划总投资1.07亿元。2008年，由市政府下达计划，全市通过新建、收购、配建的方式，共建设经济适用住房31.5万平方米，提供住房5700套。其中市政府直接组织建设了3万平方米的“阳光小区”经济适用住房项目。

总体上看，随着经济社会的全面发展，特别是近年来城镇化进程加快，赤峰市在城市规划建设管理方面取得了一些成绩，但与先进地区相比还有很大差距。在今后的城市规划建设中，将积极借鉴发达地区的好经验、好做法，努力把赤峰打造成美丽的现代化生态园林城市。

深入贯彻落实科学发展观
全面提升锦州城乡规划水平

辽宁省锦州市市长 王文权

(2009年3月)

锦州南临渤海、北依松岭，历史悠久、人文荟萃，是辽宁西部区域性的中心城市和环渤海地区的重要港口城市。近年来，伴随着东北老工业基地振兴，特别是辽宁沿海经济带建设战略的深入实施，文明开放的锦州日新月异飞速发展，迸发出前所未有的勃勃生机。与经济发展同步，我们高度重视锦州的城乡规划建设，按照科学发展观的要求，认真贯彻实施《城乡规划法》，加大工作力度，完善工作措施，全市城乡规划工作取得显著成效。实践中，我们积累了以下四点工作体会。

一、科学编制城乡规划是提升城乡规划水平的基础

城乡规划是一项集政策性、法规性、技术性于一体的复杂综合性工作。近些年来，我们按照科学发展观的要求，从更大范围、更广角度、更远时期来谋划城乡规划、统筹城乡发展，努力做到既突出规划的超前性，又坚持一切从实际出发；既遵循规划的一般规律，又不忽略城镇的优势和特色；既体现浓郁的现代气息，又注意文化遗产的保护；既促进城乡经济繁荣，又注重生态环境的保护和建设。

一是明确了锦州城乡规划的总体思路。伴随着锦州湾整体开发的铿锵步伐，锦州的城乡规划建设也从辽西沿海经济区中心城市这个全新的区域定位出发，由“内陆、封闭、弱势”转变为“沿海、开放、强势”的定位，力求实现“脱胎换骨式”的“翻转”。按照这一指导思想，我们把锦州城乡规划的总体思路确定为：紧密结合辽宁沿海经济带建设发展战略，坚持城市向南发展，以老城区为依托、渤海大道为轴线，连接老城区、松山新区、滨海新区三个区域，实现从区域型中心城市向经

济型中心城市、传统型工业城市向新型工业城市、内陆型城市向现代港口城市、中等实力型城市向全省经济大市的跨越，努力把锦州建设成拥有百万人口、百平方公里城区和亿吨大港的山水相依、城海相连的现代化港口城市。

二是明确了锦州城乡规划的总体原则。首先，坚持城乡统筹。实施以新城、重点镇为中心的城镇化模式，构筑城乡一体、统筹协调发展的格局。其次，坚持区域统筹。通过协调落实铁路、高速公路、港口、机场等重大基础设施建设布局，进一步增强锦州区域性中心城市的综合辐射带动能力。再次，坚持城市发展需求和制约因素的统筹。对城市总体规划进行局部调整和修编，着重解决制约城市发展的突出问题。最后，坚持近期与远期的统筹。结合近期城乡发展的重点和建设时序，不断完善城乡发展的中长期规划。

三是明确了近期锦州城乡规划的主要架构。按照大格局、大园林、大交通、大工业的规划框架，重点进行了老城区、松山新区、滨海新区的建设规划。首先，规划建设舒适的老城区，结合老城区改造，进一步完善和提升老城区的城市功能。其次，规划建设秀美的松山新区，使其成为老城区向滨海新区发展和过渡的重要地带。最后，规划建设亮丽的滨海新区，逐步将其打造成真正代表锦州形象的高标准、现代化的新城区。

四是明确了锦州经济社会发展的重大项目规划。10平方公里的锦州港、103平方公里的娘娘宫临港产业区和125平方公里的凌海大有临海经济产业区发展规划相继完成，并成功纳入辽宁省沿海经济带建设重点支持区域。以西海工业园区、白马综合工业园区、娘娘宫临港产业区和白沙湾行政生活区为主体的滨海新区发展格局初步形成。锦州湾国际机场、老城区至滨海新区轻轨、滨东快速干道等重大基础设施建设项目的规划工作全面展开，一大批项目可在年内开工建设。

二、实施“阳光规划”是提升城乡规划水平的关键

所谓“阳光规划”，简单讲就是把城乡规划置于阳光之下，让百姓知情，给群众参与城乡规划的机会。这就要求我们在规划的理念上必须坚持以人为本，无论是城市总体规划，还是修建性详细规划、重点片区规划、重要单体建筑，都要充分考虑人的需要，把满足人的需要作为规划的出发点和落脚点；在规划机制上，面向市场的同时必须充分依靠群众，对重大城乡规划建设项目，必须广泛征求群众意见，切实组织好招投标，充分吸纳现代文明成果。

基于以上认识，特别是针对城乡规划制定过程中存在的群众事后参与、被动参

与等流于形式的现象，我们首先考虑到以制度的形式明确规定公众参与城乡规划的渠道和方式、方法，从而切实提高城乡规划工作的透明度。为此，我们制定了《锦州市城乡规划公示办法》，进一步完善了城乡规划公开的实施细则，将城乡重大项目规划在政务公开网站上进行公示，实行办理程序、选址意见、承办人、办理时限、办理结果“五公开”。对事关全市发展的大型建设项目和招商引资重点项目，坚持上门服务、跟踪催办，高标准、高速度、高质量地完成规划工作任务。还通过研讨、公示、监督等多种渠道，进一步创新了公众参与城乡规划的机制，对城市总体规划、分区规划、专项规划，特别是对锦州松山新区、滨海新区等城市南扩的重点项目规划进行公示，广泛征求群众意见，确保了广大群众在城乡规划制定实施中的知情权、建议权和监督权。

三、严格依法规划是提升城乡规划水平的保障

《城乡规划法》是一部关于城乡规划建设和管理的基本法律，也是新时期落实科学发展观的一部重要法律，它首次从法律上统筹了城乡两个层面，打破了原城乡二元分割的规划建设管理格局，对统筹城乡发展、全面建设小康社会具有重要指导意义。针对普遍存在的对城乡规划工作认识不清、规划意识淡薄等问题，我们进一步加大了《城乡规划法》的学习宣传力度，特别是贯彻落实的力度，为提高城乡规划水平提供了强有力的法律保障。

一是端正城乡规划的指导思想，明确城乡建设重点。按照《城乡规划法》的规定，我们在城镇的规划建设中，优先安排基础设施和公共服务设施，妥善处理新区开发与旧城改造的关系，并从农村的实际出发，在乡村规划建设中，尊重村民意愿，优先安排住宅、道路、供水、排水、供电等服务设施建设和公益事业发展用地；同时，对自然资源和文化遗产保护、防灾减灾等也都给予了充分考虑。

二是坚持先规划后建设，发挥城乡规划的应有作用。具体工作中，我们严格按照城乡规划进行建设，坚决杜绝违反规划进行建设的行为，切实发挥了城乡规划在城乡建设发展中的有效调控和规范引导作用； 同时，重视控制性详细规划的制定，注重提高城乡规划设计的质量以及各规划之间的相互衔接和协调，使得城乡规划更具科学性，更加符合锦州的城乡发展实际。

三是加大执法力度，强化城乡规划监察管理。结合锦州市情，我们制定了《关于开展城乡规划效能监察的实施方案》，重点对城乡规划编制、行政处罚、在建工程办理“一书两证”等五个方面进行了检查，及时有效地查处了未批先建、少批多

建和变更设计方案、改变控制指标等违法违章建设行为，有力地维护了《城乡规划法》的权威性和严肃性。

四、打造“和谐规划”是提升城乡规划水平的方向

统筹城乡经济与社会发展，实现城乡间的和谐发展、良性互动，是贯彻落实科学发展观的必然要求，更是提升城乡规划水平的努力方向。也就是说，要实现城乡的统筹发展、人与自然的和谐，至关重要的一个方面就是要克服“经济社会发展需求与城市发展不协调、城市发展与自然生态环境保护不平衡、城市人口增加与基础设施建设不匹配”等一系列问题，努力打造有益于城乡和谐发展的“和谐规划”，以和谐规划促和谐发展。

一是在完善城市功能上下工夫，努力打造“和谐规划”。以总体规划和近期建设规划确定的优先发展地区为重点，丰富和完善城市功能，提高控制性详细规划的质量，引导科学开发利用土地；同时，加强城市绿地、自然地貌、植被、水系等生态敏感区的保护，努力建设资源节约型和生态保护型城市。

二是在强化规范管理上寻突破，努力打造“和谐规划”。以“创新制度、规范程序”为宗旨，严格遵守建设项目规划审批规程，不断探索改进审批手段、规范审批内容、提高审批质量的新路子，确保建设项目规划审批行为程序合法、规范到位，努力把规划审批管理纳入法制化轨道。

三是在城乡规划队伍建设上做文章，努力打造“和谐规划”。城乡规划水平的高低，在很大程度上取决于城乡规划队伍建设水平的高低。近几年来，我们深入开展规划研讨活动，大兴规划理论与实践研讨之风，“走出去”和“请进来”相结合，加大规划人才培训力度，在“学习型、创新型、服务型、廉洁型”城乡规划队伍建设上取得一定成绩。

以上是我们贯彻落实《城乡规划法》，在城乡规划编制、实施和管理工作中积累的几点体会，仅供参考。

用科学规划引领和助推科学发展

吉林省松原市市长 孙鸿志

（2009年3月）

松原市是1992年经国务院批准成立的地级市，位于吉林省西部，是吉林省规划的中西部城市群之一。多年来，特别是《中华人民共和国城乡规划法》（以下简称《城乡规划法》）实施以来，松原市委、市政府高度重视城乡规划工作，坚持以科学发展观为统领，不断加大工作力度，努力提升规划水平，对全市经济社会发展产生了强有力的推动作用。2008年，在宏观经济形势发生重大变化的情况下，全市地区生产总值完成815亿元，比上年增长21%，经济综合实力位居全省第三位，初步形成了规划与发展相得益彰、良性互动的格局。

一、审时度势，牢牢把握城乡规划主动权

城乡规划是对一个地方一定时期内城乡经济社会发展、土地利用、空间布局以及各项建设的综合部署，对于促进城乡一体化、推动经济社会全面协调可持续发展，具有十分重要的意义。从这个意义上讲，加强城乡规划的过程，就是统筹城乡发展、全面建设小康社会的过程。

多年来，我们认真贯彻实施城乡规划有关法律法规，切实把城乡规划工作抓紧、抓好、抓出成效。市委、市政府从松原实际出发，积极谋求通过规划的基础性、全局性和先导性作用，促进松原跨越式发展。一是致力于城市定位新目标的实现。城市定位是城市建设和发展的基础。准确而鲜明的城市定位，是增强城市核心竞争力的第一要义。松原是个因油而建、因油而兴的城市，建市之初的定位是石油化工城。但是，随着松原自身的发展和区域经济格局的变化，我们提升原有站位，对松原进行了重新审视，发挥松原地处吉林、黑龙江、内蒙古三省（区）结合部，位于长哈经济带和哈大齐工业走廊之间，联结周边8市14县等区位优势，重新把松

原定位为石油化工城、东北地区交通枢纽城和东北地区物流集散城。要实现这个新的城市定位目标，修改完善原有城乡发展建设规划自然是题中应有之义。二是致力于推进城乡发展一体化。松原是全国产粮大市，全市280万人口中农村人口占近200万。要不断缩小城乡差距，不仅要全面贯彻落实中央的强农惠农政策，加大对“三农”的支持力度，加快社会主义新农村建设，更要搞好城乡统筹规划，以工业化促进农业，以城镇化带动农村，以市场化富裕农民，推动城乡一体化进程。三是致力于加快产业结构优化升级。松原是典型的资源型城市，石油在全市产业中占主导地位。这次国际金融危机原油价格大幅下跌，为我们敲响了警钟。要实现松原可持续发展，增强抵御经济风险能力，也亟待调整原有产业发展规划，发展接续替代产业，确立以油气化工、生物化工、农畜产品加工和电力工业为重点的主导产业格局，实现产业结构优化升级。基于对城乡规划必要性、重要性和紧迫性的认识，适应经济社会发展需要，松原市委、市政府将城乡规划工作作为头等重要的大事，为松原科学发展、快速发展和可持续发展奠定了坚实的基础。

二、突出重点，全面加强城乡规划编制工作

围绕进入全省经济规模第一方阵、建设吉林省西部现代化中心城市和打造东北地区交通枢纽城等宏伟目标，以区域的视角、大气的手笔，强力推进城乡规划工作，不断强化城乡规划编制、审批和管理，取得了十分显著的成果。

第一，高质量完成了城乡总体规划修编。深入挖掘松原中心城市的内在特质，根据松原的历史背景、文化特色、产业结构、区位优势，结合“五城”联创（创建“国家级园林城”、“中国优秀旅游城”、“国家卫生城”、“国家环保模范城”、“全国文明城”）目标和江南、江北两大商圈建设，高起点、高标准地完成了新一轮《松原市城市总体规划》修编工作，对中心城区和前郭、宁江两个县（区）进行了统一规划，科学规划了全市铁路、公路、水路及城区路网畅通体系。健全和完善了城市建设、土地利用、工业园区产业发展等29项专项规划；同时，打破城乡规划分割的格局，建立了城乡联动规划管理体制，督促抓好县（区）规划编制工作，加快社会主义新农村规划编制步伐，完成了15个省级推进村规划编制，使城乡建设完全步入科学、健康、有序的轨道。

第二，精心编制了沿江开发规划。松原是国内屈指可数的尚未开发滨江亲水城市之一。我们着眼于松原的超常发展，立足打造“百年松原”，提出了沿江开发战略，着力搞好滨江新区规划设计，下大力气做足水的文章、升华水的灵气、彰显水

的特色。邀请国内外知名规划大师，召开规划设计国际研讨会，对滨江新区规划进行了科学论证，构建出“一江为媒、两岸衬托、三核带动、四区发展、辐射全市”的城市空间布局框架。全国政协主席贾庆林、全国政协副主席王刚等党和国家领导人，都曾亲临滨江新区视察，并对滨江新区规划建设工作给予了充分肯定。

第三，全力抓好小城镇规划。加快小城镇规划建设是推动社会主义新农村建设，构建社会主义和谐社会的重要举措。我们按照“有利于人口集聚、有利于产业集聚、有利于财富集聚”的指导思想和“一年起步、二年见效、三年成型”的总体要求，有选择、有重点地规划了15个试点小城镇，对这些小城镇区域内的资源加以合理配置、统筹协调，加快推进农村社区化、农民市民化、农业现代化，并将以中心城镇为依托，发挥对周边城镇的辐射带动作用，推进全市城市化进程。

三、因地制宜，确保城乡规划的科学性

城乡规划不能脱离实际、好高骛远，必须立足实际、注重实效。总结近年来松原的城乡规划实践，我们深深地体会到，要做好城乡规划编制工作，必须把握好以下几个方面：

一是城乡规划要坚持高起点、高标准。城乡规划是百年大计，事关发展大局，关系子孙后代。一旦出现失误，必将严重影响经济社会发展。因此，城乡规划编制必须坚持高起点、高标准，经得起历史的检验。在规划过程中，不但要充分了解市情，还要有战略眼光，着眼长远，舍得投入，切实保证规划的战略性、科学性和前瞻性。

二是城乡规划要坚持统筹推进。搞好城乡规划的根本措施是始终坚持把城乡经济社会发展作为有机整体，放在统一的框架内统筹推进。在规划编制程序上，要首先了解区域经济社会发展的整体战略规划。在这个基础上，先后编制本地城乡发展的总体规划、产业发展规划和土地利用规划，进而制定出交通、市政、环保等各项专项规划，这样有利于增强规划的系统性和协调性。在规划编制内容上，要统筹考虑经济发展、社会事业以及资源、环境的承载能力等问题，促进全社会健康有序发展，为后续发展留足空间。

三是城乡规划要突出地方特色。规划没有特色，就没有生命力和吸引力。一个地方的规划，特别是专项规划，一定要从城市的实际出发，与当地的土地、人口、经济基础、发展目标、历史文化等状况有机结合，强化主题，突出特色，切忌“千城一面、流于俗套”。

四是城乡规划要坚持以人为本。开展城乡规划，归根结底是要让老百姓过上好日子。因此，规划编制工作必须牢固树立“以人为本”的理念。开展城乡规划既要有利于促进城市经济加快发展、有利于提升城市形象，更要有利于改善民生。要把改善民生作为城乡规划建设的出发点和落脚点，坚决维护好广大人民群众的根本利益，让规划的成果、发展的成果更好地惠及广大人民群众。

五是城乡规划要严格执行。规划审批是城乡规划工作的重要环节，必须严把规划审批关，减少自由裁量空间，使规划审批工作驶入规范化和科学化轨道。要一以贯之地坚持“规划一张图、审批一支笔、建设一盘棋、管理一条线”的原则，切实抓好城乡规划管理工作，有效纠正违反规划审批建设行为；同时，还要坚定不移地做到“一张蓝图管到底、一届接着一届干”，确保规划的权威性和执行规划的连续性。

彰显北疆特色　区域组团布局
倾力打造独具魅力的边疆生态旅游口岸城市

黑龙江省同江市市长 赵 达

（2009年10月）

同江市地处祖国东北边陲，位于奔流不息的松、黑两江之滨，广袤无垠的三江平原腹地，北隔黑龙江与俄罗斯犹太自治州和哈巴边疆区相望，边境线长170公里，是国家一类口岸。辖区总面积6300平方公里，辖4镇6乡、6个国营农场，总人口20万，城区面积近10平方公里，人口约7.3万，是我国“六小民族”之一赫哲族的主要聚居地，是国家 “兴边富民”行动重点县和全国双拥模范城，是贯穿祖国南北公路大动脉“同三”公路北端起点，是黑龙江省江海联运的始发港，在前不久中俄两国政府批准的《东北地区老工业基地与俄罗斯远东地区合作规划》中被确定为五个对俄重点发展口岸之一，是黑龙江省沿边开放带的重要节点。尤其是同江中俄跨江铁路大桥开工在即、全国第一条中俄浮箱固冰通道的运营、同三高速公路同集段建设、佳同高速铁路列入部省合作规划以及港口改扩建，立体化交通网络格局初步呈现，昔日的边陲小镇逐步发展成为现代化的沿边开放口岸城市，同江正处在加快发展的重要战略机遇期，也对今后城市的发展提出了更高的要求。我市确立了“规划先行、精品建设、产业牵动、有序经营”发展原则，全力推进城市建设与管理。

一、高点定位，科学规划，全力构筑江、城、田、山和谐统一的三江名城

先后于2002年和2008年聘请国家发改委宏观经济与产业经济研究所和上海同济大学城市规划设计院的知名专家，进行同江城市产业发展定位和总体规划修编，经过反复研究论证，将城市产业发展定位为东北亚区域性国际物流中转贸易和加工中

心，城市发展方向定位为现代化国际口岸城市。按照以上定位，我市在城市建设上加快推进“三个转变”。

一是加快推进城市总体发展思路转变。在城市发展思路上，逐步由以往的单核心建设，向城乡一体化、多元化、组团式城市发展方向转变，坚持“沿江而建、依江而居”的发展策略，重点开发城市的国际经贸合作窗口、东北亚的旅游目的地、边境重要交通枢纽、全国生态示范基地四大职能。实施北进东连，带动周边，辐射半径由五公里延伸至50公里，覆盖相邻近五个乡镇，采取老城区、江心岛、三江口、换装站、哈鱼岛和街津口等板块为载体的城市多核心发展布局。规划至2030年，城市规模达到30.5平方公里，城市人口将达到21万。

二是加快推进城市总体发展设计转变。在城市总体发展设计上，逐步由就城区发展城市，向青山碧水、广袤田园、北疆边城有机结合，构建江、城、田、山的山水格局的方向转变。江即是松、黑两江，城即是沿江城市功能带，田即是大农田，山即是街津山。通过组合空间、保护环境、完善功能、彰显个性和激发经济等手段，最终要实现城市建设的三大目标，即将同江打造成一个边贸口岸城市、生态旅游城市和网络组合城市。实施三大策略，即围绕口岸，做强城市产业策略；彰显水文化，打造魅力同江策略；五心联动，促进沿江一体化发展策略。充分发挥紧靠大江大河、毗邻俄远东腹地的优势，使城市各个功能组团沿江发展，形成大河景带和功能带。对不同功能区块进行整合形成五大中心，即以老城区和江心岛新区为主的商业生活中心、以三江口为主的旅游度假中心、以哈鱼岛为主的对外贸易中心、以二村铁路换装站为主的国际物流中心、以街津口为主的民俗文化中心，协同联动，相互呼应。

三是加快推进城市总体风格转变。同江城市总体风格逐步由单一庞杂向自然和谐统一、中西交融、彰显民族特色的方向转变，而不是追求高楼林立的大都市。在建筑风格上，根据老城区、江心岛新区和三江口功能定位不同，对三区建筑风格分别进行控制。老城区建筑风格较为混杂，以改造为主，通过色彩调整使其建筑风格更为协调；江心岛新区，建筑风格要以符合本地气候条件的现代建筑为主；三江口在体现地方景观特色的同时，建筑采用现代风格，兼容欧式和俄式建筑的设计元素。在建设高度上，以矮层建筑为主，尽量不超过8层，以凸显环境特色。在色彩的使用上，突出地处东北边陲，四季分明、冬季寒冷的地域特点，建筑以暖色的红黄色调为主，努力形成一种以优美、和谐色彩为主体的城市建筑风格。

二、完善设施，拓展空间，打造城市核心主体，提高城市综合承载力

完善的城市基础设施是市域经济加快发展、人民安居乐业的重要保障。近年来，我市全力推进城市基础设施建设，不断增强城市的载体功能。

1.加快城区道路建设，构筑城市主体框架

道路是城市发展的主动脉，我们一直把交通作为基础设施建设中的重中之重，形成了市内微循环、市郊中循环、区域大循环的循环式交通格局。全市累计投资2亿多元，共新建和扩建了西外环路、大直路、通江街、通港路、友谊路等20余条市区主次干道，市区黑白路面发展到35.26公里。仅2008年以来，投入近亿元资金，重点实施了兴国街北拓、通江街改造、沿江大道等城区主干道建设工程，实现南北贯通、东西顺畅，初步形成了三纵三横的主体城市交通网络，拉伸了城市框架。全面推进了城市主次干道配套及巷道改造建设，对市区120多条巷道及边沟全部实行了红砖硬化改造，面积达50多万平方米，铺装人行步道8万平方米，实现城区主次干、巷道硬化全覆盖。

2.加快完善城市配套设施建设，提高城市保障能力

在城市建设中，我们始终坚持以人为本的理念，不断完善城市整体功能，提高群众生活质量，全面加强城市给排水、供热、供气等设施建设。投资1.1亿元，实施了排污治理工程，建设了年处理能力1万吨的污水处理厂，对市区人工河实施了全封闭，铺设地下排水管线26公里，使困扰我市多年的城市地下排水不畅的问题得到根本解决。投资8000多万元，先后完成了市第二水源续建工程，使城市供水能力由3700吨提高到万吨，并实现了市区24小时不间断供水；完成了热电厂改扩建一期工程，使全市集中供热面积达到130万平方米；新建燃气贮配站一座，储备燃气100吨以上，全市用气人口达半数以上，进一步方便了市民的生产生活。

3.加快绿化美化工程建设，打造亮丽的城市名片

城市的绿化美化水平是城市品位的象征和品牌，在促进城市可持续发展，改善市民生活上发挥着不可替代的重要作用。近年来，我市在城市绿化中坚持政府组织、群众参与、统一规划、因地制宜、讲求实效的原则，凸显城市园林特色，重点规划建设了“四园”、“四场”，“四园”即沿江公园、森林湿地公园、寒带植物园和迎宾公园；“四场”即铁路站前广场、东北亚广场、中心广场和三江口广场。使城区公园和广场总面积达70多万平方米，为市民开辟了充裕的休闲娱乐空间。加强了城市绿化工作，实施了拆墙透绿、见缝插绿、扒违增绿、腾地造绿工程，建成

沿街精致绿化小品61座，城区绿化由原来杨、柳单一品种绿化发展到现在以云杉、银中杨、丁香、榆叶梅等为主的多品种绿化，真正体现了林在城中、城在绿中的城市风格。目前，城区绿化面积已达300多公顷，人均绿地面积达13平方米，绿化覆盖率达41%。实施亮化工程，新安装路灯1773盏，路灯密度达到每平方公里286盏，照明长度由20世纪70年代的1.8公里达到现在的38.53公里；在市区同三路等主要街道安装了各种灯饰，沿街楼房安装了装饰灯和射灯，扮亮城市夜景。积极推进城市主要街路老旧楼房的“穿衣戴帽”式改造，极大地提升了同江的城市形象和品位。

4.加快城区北进工程建设，进一步拓展城市发展空间

按照跨河发展、临水建设、联系老城区，打通城市南北发展轴线，实现城市与松龙江直接联系的发展策略，我市积极规划实施江心岛新区开发建设，即将市区北部松花江大堤以南4.8平方公里的江心岛规划为城市新区。重点规划建设商业金融区、居住区、教育科研区、行政办公区和围绕其外的景观水带、塔头生态保护区、文化会展区和七星水上公园。通过布局合理的城市功能区和景观带的完美结合，力争把江心岛新区建设成现代化城市典范。江心岛新区开发将采取整体出售的办法，吸引国内有实力的投资者对其进行整体开发，使城区面积进一步扩大，城市对外开放功能更加完善；同时，启动三江口休闲度假区建设，把三江口的水、绿、鱼、地形与岸线、战略区位等自然禀赋与人文资源相结合，重点发展组团化高端生态度假居住区，依托江水、绿野、鱼文化培育富有浪漫气息、文化意境和地方特色的休闲旅游度假区。规划建设星级宾馆、高档旅游集散中心等大型商业设施和滨江生态公园，展现时尚旅游文化，充分展示跨时代发展理念。

三、辟园区，建基地，依托产业平台，增强城市发展动力

依据我市的产业发展定位，着力推进以下六方面工作：

一是科学规划建设同江经济开发区。同江经济开发区现位于俄下列港对岸的哈鱼岛上，是2005年经省政府批准、国家发改委核准保留的省级经济开发区。为适应铁路大桥规划建设、国家环保政策、对俄产业规划和多快好省建设开发区的需要，进一步推进对俄开放，我市正着手将开发区区位掉换到城市东部和南部，暂维持已经批准的31.5和10.59平方公里的占地和建设用地规模不变。规划为三个分区：保税物流仓储加工区。位于市区东部三村镇，邻近铁路换装站场，占地面积约9.78平方公里。重点针对跨江铁路大桥兴建带来的影响，着力引进年货物进出口量30万吨以上的物流经贸企业，大力发展保税仓储和轻工、生活日用品、机电、木材等加工产

业。建材及农产品加工区。位于市区东南部，占地面积约12.3平方公里。针对俄远东地区对建材和农副产品的大量需求，重点发展建筑材料、装饰装潢材料、农副产品等大型加工产业。目前已引进中国建材集团北方水泥有限公司在该处建设100万吨水泥厂项目，一期工程已正式投产，并实现对俄出口。另有10余户农产品加工企业入驻园区。能源矿产品加工区位于市区南部乐业镇，占地面积约9.42平方公里。利用俄罗斯资源积极培育能源和矿产品进口加工项目，重点发展钢铁、水镁石、油气、煤电等能源矿产品加工产业。目前正与鲁能集团商洽落实热电联产项目；与建龙集团、西钢等国内大型钢铁企业谋划1000万吨钢铁项目。同江经济开发区建设将为我市对俄经贸合作打造全方位的产业平台，进一步提升对俄经贸合作层次和水平。

二是推进哈鱼岛中俄互市贸易区建设。针对哈鱼岛与俄下列港隔江相对，临港临桥地位凸前的对俄经贸前沿优势，重点发展集港口运输、货物仓储、跨国物流、贸易洽谈、商品展销、现代商务服务和旅游娱乐于一体兼具保税功能的互市贸易区。目前已完成部分综合贸易区、港口作业区的建设，正在启动哈鱼岛国际仓储物流中心项目，总投资1.4亿元，建设2万平方米国际标准库房、5000平方米综合办公楼以及4公里铁路专用线等基础设施，努力打造对俄经贸合作的物流信息平台和贸易基地。

三是建设内外联动的跨境木材加工园区。对市区南部占地100公顷、年加工能力100万立方米的进口木材加工区进行产业升级改造，重点引进投资规模大、产品附加值高的木材精深加工企业。其中投资1.5亿元的木屋加工项目已完成1.8万平方米的厂房和仓储用房建设，进入设备安装阶段，将于十月底正式投入生产；同时，加快推进占地100公顷、投资2亿元、年粗加工能力100万立方米的俄下列木材加工园区项目建设，落实了投资主体，年底前将全面启动一期工程建设。通过完善内外联动的跨境木材加工产业体系，拉伸产业链条，促进进口木材加工产业的持续健康发展。

四是加快进出口市场体系建设。重点建设了五大对俄进出口基地：①同鑫对俄轻工批发大市场。占地面积3.5万平方米、建筑面积2万平方米，包括可容纳500人住宿和就餐的大型高档商务酒店，已入驻商贸业户400多家，年销售额超两亿元。②晓龙果蔬建材批发市场。占地6万平方米、建筑面积1.5万平方米，是集专业运输、仓储、零担、货代于一体的专业对俄物流基地。③华鸿国际家居装饰城。占地面积8.6万平方米，规划建筑面积16万平方米，主要分建材区、家居装饰材料区和家具区三个功能区。目前家具城已进入收尾阶段，元旦前开业运营，将成为我省东部家居、装饰材料对俄出口的集散基地。④新远东对俄果蔬出口加工基地。建筑面积3万平方米，建成集出口果蔬的储藏、保鲜、制冷、换装等功能于一体的出口基地。⑤越达对俄机电出口基地。建设了1.2万平方米的机电大厦、仓储库和办公楼，累计实现对俄出口机电产品10万台套。

五是积极培育房地产业。抓住我市正处在工业化、城市化加速发展新阶段的契机，结合国家的宏观调控政策，大力提升房地产业发展水平，促进房地产业持续、健康、快速发展。加强规划、土地政策引导，认真搞好房地产市场的供求、结构、价格分析，确定与市场需求相适应的房地产开发建设规模和构建合理的商品房供应体系，大力实施了棚户区改造和廉租房建设，实现房地产市场总供给与总需求的基本平衡，保持房屋价格的稳定。2008年以来，市区房地产开发面积每年都在25万平方米以上，先后建设20多个标准化住宅小区，加快人口由乡村向城区集中，使房地产业成为促进市域经济发展和改善人民生活条件的基础产业之一。

六是加快培育壮大特色旅游产业。近年来，我市立足民族、生态、边疆和口岸特色，大力发展旅游产业，先后建成了三江口和街津口两个国家AAA级景区，建成各类景点30余个，2008年共接待国内外游客38万人次。聘请中科院有关专家编制了《同江市旅游发展总体规划》和《街津口旅游度假区控制性详细规划》，努力打造三江口、街津口和中俄界江游三大品牌，建设“边城风尚”、“赫哲风情”、“额图风光”、“八岔风貌”、“洪河风韵”五大旅游主题板块，将我市打造成集口岸商贸购物、特色风情体验、湿地生态旅游、城市休闲游憩、现代农业观光、区域旅游集散等多种功能于一体的边境风情旅游目的地。

四、突出经营城市理念，创新融资机制，努力破解城市建设资金难题

同江市作为国家级贫困县（市），城市建设资金匮乏是最紧迫的问题。我市不断解放思想、创新思维，深化城市建设投融资体制改革，以经营城市为突破口，逐步建立起政府引导，企业、银行、社会和个人共同参与的多元化城市建设资金投融资体制。一是抓好城市土地资本经营。进一步深化土地使用制度改革，加强政府对土地一级市场的垄断，组建同江市诚达投资公司，积极实施城市土地资产化经营，通过土地资产市场化运作，确定合理的土地出让价格，确保城市土地价值的最大化。二是加大招商引资力度，大力推进供水、供热、排污、保洁等市政公用设施建设市场化进程。三是充分发挥城市公共资源优势，通过有偿出让重要区段广告空间、路桥冠名权等形式，经营城市无形资产。四是积极开展政府诚信贷款业务，探索通过有关商业银行争取项目贷款，以解决城镇建设资金不足的矛盾。

“一桥飞架南北，天堑变通途”。同江中俄跨江铁路大桥建设将开辟新的欧亚联运通道，也必将谱写同江城市建设新篇章。我们将把握全国上下新一轮大变革、大开放、大发展的历史契机，与时俱进，科学建设，兼收并蓄，持续发展，把同江建设成东北边疆的生态旅游口岸城市。

华东地区

大力实施城市化战略
加快形成现代化大都市发展格局

江苏省常州市副市长 朱晓敏

（2009年5月）

常州是一座历史文化古城，又是一座充满现代气息的新兴工业城市。全市总面积4375平方公里，户籍人口360万，下辖金坛、溧阳两个县级市和武进、新北、天宁、钟楼、戚墅堰五个行政区，以及一个经国务院批准建立的国家级高新技术产业开发区。

常州历史悠久。公元前547年的春秋时期，建邑立邦，始称延陵，自西晋起，常州始终是郡治或府治所在地，素有“三吴重镇，八邑名都”之称，隋文帝时定名常州，别称“龙城”，有文字记载的历史长达2500多年。

历史上的常州，人杰地灵、名家辈出。从隋唐开科取士到清末，共出过状元14名，进士1546名。“常州画派”、“阳湖文派”、“常州词派”和“孟河医派”饮誉全国。近现代直到当代，实业家盛宣怀、刘国钧，“七君子”中的李公朴、史良，语言学家赵元任，数学家华罗庚，医学家吴阶平，美术大师刘海粟等名贯中外。中国共产党早期领导人瞿秋白、张太雷、恽代英辉映史册。

常州处于美丽富饶的长三角中心地带，与上海、南京两大都市等距相望，有着十分优越的区位条件和便捷的水陆空交通条件。市区北临长江，南濒太湖，京杭大运河、京沪铁路和沪宁高速公路以及正在建设的京沪高铁、沪宁城铁穿越而过，民航机场通达北京、广州、厦门、深圳等国内20多个大中城市，并正按4E级标准进行改扩建；国家一类开放口岸——常州港拥有万吨级通用码头、石化码头，可直接停靠5万吨级外轮；常州是中国“综合实力50强”、“投资环境40优”城市之一，在福布斯中国商业城市最新排名中名列第十四位，在“中国城市创新环境”评价中名列第七位。

改革开放以来，我市经济社会取得了快速发展。2008年全市实现地区生产总值2202.2亿元，按可比价增长12.4%、地方一般预算收入185.2亿元，同比增长17.2%；城镇居民人均可支配收入21592元，同比增长13.1%；农民人均纯收入10171元，同比增长12.6%；社会消费品零售总额758.2亿元，同比增长24.1%。我市是江苏省第三个率先实现以县为单位的全面小康社会的地区。

在经济快速发展的同时，我市城乡建设也取得了日新月异的变化。近年来，市委、市政府围绕做大做强做优做美特大城市的目标，大力实施城市化发展战略，坚持工业化与城市化互动并进，是各项投入最大、面貌变化最快、百姓获益最多的时期，城市的规模、形态、功能与环境都发生了历史性嬗变，南北一体的城市框架迅速拉开，现代综合交通体系基本形成，城市服务功能明显增强，生态环境大为改善。纵观我市近年来城乡建设的发展，主要体现了以下六个理念。

一、坚持科学规划的理念，勾画城市未来发展新蓝图

规划是引领城市发展的纲领性文件，是城市精、气、神的集中反映，更是决策者发展理念、领导水平、开放胸襟的充分体现。规划是政府最大的资源，规划的领先是最大的领先，规划的效益是最大的效益，同样规划的浪费也是最大的浪费。因此，我们认为，要发挥规划在引导城市发展、优化城市布局、推进城市经营、体现城市特色方面的作用，必须立足长远，科学规划，把握好规划的四个环节，着重在规划研究、规划编制、规划管理、规划执行上下工夫。

1.加强规划研究

规划研究是规划编制的基础和前提，是领导决策的参考和依据。为了保证规划的前瞻性和科学性，我市把加强城乡规划研究放到规划工作的首要位置，按照把常州建设成“长江三角洲地区重要的中心城市之一、现代制造业基地、文化旅游名城”的城市功能定位，立足长远性，有针对性地做深规划研究，对城市空间发展战略、现代制造业和服务业空间布局、城市综合交通、城市生态环境、城市建筑空间景观等重大规划问题，超前开展课题研究。成立规划审议鉴定委员会、规划专家顾问咨询委员会，聘请国内外知名专家组成专家顾问咨询委员会，开展高层次规划咨询研究。对重大规划和重要城市设计进行审议、咨询和公示，探索建立了群众参与、专家咨询、技术鉴定、领导决策环环相扣、四位一体的规划研究决策平台，使规划的理念不断更新、眼光更加开阔、思路更加清晰。正是由于建立了科学的研究决策机制，我市近年来的城市重大规划才防止了失误，避免了遗憾。

2.做精规划编制

规划编制是规划过程中的关键环节，是指导城市发展最直接的依据。我市充分发挥和应用好规划的研究成果，坚持把规划编制作为规划工作的重中之重，立足可操作性和经济性，做精规划编制，按照城乡规划全覆盖的要求，编制完成了新一轮城市总体规划的修编和30多个分区及专项规划，以“三沿”（沿主要道路、沿城市河道、沿城市重要景观）地块为重点的控制性详细规划的储备量已达10多万亩。抓紧编制完善城镇体系规划、镇村布局规划、小城镇规划、村庄规划，对重要交通和景观轴线的几十个项目开展了城市设计。目前，我市已基本形成了以城市总体规划、分区规划、重点领域的专项规划、控制性详细规划等为主的比较完整的规划体系，对常州的城乡建设发展起到了科学引导和积极的促进作用。

3.细化规划管理

按照“既集中统一，又优质高效”的原则，立足依法行政和优质服务做细规划管理，探索建立了规划的三级分类管理和批、管、验分离的制度，构筑运作有序、管理规范、服务高效的城乡规划管理平台，正确处理好规划管理的长远和近期、刚性和弹性、现代文明和历史文化保护、规范和效率的关系。积极推行阳光规划，开展规划公示，进一步增强公众的参与度、规划的透明度和决策的民主性。

4.严格规划执法

坚持城市利益与人民利益高于一切，将规划作为优化城乡用地和空间资源配置的法律依据，做到规划一经批准就赋予法律效力，任何单位和个人不得随意更改，任何建设项目必须退足道路红线、留足河道蓝线、让出园林绿线。严格规划执法监察，建立了违法建设的信访举报制度、督办制度和信息反馈制度，通过专项整治等工作，加大违法建设拆除力度，妥善处理涉及规划管理的信访事件，有效维护了规划的严肃性和权威性，营造了城市规划建设的良好秩序。常州市的规划效能监察得到了建设部和监察部的充分肯定。

二、坚持现代化建设的理念，构筑现代化城市发展新格局

现代化是一个地区、城市社会文明进步的重要标志，城市的现代化必须有基础设施的现代化作支撑，即现代化的综合交通体系、现代化的城市发展框架、现代化的城市服务功能。因此，我市牢固树立现代的理念，始终将推进城市现代化作为城市发展的重中之重，制定了三轮城市建设三年实施纲要，加快实施一批事关全局的重大项目，倾力打造具有现代气息的长三角区域中心城市。

1.以对外交通基础设施为重点，构筑现代化综合交通体系

交通基础设施是经济社会发展的重要载体，是体现地区、城市竞争力、辐射力和影响力的重要因素。我市坚持交通先行的原则，把交通发展作为构筑区位优势、增强区域竞争力的重要举措来抓，相继实施了一大批重大交通项目，建成宁杭、锡宜、宁常、扬溧等高速公路，开工建设西绕城高速公路，纵穿南北、横贯东西、覆盖全市的高速公路网络即将形成；完成了340省道、232省道、312国道改建等一批国省公路，全长110公里的城市公路大外环已全线贯通，形成了环绕我市外围的快速通道；建成总投资30亿元的京杭运河改线工程、常州港石化码头、常州港通用码头二期扩建工程。同时结合国家加快实施铁路建设的契机，配合做好京沪高铁、沪宁城铁等重大铁路项目建设，高标准地配套建设高铁站、城铁站等一批对外综合交通枢纽工程，并开工建设常州机场改扩建工程，以铁路、机场、高速公路、国省公路、航道、港口为主体的综合交通体系正在快速形成。

2.以城市快速道路为依托，拉开现代化中心城市发展框架

按照常州城市总体规划，城市发展的思路是拓展南北，提升中心，主城区形成以中心城区、北部新北区和南部武进区为主的“一体两翼”的空间结构，并最终形成“南北一体、三城联动”的发展形态。但由于历史的原因，特别是南北交通的不畅，城市框架没有拉开，造成相互间发展的不平衡，南北新城发展滞后。为此我市规划了由长虹路、龙江路、龙城大道、青洋路和老312国道组成的与高速公路相衔接的“日”字形快速路网结构，以及城市高架环，并把构筑南北快速交通、拉开城市发展框架作为城市建设的重点，由东向西相继实施了青洋路、长江路、龙江路等一批连接南北新城的快速通道，建成了沟通主城区南北的全长29公里的城市高架路一期工程，以及老城区连接东大门的东方大道延伸工程，全面开工建设高架路二期工程和横贯东西的中吴大道、飞龙路等重大城市道路骨架工程；同时结合城际铁路建设，调整和配套建设一批城市道路和铁路立交工程，城市框架迅速拉开，城市路网日趋完善，有效带动了南北新城、东大门的开发建设，基本形成了现代化区域中心城市的发展新格局。

3.以商贸、文化、教育、旅游为特色，打造现代化城市综合服务功能

随着城乡居民生活水平的提高，人们的消费理念和消费需求正在悄然发生变化，追求高层次消费的愿望日渐强烈。我市把握人们消费需求升级的新趋势，加快改造提升商贸流通业、文化教育、旅游业，以满足人们不同的生活需求。规划建设了规划馆、博物馆、大剧院、体育会展中心、南大街商业步行街、西瀛里商业中心，其中借鉴欧美比较流行的商业中心设计思路规划建设的南大街商业步行街、西瀛里商业中心，已成为我市集休闲、购物、餐饮、旅游、办公、娱乐等多功能于一体的现代化城市商贸中心。文化是城市的灵魂，是城市生生不息的动力，常州历史上素有“中吴要辅，八邑名都”之誉，文化底蕴深厚，为重现古朴的城市品位，在城市建设中注重挖掘、恢复、保护文化资源和文化遗产，同时为礼赞盛世，秉承佛教寺院建塔的传统，建造了13层、高达153.79米的天宁宝塔，是目前神州第一佛塔，形成了以天宁宝塔为代表的佛文化，增强了古城常州的文化气息，丰富了文化旅游资源。坚持集约发展、资源共享的新理念，高起点、高水平地兴建了高等职业教育园区，园区统一规划建设了江苏工学院和常州五所高等职业技术院校，在国内教育与城市发展上独树一帜、开了先河，成为城市发展的一大亮点，得到了中央领导同志和省委、省政府领导的高度评价。

三、坚持生态优先的理念，营造优美舒适人居新环境

生态市作为城市发展的高级阶段，已成为城市建设发展的大趋势。加快生态市建设，构建和谐优美的人居环境，既是经济社会实现可持续发展的必然要求，也是广大人民群众的强烈呼声。抓生态、抓环境就是抓经济、抓民生、抓和谐，这已成为我市各级的共识。近年来我市围绕国家生态市建设目标，大力实施以建绿、治水、治气等为主的生态环境系列工程，成功创建了国家优秀旅游城市、国家卫生城市、全国环境保护模范城市和国家园林城市，努力打造最佳的人居环境。

1.建绿

我市自然山水少，绿化基础较差，尤其是缺少森林资源，经济发展对环境的压力很大。为此我市充分利用自然山水、传统历史、现代文明，在市域范围内规划了“一区三沿六林”的绿地布局体系，在市区特别是重点规划区规划了“三圈、六轴、九园、多点”的绿地布局模式。依托联结城乡、沟通境内外的高速公路、国省干道以及重点河道，自2006年以来相继实施了两轮“八路八口四河”绿色通道工程和城乡绿化十大工程，今年又开工建设了城乡绿化八大工程，三年新增绿化面积近8000公顷。在城市建设中摒弃片面追求容积率的做法，把城市公园建设作为城市生态系统中的重中之重，坚持“文化为魂、绿化为本”的理念，加快新建并扩建一批城市公园。如投资5.8亿元，精心规划、建设的中心城区最大的综合性城市公园——红梅公园，通过延续红梅八大景观的历史文脉，体现了文化与绿化的结合，改造公园水系，充分保护和利用现有的水边植物环境，以生态护岸为主，充分体现江南水

乡的特色，已成为城市的一块新鲜“绿肺”，成为国内一流的城市中央公园，被建设部命名为全国重点公园。去年建成的青枫公园，是我市目前最大的也是首个森林公园。公园的建设注重绿化与自然的和谐统一，以现代造园的方法和手段创建了符合自然规律的生态物种体系，园内植物资源丰富，植物品种达800余种；分布形式多样，从水生植物到湿生植物到乔灌木，从草坪到花径到丛林，形成了多种生态植物群落，已成为植物科普教育的重要基地，将为广大市民提供轻松、休闲地认识大自然的机会和条件。

2.治水

常州是典型的江南水乡，河网密布、沟渠纵横。但随着经济的发展，水环境有恶化的趋势，成为市民反映强烈的热点。为重现江南水乡的湖光秀色、生态美景，我市高度重视做好水环境，扬江南水乡之长，以水的灵动为环境建设绘上生花妙笔。围绕率先实现小康目标，我市加快了流域性河流和市区河道水环境的整治步伐，通过污水截流、排污控制、河道清淤、水系沟通，从2006年开始，投资20多亿元对市区43条河道全面开展整治，河道的水质有了明显改善。针对2007年太湖蓝藻暴发，围绕小康断面达标，通过产业结构调整、污水处理设施建设、生态修复、水体清淤、农村环境整治等措施，加大投入太湖河道水污染治理力度，取得了阶段性成效。加快规划建设一批城乡污水处理厂，对污水处理厂实施提标改造，完善污水收集系统，对市区300多家企事业单位实施了限期接管，基本实现了老居民小区雨、污分流及污水入网，全市37个镇区全部建成了生活污水设施，为实现集中处理创造了条件。目前城市污水处理主要指标达到国家一级B类排放标准，进厂污水处理率和出厂水质达标率均为100%，城区生活污水处理率达到82.6%；同时，积极推进市中心的污染企业搬迁，减少污染物排放。

3.治气

“天是蓝的，地是绿的，水是清的，景是美的，空气是新鲜的，晚上睡觉是宁静的”是生态环境的真实写照，也是老百姓心目中的一种生态环境。我市在抓好建绿、治水的同时，着力抓好治气、治音、治废。大力实施节能减排，启动实施中心城区禁燃区建设，推广使用清洁的天然气逐步替代人工液化气、人工煤气等能源，所有城市居民用户完成了天然气置换，积极推行公交车燃油改用天然气，加强机动车尾气污染控制，实行市区“限摩”。通过限产、停产、关闭等措施对八个大气污染投诉较集中的区域开展集中整治；同时做好治废、治音工作，加强城市环卫基础设施建设，建成了生活垃圾卫生填埋场和日处理能力750吨的生活垃圾焚烧发电厂，市区生活垃圾无害化处理率达到100%。大力加强城市交通、建筑施工和噪声等管理，市区环境噪声达标区覆盖率达到了100%。

四、坚持以人为本的理念，惠民安民工程取得新成效

我们始终认为，民生问题是最大的问题，是社会和谐的基础。必须牢固树立以人为本、执政为民的理念，一切工作必须以实惠人民、方便人民、造福人民为出发点，要以人民的需求和满意度作为工作的标准，正确处理城乡建设与人民生活的关系，坚持为民多办实事、办好事。

1.敞开公园，还园于民

改建和新建公园的目的不仅是改善城市的环境，更主要的是要让市民得益，使市民能近距离地感受绿化、享受绿色。为此我市在考虑建设公园时，首要的问题就是要敞开公园，还园于民。原有的封闭式公园红梅公园、兰园、芦墅公园、人民公园等改建后相继敞开，青枫公园、翠竹公园、五星公园、东方广场等一大批新建公园也均以敞开的形式对外开放，开工建设紫荆公园，并从便民、利民的角度出发，在每个公园内完善和设置了一些便民设施，让所有公园成为常州人日常休闲、健身、娱乐的幸福乐园。我市公园敞开扩建工程被授予江苏省人居环境奖，并被推荐申报中国人居环境范例奖。

2.公交优先，方便于民

公交是城市居民出行的主要方式，当前城市交通拥堵已成为国内各城市的通病，优先发展城市公交是解决城市交通的有效形式和根本途径。为此我市坚持公交优先的战略，科学编制公交线网规划，实行市区城乡公交一体化，大幅度降低公交票价，开辟公交专用车道，增加车辆，提高档次，中心城区公交车全部实行空调化运行，市区行政村公交通达率达97%。特别是投资10亿多元建设了沟通南北的全长23.77公里的大运量快速公交（BRT）一号线和横贯东西的BRT二号线。目前选择公交出行已成为许多居民的首选，居民公交出行率达25%；同时大力开展交通秩序专项整治，规范电动车、摩托车、出租车等运行秩序，极大地提高了道路的通行能力。

3.整治小区，实惠于民

常州城区的老住宅小区大多建于20世纪80年代，普遍存在着住宅区规模较小、基础设施短缺、违章搭建严重等问题，与城市现代化发展的要求极不相称。为了彻底改变老住宅小区环境“脏乱差”的状况，我市在广泛征求居民意见后，决定从2003年开始开展综合整治，拆除违章、粉刷外墙、整修道路、梳理管道、补种绿

化、完善设施，并在综合整治的基础上引入物业公司，实现老小区物业管理全覆盖。经过几年的综合整治，共投入资金约5亿元，综合整治老小区70多个面积700多万平方米，惠及市民50多万人。常州市老住宅小区综合整治被建设部授予“中国人居环境范例奖”。

4.保障住房，造福于民

住房是百姓的基本生活需求，住房不保障，不能算小康，解决困难群体的住房问题，实现人人有房住，是政府的职责和责任。为实现中心城区住房保障的全覆盖，去年开始我市在调查的基础上，编制了住房保障五年规划，明确提出，要力争通过3~5年的努力，全面解决2.8万户困难家庭住房问题，建立起廉租住房、经济适用房、公共租屋和开展老小区综合整治等多种保障措施并存，满足群众基本居住需求，具有常州特色的住房保障体系。并提出了加快经济适用房建设、在普通商品房中配建廉租房和公共租屋等政策措施，2009年又全面实施经济适用房货币化补贴，年内全部解决符合经济适用房申请条件的低收入家庭购房补贴。到2008年年底，市区廉租住房制度已累计惠及4000多户，经济适用房受益家庭8500多户，低保家庭和特困家庭中的住房困难户实行应保尽保，此做法受到建设部和省委、省政府的充分肯定。

5.改善设施，普惠于民

百姓的需求就是政府的追求，对事关百姓的公共设施和公共景观进行全面改造和提升，也是政府关注民生的体现。2007年以来，我市全面实施了市区菜市场改造，实现购物环境商场化、菜市场设施人性化、商品价格大众化；全面改造提升市区公共厕所，取消所有公厕收费，免费开放；投资30多亿元大力实施以建筑立面出新、杆线迁移入地、规范广告设置、道路绿化提升等为主要内容的城市主要道路市容环境综合整治，全面实施市区背街小巷综合整治；坚持生态、亲水、现代、文化的理念，全面启动实施“三河三园”建设工程，打造滨河景观廊道，优化和提升我市的旅游资源，极大地改善了城市市容环境和城市形象。

五、坚持改革创新的理念，建立城市管理经营新机制

创新是动力、是源泉，有创新，才能有突破。随着城市化步伐的加快推进，城市建设、管理和经营中出现了大量的新矛盾、新问题，必须用创新的办法解决发展过程中的问题。近年来，我市适应城市化加快发展的新形势，更新发展观念，创新工作思路，整合、重组、开发和经营各类城市资源，全方位探索城市建设、管理、经营新机制，促进城市的功能、环境、形象和运行效率实现了新的跃升。

1.创新城市长效管理机制

城市管理的基础在区、街道（乡镇）和社区（行政村），发挥各级行政组织在城市管理中的基础性作用是抓好城市管理的关键。我市坚持把创新管理体制作为抓好城市管理的突破口，以事事有人管、事事管得好为目标，合理调整市与区的工作职能，重心下移，职能下放，做到职、权、利相一致，确立了“两级政府、三级管理、四级网络”的管理体制，建立了“重心下移、以区为主、属地管理”的城管新机制，形成了市级监管、区为主体、街道（乡镇）、社区（行政村）分级负责的长效运行模式。并在调研的基础上，明确了城市长效综合管理的13项工作重点，建立了市、区、街道三级监管考评体系，对重点路段、重点区域和重点对象实行全天候、全方位、全覆盖的监管和考评，城市管理效能大幅度提升；同时为进一步提高城市管理水平，促进管理向科学化、规范化、精细化方向发展，从去年开始，我市利用现代信息技术，整合现有城市管理资源，全面推行网格化、数字化城市管理，加快实现城市管理的全覆盖，逐步建立沟通快捷、分工明确、责任到位、反应快速、处置及时、运转高效的城市管理和监督长效机制。

2.创新土地开发经营机制

树立土地是城市的最大资产和城市经营的基础的新理念，不断完善土地收储机制、土地出让计划管理、出让金征收及清欠机制和土地供应的市场化机制。通过加强土地收储前期开发，先行完善基础设施，优化开发环境，促进项目建设与地块开发的有机结合，促进土地供应由“毛地”向“净地”转变，力求土地收益的最大化。对经营性用地适时调整基准地价，坚决控制出让金的减免，全面实行招标、拍卖、挂牌方式供地。近五年来市中心区出让土地面积约1.3万亩，成交总额200多亿元，政府净收益近100亿元。

3.创新城建投融资机制

随着常州交通和城乡建设步伐不断加快、资金的需求大幅增加，仅仅依靠单一的政府投资已远不能满足城市建设发展的迫切需要。我市充分发挥市场的作用，积极采取多元化、多渠道的办法筹措建设资金。2003年以来，先后成立了城建集团、交通产业集团、民防投资公司等多个投资开发建设主体，专门从事政府投资城市重点项目的融资，具体运作城市土地、国有资产等资源。大力探索推行工程项目BT或BOT建设模式，先后与上海城建集团和上海大众公用事业集团合作，采取BT模式建设外环路、长江路、常焦路。今年又通过BT等模式实施城际铁路北广场、高架路二期、中吴大道、飞机场等重大项目建设，将引进资金100多亿元。近两年来，常州市城建集团、交通产业集团、民防投资公司通过盘活存量、吸引投资和银行信贷以及发行企业债券，共融资200多亿元。目前，这些投融资主体已成为经营城市的骨干力量，它们不仅通过土地注入、整合资源、优化重组、委托授权等形式，充实了资本实力，做大做强了融资平台；而且通过项目融资，带动吸引了社会资本，充分发挥了政府投资的导向作用和放大效应。

4.创新市政公用行业运行机制

按照产业化发展、市场化运作、企业化经营、法制化管理的要求，我市在建立行业导向机制、国有资产保值增值机制、特许经营许可制、市场监管制的同时，加大了市政公用行业市场化取向改革的力度，加快推行了出租车、自来水、燃气、污水等公用行业经营权、国有股权的转让，积极引进规模大、实力强的专业公司参与市政公用行业的投资、合作和运营。已经完成合资合作的有常州市燃气公司与香港中华燃气公司，城北污水处理厂与深圳水务集团，市自来水公司与香港中信泰富、法国威利雅公司，市公交集团与上海巴士公司以及环卫行业与光大环保能源有限公司等。通过合资合作，建立了规范的公司法人治理结构，引进了先进的管理、技术和服务理念，大大提升了市政公用行业的运行水平，取得了较好的经济和社会效益。与此同时，按照政事分开、政企分开、事企分开的原则，对环卫、绿化、市政等行业分别推行了干管分离、管养分开的改革，引入市场竞争机制，向社会公开招标择优选择道路维修、绿化养护单位；通过推进市场化的管养机制，降低了市政运营成本，提高了运行服务效率。目前，常州市的市政公用事业已初步形成了“政府引导、市场运作、公众参与、社会安全”的发展模式。

六、坚持统筹城乡的理念，城乡协调发展迈出新步伐

近年来，我市以科学发展观为指导，统领城乡建设全局，以城乡统一规划为先导，以交通等基础设施统一建设为重点，以农村生态环境整治为突破，推进社会主义新农村建设，努力实现以城带乡，协调并进，共同繁荣。

1.把镇村建设作为城乡建设基础环节，努力建设高水平示范镇村

我市在做大做强中心城市和加快溧阳、金坛县城建设的同时，积极推行镇村建设统一规划，有序引导小城镇合并，培育了一批上规模、上水平、辐射力强的重点小城镇，促进了农村基础设施配套日趋完善，产业、人口集聚能力不断增强，镇、村建设取得了显著成效。全市64个建制镇中已建成省级示范小城镇14个，其中有5个镇被列为全国重点中心镇；同时按照集聚布局、集约发展的要求，编制村庄建设规

划，通过规划确定农村居民点数量、布局、规模和区域基础设施等方面要求，科学引导农村集中居住、农村基础设施的集约配置、农业生产和生态空间的整合，规划建设一批农村居住示范点，以点带面，全面提高村庄建设水平。

2.把农村公路建设作为统筹城乡发展的纽带，创造城乡一体化发展的有利条件

常言道：若要富，先修路。一直以来，农村交通基础设施建设的滞后，是影响农村经济发展和百姓致富、城乡一体化发展的重要瓶颈。近年来，我市按照全面小康建设的要求，把农村公路建设列为带动农村经济发展、为广大农村居民办实事的重要内容，努力扩大农村公路覆盖范围，增加道路通达长度和等级，坚持农村公路和旧桥危桥同步改造，方便农民出行和货物流通。“十五”以来，我市建成农村公路5000多公里，所有行政村实现村村通公路，为充分发挥中心城市的辐射、带动作用创造了良好条件，加快了城乡一体化进程。

3.把村庄环境整治作为城乡建设的重点，大力改善农村生态环境

整治村庄环境是社会主义新农村建设的重要内容，是小康环境质量达标的客观需要。为改变长期以来农村环境“脏乱差”状况，加快建设与经济发展和社会进步相适应的生态、文明、和谐村庄，我市组织开展了整治村庄环境、共建小康家园专项行动。开展千村整治活动，在全市农村全面打响清垃圾、清粪污、清河塘和村庄绿化战役，确保全市农村尽早全面实现“三清一绿”。在此基础上，组织开展百村整治活动，广泛发动有条件的村实施道路硬化、村庄绿化、卫生洁化、河塘净化、环境美化以及有公共服务中心、有长效管理机制、有乡村文化等“五化三有”工程，确保每年有100个以上的村（行政村）实现达标，涌现出遥观镇洪庄村、雪堰镇雅浦村等一批内容不同的新农村建设典型。

经过全市上下的共同努力与艰苦奋斗，常州市交通与城乡建设取得了巨大成绩，常州的发展已经站在了新的历史起点上，正从加快发展向优化发展转变，城市现代化已成为经济社会发展的重要驱动力。按照省委、省政府提出的在未来十多年把苏南建设成现代化“东方新欧洲”的要求，我市将以科学发展观为指导，继续坚持“民本、现代、生态、文化”的理念，以推进三城联动、优化生态环境、建设现代交通、优化产业布局、提升城市功能为目标，进一步加快城市化和城市现代化建设步伐，全面实施城市建设综合提升工程，努力形成三城联动、南北一体、城市功能与城市功能相统一、人与自然相和谐、现代文明与历史文化相辉映的现代都市格局。

湖州市实施《城乡规划法》的情况介绍

浙江省湖州市市长 马 以

（2009年3月）

《中华人民共和国城乡规划法》于2008年1月1日起正式施行。较之原有的《城市总体规划》，新法将城镇体系规划、城市规划、镇规划、乡规划和村庄规划统一纳入一个法律管理，打破了建立在城乡二元结构上的规划管理制度，进入了城乡一体规划时代。《城乡规划法》的施行，对我市城乡规划工作、城乡建设活动产生了积极而重大的影响，为推动我市城乡统筹发展、和谐发展、科学发展奠定了坚实的基础。

一、《城乡规划法》施行以来全市的基本情况

过去一年，市委、市政府围绕“加快建设现代化生态型滨湖大城市”的目标，坚持把推进城市化和城乡一体化作为全市经济社会发展的突破口，着力加大城乡规划编制力度，加快城乡基础设施、生态环境和民生工程建设步伐，严格城乡规划监督管理，规划各项工作取得实效，城市面貌日新月异，城乡发展呈现勃勃生机。具体表现在以下五个方面。

（一）着力优化城乡空间布局，城市化水平不断提高

《城乡规划法》施行以来，我们从区域经济发展全局的角度，统筹考虑城乡空间布局，突破城乡空间分割和规划期限的限制，把农村和城市作为一个有机统一的整体，加快形成分工明确、梯度有序、开放互通的城乡空间结构体系。2008年我们抓住长三角区域“一核六带”发展契机，以太湖南岸区域大城市的空间结构为重点，从规划上做了更多的探索和研究。特别是结合省域城镇体系规划的修编，全力指导德清、长兴、安吉三县完成了县域总体规划及“两规合一”专题报告编制工作，“一城两翼、带状组团”的大城市框架基本拉开，产业和人口的集聚度逐步增

强，市域城市化水平以年均2个百分点的速度快速增长，现已从2003年的44.1%上升到了2008年年底的54.3%，其中市本级56.8%，中心城市建成区面积从2003年的52.9平方公里上升到2008年的78.8平方公里，进入了城市化加速发展期。

（二）着力完善城乡规划体系，调控引导能力不断提升

在《城乡规划法》的指导下，我们按照“政府组织、专家领衔、部门合作、公众参与、科学决策”的规划编制原则，全面加大投入力度，狠抓规划编制质量，高标准地完成了水体水景等规划设计方案及广告、电力设施等专项规划，实现了中心城市分区规划和控制性详细规划编制两个全覆盖，初步形成了覆盖市、县区、城镇、村的城乡一体化规划体系，有效地指导了我市社会经济和各项事业的发展，为大城市建设提供了科学的依据。在此基础上，始终坚持生态环境保护、资源集约利用原则，着力加强《国民经济发展规划》与《土地利用总体规划》、《城乡空间规划》之间的紧密衔接，增强“三个规划”引领城市可持续发展的功能，努力推动城乡统筹协调发展。

（三）着力统筹城乡经济发展，产业一体化不断深入

按照“三集中”的原则，进一步优化城市功能布局，注重引导各类功能片区的集约程度和配套服务水平，提升城市集聚高端要素的能力。2008年以来，在城市总体规划和土地利用总体规划的框架下，中心城市“一核五区”建设扎实推进，内外交通体系日趋完善，工业化、城市化双轮驱动、打造平台，城市承载能力不断增强。特别是围绕城市有机更新的理念，加快了南太湖休闲旅游中心、中心城市中央商务区等特色区块建设，商贸旅游、餐饮服务等传统三产及楼宇经济等新兴产业注入生机，中心城市辐射和带动作用全面增强；同时，注重发挥农村特色经济、生态资源等优势，结合村庄整治、新村建设、古村落保护开发等载体，分区位、分层次、分类别抓好产业调整结构、投资环境优化及发展生态农业、效益农业等工作，促进农业基地化、产业化，拓展农民就业增收门路。目前，全市已发展“农家乐”3000多家，形成了“农家乐”示范村9个、示范户60家。

（四）着力加快基础设施建设，城乡承载功能不断增强

实现城乡协调发展，就要加快城市文明向农村辐射，城市基础设施向农村延伸，城市社会服务设施向农村覆盖。2003年以来，我市以“百村示范、千村整治”工程为抓手，累计完成7769个自然村、912个行政村的村庄环境整治，受益人口154.45万，占全市农村人口的80%以上，创建了172个市级以上全面小康建设示范村

（省级123个），村庄整治项目还获得了“中国人居环境范例奖”。2008年第二轮村庄整治启动后，我市按照统筹城乡生态建设的要求，进一步深化与浙江大学合作共建省级新农村实验示范区工作，重点对供水、污水、垃圾、交通等城乡基础设施建设进行了统筹考虑、统一安排，努力促进基础设施共建共享，发挥最大规模效应。截至2008年年底，全市三座500吨/日垃圾焚烧厂建成运行，“户集、村收、乡镇运、市（县）处理”的垃圾集中收集处理模式全面推开。市区基本实现了区域城乡一体化供水，村村通公路、家家有广播，乡村有线电视通达率达到100%。特别是根据太湖流域水环境治理的部署，市区城镇群规划25座污水处理厂全部竣工投产，实现了镇级污水处理设施全覆盖的目标，2008年年底建设部专门在我市召开了全国村镇污水治理现场会，推广我市典型经验和做法，高度评价湖州经济社会发展模式。

（五）着力深化“阳光规划”，规划监管力度不断加大

《城乡规划法》对城乡规划体系作了重大改革和创新，对城乡规划的管理体制、管理理念、管理方式和管理责任提出了更高的要求。针对这一新情况，我市结合规划工作实际，积极拓宽规划思路、强化工作措施，建立了土地出让以控制性详细规划为法律依据的办事平台以及建设项目“一书两证”行政许可窗口，探索实行了“处室初审、专家评审、局长例会审查、市规委会审定”的规划分级管理体系，做到“批前有审查、批后有公示、建设有监管、竣工有验收”，规划工作水平不断提升，规划决策日趋规范化、制度化。特别是根据“公众参与、共建共管”的原则，着力在提高规划决策透明度和参与度上下工夫，通过城建重点项目规划展、媒体宣传、网上公示等多种形式，认真落实市民“四权”，广泛吸引市民参观规划、审看规划，完善后的城市规划设计更加科学合理、更加富有特色、更加贴近百姓、更受市民认可，收到了良好成效。

二、存在的问题

回顾《城乡规划法》施行一年来的工作，虽然取得了一些成绩，但是由于长久以来城乡二元经济体制的束缚，城乡一体化进程比较缓慢，城乡规划工作还存在一些矛盾困难和薄弱环节。一是规划管理力量亟须进一步加强。受一线管理人员不足、规划经费短缺等因素制约，规划管理的体制仍显不顺。特别是乡镇规划管理力量薄弱，无法适应《城乡规划法》要求，必须进一步充实力量、完善机制。二是规划审批矛盾需要进一步重视。随着旧城改造的不断深入，由于历史遗留问题多、矛盾问题集中等，对工程功能性和技术性的要求日渐提高。老百姓对邻里权、采光权

等要求也越来越高，一些符合技术规范和审批程序的项目也常常受到周围群众的投诉，导致老城区的各类建设项目举步维艰。三是城乡规划在挖掘展示利用特色上有待进一步提高。对照“生态、文化、和谐、精致”的城市特色定位，目前城乡规划在自然景观、历史文化资源挖掘上深度还不够，城市色彩和特色还不够鲜明。四是规划执法机制有待进一步完善。目前城乡规划管理体制被一分为二，规划部门、城管部门分掌规划违法行为的监督权和执法权，但由于部门间沟通机制尚不健全，造成实际工作中衔接不够，影响城市规划的严肃性和权威性，亟须进一步理顺关系、健全机制、强化沟通，切实提高监督执法效率。

三、有关建议

《城乡规划法》的颁布实施，对我市的城乡规划建设管理事业具有至关重要的指导意义。经过一年来的学习、实践，我们在完善规划体系、加强规划管理等方面取得了明显成效，但也遇到了不少新情况、新问题，阻碍城乡规划工作健康有序发展。现结合我市规划工作中的实践与思考，提出以下四点建议。

（一）进一步加大《城乡规划法》的贯彻培训力度

《城乡规划法》颁布出台后，我市认真抓好新法的学习贯彻工作，通过大专院校集中培训，市、县（区）政府领导讲课，建设行政主管部门分类指导等形式，培训人数超过3000人次。特别是举办了全市首期城乡规划与建设管理培训班，对各乡镇分管规划领导和全市规划工作人员进行了全面培训，有力提升了规划工作水平。总体来说，现阶段全市各级干部尤其是乡镇领导干部规划意识明显增强，学规划、守规划的氛围较浓，但由于缺少全面、系统的理论知识培训，众多干部对法律精神理解不透、掌握不深，在实际工作中仍然存在一些模糊认识，影响规划实施和管理效果。因此，针对这一情况，我们将继续有计划地开展城乡规划与建设管理培训活动，力争用两年时间完成对乡镇主要领导和分管领导的轮训工作；同时，建议建设部和省建设厅举办更多有针对性、有一定水平的《城乡规划法》培训活动，以此扩大对地方领导干部的培训范围和培训力度，增强领导干部的规划意识和统筹意识，进一步巩固《城乡规划法》的施行基础，发挥最大效应。

（二）抓紧出台《城乡规划法》配套法规、规章和技术标准

《城乡规划法》虽已正式颁布实施，但是作为上位法，新法规定较为原则化，相关的配套法规、规章和技术标准并没有及时跟上。地方上在结合本地实际贯彻执

行《城乡规划法》时，往往对部分内容存在一定的模糊认识，个别方面自由裁量的尺度极难把握，影响正常的规划编制和管理。因此，建议从国家和省的层面，抓紧制定或修订有关实施《城乡规划法》的行政法规、部门规章，使《城乡规划法》所规定的基本原则和程序具体化。特别是结合当前城乡规划制定和实施管理的需要，建立和完善城乡规划技术标准体系，进一步深化、细化落实新法的各项规定和要求。

（三）进一步加快城乡规划管理体系建设

《城乡规划法》颁布实施后，我市在原有《城市规划管理办法》的基础上，立足自身实际，全面开展了《湖州市城乡规划管理办法》和《湖州市城乡规划管理技术规定》的修订工作，积极调整与新法不相配套的制度和规定。但由于国家、省一级的管理办法并未完整出台，造成我市相关修订工作因缺少上位依据而无法继续进行，影响城乡规划管理效果。因此，根据行业管理的需要，建议从国家和省的层面，抓紧制定出台《省城乡规划条例》、《建设项目选址论证管理办法》、《城乡规划听证管理办法》、《阳光规划管理办法》、《建设项目规划认可管理办法》等一系列配套管理办法，进一步完善监督城乡规划管理体系、提高管理效率，在源头上保证规划建设项目的科学性、合理性。

（四）积极探索村庄规划建设管理新机制

《城乡规划法》明确将乡村规划纳入国家立法层面，其目的就是要改变村庄建设的无序状态，使乡村规划在法律保障下逐步推进。2008年下半年，十七届三中全会作出了加快农村土地流转的重要决定，该决定不仅对于推进改革创新、打破城乡二元结构、加强农村制度建设具有重大意义，而且给新形势下推进村庄规划建设带来了新情况、新课题。这就要求我们在今后的工作中，顺应形势、积极调整，探索村庄规划建设管理新模式，以进一步加快城乡一体化进程，服务社会主义新农村建设。但考虑到上述工作涉及面广、情况繁杂，在实际工作中存在不少具体困难，建议抓紧出台乡和村庄规划编制管理办法，特别是针对乡村规划管理由“一书一证”调整为“一证”的情况，出台相关配套的管理办法，切实加以指导，帮助我们更好地落实和推动中央工作部署。

坚持规划引领　促进科学发展

安徽省淮北市副市长 方宗泽

（2009年5月）

近年来，淮北市围绕“双百双宜”城市建设，坚持规划先行，加大投入，基础设施日趋完善，服务功能不断提高，环境质量明显改善，城市建设取得了显著成就。但随着城市化和工业化的快速发展，建设用地稀缺、风貌特色缺失、新老城区发展不均衡、工业园区布局不尽合理等问题不断凸显，成为影响城市做强、做美、做出特色的制约因素。努力探寻解决这些问题的对策和方法，以科学的规划引领城市健康发展，是当前淮北城市规划建设工作所面临的重要课题。

一、规划建设东部新城，拓展城市发展空间

淮北缘煤而建，因煤而兴。由于煤炭与土地资源重叠赋存的特征，使我市在工业化、城市化的进程中，付出了比传统城市高得多的土地破坏和占用代价。土地资源短缺已成为制约淮北市可持续发展的瓶颈。《淮北市城市总体规划》确定的2020年主城区城市规模为96.2 平方公里，2008年年底城市主城建成区面积为70平方公里，此轮规划期内全市未来可用地面积只有26.28平方公里，扣除未稳沉和压占资源的建设用地15平方公里后，淮北市城市发展建设用地仅有11.28平方公里。若按年均4平方公里（近年平均递增数值）用地需求计算，则2011年以前将全部用完。此外，主城区范围内密布的高压线、铁路专用线严重分割有限的建设用地，更使得土地利用捉襟见肘。

建设用地是城市发展必不可少的物质载体。解决城市建设用地紧缺这一问题，除了不断完善城市内在功能，提升综合承载能力之外，必然还需要空间外延的拓展。加快东部新城规划建设是淮北市应对工业化和城市化进程加快，科学有效解决城市发展和资源开采之间矛盾，推进城市空间拓展所作出的重要决策。东部新城位

于东外环路以东、龙脊山以西、五宋路以北、北外环以南。自然条件优越，道路基础设施对接便利，具有一定的城镇基础，非常适宜城市建设。借鉴国内外新城建设的成功经验，淮北市采用了“基础设施先行、公共设施先行、产业发展先行”并重的策略推动东部新城的规划与建设。坚持基础设施先行，人民路延伸段和新东外环路已经先行开工建设，优先建设供水、排水、供电、供气等基础设施，搭建起新城发展的框架和平台；坚持公共设施先行，引导教育、医疗、文化、体育、行政办公等设施适度向核心区——花山组团转移，提高核心区的服务功能，刺激投资开发，促进区域内与城市转型配套的创新科技产业的发展。坚持产业发展先行，区域内的青龙山片区和石台片区可依托便利的交通，利用现有工业基础，重点发展煤焦化电、陶瓷、机械制造和物流业，形成各具特色的产业园区。东部新城规划范围约120平方公里，其中建设用地约60平方公里，此区域的规划建设必将进一步拓展城市发展空间、完善城市功能、优化城市布局，有力地促进城乡一体化发展。

二、注重配套提升，促进新老城区均衡发展

淮北市城市建设长期以来侧重于铁路以北的狭长地带，教育、医疗、文化等优势公共资源多集中于此，吸引和集聚能力较强，由此造成人口密度偏高，环境承载能力和公共设施服务能力超限，交通拥挤、停车难等问题日益突出。南部新区虽然环境质量较好，但由于学校、医院、菜市场、公共交通等配套设施不完善，上学难、就医难、买菜难等问题没能得到很好解决，居民生活不便，致使人气不旺。为解决新老城区发展不均衡的问题，我市按照“老城抓提升，新城抓配套”的规划思路，促进优质公共服务资源合理布局，实现新老城区共生共荣、和谐均衡发展的目标。

淮北市老城区改造是在控制性详细规划的指导下，坚持“循序渐进、成片开发、综合配套”的原则，严格控制建设容量，逐渐实现了老城区的有机更新和精明增长。通过整合老城区现有资源，妥善处理好相山景观与城市景观的关系。注重提升功能，合理调整用地结构，适度向高度要空间，加大建筑退让道路红线和交叉口距离，增加停车场、公共绿地和公共服务设施。近期还将尽快打通环山路，疏通“断头路”，拓宽小街小巷，逐步缓解淮海路的交通压力。严格控制房地产开发强度，疏散老城区人口，保持老城区的功能活力，使老城建设和新区开发相得益彰。

淮北市南部新区建设近期是在设施配套上下工夫，不断完善服务功能，增强集聚能力。严格落实居住区配套教育设施建设，通过淮北实验高中等优质教育资源南

迁，增加现有中小学用地规模和布点数量等途径，逐步解决了新区居民“上学难”问题。随着市图书馆、华伦文化广场、中泰广场、天赐良园等文化事业项目和重点商贸项目在新区的开工建设，新区居民的物质生活和文化娱乐需求将得到不断满足。提升新区公共交通能力，逐步增加公交线路，减少换乘次数，延长运营时间，更加方便居民出行，缩短了新老城区的空间距离。不断完善医疗服务设施建设，按照“市级—区级—组团级”的规模要求，在新建小区配套建设医疗卫生服务用房，规划在龙山路、相山路、人民路、濉溪路、相阳南路等处建设区级医院，同时在新城区预留出区位适中、规模合理并且能满足城乡居民实际需要的医疗卫生设施用地，为市级综合性医院的整体南迁做好准备。严格落实居住区配建停车泊位控制指标，保证了新建停车场与其相配的建筑同时设计、同时建设、同时交付使用，防止了“停车难”问题在新区再次出现。

三、坚持以点带面，提升城市整体环境

受“粗放型”规划管理和历史条件限制，过去淮北市建设缺乏城市设计的引导，整个城市的建筑形式、建筑色彩、天际轮廓线和景观视廊没有统筹规划与控制，导致建筑形式简单呆板，建筑色彩杂乱无章，山体自然风景被人为侵蚀破坏，城市整体环境亟须整治提升。与此同时，淮北市拥有较为优越的自然条件和厚重的历史文化，“三山、六湖、九河”与城市相依相伴，为打造山水生态园林城市提供了得天独厚的资源禀赋。积淀深厚的汉晋文化、运河文化和煤文化也为塑造富于特色的城市风貌提供了精神支持。

近两年来，淮北市坚持以城市设计为指导，从整体出发，综合考虑城市空间的功能与环境需要，着力整治和提升城市环境。淮北市将城市设计贯穿于从区域宏观领域到城市总体、城市分区、城市局部片区和微观细部的全过程，搞好城市景观点、景观路、景观街区、景观带轴及城市生态环境景观设计，丰富城市街道轮廓线，提升环境艺术水平，提高城市形象和品位，创造优美的城市风貌和良好的人居环境。当前和今后一段时期，淮北市将以编制《城市综合整治规划》为切入点，在现有城市设计成果的指导下，“点、线、片”结合，大力推进城市环境重塑与整治工作。

坚持以“点”突破，形成具有深刻标识印象的城市节点。重点整治濉溪路与人民路交叉口周边地块、合徐高速和连霍高速出入口地块周边环境，将其建设成现代化淮北的门户地区、城市形象展示窗口、城市生态景观闪光点、城市交通资源会聚

点，提升城市入口的景观形象。高标准地设计淮海商场、美味宫和淮北饭店等处的建筑方案，使其形态和色彩有机融入城市整体环境的同时，力争成为现代化商业的标志性建筑。

坚持以“线”带动，形成主题内容丰富的景观廊道。重点把“孟山路—相阳路—南湖”打造成连接商业金融、商务办公、文化娱乐、休闲生活的城市主轴线，成为体现“山—城—河—湖—山”特色的城市风景线。重点做好人民路东段规划控制，从龙山路自西向东依次分为“政务会展区、湿地公园区、都市水岸区、商务园区”四大区域。湿地公园区充分利用基地两侧因采煤塌陷土地形成大面积水面，将城市文化与自然景观有机结合，营造一个闲暇娱乐的开放空间。严格控制“相山—时代公园—龙脊山”景观廊道内的建设高度和建筑风格，使其成为体现淮北城市发展历史的时空轴线。坚持政府引导、开发商参与的模式，做好城市主要道路两侧的绿化和景观建设，形成覆盖全市的景观网络。

坚持成“片”联动，形成功能互补的景观区域。重点推动相湖项目建设，使其成为集商务办公、休闲娱乐、旅游购物为一体的RBD（中央休闲商务区）核心区。充分发挥黄里作为城市“后花园”的位置优势，早日建设成中高端的生态旅游休闲居住区。结合东部新城建设，整合化家湖和龙脊山的山水资源，建设自然生态景区和道教文化景区，发展水上娱乐、农家风情和休闲度假等项目。

四、坚持重点推进，破解“城中村”改造难题

在淮北城市发展和规模扩张过程中，原近郊区的中城、西城、城里、任圩、博庄、栗园等地区被包裹在城市内部，形成典型的 “城中村” 。这些“城中村”多建于20世纪80年代，建筑密度大，市政设施和公共设施不配套，环境脏、乱、差，居民生活质量不高，严重影响了城市形象。由于“城中村”居民多是失地农民，房租收入为其生活主要来源之一，因此改造难度较大，成为城市建设的一大难题。但是，“城中村”多处于城市中心位置，土地利用价值提升潜力较大，也为下一步实施改造提供了操作空间。

2008年以来，淮北市以火车站改造为契机，带动南广场及周边区域内的“城中村”改造，将实现“完善功能、改变形象、提升环境、造福群众”的多赢局面。在具体实施过程中，淮北市通过编制“城中村”改造专项方案，对“城中村”的地块现状、土地权属关系、经济性分析（特别是拆迁比）、居民生活习惯等进行深入研究，明确了近远期目标，突出了改造措施。坚持以城市经营为主、政府调控为辅的

方法逐步彻底解决“城中村”问题。以市场化的方式吸引多方资本参与“城中村”改造，对于“城中村”存在的现实欠账较多、建筑密度高、容积率高、拆迁安置成本大等问题，根据实际情况，在配套设施、相关费用方面采取优惠措施，对住宅套型、价格给予政府指导或引导；同时，淮北市从就业、教育、社会保障等方面制定相关配套政策，把“城中村”村民变成真正意义上的城市居民。加强对“城中村”居民的技能培训和就业指导，落实社会保障待遇，使村民真正融入城市，从城市边缘人成为城市人，根本解决“城中村”改造的社会问题。

五、优化产业布局，促进园区做大做强

园区是工业发展的重要载体，实现工业强市的战略目标必然需要园区经济的做大做强。由于财税体制和招商引资考核等因素的影响，淮北市工业园区发展存在功能定位不明、产业布局缺乏统筹、用地不集约、低层次同位竞争等问题。在当前积极融入“泛长三角”区域经济，承接产业转移的大背景下，必须站在全市统筹的角度，突出规划引导，优化产业布局，凝聚形成加快发展的合力。

当前和今后一段时间，淮北市将继续加大园区规划编制和实施力度，在规划中引入 “弹性绿地”等先进理念，对短期内不明确用途的地块实施弹性控制，有效提高土地开发效益和集约利用水平。坚持以规划引导建设、以城市设计指导地块开发，强调规划执行的权威性与强制性，为投资者营造可预见的、低风险的投资环境。明确各园区的特色产业和集聚发展方向，龙湖工业园以加工制造业和高新技术产业为主；杜集工业园区以机械加工和纺织产业为主；烈山工业园区以陶瓷建材、高新技术产业和生产型服务业为主；相山工业园区以农副产品深加工等为主。积极参与“泛长三角”区域合作，充分发挥自然资源、劳动力和产业优势，力争将园区建设成面向长三角的农产品生产、加工和供应基地，面向长三角的能源、原材料供应和加工基地，面向长三角的现代装备制造及高新技术产业化基地。

当前，淮北市正处于加快发展、乘势而上的关键时期。坚持规划引领，努力克服城市建设发展过程中的一些问题，必将有力地促进全市经济社会又好又快发展，早日实现建设“更具实力、充满活力、富有魅力、文明和谐”的现代化工业城市的奋斗目标。

广昌县城市规划建设的经验与思考

江西省广昌县县长 许爱军

（2010年9月）

一、广昌概况

广昌县位于江西省东南部，因“道通闽广，隶属建昌”而得名，东邻福建省建宁、宁化二县，西连宁都，南接石城，北毗南丰。它是抚州市的南大门，江西第二大河流——抚河的发源地。县域总面积1612平方公里，辖5镇6乡129个行政村，总人口23.5万。

——资源丰富。白莲、泽泻、烟叶、茶薪菇为广昌四大农业特色产业。种植白莲历史有1300余年，是国务院命名的“中国白莲之乡”。山林资源丰富，森林覆盖率为66%；水资源充足，有小大河流84条；矿产资源丰富，有高岭土、硅藻土、锂辉石、钨、稀土、铜等，其中高岭土蕴藏量达480万吨，质量可与景德镇媲美，硅藻土储量2700万吨，是全国四大矿藏之一。

——交通便利。广昌南通闽粤，北连沪浙，处在中国最重要的三个经济区：长三角、闽三角和珠三角的核心地带。境内济（济南）广（广州）高速、昌厦一级公路、206国道纵横交错，福（福州）银（银川）高速、向莆铁路擦肩而过，鹰梅铁路、广昌—福建建宁高速即将建设。广昌的区位优势正日益明显。

二、我县近年来城市规划建设的主要做法

作为中部地区省份的一个山区小城，广昌县城“依山傍水、清灵俊秀、小家碧玉”。在城市规划建设的过程中，如何充分利用山、水、文化等做好文章，科学定位城市规划建设，显得尤为重要。结合广昌实际，我们以“文明、生态、现代、宜

居”城市为目标，围绕“一路”打造“两区”，围绕“一河”打造“两岸”。围绕“一路”打造“两区”，即围绕昌厦路打造园区和城区，昌厦路以西为工业区，重点发展工业加工业，园区在现有基础上向西向南发展；昌厦路以东重点发展城区。围绕“一河”打造“两岸”，即以穿城而过的盱江河为凭借，着力打造“一河两岸”城市格局。盱江河西岸以老城区改造为抓手，抓好相关专业市场建设，逐步推进县城南部与沿河路对接，北部与高速公路连接线对接。盱江东岸近期以河东新区为主战场，大力推进新区建设。远景规划以雁塔为中心，建设城市森林公园，并将城市建设推进到大塘村一线。至2009年年底，县城控制区范围约18平方公里，实际建成区面积6.6平方公里，城区人口6.4万，城镇化率达到34.82%，绿地率为36%。

——健全规划体系。从2007年起，我们先后投入450万元，完成了县城总体规划，老城区和部分新区的控制性详细规划，绿地系统、给排水、消防等专项规划，以及广昌县住宅建设规划、棚户区改造规划、保障性住房建设规划，同时完成了河东新区、行政中心组团，沿河绿化景观等一批修建性详细规划与设计。形成了总规、控规、修规一脉相承的城市规划体系。目前，我们正在进行新一轮城市总体规划修编，对未来二十年城市的发展进行规划。为严格规划管理，我们成立了城市规划委员会（领导小组），实行重大项目、重要规划联合会审制，强化规划审批中的技术论证和评价。针对本县规划管理中的突出问题，我们还相继出台了《广昌县城规划区内个人建房规划管理办法》、《关于加快小城镇建设的若干意见》、《广昌县集中整治县城规划区违法用地和违法建设的工作实施方案》等一系列规范性文件和政策。

——完善基础建设。近年来，先后投资5亿余元用于道路网、供水管网、污水管网、雨水管网、供电网等建设，确保了建成区扩大到哪里，基础设施就配套到哪里。如2007年县城道路面积34万平方米，人均道路面积6.2平方米，2009年道路面积达到61万平方米，人均道路面积达9.5平方米；同时，我们十分注重公共民生设施的建设。新建了几个大型绿地广场，形成点面结合的绿化体系，城区绿化覆盖率从2007年的31.8%提高到现在的40.2%。通过BT、BOT等形式建设了污水处理厂、体育中心等一批社会公益项目；投入3000余万元修建防洪堤，并修建了兼具防洪、发电、旅游功能的橡胶坝，切实改善了城市环境，提升了城市品位。组织实施了廉租房和经济适用房建设。实施了城市夜景亮化、美化工程。我县城镇固定资产投资从2007年的6.34亿元增长到2009年的12.39亿元，占GDP的比重从58.9%提升到77.6%。

——彰显城市特色。一是着力打造“一河两岸”城市格局。河流是一个城市

的灵魂。近年来，我们紧紧围绕穿城而过的盱江河做文章，高品位打造“一河两岸”。在对河西老城区逐步改造提升的同时，把重点放在打造面积近1000亩的河东新区上。投资2亿元，完成了河东新区基础设施，并大力推进河东新区行政、公益、商住等开发建设，预计2012年左右可全面完成新区建设；同时，高标准地完成河东、河西沿河景观绿化及橡胶坝建设，提升了城市品位，使“一河两岸”城市构架逐步显现。今年起，我们将在河东新区沿河以南，致力于进一步丰满“一河两岸”构架，着力打造以河东雁塔为中心的近1500亩面积的雁塔新区。在雁塔旁边，依托现有的自然山水资源，建设一个占地500亩的城市森林公园；同时，对旁边近1000亩土地进行整体开发，利用森林公园的生态效应，结合雁塔和塔下的慈生寺文化背景，将整个雁塔新区打造成广昌城中绿地、市民休闲胜地、生态文化城市的一个亮点。二是着力塑造城市亮点。广昌是个红色故都，是第二次和第五次反“围剿”的主战场，是中央苏区的北大门，毛主席在这里留下了光辉辞章——《减字木兰花•广昌路上》。为弘扬苏区精神及广昌红色文化，用苏区精神激励广昌在新时期不断加快发展步伐，我们筹集1000余万元资金，聘请中央美院著名雕塑家，在连接线处高速公路旁精心打造了一个以毛主席“广昌路上”诗词为主题的大型红色雕塑群。随着济广高速的通车，这个雕塑将成为宣传广昌的一张亮丽名片。

——强化精品意识。在推进城市建设的过程中，我们特别注重强化规划建设的精品意识，始终坚持城市建设要适度超前。为确保河东新区行政中心建设高标准，我们邀请全国知名的浙江东华规划建设园林设计有限公司进行规划设计，仅规划设计费就达240万元。河东新区实行“无杆化”建设，仅电源管线埋设一项，就花费了1500万元。尽管投入巨大，但换来的是高标准、高品位的建筑。另外，在审查各小区和各单体建筑时，我们十分注重风格、造型、色彩、体量等方面的和谐统一。无论点还是面的建设，都要求具有高水准的规划与设计，不符合要求的一律推倒重来。

三、今后规划建设工作的方向

在推进广昌城市建设的发展过程中，虽然取得了一些成绩，但也存在一定的困难和问题。

——城建资金投入不足。我县是国家扶贫工作重点县，经济基础底子薄，公共财政负担重，用于城镇化的资金非常有限，而城镇建设任务重，点多面广，显得僧多粥少，投入压力越来越大。虽采取了积极的争资金、跑项目、引外资等方式，但靠财政投资的格局未发生根本转变。

——城乡规划稍显滞后。虽然我县对规划设计投入力度不断加大，但受各种条件限制，仍存在规划水平不高、部分规划不切合实际等情况、同时有些乡镇仍沿用旧的规划，未形成新的规划体系。

——城市功能不够完善。在城镇化的快速发展中，有部分基础设施、公共设施未能完全跟上到位，尤其以教育、文化、卫生等软硬件设施凸显不足。

——老城区改造压力大。由于老城区建立时间早，受传统建房模式的影响，不同程度地存在布局不合理的状况。随着时间的推移，缺点逐步显露出来并不断放大，严重影响我县整体形象的提升。

——城市管理体制不够完善。随着城市化进程的不断加快，原有的城市管理体制逐渐不能适应发展需要。如环境卫生、绿化、亮化、交通管理等方面都存在一些问题，对居民生活造成一定影响。

针对以上问题，今后我们将着重从以下几个方面重点突破：

——规划要“严”。规划是城镇建设的蓝图，是建设和管理的依据，是宏观调控的重要手段。城镇规划必须严谨，不仅要具有科学性，还要具有一定的长远性和超前性。特别是对城市总体规划，一定要科学论证、准确定位。对制定好的各类规划，必须严格执行。

——功能要“全”。基础设施功能仍然是城市做好“内功”的必修课，是城市承载能力的重要体现。要继续抓好“四网”建设，即“路网、水网、管网、电网”建设，夯实城市发展的基础；同时要花大力气完善教育、文化、卫生等软件设施。不断加大投入，逐步完善城市管理体制。

——特色要“明”。城镇建设必须突出地域特色、人文特色。今后的城市建设，要结合广昌实际，在进一步挖掘广昌历史人文特色、打造精品特色建筑上做文章。重点是在改造提升河西老城区建设的基础上，继续抓好“一河两岸”建设，着力推动河东新区和城南雁塔新区开发建设，形成科学合理、功能齐全新型的“卫星城”。

——筹资要“宽”。资金短缺，仍是制约我县城镇建设发展的“瓶颈”，建立国家、集体、个人、外商共同投资的多元化投资体制，是调动和激发各方面生机活力的重要手段。为此，一是争取国家投资；二是加大基础设施招商引资；三是拍卖土地筹资；四是政府融资。

加强城市规划建设管理
打造有特色高品位的现代化中等城市

山东省高密市市委副书记、市长 范福生

（2009年10月）

高密市位于胶东半岛和山东内陆结合部，西依世界风筝之都潍坊，东临国际旅游名城青岛，处于山东半岛蓝色经济区和胶东半岛高端产业聚集区的重要节点，是国务院首批公布的对外开放县市之一。全市版图面积1526平方公里，辖7个镇、3个街道、1个省级经济技术开发区、1个疏港物流区，共960个村居、84.9万人口。

高密历史悠久，商贸繁荣。秦代置县，1994年撤县设市。古今名人有春秋名相晏婴、汉代经学大师郑玄、清代大学士刘墉和当代著名作家莫言。扑灰年画、剪纸、泥塑、茂腔等"民艺四宝"被列入国家非物质文化遗产，是"中国家纺名城"、"中国民间艺术之乡"和"中国扑灰年画之乡"。在第九届全国县域经济基本竞争力与科学发展评价中，位居第83位。

近年来，我市坚持以科学发展观为统领，紧紧围绕建设富强和谐的现代化中等城市目标，以融入青岛城市群为基本定位，以创建省级园林城市、国家卫生城市、国家环保模范城市为抓手，以开展城市精益化管理活动为载体，科学建设城市、发展城市，现代化中等城市建设步伐不断加快，城市综合竞争能力全面提升。

一、坚持高起点规划，着力构筑现代化中等城市框架

规划是城市建设管理的基本依据，关系到经济、社会、人口、资源、环境的协调持续发展。为此，我们始终把城市规划摆在突出位置，立足当前、面向未来，努力提高规划水平，切实加强规划落实。

（一）坚持先行理念，不断完善城市规划

牢固树立规划先行理念，瞄准推动城乡一体化发展、建设现代化中等城市、打造青岛城市区副中心城市的目标，做到城市各项规划着眼长远、超前规划，先规划、后建设，谋定而后动。按照这一原则，着眼打造“老城优化、生活东进、产业北延、文教南扩、西部控制”的城市发展格局，高标准地规划建设了“一个中心、三个板块”。“一个中心”，即高密老城区及中央商务区，以商居为主；“三个板块”，即城东经济开发区、城北经济新区和城南城市新区，主要发展新型工业、现代服务业。目前，城市规划区面积达220平方公里，建成区面积达42.2平方公里，城镇化水平达到50.8%，形成以2005年省政府批复的总体规划为统领，以城市建成区控制性详细规划和村镇体系规划为支撑，以商业布局、绿地系统、城市供热、城市环卫、城市消防等20项专项规划和各类修建性详细规划为延伸的城市规划体系，初步构建起“城、绿、水”和谐统一的城市生态景观，城市逐渐成为经济发展的龙头、对外开放的窗口、招商引资的载体、人民群众安居乐业的美好家园。近期，为加快融入山东半岛蓝色经济区和胶东半岛高端产业聚集区，启动了城市中央商务区规划研究，以城市建成区为基础框架，以楼宇经济为依托，着力打造潍坊、青岛两市中间地带的商贸中心；科学规划定位了孚日光伏、豪迈机械装备、荣昊汽车、康达环保、双星鞋业、银鹰化纤“六大产业园”，以及姜庄商品、朝阳铁运、胶河疏港、晟绮通关“四大物流园区”的发展方向，完善了园区基础设施和产业布局规划，为加快对接青岛、融入青岛搭建了平台并拉开了框架。

（二）健全编制机制，提高规划设计水平

一是坚持集体审议制。严格执行国家基本规划建设程序，所有城市规划由规划主管部门统一组织编制，经过由市长牵头的城市规划委员会的咨询论证、集体审议，由政府批准颁布后实施，做到“规划一张图、审批一支笔、建设一盘棋”。二是坚持规划方案征集遴选制。制定出台了《高密市规划设计方案招标投标暂行办法》，对重要区域、重大项目的规划设计，全部面向国内公开招标或征集方案，吸引设计名家高手进入，努力使城市规划融入现代理念，突出城市景观的整体效果，使每个景点、每幢建筑、每条街路都体现我市的历史文化底蕴、自然风貌特色及健康和谐格调。三是坚持规划专家评审制。从全国高等院校和科研机构聘请了42名专家学者、知名人士，对规划用地3公顷以上的修建性详细规划、高层建筑和标志性建筑设计单体方案、1万平方米以上的城市建筑、5000平方米以上的公益性单体建筑等规划设计，全部进行专家评审，通过引进专家智慧与视野，有效提升了规划档次。

自2007年3月成立专家评审委员会以来，已组织16次69个城建项目专家评审，充分尊重评审专家对参评项目提出的权威性、建设性意见，及时对项目方案进行调整修改。

（三）加强监督管理，切实维护规划权威

一是搞好规划调控。实行科学引导、有序开发，合理利用城市资源，准确塑造城市特色，科学引领城市发展，促进城市经济社会全面、协调、可持续发展。城市规划一经批准就具有法律效力，任何人不得随意修改，更不能违反规划进行建设。规划确需调整优化时，必须按法定程序进行。二是加强批后管理。通过跟踪检查、规划公示等办法，严把建设项目现场勘察、规划审查、放线验线、批后复验四个关口，实施全程规划监督管理，坚决杜绝开发建设单位随意调整规划的不法行为，不让短期利益影响长期发展、个体项目影响整体规划。三是实施综合整治。定期开展整治违章建筑专项行动，对不经规划擅自建设、私自变更规划等行为严肃查处、彻底整改，努力维护规划建设秩序。今年以来，共查处各类违规建设案件28起，违章建筑面积3.6万平方米，下达停工整改通知书28份，拆除违章建筑1万平方米，申请法院强制执行案件11件、结案3件，有效地维护了规划的严肃性。

二、坚持高标准建设，加快构建现代化中等城市进程

坚持“建为民生”理念，着力打造精品、突出特色，全面加强基础设施建设，不断完善城市功能，努力提升城市品质。

一是牢固树立精品意识。高标准的城市规划需要高质量的建筑精品来体现，没有多个城市精品的完美组合，城市形象就难以提高、品位就难以提升。我们在城市建设过程中，坚持把“标准化、规范化、精益化”现代城市理念贯穿城市建设始终，提高建设管理标准，不干则已、干则一流，努力把每个工程、每个项目都建设成优质工程、精品工程、样板工程，真正做到改造一条道路、出一个样板，建设一项工程、树一座丰碑，打造经得起时间检验、群众评说的精品工程，充分体现城市的个性特质和建设水平。

二是突出城市文化特色。文化是城市的灵魂，也是城市最大的特色。高密是海岱文化、齐鲁文化的发祥地之一，人文荟萃，文化灿烂。在城市快速发展建设中，我们特别注重挖掘城市的历史、延续城市的文脉、留住城市的记忆、塑造城市的精神。重点是努力挖掘高密历史和地方特色文化，将“三贤四宝”、“红高粱”、“高密八景”、“高密民俗”等深厚的文化底蕴融入城市建设，极大地提升了城

市的文化含量；同时，围绕完善城市综合服务职能，促进现代气息与传统文化相融合，努力保持与城市历史、文化、经济、社会、环境相称的建筑风格和城市风貌，坚持一个区域一个特色、一条街道一个景观、一个建筑一个风格，体现城市品位和个性特色，丰富城市文化内涵和底蕴。

三是加快基础设施建设。着眼增强城市承载和服务功能，近六年来，累计投入50多亿元用于旧城改造、设施建设和绿化美化，完善城市基础设施，让人民群众共享发展成果。先后新建改造城区夷安大道、康成大街、凤凰大街、昌安大道、振兴街等主次道路26条，有效改善了城区路网；坚持旧村改造常态化，完成建筑、房地产开发投资155亿元，建筑面积1000多万平方米，建成了一批标准较高、功能完善、环境优美的居民小区；建成文体公园、凤凰公园、南湖植物园、小康河公园、胶河公园五个能容纳万人以上的主题公园，在黄金地段建成19个街头绿地游园，为群众提供了休闲娱乐的好去处；实施了15家企业“退城进园”，城市污水全部入网集中处理、达标排放，城市生态环境显著改善；按照“大、高、密，多、厚、彩”的要求，全民动手、见缝插绿，绿地覆盖率达到36%。今年，投资1.6亿元对城区集中供热管网进行综合改造，切实提高城区供热质量，确保全体市民温暖过冬。

四是多方筹措城建资金。坚持政府引导、市场运作，在加大财政投入的同时，充分发挥财政资金的杠杆作用，面向资本、资源两大领域，按照市场经济规律，打造多元化的资本和融资平台，努力破解资金瓶颈，实现“以城养城、滚动发展”。首先搞好土地经营开发。土地是政府最大的资源，我们对土地一级市场实行高度垄断，坚持一个水池蓄水、一个龙头放水。本着科学储备、超前储备的原则，积极探索土地储备新模式，最大限度地实现储备土地效益增值。其次，盘活城市公共资产。对城市广告空间等城市资源进行统一管理，集中拍卖经营。对行政事业单位用房、经营资产等进行整理，纳入国有资产有限公司经营，做大融资平台，发挥其最大效能。最后搞好招商引资。充分运用BT、BOT和特许经营权转让等市场化方式吸纳外来资本，投资城市污水、垃圾处理等城市基础设施建设，政府逐步从有收益的市政公用行业退出，从而把有限的资金重点用在城市功能性和公益性项目的建设上。

三、坚持高水平管理，倾力打造现代化中等城市新形象

“三分建设，七分管理”。近年来，我们在加快城市硬件建设的同时，进一步创新管理理念、明确管理重点、细化管理标准，不断提升城市管理水平，塑造城市

崭新形象。

（一）深入实施城市精益化管理

城市管理精益化，就是牢固树立“没有最好、只有更好”的理念，从细处抓、往精里做，努力形成“建筑无缺憾、绿化无断档、卫生无死角、管理无缝隙”的城市管理新局面。围绕环境卫生、市政设施、市容市貌、公共交通等方面，大力实施“建精品、创精益、树样板”工程，在全市选树了20个样板楼房、30条样板街路、50个样板小区，示范带动面上工作精细、高效开展。按照“属地管理、全民参与、重点突破、全面整治”的要求，采取包卫生、包绿化、包美化、包看护、包秩序“门前五包”的办法，为广大市民创造清洁优美的生活工作环境。围绕解决“路不平、地不绿、水不通”问题，以城乡结合部、背街小巷、马路摊点、集贸市场、卫生死角为重点，搞好城市环境综合整治，切实改善市容市貌。

（二）积极推行市场化管理模式

搞好市场化运作，有利于改变传统的城市管理模式，有利于调动各个方面的积极性，共同参与城市管理。按照“政企分开、政事分开、事企分开”的思路，把推行管理体制改革作为提升城市管理水平的重要举措，积极探索企业化、市场化运作的路子，努力破除体制障碍，形成高效管理机制。在国家法律法规允许的范围内，对城市现有基础设施逐步采取产权出让、经营权转让等方式，实行市场化管理。对公交、供排水、供热、供气等公益事业，对市政设施维护、卫生保洁、垃圾清运、绿化养护等工作，稳妥审慎地全面推向市场，吸引和支持各类经营主体广泛进入城市管理领域，切实做到“管养分离”。

（三）努力构建城市管理长效机制

城市管理是一项系统工程，需要建立全民参与、齐抓共管的长效管理机制。一是健全管理运行机制。按照“一级政府、二级管理、三级网络”的城市管理体系要求，坚持分级管理、重心下移、条块结合、以块为主的原则，建立起科学有序、协调高效、监督有力、奖惩分明的管理运行机制，构建起城市“大城管”格局。充分发挥城管、建设、公安等城市管理部门主力军作用，多管齐下、形成合力，达到整体联动、综合施治、标本兼治的效果。2008年，坚持深化城市社区管理体制改革，把城区61个居委会合并为13个城市社区；今年以来，积极探索城市住宅小区管理体制改革，在城市新建小区成立管委会和党组织，将城市管理重心下沉，发挥社区和小区管委会管理面广线长、工作直接的优势，实现城市管理全覆盖。二是严格依法管理。对不服从城市管理、屡教不改的违反城市管理行为，从严从重查处，不因害怕影响稳定而放松管理、不敢管理。特别是对于极少数“钉子户”、“难缠户”，只要是依法管理、程序合法，就不怕其上访闹事，真正做到严格规范执法，从而达到查处一户、震慑一片、规范一区的效果。三是大力提高市民的城市意识。市民是城市的主人，市民素质的高低直接关系到城市的管理水平。我们不断加大市民素质教育力度，充分发挥市民在城市管理中的主体作用，着力引导市民参与城市管理，增强市民爱护城市、遵守管理的责任意识。

近年来，我们在城市规划建设管理中作了一些探索和尝试，取得了一定成效。但也存在一些问题，如规划建设管理水平不够高、城市基础设施有待进一步完善、旧城改造任务非常艰巨等。下一步，我们要以进一步完善城市功能、提升城市品位为重点，以“三城同创”工作为抓手，认真学习借鉴先进经验，大力提升城市规划建设管理水平，加快建设富强和谐的现代化中等城市。

华中地区

彰显厚重文化　打造魅力卫辉

河南省卫辉市市长 王惠民

（2009年10月）

卫辉市地处河南省北部，西依太行，南临黄河，是鲁西、冀南、晋东、豫北地区的商品集散地和信息、物流、交通的重要枢纽。全市总面积868平方公里，辖13个乡镇，50万人口。西汉高祖二年设县，元世祖中统元年将卫州、辉州合并设卫辉路，明清改为卫辉府，距今已有2190余年的历史。亘古忠臣比干、军事名家姜尚均出生于此，现代著名画家秦岭云、卢光照，著名作家刘知侠、全国乡镇党委书记的好榜样吴金印等更为卫辉增添了新的光彩。境内现存文物保护单位117处，有天下林氏后裔祖地比干庙、全国最大的石构无梁殿建筑望京楼、春秋战国古墓群、民国总统徐世昌家祠等众多国家和省、市级重点保护文物。1993年，卫辉市被命名为河南省第二批历史文化名城，是新乡四区八县（市）中唯一的一座省级历史文化名城。

近年来，在城市规划建设管理的实践中，我们以科学发展观为指导，按照“做大城市规模、做美城市街景、做优城市秩序、做足古城特色”的总体要求，认真规划，大力建设，被授予河南省园林城市、河南省创建文明城市先进市。在工作实践中有以下四点体会。

一、明确城市定位，厘清城市之“脉”

规划是指导整个城市发展的“纲”，具有“龙头”作用和战略性地位。理顺规划，则城市发展的“脉络”清晰、建设推进有序。为了增强城市规划的指导性，我们邀请了历史文化方面的专家学者与卫辉各界人士进行了深入研讨和交流，认真梳理了卫辉独特的城市个性和历史文脉，对古城内重点文物保护单位、街区、院落开展了细致调研和分析，对创建历史文化名城达成共识。对此，委托清华大学规划院制作了高水平的《卫辉市城市总体规划》和《卫辉历史文化名城保护规划》，明确了通过保护优秀的历史文化遗产，挖掘历史文化名城的文化内涵，创造独具特色的滨水宜居古城城市景观，实现对历史文化遗产的有效保护和永续利用，推动城市建设和社会综合发展的规划目标，为古城卫辉的可持续发展奠定了坚实的基础。围绕创建国家历史文化名城目标，先后编制了贡院街区、望京楼街区等地段的详细保护规划，对古城内历史文化资源集中的望京楼后街、王府戏楼街、秀才胡同等历史街巷实行严格控制，严禁私自拆除和重建沿街历史建筑，保持了街道主体历史风貌不变，古城整体风貌得到了有效的保护和控制。

我们在工作实践中，做到了“一个坚持”、“两个结合”、“三个突出”。“一个坚持”：即始终坚持“一张蓝图绘到底”，在实践中不断完善城市建设的控制性详细规划，使规划的基本特色得到保持和落实；同时实施了一系列确保城市规划严格落实的制度，使规划的龙头作用得到充分发挥。“两个结合”：一是与自然条件结合。充分考虑自然资源和可持续发展的要求，严格保护自然生态环境，做到城市与自然和谐发展、相得益彰。二是与人工因素相结合。通过人工因素使富有特色的自然环境更富有魅力，形成新的城市形象。“三个突出”：一是突出整体规划和形象定位。控制好道路红线用地范围，控制好绿化用地预留，控制好每一个单体建筑设计以及主要地段的标志性建筑、商业中心、公园、广场等主要建设项目，使每个建筑的形体、色彩都精雕细琢，体现卫辉特色，提升城市的文化品位和综合竞争力。二是突出绿色主题。绿化覆盖率高、绿地多是卫辉市的特点，也是优势。我们坚持以人为本，将增绿、透绿、建绿、围水、造泉等园林化设计思想体现在整个城市建设中，逐步形成点成景、线成荫、面成林、环成带的绿化格局和四季有绿、三季有花的园林体系。三是突出人文景观建设。坚持创精品的原则，实施城市雕塑工程，在部分主干道、大型广场建设一批体现卫辉特色和城市特点的雕塑。在学校、社区增设人物塑像群，赋予思想含量和文化艺术含量，发挥其改善人的观念、陶冶人的情操的社会功能，实现人建设环境、环境反作用于人的良性互动局面。

二、保护开发并重，延续城市之“根”

古城不是包袱，而是蒙尘珠宝、陈年老酒，是能够提升城市知名度、美誉度的“美丽基因”，是可以“引爆”城市价值裂变增殖的“核元素”。卫辉古城内外遍布大量的人文景观、古代建筑和自然景观。加强古城保护开发，既是弘扬城市文明的需要，更是延续城市之“根”的重大责任。近年来，我们不断探索，努力处理好保护和开发的关系，既充分调动各方面的积极性，着力搞好现代化城市的规划建设管理，又坚持把历史遗产的保护作为城市发展的首要任务来抓。

历史文化名城的保护不同于单个建筑物的保护，它保护的是一个历史地区及其周围环境，是一个群体和与之相关的环境、氛围等要素的总和，具有系统性和整体性的特点。为此，我们始终坚持整体保护原则，按明清文化脉络，将卫辉古城的人文景观串联和组织起来，把明朝时形成的古城作为整体框架加以保护，协调古城的建筑布局和建筑风格，使古城浑然一体、韵味十足。在5.4平方公里的古城范围内，严格控制建筑高度在15米以下；在文物保护单位的控制地带内，禁止修建在形式、高度、体量、色彩上与文物保护单位不相协调的建筑物；历史街区和水城风貌带内的建筑高度，要控制在两层以内；新建建筑物禁止使用大面积玻璃幕墙、不锈钢、琉璃瓦等材料作外装修，并逐步恢复黑白灰的主色调。将古城内及其周边的道路分为40米、24米、20米、12米、8米、6米六个等级，其中城市交通性主干道为40米道路，城市交通性次干道古城外为24米、古城内为20米，城市支路为20米道路，也是古城内的主要交通骨架，古城支路为12米和8米，古城街巷为8米和6米的街巷和胡同。

在古城保护中，突出了“修旧如旧、风貌协调”的原则和“尊重历史、延续历史、传递历史”的要求，始终坚持在保护中开发、在开发中保护，取得了保护与开发的双丰收。坚决防止“建设性破坏”、“保护性破坏”，最大限度地保护古城风貌的原真性和整体性。具体做到五个“保护”、五个“不”，即保护古城的历史街巷体系、保护古城的建筑风貌、保护古宅名园、保护古城遗址、保护非物质文化遗产，不大拆大建、不破坏街巷体系、不破坏居民生态、不破坏历史文脉、不破坏建筑风貌。在保护文物和保持建筑特色的前提下，积极筹措资金，对因时间因素而损坏的望京楼、镇国塔、徐世昌家祠、孔子击磬处、陀罗尼经幢等文物保护单位古建筑的个别构件进行更换和修缮，修旧如旧，以存其真，保持了古城风貌和历史文物的完整性。

三、深化市场运作，拓宽城市之“路”

城市建设是一项宏观性、系统性工程，单纯依靠城市自身经济实力搞建设是不现实的，必须进行市场化运作，多方面、多渠道地拓宽融资建设渠道。古城保护开发启动以来，我们采取政府投资、争取国债、银行贷款、发售城市建设债券、集资建绿化、盘活资金总量、招商引资等手段，通过多种方式融资60多亿元。其中通过BT、BOT等先进的合作建设模式，融资4亿元。2007年，我市采取PPP方式融资1亿元，顺利完成了比干大道北段1公里长的商业仿古街拆迁建设。通过优化规划，采用新技术，节约建设用地近千亩。通过加强用地管理和国有土地收购拆迁管理，组织公开招标合理降低工程造价、加强工程建设管理、合理节约建设资金达2亿~3亿元。

为进一步继承并发展卫辉古城的传统风貌，我们在充分调查研究的基础上，大胆决策，科学实施改造与开发。一是投资8000万元对原吕公堂街区和顺城关区域进行了拆除改造，将原居民迁出了古城保护控制区，新建明清风格的仿古商业街和殷商文化主题的顺城关游园，既丰富了古城文化内涵，又促进了卫辉商业繁荣，为市民提供了优美的休闲娱乐场所，受到了全市人民群众的一致拥护。二是投资1000多万元对卫辉明朝古城原城墙进行了修复，对护城河进行了疏通，开辟了沿河水景，实现了人文景观与自然景观相结合，进一步丰富了古城历史韵味。三是对全市主要道路和公共休闲场所进行了重新命名，将市区南北主干道主要以历史名人比干为背景命名，东西主干道主要以历史名人姜尚为背景命名，增强了城市历史文化底蕴。四是以加速旧城改造、完善基础设施功能为重点，实施了总投资3亿元的污水处理厂、垃圾处理场、天然气、城河疏浚等建设项目，从一定程度上满足了老城区群众的生产生活需要；同时，通过对城区道路、商业区、住宅区等城市基础设施建设运用市场经营的手段，多渠道筹集资金，以地生财、融资建城，加快新区建设。先后投资2.5亿元实施了行政路、牧野路、友谊路以及丽湖花园、友谊新村住宅小区等基础设施建设和开发，使原老城区2万余居民主动搬入了新区，既有效降低了古城人口的密度，又推动了城市的发展。

四、创新管理体制，注入城市之“魂”

高效管理是城市发展的“灵魂”，我们把城市管理作为永恒的主题，将城市秩序、城市环境、城市文化、城市形象、城市安全等都纳入城市管理的范畴，并在创新管理体制、提高服务水平上下工夫。为切实加强城市管理，提升城市形象和品位，2008年我市借鉴外市先进管理模式，大力进行城市管理体制改革，基本实现了城市规划区全天候保洁和无缝隙、全覆盖管理，取得了显著成效。一是健全机制。投资150万元成立了城市管理指挥中心和监督中心，实行数字化、网络信息化集中管理，提高了管理效率和能力，在河南省县级城市中率先实现了数字城管。二是明确职责。重新制定了《卫辉市城市管理职能责任界定》和《城市管理监督考核奖惩办法》，将全市26个具有城市管理职能的单位纳入了“大城管”序列，城市管理责任得到了进一步细化，使各责任单位职能清楚、任务明确。三是添加设施。市财政在

极为紧张的情况下，拿出数百万元购买了洒水车、环卫保洁车、墙体清洁器、果皮箱等环卫设施，完善了城市环卫设施。四是严管重罚。切实加强市容执法管理，强力取缔占道经营和店外经营现象，坚决遏制马路市场和马路车间现象的发生，市容市貌有了新的改观。

在城市化推进过程中，我们始终坚持以人为本的发展理念，有效促进城市的协调发展、和谐发展、可持续发展，一座融历史文化和现代文明于一体、山水风光和城市景观交相辉映的历史文化名城正在中原大地上崛起！

寻求规划引导下的后发优势

湖北省随州市副市长 周均清

（2009年3月）

一、地级随州市城市发展概况

随州市位于湖北省北部，2000年6月经国务院批准设立地级市，是湖北省最年轻的地级市。全市幅员总面积9636平方公里，城市建成区33.35平方公里。随州市历史悠久、风景秀美、交通便利，是全国历史文化名城，中华民族的始祖炎帝神农诞生地，震惊世界的曾侯乙编钟出土地，素有“荆豫要冲”、“汉襄咽喉”、“鄂北门户”、“神农故里”、“古乐之都”之称。

随州地级市成立之前，是湖北省直管县级市之一，城市发展一直立足于县域经济建设展开，城市格局始终围绕旧有县城发展。2000年成立地级随州市以后，城市发展经历了通常意义上的五年发展起步准备期。经过五六年的发展建设，城市面貌得到较大改善。

但相比湖北省内其他地级市而言，随州的城市发展仍然严重滞后，城市发展逐步成为影响社会经济发展环境的瓶颈问题。旧城区城市密度日益加大，市政基础设施缺失，城市环境恶化，交通堵塞，城市建设品质不高，土地资源集约度不高等问题逐一显现，城市整体建设状况与地市级的城市地位与形象极其不符，城市建设亟须从理念和战略方略等管理层面进行调整。如何抓住地级市成立以来的第二个五年发展期，在湖北省同类城市中寻求后发优势，是摆在地级随州市新一届市委市政府面前的一项艰巨任务。

从2006年以来，在市委的统一决策指挥下，随州市政府以科学发展观为指导，积极抓住契机，坚决贯彻执行《城乡规划法》，严格执法，精细化管理，较好地发挥了城市规划的科学调控指导作用，城市建设发生了翻天覆地的变化，城市基础设施逐步配套完善，城市环境得以很好地改善。从2006年10月以来，随州城区新增绿化面积58.12万平方米；拆迁面积达45.44万平方米；拆除违法建筑118起，面积1.1万平方米。人居环境得到改观，山水生态宜居城市格局逐步形成，并在2008年成功夺取湖北省第四届城市规划建设管理“楚天杯”，受到广大市民的赞誉。

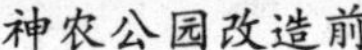

神农公园改造前

神农公园改造后

二、主要的政策管制措施

（一）正视问题，把规划编制放在首位，统筹指导城市建设发展

地级随州市成立以前，因为立足县级市的管理需求，往往是需要规划才临时编制。与湖北省内宜昌、鄂州等其他兄弟地市相比，无论是规划编制的起点，还是规划编制的覆盖率，都处于滞后被动的地位。城市规划编制往往不能满足现实建设发展的需要，规划的宏观统筹指导作用可想而知。为此，市政府从战略层面调整思路，坚决把规划作为城市建设的“龙头”，认真研究城市发展的规划需求，高起点、大手笔科学规划，各区、市也坚持“从实际出发、适度超前”的原则，克服资金短缺和技术力量薄弱的问题，采取“以内为主”、“聘请高手”等方式，强力推进了规划编制。据统计，2007年以来，全市共完成各类规划编制项目689个，其中城市总体规划3个、镇（乡）总体规划26个、村庄规划331个、其他329个。

1.加大总体规划修编的力度

随州市第五次城市总体规划修编（2008—2020）成果已通过省级专家评审，目前正在报批中；广水市、大洪山风景名胜区均已完成总体规划的编制和修编工作；全市37个乡镇（场）中有26个乡镇（场）编制了总体规划，占应编制的70.3%；331个村庄编制了村庄建设规划，占应编制834个村庄的39.7%。

2.加大重大项目规划力度

围绕“项目兴市”、“工业富市”战略和市政重点工程建设，市政府责成规划局组织编制了厉山县域经济中心总体规划，望城岗工业片区等14项工业项目规划；完成了污水处理厂、碧桂园、炎帝农耕文明园、博物馆广场、西护城河改造、白云湖水库、神农大道、白云湖东大堤改造、白云大道延伸线、“一河两岸”重要地段、舜井道、汉东路、解放路改造等规划。广水市完成了四贤路、十里大道等十项市政工程规划；大洪山风景名胜区完成了长岗门景区、白龙池山地野营度假区及洪山寺、宝珠峰等游览区保护和建设的控制性规划和详细规划，从规划的宏观直到层面解决了战略统筹问题。

3.加大历史文化名城保护和彰显城市特色的专项规划编制力度

为了彰显文化随州特色，完善了神农公园改造规划，组织编制炎帝神农故里风景区修建性详细规划，积极参与擂鼓墩保护区规划，对汉东古文化一条街实行规划控制，严禁历史街区“大拆大建”，促进了城市历史文脉的延续。与此同时，注重维护公共利益，优化人居环境。市政府要求有关部门严格按照技术规范和相关规定，会同相关部门编制完善了重要地段的电力、电信、燃气、给排水等专项规划。规划编制力度为随州历史之最。

（二）严格规划审批，重点关注民生、体现民意

1.完善相关地方性管理规定

近年来，针对规划审批与管理中存在的薄弱环节和突出问题，市政府制定并出台了相关管理制度。一是针对居住小区存在的公用设施规划建设不到位的问题，出台了《关于进一步完善中心城区居住小区配套设施的通知》，对小区内的公用设施规划、开发、建设问题做出了详细具体的规定。二是为解决高层建筑影响无线电通信信号问题，维护空中电波秩序，出台了《关于加强全市高层建筑工程选址定点和无线电台站设置管理的通知》，就加强全市高层建筑工程选址定点和无线电台站设置管理工作提出了明确要求。三是为贯彻实施《城乡规划法》关于“规划条件核实”在建设项目竣工验收方面的作用，制定了《关于依法实施建设工程竣工规划条件核实工作的通知》。这些制度和规定，为实现城市规划建设审批与管理规范化提供了可操作性强的法规依据。

2.坚持专家评审制度

充分发挥规划委员会的作用，凡是重大、重点地段的规划，都按程序报请规划委员会会审。对不符合总规和科学要求的设计方案，均要求修改完善，然后分

级报批。

3.实行公开听证、公示制度

率先在全省范围内实施规划局长网上对话制度，对群众关心的问题，对于规划管理过程以及重大决策先问计于民，再专家决策，形成很好的公开听证制度。尤其是城市总体规划编制过程和神农公园改造过程，公开多渠道地进行公示和规划审批听证，社会反响强烈。提高了规划工作的透明度和公众参与度，确保了规划的严肃性和延续性。

4.简化审批程序

市政府印发了《关于规范规划报建行政许可及审批有关事项的通知》，对“一书两证”办理程序等进行了修改、完善，实行了“一同两变”，即《建设项目选址意见书》、《建设用地规划许可证》实行同期办理，变《规划设计任务书》、《规划设计条件》为一次性下达；变分散的、多层次现场踏勘为集中的、一次性踏勘，推行了网上报建、审批，工业项目规划“直通车”等一系列便民惠商举措，缩短了审批时限，提高了审批效率，受到了公众好评。

（三）强化规划监管，保证规划的有效实施

一是加强执法队伍建设。曾都区于今年4月决定拿出25个全额事业编组建城监大队；广水市组建了城市建设稽查大队，聘请义务监督员，建立起社区（村）、街道办事处、规划管理部门的三级立体检查监督网络；市规划局在开发区设立了规划办公室，各级监管网络的建立，为有效地遏制违法违章建设奠定了基础。

二是规范执法程序。针对市规划局为执法主体、市执法局为规划委托执法的特殊情况，建立健全了违法建设的“发现—立案—调查—取证—听证—处理—结案”等一整套程序和制度，基本做到对各类违法建设迅速立案、迅速查处、迅速处罚。两年来，两局共立案查处417件，无一起违反程序执法的现象，有一起还被市评为行政执法评查优秀案件。

三是加强批后监管。注重对规划管理全过程的监管，强化了建设项目批后放线、验线和竣工验收等管理工作，力争将违法违规建设消灭在萌芽状态。近年来，市规划局与市执法局对新开工项目放验线率达到100%，有7名执法人员因发现不及时、执法文书制作送达不规范等行为，受到调离岗位、待岗6个月的处理。

四是依法查处违法建设。各地注重维护城乡规划的严肃性，始终把规划执法工作摆在重要位置，发现问题及时处置。近年来，全市共组织较大规模强拆69次，拆除违章建筑118起，拆除面积1.1万平方米，有效控制违法建设工地620余处，申请人

民法院行政拘留2人。2008年年底成功爆破拆除聂某等的违法建设，开创了我市拆违的先河，起到了查处一起、教育一片、震慑一方的效果。

（四）疏堵结合，探索破解中心城区私房建设难题

中心城区私房建设一直是城市城中村扩张发展的主要原因，为了有效地规范引导市民建房行为，出台了以下措施：

一是加强政策引导。出台了《随州市城区个人住宅建设规划管理暂行办法》和《随州市城市规划区个人住宅建设规划管理实施细则》，实行分区管理，使城市规划区个人住宅规划管理有章可循、有据可依。市规划局组织专班深入地村（居）委会，召开私房建设规划宣讲会，向村组干部、村民代表宣讲有关政策规定，并现场解答基层干部群众提出的各种问题。

二是严格规划管理。规划、建设部门严格执行相关规定，有效遏制了个人违法抢建的态势，取得了较好效果。市规划局顶着巨大压力，一方面，对规划区内个人零星住宅建设坚决"说不"，对老城区除市政公益性设施建设、脏乱差地区改造外，停批了所有新建、改建项目，对私人危旧房改建，原则上也是"只拆不建"，实行异地规划安置，有效地控制了老城区建筑和人口密度；另一方面，急群众所急，想群众所想，完成了寨湾等21个村（居）民点规划，目前部分居民点已按规划实施建设，有效地解决了村（居）民建房难的问题。

（五）发挥规划职能作用，积极为经营城市和项目建设服务

规划部门根据城市总体规划及土地利用规划，及时提供用地咨询报告，科学界定用地性质、开发强度等，提高了土地收储成功率；对招拍挂的地块积极介入，及时提供规划设计条件，通过规划调控，涵养地差，提高土地收益率，为市政府经营城市服务；积极参与重大项目建设的前期论证、投资概算、效益分析等工作，为市委、市政府科学决策当好参谋助手。如城南新区碧桂园项目、多晶硅工业园规划选址与建设等重大项目，规划部门全力以赴地参与前期论证和服务工作，提出了许多有价值的意见或方案，取得明显效果。近两年来，先后完成文峰塔公园周边地区、擂鼓墩大道两侧、舜井冲等十余处地块用地咨询、规划设计条件及开发策划规划，筹集城市建设资金7亿多元。

（六）加大中心城区的基础设施改造配套投入

2008年，随州中心城市建设共投入资金24.3亿元，是建市以来投入最多、建设力度最大的一年。全年累计新增城市道路11.29公里，25万多平方米。为改善城市水体

质量，积极推进并完成污水处理厂以及配套设施建设。全年城区园林绿化总投资达6000多万元，新增绿地面积58.12万平方米；建设了编钟博物馆广场及其配套设施；建成了滨河风光带，形成了沿神农大道、临新白云湖水库的景观长廊，拉伸了城市空间格局，提升了城市品位；新建了解放路中段和西段、白云大坝东段、清河路东段、府河大桥南段以及政府广场北坡等10个小游园；续建改造了明珠广场、乐都旋风广场，建设了市标——鹿鹤；在东西护城河两岸植树种草，新增绿化面积近5万平方米，积极在全市范围内实施拆除单位围墙工作，使庭院绿化同公共绿地形成一体。

随州白云湖水库（2007年拍摄）

（七）重视城镇管理，注意城乡统筹问题的研究

紧紧围绕创建省级文明卫生城市、省“楚天杯”，强化集中整治，狠抓精细化管理，市容环境质量明显改善。一是重拳整治市容市貌。共取缔违规占道经营、流动叫卖3300家；规范早点夜市摊点1600余处；拆除私搭乱建、占道经营商亭292个、遮阳棚3226个；清除“牛皮癣”5.7万处，粉刷桥梁和污染严重的临街建筑立面5.4万平方米，同时实施源头控管，加强夜间巡查，从晚上10点至早上5点不间断巡查，发现制止并依法处理“牛皮癣”制造者13人，移送公安机关3人。拆除破旧招牌、单立柱广告牌919个，取缔、没收临街占道、流动广告牌5100块，确保公益广告达到20%以上。二是实行“门前四包”管理。按照属地管理的原则，层层签订了责任书，将任务、责任落实到人。三是全面完善市政设施。共维修破损道路7.35万平方米；完成了城区内河，尤其是东护城河及排水管网清淤；整修新建了垃圾中转站64座，维修和“旱改水”公厕54座，新投放果皮箱、垃圾桶1100多个；整修配套了大街小巷的路灯，实施了城市亮化工程；加大了公交设施投入，新增公交车辆28台，公交市民出行更加便利。

（八）重视开展城市规划宣传教育，营造了良好的社会氛围

2008年是《城乡规划法》颁布实施的第一年，规划、建设部门把学习宣传作为一项重要工作来抓。一是突击性宣传。1月1日是《城乡规划法》颁布实施日，市人大、市政府领导在报纸上发表了专门的纪念文章。各地都出动宣传车在城区和各乡镇进行了巡回宣传。全方位、多层次的宣传，为《城乡规划法》的实施奠定了坚实的群众基础。二是经常性宣传。每年4月为《城乡规划法》宣传月，专门印发了学习宣传活动的实施方案，各地也都印发了相关文件，建立了宣传贯彻的长效机制。今年宣传月期间，各地普遍在繁华地段举办了义务咨询台、利用规划展板及新闻媒体和网络，广泛宣传了规划办事程序、办事制度、规划法律法规和重大项目规划，解答了城市规划方面的热点、难点问题。三是专题讲座宣传。积极参加了省里举办的《城乡规划法》学习培训班。2007年随州利用美国规划专家、学者访随之机，连续组织了多起规划知识专题讲座；2008年4月市政府分管领导举办了随州城乡规划与文化随州专题报告会；同时，给区班子成员、区直部门和各镇办负责人作了专题辅导讲座。两年来，全市共举办各类专题宣传培训班十余期，培训人员达1000多人。通过宣传培训，普及了规划知识，营造了知法守法、依法行政、依法办事的规划管理氛围。

三、当前的困惑

（一）观念的更新是首要难题

很多干部的观念仍然停留在县城发展的思维上，不能从宏观考虑问题，极少数地方的领导干部没有把思想和认识真正统一到科学发展观上来，不能正确处理加强规划与保障发展的关系，有时把改善发展环境与加强规划对立起来，认为支持发展、招商引进项目就可以不依规划或者修改规划。

（二）城乡规划编制依然滞后

一是控制性详细规划覆盖率较低，除极少数地段有编制外，绝大多数地方为无控制性详细规划。按照《城乡规划法》的要求，没有控制性详细规划就不能进行规划行政许可，这就是说按照现状进行建设项目规划审批属于违法，但若等控制性详细规划编制完成后再审批，又将严重制约经济发展和城市建设，各级城乡规划主管部门陷于两难境地。二是各类专项规划（如“四线”规划、市政基础设施规划等）亟待新编或修订。目前有的乡镇小区道路、供水、电信等，往往是边建房、边规

划，有的甚至是先建房、后规划。

（三）城乡规划管理体制不顺

一是机构不健全。市、区（市）、乡（镇）城乡规划管理机构不健全，市规划局目前只负责城市规划区内的规划管理，广水市尚未设立规划局，乡镇规划管理基本为“三无”（无机构、无人员、无经费）。二是权责不明。市规划部门与建设、城管部门和开发区管委会，市规划部门与区（市）建设部门的职能、管理范围、运行程序衔接不够清晰，尤其是城区规划管理与规划执法，开发区、曾都区委托执法等问题比较突出，导致执法工作推诿扯皮的现象时有发生。三是投入不足。规划编制需要大量的人力财力，由于政府财力有限，导致在这方面的投入明显不足。

（四）私房建设矛盾突出

少数住户因暴雨和雪灾、子女分家、生活条件改善等原因，新建、改建、扩建住房需求迫切，形成巨大的私房建设压力，影响社会稳定；另外因私房管控出现大量上访，直接影响规划部门正常的办公秩序和规划管理人员的人身安全。2008年以来，市规划局接待私人建房上访高达900多人次。

（五）违法建设查处难

一是违法建设仍然存在。有极少数农户未批先建、有极少数地方在建设中随意变更规划，致使部分建筑物之间间距过窄。二是居民、业主规划意识淡薄。宗族观念、个人本位主义思想较重，千方百计逃避监管。三是暴力抗法。执法人员被违建户及村民谩骂、威胁、恐吓的现象时有发生。近年来，规划执法人员共有60余人次在强拆中受伤。今年3月，在东城风光村强拆时，执法车辆被村民砸坏；在南郊瓜园强拆时，多名执法人员被打伤，但违法者至今未得到应有处罚。四是执法人员紧缺。由于控制范围扩大，市执法局40名工作人员无法满足工作需要，影响了对违法建设行为的及时发现和制止。

瞄准“双星”城市　建设魅力汨罗

湖南省汨罗市市长 周金龙

（2009年10月）

汨罗市因汨罗江而得名，是湖南省东北部、洞庭湖东南岸的一个县级市，总面积1562平方公里，总人口65万，其中，建成区面积15平方公里，常住人口15万。汨罗历史悠久，文化厚重。春秋时为罗子古国，秦置罗县，唐并入湘阴，1966年从湘阴分置设县，1987年改县建市。晚年屈原在这里求索创作、忧国忧民，少年弼时在这里春诵夏读、立志报国，还走出了杨沫、白杨、康濯等文化名人，汨罗被誉为端午源头、龙舟故里。汨罗区位优越，交通便捷。地处“长株潭一小时经济圈”内，境内“七纵三横”的省道、国道、铁路、水路交织成网，四通八达。汨罗资源丰富，生态良好。作为湖南省消灭荒山第一市，森林覆盖率达41.8%，水资源和矿产资源丰富。汨罗民生殷实，社会和谐。率先进入湖南省小康县(市)行列，群众幸福指数不断提升。屈原端午龙舟文化走向世界，素质教育誉满三湘，荣获全国科技进步县（市）、全国计划生育优质服务先进县（市）等各种殊荣。

近年来，我们坚持以科学发展观为指导，深入实施湖南省委、省政府提出的“一化三基”战略，扎实推进民本岳阳九项工程，着力打响循环经济和屈原端午龙舟文化品牌，以新型城市化促进新型工业化、引领新农村建设，努力打造长株潭城市群卫星城、环洞庭湖经济圈明星城。

一、推进国家首批循环经济试点，提升城市竞争力

2005年10月，汨罗再生资源集散市场被批准为国家首批循环经济试点。2006年3月，“建设湖南汨罗等再生资源回收利用市场和加工示范基地”载入国家“十一五”规划纲要。我们紧紧抓住国家试点的契机，兴办再生资源产业园区，把壮大再生资源产业、发展循环经济作为促进科学发展、城市转型的重要抓手，精心培育资源节约、环境友好、效益多元的城市核心增长极。

（一）健全市场体系，推动资源集散网络化

依托中南再生资源市场，加快再生资源回收网、再生资源物流网、再生资源电子交易网建设，精心筹建集废品回收、综合利用、再生原料批发、现代物流、电子商务、科研开发等功能于一体的专业市场，构建面向全国、服务全国、吸纳全国、辐射全国的再生资源回收利用体系。目前，我市已发展回收公司146家、经营户4000余家，5100多个收购网点遍及全国除西藏、台湾以外的省、市、自治区，全国首家县级循环经济及再生资源综合信息平台——中南再生资源网正式运行，再生资源年回收交易量超过100万吨。

（二）夯实园区平台，推动资源利用集群化

五年来，投资7亿多元，建设汨罗循环经济工业园。8平方公里的核心区聚集加工企业198家，其中规模企业70家，形成再生铜、铝、塑、钢、纸五大加工体系。仅再生铜行业，就吸纳规模加工企业23家，年产能过20万吨，年产值过100亿元，成为纽约期货交易中心铜材价格的监控点之一。湘北铜业等6家企业进入湖南省有色金属行业60强，再生金属加工集群成为湖南省有色金属行业重点发展的八大集群之一。

（三）鼓励科技创新，推动企业发展高新化

设立1000万元的县域经济发展奖励基金，重奖科技创新的有功之臣。支持平桂制塑等龙头企业与高等院校合作，成立湖南省第一个再生资源经济与管理研究中心和湖南省第一个县级博士后流动协作研发中心，共同研发和推广再资源化系列技术。鼓励中天科技等龙头企业引进先进设备和工艺，引进科技含量高、附加值高、回报率高的项目，实现“蛙跳式”进步。

（四）引导诚信建设，推动行业管理规范化

运用开发性金融理论，组建“一会三公司”（再生资源行业信用协会、会计咨询公司、资产管理公司、信用担保公司），促进了行业规范发展、企业合法经营。成立银行信贷资金监管领导小组和银行贷款安全监督领导小组，监督“一会三公司”运作，确保贷款在行业企业内封闭运行。目前，“一会三公司”已吸纳会员350个，为企业融资5.4亿元，实现了企业的自律互律、共生共荣。

（五）加强环境保护，推动市域发展“两型”化

牢固树立循环经济理念，在节约资源的同时，从企业、园区、社会三个层面加强环境保护。在企业层面，从清洁生产、减量化消耗和零污染抓起，严格环保准入，严格执行环保“三同时”，严格控制“三废”排放。在园区层面，对回收和加工实行划行

规市，分类设区，从绿色企业、绿色工艺、绿色园区、绿色管理抓起，着力解决场外交易、露天作业等现象。在社会层面，坚持环保设施先行，建成覆盖全城的排污管网和一期处理能力达2.5万吨的污水处理厂，扩建城市垃圾消纳场。推进绿色消费，建设绿色家园。

2008年，在再生资源产业的强力引领下，我市GDP突破100亿元，财政总收入突破8亿元，市域经济基本竞争力与科学发展水平名列中部百强第70位，综合实力稳居全省强县行列。随着试点的推进、产业的发展，城市扩张面积6平方公里，城市新增人口5万，创业汨罗、财富汨罗风生水起。

二、打响屈原端午龙舟文化品牌，提升城市软实力

我们始终坚持打响“文化圣地、端午源头、龙舟故里”的核心品牌，培育城市的个性、气度、神韵，以差异化、品牌化城市竞争战略提升城市软实力。

（一）激活地域文化创造

始终坚持历史尺度与价值尺度的统一、民族精神与时代特征的统一，在挖掘与整合中夯实屈原端午龙舟文化内涵。组织抢救与屈原端午龙舟文化有关的历史档案，将端午粽子、龙舟竞渡、祭屈仪式等民风民俗整合为具有鲜明特色的“汨罗江畔端午习俗”，成功获批国家首批非物质文化遗产。9月30日，“汨罗江畔端午习俗”与湖北秭归县的“屈原故里端午习俗”、黄石市的“西塞龙舟会”和江苏苏州市的“苏州端午习俗”，联合打包成“中国端午节”，被联合国教科文组织批准为世界非物质文化遗产。始终坚持政府主导与市场运作相结合、文化研究与文化创作相结合，在保护与弘扬中丰富屈原端午龙舟文化内容。成立屈原文化研究会、屈原书画院，邀请文化名流设坛开讲，创作具有汨罗原生态文化特色的花鼓剧《端午龙舟调》，精彩演绎了汨罗江畔的民俗风情、文化特质，不断增进“北有孔圣庙，南有屈子祠”的文化共识。始终坚持传统文化与现代文化相融合、人文景观与自然景观相辉映，突出文化设施与文化活动相促进。依托汨罗江自然生态环境，以端午文化园建设为核心，抢修春秋战国遗址，重建屈原书院，营建中国屈原博物馆。一个集龙舟竞渡、艺术欣赏、民俗文化、旅游休闲于一体，具楚韵湘风特色的滨江新区正在形成。

（二）发展多元文化产业

逐步培育一批影视、娱乐、博览、传媒、印刷、广告、设计、咨询等经营性文化产业。初步形成了一批以屈原铁画、龙舟制造、大地广告、蓝墨水文化传播公司

为代表的文化产业主体。以舟为媒，市场运作，推动文化与商贸、旅游融合。2005年以来，我市已连续成功举办五届汨罗江国际龙舟节，顺利实施北京奥运圣火传递，组织开展文化寻根游、自驾车游，增设疯狂龙舟、龙舟拓展训练基地，将龙舟竞渡打造成全民参与的文化娱乐节会。以舟会友，以节招商，每年举办的龙舟节招商活动，每次签约项目的到位资金都在1亿元以上。

（三）维护和谐文化生态

把振兴屈原端午龙舟文化与创建文明城市、优秀旅游城市结合起来，持续开展"五大主题活动、三大创建行动"，建设和谐汨罗、文明汨罗。五大主题活动：一是在广大党员干部中开展以科学发展观为主题的学习教育活动，二是在全市开展"讲文明、守法规、求发展、爱汨罗"主题教育活动，三是开展"珍爱亲情、珍爱家庭、珍爱儿童"主题教育活动，四是在青少年中开展"学法律、学文化、学做人"主题教育活动，五是在企业中开展"爱汨罗、爱企业、爱岗位"主题教育活动。三大创建行动：一是以"人际关系和谐、居住环境优美、社区秩序安宁、文化活动丰富"为主要标准的文明社区创建，二是以"为民、务实、高效、清廉"为主要标准的文明机关创建，三是以"遵纪守法、家庭和睦、移风易俗、勤奋敬业"为主要标准的文明家庭创建。文明汨罗，有口皆碑。

三、对接长株潭城市群一体化，提升城市承载力

顺应区域经济一体化趋势，以跻身湖南省14个优先发展的中等城市和长株潭"两型"社会试验区政策核心区为契机，积极融入长株潭城市群，提升城乡发展水平。

（一）构建融城通乡的大交通

构筑"七纵五横"的立体交通网络，一端打通对接长株潭的城际交通网，一端联系沟通各乡镇的市内综合交通网，实现交通的市内外大循环。"七纵"：一是市域东部紧邻的京珠高速公路，二是市域东部的107国道，三是武广高速铁路，四是京广铁路，五是201省道，六是京珠高速复线，七是2000吨级常年航运港口营田港所依的湘江水系，形成水陆畅通、无缝对接长沙的城际交通干线网。"五横"：一是市域南部连通京珠高速和201省道的南干线，二是市域北部连通京珠高速和201省道的北干线，三是连通107国道、武广高速铁路汨罗站、201省道的城区南环线，四是连通京珠高速复线，横贯汨罗以北地区的北环线，五是作为城区主干道的308省道，加上已硬化的1700公里通乡通村公路，构成了网格式、无障碍的市域交通网。

（二）完善便民利民的大市政

开展BT、BOT、BOD融资，集中财力办大事，每年强力推进几项打基础、利民生的市政工程。近两年，先后投入城建资金8亿元，实施四大工程。一是供电工程。启动“电力三年行动计划”，建设8个110千伏以上变电站，建成覆盖全城的供电网。二是天然气工程。推进天然气入市工程，逐步实现向工业园区和商贸区住户供气。三是街道改造工程。全面改造了城区主干街道，分步硬化了城区的背街小巷。四是美化工程。加强环卫建设，强化“门前三包”，城市实现24小时保洁。拆墙见绿、退硬还绿、见缝插绿、拓荒造绿，城市绿化覆盖率持续提高。实施“光亮”行动，城市路灯亮灯率保持在98%以上。连续四年来，我市夺得湖南省甲类卫生城市县级市第一名。

（三）培育联乡入市的大集镇

实施以城带乡战略，发挥集镇的节点支撑作用，统筹城乡发展。一是规划先行。以全市城镇总体规划为指导，把集镇和村庄建设纳入城乡整体规划体系。全市31个集镇完成规划，387个行政村启动村庄规划编制，统筹了城、镇、村的协调发展。二是集镇支撑。将全市分为四个片区，每个片区根据产业强弱、文化底蕴、人口规模，重点发展一个集镇，打造城市“次中心”，强化节点支撑能力。我市长乐镇是古岳阳治所，有千年历史，安防设备和甜酒制造业全省有名。我们在资金、规划、产业等方面大力支持，合力将千年古镇建设成国家级重点中心镇、湖南省特色旅游名镇。三是新村跟进。实施水利、林业“三年行动计划”，引导群众投资投劳，建设新农村。组织“清洁家园行动”，大面推行改水、改厨、改厕。实施“清洁能源行动”，三年兴建沼气池1.5万口。以试点村为龙头，加强给排水、垃圾处理、安全饮水、教育文化等公共设施建设，城乡一体化进程不断加快。

华南地区

树立科学发展观　推进城市化建设

广东省兴宁市市长 陈略宇

（2009年10月）

兴宁市地处粤东北地区，全市总面积2105平方公里，总人口114万，下辖17个镇、3个街道办事处。兴宁历史悠久，人文底蕴深厚，是一座充满魅力和希望的新兴城市。

近年来，兴宁市委、市政府坚持以“三个代表”重要思想为指导，认真贯彻落实科学发展观，坚持以人为本，按照高起点规划、多元化集资、高标准建设、高效能管理的工作思路，采取积极措施，加大城市建设投入，致力于改善人居环境，取得了良好的成效。至2008年年底，全市规划控制区面积达114平方公里，中心城区规划面积达30平方公里，建成区面积达16.5平方公里，城市人均绿化面积7.95平方米。我们主要做了如下工作。

一、树立超前意识，高起点地搞好城市规划

在城市规划中，我们严格按照《城市规划法》的规定，坚持一张蓝图画到底，做到“规划一张图、审批一支笔”，不断加强对规划的动态管理，加大对违章建筑的跟踪查处力度，维护规划的严肃性和权威性。

一是抓好城区总体规划的调整。我市城区总体规划是1996年修编的，2000年进行了调整。随着社会经济的发展和被列为省城镇化试点，为使城市规划更加完善，更好地凸显科学发展观，2004年6月组织召开了城镇化试点工作方案专家咨询会，邀请省建设厅领导和院校专家教授到我市调研、考察；在此基础上，聘请省专家修编了新一轮城区建设总体规划，制定出《兴宁市城镇化试点方案》，提出了推进城镇化的指导思想、发展目标、政策措施等，并把兴宁由经济欠发达山区市提升定位为次沿海城市，明确提出至2010年，城市建成面积达到20平方公里，城区常住人口达

到30万人，全市GDP力争达到95亿元，人均GDP达到9100元，全市城镇化水平达到50%。把兴宁建设成蓝天碧水、空气清新、生态优美、适宜创业、适宜居住的美好城市。

为加快城市总体规划的实施，我们于2004年调整了行政区划，将原来29个乡镇整合为17个，设立了3个街道办事处。充分把握政策，将闲置土地、利用效率不高的土地收回或收购，纳入土地储备库，作为城镇建设用地，按规划有序供给，以地生财，促进了产业、人口的聚集。兴城建设按照“东文体、西工业、北商贸、南行政住宅”的总体布局良性发展。

二是抓好小城镇体系规划的修编。在抓好城市规划建设的同时，我们根据中央关于“发展小城镇是带动农村经济和社会发展大战略”的决策，按省“布局合理化、规划科学化、环境净美化、功能多样化、城乡一体化”的要求和我市制定的关于“加快新型工业化、农业产业化、城市步伐化”的决策，抓紧编制小城镇体系规划和中心镇规划工作。对全市27个建制镇圩镇的规划重新进行调整，充分发挥中心镇、重点镇的辐射带动作用，促进城乡一体化进程。目前，罗浮、坭陂、水口3个中心镇总体规划的修编工作已经完成，其余各镇总规修编工作正全面推进。

三是抓好住宅小区的规划选址。住宅环境与城市环境紧密相连，在规划过程中，我们把两者统一起来抓，既在提高住宅小区的环境质量上努力，更在改善城市整个居住大环境上下工夫。坚持“统一规划、合理布局、综合开发、配套建设”的原则，采取措施，使土地资源从低效率利用向高效率利用转变，制定了“三统一、一控制”的政策。即“统一征地、统一规划、统一建设，严格控制零星建设”，把住宅建设引向组团式的小区开发。具体为三条：第一条是抓住宅小区的规划选址，把住宅小区建设融进城市建设的总体布局中去。坚持集思广益，广泛征求各方意见，发挥集体智慧，按城市功能区的划分，合理进行住宅选址，科学制定小区规划，严格把好建筑间距、建筑密度和容积率等技术指标关，一经确定，任何开发商和土地权属者都必须服从，不能各行其道。第二条是抓国土管理。要求建设、国土等管理部门，按依法制定的城市土地利用总体规划，依照“工业进园、住宅进区”的规定，坚决禁止划地给私人建单家独院住房，从土地的源头上堵住住宅零星建设。第三条是过去零星转让给私人的建房用地，政府引导开发商购回，再集中成片搞住宅小区开发。促进了住宅建设向规模化、组团式方向发展。

二、建立多元投资机制，加快城市化发展步伐

在城市综合开发、配套建设中，资金是关键。我市作为一个山区欠发达市，财政十分困难。为解决好城市建设资金问题，我们经过多年的探索实践，采取“利用民资、发动捐资、吸引外资、用好国资”的方法筹集城市建设资金，收到了明显的成效。

一是树立经营城市理念，加快市政基础设施建设。市委、市政府积极拓宽资金投入渠道，盘活市政设施等各类资产，把一批有效益、有回报的市政建设项目推向市场，变财政投入为融资经营，变政府包建为社会共建。对城市无形资源资本化，如广场、艺术中心、活动中心、水闸、道路、桥梁、空间广告的冠名权和特种行业的经营权等，既重视公益性，又不忽视经济性，赋予资本属性，由海内外乡贤捐资冠名，通过拍卖、出售、租赁等把低效运作的市政公用设施的使用权推向市场。几年来，以冠名权、经营权等形式，共吸引社会资金2亿多元， 建成了明珠文化广场、明珠体育公园、胜标文化艺术中心、胜标青少年活动中心、明星公园、凤英绿色休闲长廊、旺兴水闸、海燕大桥等一批城市公共设施；同时，还先后铺筑、改造了混凝土街道36公里，人行道20公里，新砌排水沟28公里，新装路灯26.5公里，新增绿地面积15.3万平方米。这些市政基础设施和市公共设施的建成，不仅提高了城市品位，更主要的是改善了我市的投资经营环境，为我市的可持续发展奠定了基础、增强了后劲。

二是坚持建设与改造相结合，促进新老城区同步发展。以新城建设带动旧城改造，以旧城改造促进新城建设，是我们推进城市建设的一大举措。在新城建设方面，我们按“三统一、一控制”的原则，大力推广引导规模化、组团式住宅小区建设。对土地等城市建设有形资源实行公开招标拍卖，盘活土地资本，以地生财。政府除了个别大型公共设施外，基本不投资，重点是出台一系列优惠政策，为投资者创造宽松环境，从而吸引了众多家海内外开发商前来竞争投资，参与我市城市建设。2003年以来，全市住宅小区建设共投资14多亿元，建筑面积110万平方米，城市人均居住面积由为1994年设市前的5.26平方米增加到现在的18平方米。得到了广东省建设厅的充分肯定和高度评价，并在全省推广了我市的做法。

老城改造方面，我们按照“统一规划、成片改造、配套建设”的要求，采取政府“搭台”，企业“唱戏”的形式，采用“以路带改”和“货币还迁”的办法提升土地价值，让开发商做好“路”字文章，使道路改造与房地产开发有机结合起来。对拥挤破旧的老商业区和城中村进行改造。几年来共投资4.2亿元，拆迁旧房20多万平方米；同时还完成了宁江河堤一、二、三期改造工程，做到扩宽道路、优化景观与改善市政公用设施建设相结合，实现改造一区、成功一区。通过新老城的建设与改造，兴城面貌有了较大改观，特别是老城区的交通状况得到了较大的改善。

三是以城带镇，加快村镇建设步伐。在抓村镇建设中，我们主要抓好“三个结合”。第一是把完善服务城镇、发展农村市场体系和产业化经营与城镇发展结合起来，形成城乡优势互补。第二是以中心镇建设为重点与区域经济发展相结合，以中心镇的辐射带动作用，加快镇村建设步伐。第三是把“双转移”与村镇建设相结合，实现农民向城镇集中、耕地向种田能手集中、工业向工业园区集中，收到了良好效果。至2008年，全市建成省、市专业镇6个，培育农业龙头企业43个，输出农村富余劳动力22.1万人；市区通各镇公路和各圩镇街道、行政村公路已全部实现水泥硬底化，圩镇用上了自来水，建成区安装了路灯，兴建了垃圾填埋场及一批学校、医院、市场、银行、邮政、电信、广播电视等公共设施，圩容镇貌得到了较大改观，城镇化速度不断加快。

三、坚持依法治建，加强城市管理

坚持建管并重的原则，做好城市管理工作，巩固城乡建设成果。首先是加强政策法规的宣传和社会公德意识教育，充分利用广播、电视、报刊等媒体，大力宣传《城市规划法》和《公民道德实施纲要》，提高广大市民执行城建法规的自觉性和公德意识，维护公共形象、爱护公共设施已逐渐成为市民的自觉行为；其次是加强城建执法队伍建设，内强素质，外树形象，不断提高城市管理水平；最后是加大实施规划的督查力度，坚决落实规划的“一书三证”制度，严格按“一街一景、一路一树”的城市景观设计要求，控制临街建筑物的立面设计，追求完美的整体效果；同时，抓好市容市貌整治，加大城市综合治理力度，在城区内实行机动车辆禁鸣、禁止销售燃放烟花爆竹，着力解决脏、乱、差问题，不断提高美化、绿化、净化、亮化水平，确保一方稳定和繁荣。

1.党政重视，部门联动，是城市建设快速发展的前提

兴宁历届市委、市政府高度重视城市规划建设管理工作，把城市规划建设管理纳入党政重要议事日程，重大规划、重大项目报请市人大常委会讨论，形成决议，赋予法律效力，一届接着一届干，确保城市规划建设管理的严肃性和延续性。

2.政策扶持，激活民资，是加快城镇化进程的关键

我市是一个山区欠发达市，为改变市政建设步子慢、基础设施底子差的状况，市委、市政府解放思想，打破束缚，坚持以政府投入为导向、社会集资和引进资金为主体、城市综合开发和土地有偿使用为重点、公用设施有偿服务为补充融资渠道，加快经营城市步伐。在制定政策、行政收费、基础设施等方面营造宽松环境，让投资者“进得来、站得稳、富得起”，达到政府与投资者“双赢”的结果。如建设明珠文化广场，市委、市政府在供水、供电、土地使用等方面出台了一系列的优惠政策，并拿出600多万元进行先期工程建设，用这些办法吸引了2000多万元社会资金，从而顺利地完成了广场建设工程。在旧城改造和宁江东堤建设方面，采取“以路带改”和“堤路结合”的方式，在政府较少投资的情况下，促进社会资金改造旧城和宁江东堤，从而加快了旧城的改造步伐。

3.转变职能，依法行政，是提高城市建设效率的重要途径

我市城市建设部门进一步转变工作职能，增强服务观念，在建筑工程招投标方面实行“阳光作业”，加大透明度，杜绝暗箱操作，严把建筑市场准入关，建立并完善行业自律、群众监督等社会监督体系，从源头上遏制了腐败行为的发生，提高了办事效率，保证了建筑工程质量。

近年来，我市的城市规划建设工作在上级的正确领导下，取得了一定的成绩，人民群众实实在在地感受到楼变多了、路变宽了、水变清了、景变美了，城市功能变齐了，住宅环境变优了。但由于我市是经济欠发达地区，推进城市化进程才刚刚起步，面临不少困难和问题。我们将在接下来的工作实践中，不断学习外地先进经验和做法，以他山之石，攻己之玉，努力把兴宁建设成工业发达、商业繁荣、文化昌盛、环境优美的现代化城市。

发挥城市规划的引导作用　推动边境新城建设

广西壮族自治区崇左市副市长 汪夏明

（2009年5月）

崇左市地处祖国南疆，位于广西西南部。为了实现广西生产力的合理布局，2002年12月23日，国务院批准撤销南宁地区，在原崇左县设立新地级崇左市，崇左市管理五县一区，代管一市，总面积1.73万平方公里，总人口233万，其中壮族人口占总人口的88.3%，是壮族人口最集中的地级市。崇左市是红八军的故乡，1930年2月，邓小平同志在这里组织和领导了震惊中外的龙州起义，创建了中国工农红军第八军和著名的左江革命根据地。崇左市区位优越，有四个县与越南接壤，边境线长533公里，有多个国家一类、二类口岸和边民互市贸易点，是中国通往东盟的门户和最便捷的陆路大通道，是广西北部湾经济区的重要成员。崇左市资源丰富，被誉为中国的“糖都”和“锰都”，崇左市风光秀丽，旅游资源丰富，主要旅游景点有亚洲第一大跨国瀑布——德天瀑布、代表壮族先祖古骆越文化的宁明花山岩画群、中国九大名关之一的凭祥友谊关等。建市以来，崇左市社会各项事业不断发展，全市综合实力进一步提升。2008年，全市地区生产总值完成264.8亿元，财政收入完成32.07亿元，城镇居民人均可支配收入12732元，农民人均纯收入3754元。

一、城市建设，规划先行，城市基础设施优先

崇左是一座年轻的城市，具有很强的可塑性，科学制定城市总体规划是城市建设和发展的关键。根据崇左的社会经济情况和自然条件，分析发展机遇，寻求发展出路，将城市定位为：“中国－东盟自由贸易区陆路通道上以亚热带农业、边境工业、商贸、旅游、体现壮族文化和山水园林特色的桂西南区域中心城市，最终建设成面向东盟开放合作的区域性新兴城市。”

为进一步控制、引导城市建设发展，充分发挥新建城市的优势，突出体现城市

规划作为保证城市合理进行建设的前提和前导作用，我们及时对近期需要建设的区域编制了控制性详细规划，控制城区建设用地面积达2701.33公顷。

在城市总体规划和控制性详细规划的指导下，提出“一年起步，两年打基础，三年初见成效，六年见新城”的工作思路，城市建设形成“跳出旧城、发展新城”的格局。自建市以来，市委、市政府在中心城区安排建设项目92项，投入40多亿元推进城区道路交通、水电市政基础设施、公共配套服务设施等重点工程建设，先后完成了新城区路网、行政中心、市政广场、搬迁单位办公楼、大学新校区、一批居住小区、水厂、职业技术学校、医院等城市基础设施建设。随着水厂、污水处理厂、垃圾填埋场等建成投入使用，崇左市人居环境水平不断提高，一座充满生机和活力的崭新城市初步形成。

二、强化生态建设意识，精心打造生态园林城市

在崇左的城市规划管理过程中，始终以加强城市生态环境建设，创造良好的人居环境为出发点，以促进城市可持续发展为中心，按照统一规划、因地制宜、讲求实效的原则，高标准、高质量地全面建设生态园林城市，努力建成总量适宜、分布合理、植物多样、景观优美的城市生态绿化系统。

（一）创新思维，始终贯穿生态理念

在城市规划管理中坚持用地集约和节约的原则，合理开发利用土地资源，提倡多建节能省地环保型的项目。通过规划指标的控制，区别对待不同类型的建设项目，做到有保有压，不断调整和优化用地结构，积极开发盘活存量土地，优化提高了土地的利用水平。

在居住区的规划设计中，对土地开发强度设置了合理的控制范围，有的小区采用了组团式结构、人车分流的设计理念，优化平面、空间布局，形成宜居的环境，达到了建筑与环境、人与环境的和谐统一。

（二）统筹兼顾，实现建筑特色与地理环境相融合

崇左市地处喀斯特地貌，在单体建筑中，如何使建筑风格既体现本地特色，又能与周边环境相协调，是城市建设成败与否的关键。

崇左市行政中心在规划设计时，既考虑到崇左市的城市定位，又合理利用地理结构，使之与地形地貌相融洽，形成“山体（龙峡山）——建筑（行政中心）——平台（市政广场）——水面（湖景工程）——小品（文化长廊）”的景观轴线，整

个建筑体现了办公建筑的庄重大气而又不失南方建筑精致典雅和周边环境浑然一体的风格，建成后受到了市民与专家的广泛好评。

（三）合理布局，实现新建城市的可持续发展

首先做到城市空间布局与环境保护规划相结合。规划合理的城市空间布局，采用集中布局、绿地分隔、以线带面的形式，有效地解决了旧城区与城南新区间的交通组织、工业污染与居住环境之间的关系，也达到了土地的最佳有效利用。将崇左市工业项目集中到城市工业园区进行建设，以天然山体作为绿地隔离带，避免了工业发展对城市居住可能造成的环境影响问题。

其次合理控制城市主色调，实现城市建设与自然环境的和谐。按照城市定位，结合当地气候炎热的特点，规划确定了城市建设的主色调以及建筑风格风貌特色。在行政许可审批的建设项目中，都是围绕浅暖色（阳光色调）进行控制，避免大红大紫等过于突出个性的颜色，通过浅色调的共性色彩控制，结合建筑与周边自然环境、城市总体空间的联系，确定各建筑外形色调，形成视觉效果上的建筑与环境的和谐统一。

（四）有序安排，以山水园林城市为目标推进城市绿化体系建设

崇左市地处喀斯特地貌，左江河、山体等自然景观把城市形成组团式结构。在城市建设中，我们注意利用这种自然优势，结合本地的气候特点和地形地貌，注重山体绿化的植物结构搭配，在城市中心建成了占地7平方公里的省级森林公园。在开发和利用穿城而过的左江河方面，我们确定了沿江两岸80米建筑后退红线，有效地保护了沿江的植被和自然景观，通过精心保护和合理开发，使左江河在省内外享有了“北有漓江、南有左江”的美誉。从而在崇左市形成了以城区山地绿化为主体，以道路、河流为骨架，以庭院绿化为点缀的全方位生态绿化体系。这两年来我市共投入资金5316万元对城区进行美化绿化，城区绿化覆盖面积628万平方米，绿化覆盖率37.38%；绿地面积516万平方米，绿地率35.59%。形成了具有本地特色的绿化景观轴线。通过结合对建筑体量的严格要求，做到了“显山露水”，体现了“一街一景观”的园林城市特色，使绿化体系在城市总体中占据主要地位。

三、突出地方特色，着力打造具有浓厚壮族文化特色的边境新城

崇左市是一座以壮族为主体的民族城市，其壮族文化历史悠久而灿烂。宁明花

山壁画及壮族天琴等一批民族文化引起了国内外的广泛关注。建市以来，崇左市始终把建设壮族文化特色的区域中心城市作为城市建设的目标，坚持了“特色立城、特色建城、特色兴城”，加大了壮族文化资源的开发力度。

（一）在城市规划建设中，结合了崇左的历史文化和风土人情，宏观把握好规划建设，统揽好历史文化的挖掘和城市标志建筑的建设。根据崇左的地方特色，融合了如花山壁画、吊脚楼、绣球、壮锦等元素，在建筑物中适当体现壮族文化。如崇左市壮族博物馆，正立面通过透雕的艺术手法体现花山壁画图案，整座建筑美观、大方，既有现代气息又有民族特色。

（二）全力抢救民俗文化，大力发展民族文化产业。以天琴女子演唱组合成功打造为契机，以花山崖壁画为品牌，全力挖掘崇左市独特的民族文化、展现民族文化特色、打造民族文化品牌。

（三）加强考古研究，深入挖掘民族特色文化内涵。从花山崖壁画、壮族天琴、崖棺葬文化、恐龙文化入手，组织力量，进行深入研究，向世人介绍崇左市厚重的人文资源及悠久的民族文化，让更多的人了解崇左、走进边关，为崇左树立一个美好的形象，为崇左开辟一个良好的投资环境。

（四）发展文化旅游，促进经济社会发展。崇左市有着得天独厚的民族历史文化资源，文化底蕴非常丰富，古代是骆越民族狩猎、耕耘、栖息繁衍之地。崇左的民俗文化古朴、神秘、绚丽多彩，悠久的历史以及独特的地理环境使得各个县市有着浓郁的民俗习惯以及鲜明的“人文风貌”。现在的崇左市正构建南国边关旅游名城，打造以边境跨国瀑布——德天瀑布为龙头，崇左白头叶猴生态公园、龙州红八军纪念馆、宁明花山壁画、友谊关出境越南东盟游等配套相连的边关旅游框架，把崇左建设成生态环境优美、旅游种类齐全、民族风情浓郁、服务设施完善、相关产业发达的南国边关旅游名城。

四、面向东盟，着力打造沟通中国—东盟通道上的边境新城

2007年1月，广西与越南谅山的商务部门共同签署了《中国广西壮族自治区与越南谅山省建立中越边境跨境经济合作区合作备忘录》，提出在双方接壤地区各划出8.5平方公里共同建设中越跨境经济合作区的设想。2008年12月19日，广西崇左市凭祥综合保税区经国务院正式批准设立。

按规划，保税区一期工程将于2010年6月封关运行，实施海关二线监管，封闭运作，其功能定位为国际贸易、保税加工和保税物流等，具有对外开放口岸、保税

物流、保税出口加工、国际贸易、国际中转、国际配送，国内外采购、分销和配送等。

凭祥综合保税区是广西北部湾经济区保税物流体系的核心组成部分，作为我国目前在陆地边境线上设立的唯一综合保税区和开放层次最高、政策最优惠、功能最齐全的海关特殊监管区，广西凭祥综合保税区的建设，增强广西北部湾经济区在国际区域经济合作中的吸引力、凝聚力和影响力，促进广西乃至大西南地区对外开放，推进南宁—新加坡经济走廊建设和泛北部湾经济合作。

五、统筹规划，兼顾各方利益

城市建设的核心是以人为本，城市规划实施的关键是要处理好眼前利益与长远利益、局部利益与整体利益的矛盾。我们在城市建设中，注重通过规划手段协调各方的利益，实现社会的和谐、可持续发展。我们推行了公众参与机制，使公众的利益得以体现。我市成立了崇左市城市规划建设委员会，主任、副主任由市委、市政府主要领导和分管领导担任，成员由政府有关组成部门和各方面的专家组成，凡涉及区域内重大项目的规划选址和建设事项等问题，必须提请规划建设委员会集体研究、集体决策。在城市规划实施上，我们坚持以显山露水的山水园林城市为指导；在城市建筑高度的控制宏观上，我们注意处理好与城市的自然条件、地理特征以及建筑文化特色的关系；从微观上，处理好城市景观轴线、视线走廊、地块的特征空间层次、建筑体量与尺度的关系。各建设单位、房地产开发项目等都严格按照经专家集体论证后的技术规定确定的要求进行建设，有效地协调解决了城市建设中公共利益与个人利益间的关系，促进了城市的和谐、可持续发展。经过几年来的集中投入与建设，我市中心城市基本框架已经拉开，一座崭新的国门城市形象初步展现，生态、宜居、面向东盟开放合作的区域性新兴城市正在形成。

城乡规划引领下的山水特色城市营建

广西壮族自治区桂林市市长 李志刚

（2009年3月）

摘要

本文结合科学发展观学习实践活动和《城乡规划法》的实施，通过梳理桂林城市规划和建设的实践，阐述了桂林从把握山水城市和历史文化名城的特性出发，以城乡规划引领城乡建设和发展，重点通过推进新区建设、疏解提升老城、推进特色城镇建设，实现科学发展、和谐发展、跨越发展，打造现代化山水特色城市和旅游宜居名城。

关键词

城乡规划；桂林城建；特色城市

在我国快速城市化的背景下，2008年1月1日实施了《城乡规划法》，以《城市规划法》的实践为基础，从规划的公共政策属性出发，将规划制定、实施和监督的全过程纳入法律规制，全面指导和规范城乡规划和建设活动，这对于落实科学发展观、统筹城乡发展、建立统筹协调的城乡规划体系、保护自然资源和历史文化遗产，保护和改善人居环境及促进经济社会全面协调发展具有现实和长远的重要意义。本文结合当前科学发展观的学习实践活动和《城乡规划法》的实施，谈谈桂林在探索建设山水特色城市、打造旅游宜居名城的工作实践。

一、“桂林是一颗明珠”

桂林位于广西壮族自治区东北部，是中国著名的风景游览城市和历史文化名城，享有桂林山水甲天下之美誉。桂林是广西乃至岭南最早出现的县治城镇，公元前221年置零陵县，属长沙郡；1840年以后，桂林市行政建制和城镇体系格局未发生大的变化；1949年桂林解放，为广西省会；1950年广西省会由桂林迁往南宁；1958年改称为广西壮族自治区桂林市；1998年经国务院批复，桂林市与桂林地区合并成立新的桂林市，辖秀峰、象山、叠彩、七星、雁山5城区和阳朔、临桂、灵川、全州、兴安、永福、灌阳、龙胜、资源、平乐、荔浦、恭城12个县；截至2008年，桂林市域人口508万，其中市区人口75.93万，共有145个乡镇（其中建制镇64个、集镇81个）、1694个行政村、17483个自然村，市域面积27623平方公里（其中市区565平方公里）。

桂林位于广西东北部，地处亚热带，气候温和，年平均气温在19℃左右，属岩溶地貌。据地质研究，在3亿多年前，桂林原是一片汪洋大海。由于地壳运动，海沉积的石灰岩上升为陆地，后经风化和溶蚀，终于形成了神姿仙态的峰林、幽深瑰丽的溶洞和神秘莫测的地下河。这些特殊的地貌与景象万千的漓江及其周围美丽迷人的田园风光融为一体，形成了独具一格、驰名中外的“山清、水秀、洞奇、石美”的“桂林山水”，并有了“桂林山水甲天下”的美誉。

桂林有汉、瑶、壮、苗、侗、仫佬、毛南、回、京、彝、水、满、土家13个主要民族，另有28个其他少数民族。其中，汉族人口占84.4%；少数民族人口占15.6%。秀丽的山水与浓郁的民俗风情相结合，使原已妩媚的山水更有了几分生动；也使淳厚的民俗风情增添了几分清丽和脱尘。

桂林具有光辉灿烂的历史文化，其中有以甑皮岩为代表的史前历史文化，以灵渠为代表的秦代水利文化，以靖江王墓、王府为代表的宏伟壮观的明藩王文化，以摩崖石刻和山水诗词为代表的异彩纷呈的山水文化。桂林市现有国家、自治区、市级重点文物保护单位118处，历代文人墨客赞美桂林山水的诗赋和佛教造像遍布山壁岩洞，其中以“桂海碑林”、“西山摩崖石刻”等最为著名。

桂林市是举世闻名的国际性风景旅游城市，又是国家级历史文化名城，它以其历史文化环境与山水景观环境相依存的历史文化特色而享誉海内外，源远流长、层次分明的古代文化，脍炙人口、千古传颂的山水文化和名家辈出、绚丽多姿的乡土文化以及波澜壮阔、彪炳史册的抗战文化，共同构成了桂林独一无二的城市特色。桂林的城市建设在城市总体规划的指导下，经过几代人持之以恒的努力，自然山水景观得到很好的保护，以古代城池文化、藩王文化、史前文化、抗战文化、水利文化等为核心的历史文化得以保护和传承，城市建设与自然山水相互映衬、有机融

合，形成了独特的城市风貌。桂林市先后荣获“国家园林城市”、“国家卫生城市”、“国家环保模范城市”、“全国绿化模范城市”、“中国最佳魅力城市”、“中国最佳旅游城市”等称号，被胡锦涛总书记誉为“一颗明珠”。

二、规划先行，引领城乡可持续发展

桂林作为享誉海内外的国际性风景旅游城市和国家历史文化名城，其特色鲜明的城市性质和“城在景中、景在城中、城景交融”的城市风貌，在我国并不多见。这就决定了桂林的城市规划和建设不能简单地复制大城市的一般做法，必须按山水城市的“特性”来规划，如何在保护好风景名胜和历史文化名城的前提下，实现科学发展、和谐发展、跨越发展；如何在城市发展中，更好地保护风景名胜和历史文化名城，创造城市内在美与外在美、内容和形式和谐统一的特色城市形象，提高城市的综合承载力和竞争力，增强城市发展的后劲，始终是桂林市历届党委政府工作的着眼点。

（一）“总体规划”掌控城市发展空间格局

长期以来，桂林的城乡规划和建设都一直得到各方面的高度重视，早在20世纪50年代末期，中央建筑工程部（住房和城乡建设部前身）下属的城市设计院和建筑科学研究院就派出专家来桂林编制了《桂林规划（方案）》，是当时全国为数不多开展城市总体规划编制的城市；改革开放后，作为地级市的桂林被国务院列为其审批“城市总体规划”的重点城市；2006年，桂林被作为建设部派驻“规划督察员”的全国第一批六个试点城市之一。

1985年国务院批准实施《桂林市城市总体规划（1985—2000年）》，明确将桂林市的城市性质定为“我国重要的风景旅游城市和历史文化名城”；2003年批准的《桂林市城市总体规划（2001—2010年）》要求桂林作为“国家级的历史文化名城和重要的旅游城市”必须按照“多中心、分散组团式”的布局方式开展建设，疏解老城、发展新区是城市总体规划确定的城市发展策略，也是“保护漓江、保护桂林山水、保护名城特色”所要求的城市建设发展方向。在城市总体规划的指导下，市委、市政府本着有利于保护桂林自然山水景观、有利于保护桂林老城历史文化环境、有利于为城市经济发展提供良好的用地和交通环境条件、有利于形成合理的规划结构和布局形态的“四个有利于”原则，通过“多中心、组团式、重点西移、兼顾东延、适度发展南北向”的城市建设模式和“开发西部、优化中部、提升东部、适度发展南北部”的产业发展思路，采取因地制宜、合理集中、集约发展、提高承

接效率的方式，形成西部工业经济带、东部高新技术产业带和中部旅游商务经济带的城市空间布局。

（二）新区规划系统前瞻，保护漓江、拓展空间

科学发展观的第一要义是发展，发展是党执政兴国的第一要务，党在建设中国特色社会主义事业的进程中，始终把发展放在首位。发展对于全面建设小康社会、加快推进社会主义现代化具有决定性意义。发展归根结底要靠经济发展，必须牢牢扭住经济建设这个中心，聚精会神搞建设，始终把发展放在首位，好中谋快、快中求好、又好又快发展。随着桂林经济的发展和人口的增加，漓江的环境压力日趋加大，如何在保护好山水的前提下进一步加快发展，是桂林面临的一个重大课题。从科学发展观出发，开发新区、建设新城、疏解老城是保护与发展的客观需要。

建设新区是实现桂林城乡可持续发展的唯一出路。新中国成立以来，桂林的城市发展也同样走过“社会主义工业城市”的迷茫，也曾追求“风景优美的现代化工业城市”定位，直至1985年，经国务院批复《桂林市城市总体规划（1985—2000年）》把“风景游览城市”和“历史文化名城”两顶桂冠定为城市性质的核心价值，明确把开辟“西城区（临桂县城所在地）”作为“山水风景资源利用保护的重大措施之一”、“西城区应建设成为现代化的新桂林”。2003年批准实施的“总体规划”继续坚持城市长期向西发展的主导方向，并将建设新区作为彻底解决二产发展与山水保护之间矛盾的唯一出路。

新区建设将成为统筹城乡协调发展的示范区。桂林的发展需要拓展新的空间，漓江和山水环境的保护需要城市发展“跳出漓江”，开拓新的城市发展空间，保护漓江，为桂林的山水保护留出空间。建设临桂新区符合科学发展观、符合城市总体规划、符合广大全市人民的利益，是全市人民的共同期盼。市委、市政府在深入学习实践科学发展观活动中，统一了思想，形成了合力，提出要把临桂新区建设成继续解放思想的先导区、综合改革的试验区和统筹城乡协调发展的示范区。“规划先行”为新区建设发展奠基。近年来市政府组织力量进行了《桂林市临桂新城发展战略规划》、《桂林市空间发展战略规划及临桂雁山新城战略规划》、《桂林三县三区概念规划》、《桂林市土地资源调查研究》、《桂林新城防洪排涝初步规划》、《桂林市区（含新区）水资源承载力初步规划》等新区规划前期研究，自治区人民政府于2008年4月25日批复实施了《桂林市临桂县（临桂镇）总体规划（2008—2025年）》。在此基础上，通过网上公开征集，遴选了国内外6家知名设计机构，进行临桂新区中心区城市设计。经过评审、修改、优化和完善，经市政府批准临桂新区中

心区优秀设计成果向社会公示，为临桂新区的建设提供了科学蓝图；同时邀请国内一流的专业院校，编制了新区市政、环卫、交通等一系列专项规划等，通过精心组织、系统开展，科学地编制新区规划，为又好又快地实施临桂新区建设奠定了坚实的基础。

（三）“疏解改造”老城，严格空间管制，保护提升名城风貌

桂林老城是漓江山水风景资源的核心区，也是桂林历史文化名城价值的集中体现，“千峰环野立，一水抱城流”是桂林老城“城景交融”景象的最好写照。桂林古城建于唐代，后经明清两代扩建，逐步形成了“山环水抱”的完整格局。历代的城市营建中，都极为重视对风景资源的开发和利用，主要街道均以山峰为借景，借山入城，不出城即可观山赏景，而建筑的尺度也极为考究，通透、玲珑与青山碧水浑然一体，形成“一水环城抱”的古城风貌，是以水系为特色的宋、明古城格局的代表，充分体现了古代城市建设的文化成就。

规划从名城保护入手，重点围绕桂林名城的核心价值和特征，针对历史街区、历史遗迹、古镇、古城节点等细化和完善各类保护规划，指导历史文化名城的保护：如八角塘民俗风貌区规划、正阳路东巷历史街区保护规划等历史街区的详细规划；完成了訾洲生态公园、塔山小东江临江生态公园规划等历史名胜保护规划；完成了甑皮岩古人类遗址公园规划、桂海碑林博物馆规划等历史遗迹保护规划，这些规划形成了系统的保护规划体系，涵盖了桂林名城保护的宏观、中观和微观层面，从对象上涉及了保护街区、景观视廊、认知点等，全面指导历史文化名城的保护和建设。

规划在老城提升上做文章，制定老城核心区更新规划策划及色彩、广告、照明专项规划：围绕老城疏解、功能更新、特色风貌营造等目标，划定改造单元并明确功能，提出交通优化、改造强度控制、建筑形象、城市色彩、照明及广告等形象要素统筹、改造策略安排等规划要求，为城市整体形象的营造和功能的更新优化提供战略性的解决方案，为桂林较长时期的老城疏解提升改造建设提供系统的规划指导。规划在老城空间管制上抓实施，为山水留出空间，桂林在全国率先将“建筑高度控制规划”列入总体规划的强制性条文；划定禁建和限建区域，制定了“五个严格控制”、“六个不审批”的规划审批原则：严格按照批复的规划实施建设；严格控制城市中心区零星建设，以利于控制城市的建筑密度；严格控制沿江、沿湖、沿河、沿山建设，加大了临水的非建筑区的控制宽度，强化城市建筑与山水环境的关系；严格执行有关建筑高度、密度、绿地率、容积率等规范和规定等。这些可操作

而系统的管理制度确保了各项老城保护规划的落实和推行，有效地引导城市与山水环境的和谐共生，保护了桂林山水环境的景观效果。

三、可持续发展目标下的城乡规划实施

按照中央“扩内需、保增长”的统一部署，以自治区党委、政府“保护漓江，发展临桂，再造一个新桂林”的战略决策为契机，桂林将展开新一轮的城乡建设高潮，桂林市委、市政府充分利用国家实施积极财政政策和适度宽松货币政策的机遇，加大投入、加快城市建设的有利时机，抓住机遇，自加压力，开拓进取， 科学规划，围绕营建山水特色城市的目标，重点实施新区建设、疏解提升老城、推进县城和重点镇建设，打造“宜居之城”、“环保之城”、“和谐之城”、“创业之城”。

（一）着眼“综合竞争力”，规划建设新区，拓展城市发展空间

按照自治区党委、政府提出的“保护漓江，发展临桂，再造一个新桂林”的发展战略和“建设新区、疏解老城，组团发展、重点向西，优化布局、完善功能，为产业发展拓宽空间，给经济发展提供依托，建设现代化的山水宜居城市和国际旅游城市”的发展思路和目标，我市加快了建设临桂新区的步伐，临桂新区将是桂林市向西发展的重要战略基地，是桂林市向西发展和建设的重要区域，将承担桂林市产业发展和新区建设的空间载体。临桂新区将建设成集行政办公、商业金融、文化娱乐、居住、工业和物流于一体的综合性城市新区。目前，临桂新区建设已经全面启动。市政府制定出台了《关于加快临桂新区开发建设的决定》、《临桂新区农村集体土地被征收后的人员安置办法》等政策，组建临桂新区管理机构，理顺新区体制机制。直接指导新区建设的“中心区控制性详细规划”通过评审，新区市政基础设施等一批专项规划设计已完成。成立新区投资公司，积极筹集新区建设资金，全面开展新区土地调查和征地工作。机场路改造工程、新区及秧塘工业园供水管网等基础设施项目正在加紧建设中，预计在未来的3~5年一个兼具时代特征和山水人文气息的新区将呈现雏形，为提升桂林城市的综合竞争力提供更为广阔的空间平台。

（二）瞄准“名城品牌”，提升改造老城，营建山水特色城市

“桂林”这张城市名片独一无二，悠久灿烂的地域历史文化和融入丰富文化遗迹的自然景观资源，是名城的价值所在，也是桂林经济社会发展的依托。旅游业一直是桂林城市的支柱和主导产业，每年前来旅游观光的游客达到1500万人，与此衍

生的相关产业占到了全市国内生产总值的一半以上。因此，保护名城的山水名胜、历史风貌，也是实现桂林城市全面可持续发展的根本基础。在启动临桂新区建设的同时，积极推进老城区疏解提升和改造，彰显桂林历史文化和山水特色，提升桂林城市品位，是桂林城市建设发展的又一项重要任务。近年来，按照“要加强桂林文化遗产保护，重点保护好历史文化街区、历史建筑和重要文物等历史文化遗存，使桂林悠久深厚的历史文脉得以传承”的要求，桂林老城的提升改造不仅使城市面貌亮丽了，提升了城市的综合竞争力，而且让市民分享了改革发展成果，展示了新的人文精神，凝聚了民心，坚定了人们创造美好幸福生活的信心和决心。

——做足山水文章

城市有水就有了灵气。城市河道和自然景观都是城市不可再生的高等资源，有着无限的增值性，也是城市改造建设开发和保护的重点。桂林是“山水甲天下”的名城，以山水兴市，是桂林的特色定位。城市改造和建设必须突出山水特色，做好山水文章。为此，桂林的环城水系综合环境治理工程，依山就势、开渠引水、造湖扩水、环流活水，把城区主要江、河、湖、塘开通连接起来，整个老城改造围绕“水”元素，注重人工环境与自然生态环境的融合，注重整个城市的空间感和层次感，既“迎山接水”，又“显山露水”，更“保山护水”，实现地尽其能、水尽其用。以“水”为核心的城市环境综合整治，实现了“显山露水、连江接湖、清淤截污、引水入湖、架桥修路、绿化美化、文化建设”的老城提升目标。

——强化地域认知

最能体现城市风貌特点和地域特色的莫过于城市中数以千万计的各色建筑，桂林的现代城市建筑虽在苦苦探索地方特色之路，却难以给人留下鲜明的地方认知，更无法胜任其与甲天下的山水相协调、相融合的重任。要实现“城景交融”的效果，就要求城市建筑不与山水争辉比高，在形式上尽量收敛、在体量上尽量矮碎、在色彩上尽量与山光水色浑然。桂林在营建山水特色城市为目标的老城改造提升工程中，通过提炼体现桂林地方特色和文化的建筑元素，选择与山水环境相协调的白灰主色调，装饰坡屋顶、马头墙和吊脚楼等传统建筑形式，运用砖石、木材等地方建筑材料；强化对墙面招牌广告和空调等外挂物的整治和美化，突出节点环境的绿化美化和夜景效果，强化建筑特色，营造与山水环境相得益彰的城市建筑风貌。针对建筑色彩、建筑形态特色等不鲜明，招牌广告和空调等外挂物杂乱的现状，2008年市政府共组织改造了六大街区的1300余栋楼宇，同时清除了街道两侧各类违法建筑、违章棚亭，利用屋顶和小院擅自搭建的各种房屋和设施；对在建筑物立面上增设门窗、拆窗改门、外探阳台等进行了封堵拆除，并恢复原貌；清除沿街道路建筑二层以上的防盗网、放物栏、破旧遮阳罩；清除楼顶、阳台堆放的杂物；清除建筑外立面各种吊挂物和擅自设置的各种指示牌、标志牌。通过提升改造，使得一大批建筑实现了“在统一中求变化、在多元素中求协调”，基本形成了桂林城市建筑在色彩、形态、材质上的认知符号，展示了桂林的地方建筑元素和色彩特征，在探索适合桂林地域特点的建筑形式上迈进了一大步，进一步强化了城市的地域特色。

——彰显历史文化特色

城市改造要讲究特色，特色既要源于历史，又要高于历史，更要符合城市发展需要。城市延续历史文化，而历史文化又在创造着城市。为此，城市改造建设注重历史的脉络，对城市原始自然保留地和宝贵的历史文化遗迹要实行绝对保护，使历史的文脉得以延续。桂林的老城提升改造，对城市历史文化进行精心的保护和积极开发，为了保护这些文化典籍和历史遗存，在建设中或改道绕行，或以小放大，或补缺增容，坚持修旧如旧。在街区改造中，深入挖掘文化内涵，把无形的文化内涵转化为有形的物质形体，用现代的手段展示文化传承和历史遗迹，形成新的城市文化地标，从而使城市环境更有人文情趣，城市形象更具魅力，进一步增强了人们的文化归属感、认同感，提升了桂林城市的文化品位。

（三）完善乡镇规划，依托专业产业发展特色乡镇，推进城乡一体化

科学发展观的根本方法是统筹兼顾。贯彻落实科学发展观，大力推进经济、政治、社会、文化、社会的全面发展，必须坚持统筹兼顾的根本方法，统筹城乡发展、统筹区域发展，使各方面发展相适应、各个发展环节相协调。我国现行城乡规划法律制度受到历史形成的城乡二元结构的深刻影响，城市和乡村分别对待，不同的法律法规，分别就城市论城市、就乡村论乡村，不利于城乡统筹发展，还造成了法律空白，在一些地区无法进行有效的规划管治。

桂林市辖县城和重点集镇的建设是桂林城市建设的重要板块之一。随着《城乡规划法》的实施，桂林的城乡规划体系得到进一步完善。按照科学发展观的要求，各县的乡镇发展和建设以规划为抓手，以县城的建设为重点，完善县域总体规划、乡(镇)和村(屯)规划修编，不断优化城乡空间布局，科学指导社会主义新农村建设；同时在科学规划的指导下，以交通、给排水、污水垃圾处理、专业市场等基础设施建设为重点，改造老城、拓展新区、拉大框架、完善功能、扩大规模，打造一批特色鲜明的一流城镇。

——强化湘桂走廊城镇群

坚持统筹兼顾与突出重点相结合的原则，坚持建新改旧并举、做大做强中心城市、构建桂北特色城镇群。湘桂走廊是区域经济社会发展的传统廊道，拥有区域经济增长极的重要地位，桂林紧紧抓住产业化和城镇化互动不放松，立足“两个市场”，以城镇体系规划为龙头，抓住“湘桂黔”交界地区的辐射优势和南北通道优势，打造桂北城镇经济带。目前沿线的县城镇级重点乡镇的总体规划均已修编完成，各县正在加快实施县城道路、给排水、垃圾处理、公厕等基础设施建设，城镇集聚和发展能力得到全面提升。

——依托特色产业打造特色小城镇

坚持以特色产业带动特色城镇的小城镇发展模式，以发展要素为纽带，选准城镇的产业发展突破口，围绕桂林的产业优势，或以专业农产品生产、加工，或以特色旅游，或以交通物流，或以交易批发，强调特点突出、产业集中、优势明显，借此提升城镇的产业实力和发展能力，成为带动辐射周边乡村发展的中心，不断统筹和优化全市的乡镇产业布局，拓展产业园区，强化产业支撑，建设一批经济强县、经济强镇。

——建设相互支撑的特色城镇体系

依托交通干线、旅游通道、百里生态小康文明长廊，加快全州、兴安、灵川、阳朔、荔浦、永福等县城建设，构建以市区为中心，全州、荔浦县为副中心，县城和重点建制镇为支撑，大小结合、功能互补、特色鲜明的城镇群，抓住国家加大乡村基础设施投入的契机，加快30个重点小城镇路网、供水等项目建设，促进基础设施和服务体系向农村延伸，构建新型城乡关系。

结束语

桂林因“山水甲天下”而闻名于世，统筹城乡规划是建设山水特色城市的前提，是实现桂林城乡科学发展和可持续发展的有力保证。未来几年，桂林市委、市政府将紧扣发展主题，围绕打造“旅游休闲目的地和宜居城市”的目标，桂林将通过新区建设、老城功能疏解优化、水环境综合治理、历史文化环境的提升、城市特色风貌营造等手段，不断提升城市综合实力和环境品质。相信通过制定和实施城乡规划，科学指导城市发展和建设，桂林的城市实力和魅力必将得到更大的提升，桂林的城市景观与山水景观必将更加和谐，一个特色鲜明、环境优美的国家历史文化名城和山水游览宜居城市将展现在世人面前。

西南地区

规划先行　生态优先
全力打造生态和谐宜居区

重庆市大渡口区副区长 常永官

（2009年5月）

大渡口区位于重庆市主城区西南部，濒临长江，始建于1965年，当时主要是作为服务重庆钢铁集团的一个基地型城区，面积仅有7.46平方公里，城市基础设施落后，环境污染严重。1995年区划调整后，辖区面积扩大至103平方公里，现辖5街3镇，人口近30万，是重庆市主城区12个中心组团之一。近年来，特别是2006年重钢集团环保搬迁启动以来，我区坚持规划先行、生态优先，积极推进经济、城市、社会“三个转型”，着力建设生态和谐的人居环境，不断提升城市形象和综合竞争力，经济社会发展呈现出良好势头，城市面貌日新月异。2008年，全区实现地区生产总值142.4亿元，人均地区生产总值7677美元，区级财政总收入13.5亿元，城市建成区面积近30平方公里，人均公共绿地面积达到13.53平方米，先后获得“重庆市山水园林城区”、“重庆市卫生城区”、“重庆市文明城区工作先进区”等称号。在推进生态和谐宜居区建设中，我们的主要做法如下。

一、坚持规划先行，提升城市品质

用先进城市发展理念谋划未来，突出规划龙头带动作用，打造生态和谐人居环境。一是高标准规划。《重庆市城乡总体规划（2007—2020年）》明确我区为城市南部的生态旅游休闲区，其中重钢搬迁后原址将分担杨家坪城市副中心的部分职能，重点发展文化娱乐、工业旅游、商务商贸功能。根据总体规划定位，我区立足统筹城乡发展的基本思路，完成了大渡口区分区规划修编，城市规划区面积达到55平方公里，并实现控制性详细规划全覆盖。结合区域功能定位调整和城市发展需要，我区邀请知名机构开展城市发展战略研究，明确提出了把大渡口建设成生态和

谐宜居区、文化功能休闲区、新型工业发达区、现代物流发展区的奋斗目标。按照建设“森林重庆”的总体要求，我们还编制完成了重庆市首个绿色空间建设规划，构建“两带、七廊、四十二园”绿色空间体系。预计到2020年，全区建设100亩以上城市公园33个，实现“一寸宅地一寸绿”的目标（即1平方米住宅配1平方米绿地）。二是高水平设计。成立了由17名知名专家学者组成的城市规划建设专家顾问团和森林工程规划建设专家组，为全区城市规划建设提供决策咨询，对所有重点项目严把规划设计关。坚持对重要的城市景观、主要道路景观、关键节点景观和中心绿化区域实行国际招标，打造“精品工程”，确保项目建设的高水平、高质量、高品位。目前，作为重庆主城“两江四岸”滨江地带重点区域的钓鱼嘴片区、重钢片区城市设计已形成初步成果。其中，钓鱼嘴片区将建设国际性会议论坛中心和高端居住综合区，形成西部具有较大影响力的会展中心；重钢片区将建设工业文化博览和创意产业区。三是高规格实施。牢固树立“宁荒勿慌”的城市建设品质观，对参与城市中心区、滨江地带等关键区域开发建设的企业设置较高的“门槛”，实现由“招商引资”向“招商选资”的转变，力促一批实力强、信誉好、品质佳的知名企业参与大渡口城市开发建设；同时，建立了城市建设重点项目跟踪管理考评制度，严把建设质量关，坚决杜绝了擅自变更建筑方案设计等现象，确保城市规划落实到位。

二、坚持生态优先，打造城市亮点

以增绿量、建精品、提品位、显特色为宗旨，高起点、高标准、高水平地推进生态和谐宜居区建设。着力做好“大”、“特”、“亮”三篇文章。一是“大”，即最大限度地增加绿量。大力实施绿色空间体系建设，沿9.7公里中梁山山脉和34公里长江岸线建设两大山水绿带，沿陈庹路、滨江路、中坝路等城市主干道和伏牛溪河、跳磴河等主要支流建设水体绿廊，形成贯穿全区的绿色生态走廊。以陈庹路生态林、轻轨生态林建设为龙头，带动区域内林带体系建设，建成陈庹路、上界路、猫儿山生态林逾44万平方米。2008年，全区新增森林面积6440亩，森林覆盖率达27.9%，建成区绿地率达34%。与此同时，积极发动群众建绿，近3年累计建成26个社区公园，社区游园总面积达到2250亩。全区已建成市级园林式单位8个、市级园林式小区4个、市级园林式市街2条，形成了层次丰富、品位高雅、文化底蕴深厚的园林绿化景观。二是“特”，即打造独具特色的城市景观。完成商业中心一期、二期工程景观建设。结合大渡口公园改造，正在打造全市首个公园步行街，建成后将成为大渡口独具生态休闲特色的“城市名片”。增强城市重点区域文化氛围和艺术感染力，兴建了一批彰显城市特色和人文底蕴的城市雕塑。其中，雕塑《大渡口》被评为“全国优秀城市雕塑作品”。完成翠柏路、袁茄路等6条道路景观工程6万平方米，城市道路绿化网络初具雏形，绿化达标率为100%。推进长效鲜花工程，每年举行全区性的盆景艺术展和菊展等活动，2004年代表重庆市参加第五届中国国际园林花卉博览会，获得1金3银2铜的好成绩；2007年，成功举办重庆市第11届菊花艺术展，参展单位、观展人数创历史新高。三是“亮”，即推进一批亮点工程。坚持按照“减量、增绿、留白、整容”的原则实施危旧房改造，确保危旧房改造地块绿地率达到50%，使改造后的百花村、新工村等危旧房片区成为城市新的亮点。坚持将园林绿化建设、历史文化保护有机结合，深入挖掘马王场文化、巴渝文化、宗教文化、工业文化、义渡文化，确保高档次、高质量地打造出一批亮点工程。已在重点建设一个古镇（马桑溪古镇）、一条老街（马王场老街）、一条生态文化长廊（崖线生态文化长廊）、一座钢铁文化博物馆，使上述区域真正成为大渡口良好城市风貌和历史文化特色的集中展示区。目前，已完成崖线生态文化长廊的规划设计，并启动总长达12公里的滨江路“城市阳台”建设。

三、完善城市功能，改善人居环境

基础设施历史欠账多，人居环境建设滞后一直是制约大渡口城市发展的瓶颈。近年来，我们立足区情实际，不遗余力改善人居环境，完善城市功能，为推动生态和谐宜居区建设奠定了坚实的基础。

（一）全面提速基础设施建设

一是推进道路基础设施建设。2008年，全区道路基础设施建设投入达到12.8亿元。近年来，随着上界高速、陈庹路、轻轨2号线、鱼洞长江大桥及北引道一期等城市主干道的建成，全区“五纵五横”道路交通骨干网络已基本形成，到重庆解放碑CBD、龙头寺火车站、江北机场等城市关键节点的车程均缩短至30分钟以内。二是完善市政基础设施。投入3800多万，完成全区21万平方米城市主干道路沥青罩面工程。大渡口污水处理厂、中梁山污水处理厂相继投入运行，污水处理率达到75%。建成重庆市首批环保型垃圾中转站——豹子沟垃圾中转站，全区生活垃圾无害化处理率达100%。城市能源供应充足，燃气普及率达97%，水质综合合格率达100%，城市主次干道亮灯率达98%。

（二）切实加强生态环境保护

一是大力实施“蓝天、碧水、绿地、宁静”四大行动，全区扬尘污染和废气污染得以有效控制，空气质量明显好转。积极推进工程治理减排，投入8600余万元，建成重钢脱硫脱氰项目，污染物总量减排取得较好成效。二是积极开展跳磴河、伏牛溪河等次级河流环境综合整治，区域水环境质量明显好转。推进主城三级排水管网建设，污水处理厂的截污、纳污能力得到有效提高。三是对中梁山建设管制区域进行集中清理，完成了中梁山片区林地保护利用规划。结合开展三峡库区周边绿色屏障工程和退耕还林工程，建设滨江绿化带，对规划区的山体实施绿化，基本消灭荒山秃岭。建设了红胜、拱桥、南海3个生态园，共计占地1000余亩。积极开展“拆违建绿”和裸露地整治工作，共计建绿5万平方米。四是大力实施郊野公园建设，利用现有林竹地、山地、湿地进行改造，完成迎春桥竹园5万平方米，两年内建成郊野公园20万平方米。五是全力打造生态工业园区。以建桥工业园为载体积极培育重钢搬迁后的产业支撑，2008年，全区规模以上工业企业实现总产值315亿元。对建桥工业园入园企业设置了较高的准入标准，坚决杜绝资源消耗型、环境污染型企业入园。按照循环经济理念建设工业园区，促进资源节约与循环利用。建桥园区规划建设的100万平方米楼宇工业园，土地节约集约利用率在全市领先；园区入驻企业投入产出率不低于300万元/亩，绿化覆盖率超过40%，被重庆市政府命名为全市首个“园林式工业园区”。

（三）大力推进保障性安居工程建设

一是全力推进危旧房及城中村改造。按照全市统一部署，在2010年前，完成危旧房改造75万平方米。目前，全区已有近15万平方米危旧房完成拆迁，预计今年危旧房拆迁总量将达到45万平方米，经过3年的努力，搬迁居民的人均居住面积将增加55%。此外，还将一批城中村列为近期重点改造对象，并于年内启动拆迁。随着危旧房及城中村改造的推进，旧城面貌将彻底改观。二是抓好廉租住房保障工作。将人均住房面积在10平方米以下的低收入住房困难家庭纳入廉租住房保障范围。投资5300万元，建成廉租住房612套，对350余户符合条件的群众全部实施了实物配租。为适应廉租住房保障扩面的需要，我区还将于近期在经济适用房项目中新配建廉租住房近1500套，确保城市低收入家庭住房困难得到及时解决。三是大力推进经济适用房建设。将符合有关政策规定的安置房项目纳入经济适用房优惠政策范围，确保农转非群众及城市拆迁户妥善安置。严控政策标准，完善审核程序，杜绝违规销售、购买经济适用房等情况。目前，全区已累计竣工经济适用房100万平方米，城市居民人均住房建筑面积达到30平方米。未来5年，全区经济适用房建设规模将达到350万平方米。

四、坚持建管并重，加强城市管理

管理是城市发展的保障。城市建设，三分在建，七分在管。近年来，我们切实加大工作力度，着力建立齐抓共管的城市管理长效机制。一是强化城管综合执法机制。充分发挥职能部门和街道、社区的作用，健全和完善城管执法体系。建立群众参与机制，关口前移，推进“点、线、面”结合的网格化责任区管理和数字化管理平台建设。实施城市管理综合执法试点，成立了区综合行政执法局，整合执法资源，对屡教不改的违反城市管理行为从严从重查处，达到查处一户、震慑一片的效果。近3年来，共拆除违法建设近80万平方米，通过专项整治机动车非法营运、户外广告、占道经营，市容市貌得到明显改善。二是强化市场竞争机制。按照市场运作的理念，逐步将城市公益事业实行市场化管理。实施市政设施采购、维护公开招标制，向社会公开招标选择资信优良、经验丰富的维护单位。通过定期组织考核评比等方式，对市政养护实行全过程质量监管，形成“能者上、劣者汰”的氛围，为市政设施养护工程的市场化、社会化、产业化创造条件。三是实施市民素质提升工程。以“文明城区”、“卫生城区”创建活动为载体，不断加大市民素质教育力度，引导市民参与城市管理，增强市民爱护城市、遵守城市管理制度的责任意识。充分发挥舆论宣传作用，通过电视、报纸、网络等各种媒体，举办专题文艺晚会、发布公益广告等多种形式广泛深入宣传生态和谐宜居区建设，增强市民的环境意识、文明意识和家园意识。近年来，通过举行“党员义工”、“中小学生争当文明小卫士”、“重庆市第十一届菊花艺术展”等有影响力的活动，广大干部群众参与创建的热情进一步高涨，生态和谐宜居区建设家喻户晓、深入人心。

随着主城南部生态旅游休闲区的功能定位和重钢环保搬迁的实施，大渡口正在由一个城郊型城区向都市核心城区转变、由一个重工业城区向新兴工业城区转变、由一个基地型城区向综合型城区转变。我们将以钓鱼嘴半岛为中心，打造重庆中央休闲区（CRD），使其成为大渡口脱颖而出的“城市名片”。充分利用好工业文化遗产，大力发展文化创意等非钢产业，规划建设钢城主题公园、钢城文化博物馆，发展工业旅游，打造滨江生态带和滨江旅游文化长廊。随着“六个大渡口”（宜居大渡口、畅通大渡口、公园大渡口、平安大渡口、文化大渡口、健康大渡口）建设的加快推进，到2012年，将基本建成“五横五纵”交通路网，森林覆盖率达到38%，

建成区绿地率达到40%以上，空气质量优良天数达到300天以上，成功创建全国卫生城区。未来的5~10年，大渡口必将是重庆主城中经济增长最快、城市化速度最快、城市开发最活跃、房地产增值空间最大的“四最之区”。

强化城乡规划管理　提高城市建设水平

·四川省广安市副市长　段再青

（2009年5月）

城乡规划是城乡建设的龙头，对协调城乡空间布局、保护自然资源和历史文化遗产、改善人居环境、促进经济社会全面协调可持续发展有着长远而重要的意义。近年来，广安市认真贯彻执行《城乡规划法》，充分发挥伟人故里的政治优势和川东门户的区位优势，高起点规划，高档次建设，精心打造山水园林城市。城市规模不断扩大，城市功能日臻完善，已成功创建为全国优秀旅游城市、国家园林城市和省级文明城市、省级卫生城市、省级环保模范城市。

一、严格规划审查，空间布局和建筑设计日趋合理

坚持以规划统筹城乡建设和环境治理，对城市功能分区和产业布局进行合理布局，注重单体建筑设计与城市总体规划相协调，形成了以广安主城区为中心，华蓥、前锋一代市工业集中区为辅助城市，岳池、武胜、邻水为组团城市的“一主二辅三组团”的城市格局。

（一）组建城乡规划决策机构

为加强城乡规划管理，提高城乡规划决策的民主性、科学性，维护公共利益，成立了由市长任主任委员，常务副市长、分管城乡规划和建设的副市长任副主任委员，规划和建设局、国土资源局、城管执法局、发改委、交通局、环保局、公安局等单位负责人为委员，专家、公众代表和顾问共同组成的广安市城乡规划委员会，总人数为不少于21人的单数，其中专家和公众代表人数超过1/2。委员由市人民政府聘任，换届工作与政府同步，在政府换届后3个月内完成。

（二）明确城乡规划审查内容

对需要市城乡规划委员会审议审查的事项，经市规划和建设局审查把关后，按

程序报请市城乡规划委员会审定。主要是加强对城市发展战略规划、城镇体系规划、城市总体规划和分区规划、专项规划、控制性详细规划的审查，核定因重大建设项目需要使用尚未编制控制性详细规划地块的规划设计条件，审议城市重大建设项目的选址意见。对广安主城区的修建性详细规划和建筑方案，以及特殊地段、重点区域及交通节点上的开发建设规划，建筑单体方案及小区规划方案、城市重要公用设施规划设计方案、风景名胜区规划设计方案，必须严格遵守城市设计和建筑设计方面的地方性技术规则、规定。

（三）注重城乡规划风貌设计

深度挖掘广安历史文化，着力体现小平文化、红岩文化与川东民俗的完美结合，从宏观、中观和微观三个层次进行建设控制和引导。以思源大道、金安大道、建安大道为发展主轴，组织整体空间框架，利用渠江、西溪河挖掘自然景观与休闲特色，形成有序、亲和、繁华、雅致的生活空间。将城市的工业中心、行政中心、商业中心、交通中心、文化中心、体育中心进行特色风貌区打造，对建筑高度进行宏观控制，使城市的轮廓有较大的起伏，高层建筑集中建设，形成城市重点与一般的差别。在城市出口及城市边缘应有节奏地布置高层建筑，以丰富城市的天际轮廓线。做到建筑物色相、彩度、明度和谐，并与周围环境协调，建筑风格、形式以现代建筑风格为主，反映出时代精神和风貌。城市绿地系统布局注重水体景观绿化、通风走廊绿化与风景名胜资源开发规划相结合，展现休闲旅游城市特色。

二、完善工作制度，监管机制和运行体制逐步健全

针对实际工作中各种人为因素较多的问题，为加强城乡规划制度建设，我们从体制机制、经费投入、法制体系等方面进行规范，建立城乡规划保障机制和地方法规与技术标准体系。

（一）规范行政许可文本

在原已实行的行政许可格式文本的基础上，进一步规范行政许可格式文本的填写、核发、存档等工作。从行政许可的受理、资料接收凭证、告知、听证、许可决定等均落实到科室、人员，凡未按行政许可格式文本实施的行政许可案件资料不得进入城建档案，保证了规划档案的质量。

（二）推行规划公示制度

将规划公示制度列入政务公开范围，建立了规划展示馆，实行规划批前、批后

全程公示。对城市总体规划、详细规划、各专业规划、重要的修建性详细规划、规划调整和可能对周边居民生活造成影响，引发相邻矛盾的建设项目在审批过程中和审批后都通过报纸、网站、建设项目现场和规划展示厅向市民公示，广泛听取社会各界，特别是周边居民、单位的意见。对各层次城市规划以及重要项目、重要区域的建设项目经审查批准后核发建设工程规划许可证，由市规划和建设局监制《建设项目规划许可证公示牌》，标明建设单位、建设地点、批准的各项规划强制性指标、总平面规划图、单体项目彩色效果图、监督举报电话、一书两证和土地权属证明等内容，在开工验线前直到竣工规划验收合格为止由建设单位设置在工地现场入口醒目处，既防止了随意变更规划方案，又防止了开发商利用虚假广告误导消费者等现象发生。

（三）实行规划听证制度

对法律法规规定应听证的或涉及公共利益的重大行政许可事项以及涉及行政许可申请人与他人之间重大利益关系其提出听证申请的，邀请普通市民、开发商、人大代表、政协委员等代表和利害关系人召开听证会，对规划许可进行监督，提高了行政许可决定的公正性、公开性和可接受性，增强了决策的科学性、合理性和民主性，实现了决策过程的透明化、公开化和规范化。

（四）完善规划法制体系

为保证城市总体规划的顺利实施，加强城市规划管理，制发了《广安市规划技术管理规定》、《广安市宅基地管理暂行办法》、《广安市农房建设和经营管理暂行办法》、《广安市城市规划公示实施细则》、《广安市城市规划听证实施细则》、《广安市人民政府转发〈四川省城乡规划违法违纪行为行政处分规定〉的通知》等十余项规划管理的规范性文件，进一步规范了全市规划管理、各项土地利用和建设工作。

三、严格规划指标，违法行为和违规建筑逐渐减少

为提高规划管理水平，及时发现、查纠城乡规划中的问题，我们以开展各类规划专项治理活动的形式，切实加强城乡规划的监督检查和规范管理，建立“控违拆违”长效管理机制，维护了城乡规划的权威性和严肃性。

（一）严格容积率指标的规划管理

对2007年以来所有房地产开发项目进行全面核查，严格遵守控制性详细规划确

定的容积率指标。对同一建设项目，在给出规划设计条件、进行建设用地规划许可、规划方案审查、建设工程规划许可、建设项目竣工规划核实过程中，容积率作为规划设计条件，查看是否符合给定的容积率指标，是否与审批结果公示一致。对分期开发的建设项目，各期建设工程规划许可确定的建筑面积的总和，是否与规划设计条件、建设用地规划许可证确定的容积率相符。

（二）严格容积率指标的调整程序

所有涉及建设用地容积率调整的建设项目，其规划管理的有关内容必须依法公开，接受社会监督。国有土地使用权一经出让，任何单位和个人都无权擅自更改规划设计条件确定的容积率。确需变更规划条件确定的容积率的建设项目，必须根据严格的程序进行充分论证，涉及调整容积率的相关批准文件、调整理由、调整依据、规划方案以及专家论证意见、公示（听证）材料等均应按照国家有关城建档案管理的规定及时移交备档。

（三）严格容积率指标的在建监察

依法核实完工的建设工程是否符合规划行政许可要求，严格审查建设工程总面积是否超出规划许可允许建设的建筑面积。建设工程竣工时所建的建筑面积超过规划许可允许建设的建筑面积的，建设单位不得组织竣工验收，依法及时对违法建设进行拆除、没收违法收入，并对违法建设部分处以工程造价10%的罚款。坚持违法建设曝光制度，在新闻媒体设立违法建设项目公示栏，对影响恶劣的重大违法案件进行曝光。

四、强化效能监察，部门职责和过错追究全面落实

制定了城乡规划效能监察实施方案，明确了指导思想、基本原则、主要内容、方法步骤和工作要求，加强监督检查，城乡规划效能建设取得了阶段性成效。

（一）加强规划效能监察工作的组织领导

成立了由分管规划和建设工作的副市长任组长，市规划和建设局局长、监察局局长为副组长的城乡规划效能监察领导小组，下设办公室在市规划和建设局，全面负责各阶段工作的组织开展。活动自2008年10月开展以来，抽调专门人员和车辆开展了近两个月的摸底调查。

（二）加强规划效能监察工作的监督检查

制定了《广安市规划许可规则》、《广安市城乡规划管理首问责任制》、《广

安市城乡规划管理限时办结制》、《广安市城乡规划管理服务承诺制度》、《广安市城乡规划管理行政过错责任追究制》等多项制度，强化城乡规划管理工作依法行政。把城乡规划效能监察工作与政府的中心工作相结合，与“防违控违”工作相结合，与加强党风廉政建设相结合，实行经常性检查，定期通报情况。

（三）加强规划效能监察工作的人员培训

建立健全各项内部管理制度，遵循便民原则，简化审批程序，规范服务行为，尽可能让群众少跑路，为群众多办事、快办事。完善社会服务承诺和社会公示制度，坚持把服务意识放在首位，积极创造条件提高城市规划的透明度，不断提高服务质量和管理水平。加强对干部队伍的学习培训工作，组织城乡规划效能监察人员学习其他城市的先进经验和做法，提高执法队伍的政治素质、业务水平和行政执法能力。

贵州省绥阳县城规划建设管理情况简介

贵州省绥阳县县长 覃儒方

（2010年10月）

贵州省绥阳县位于贵州省遵义市，大娄山脉中段，地理位置为东经106° 57′ 22″～107° 31′ 11″ 、北纬27° 49′ 22″ ～28° 29′ 34″ ，国土总面积2533平方公里，占贵州省总面积的1.45%，占遵义市总面积的8.28%。全县辖12镇3乡，东连湄潭县，南临遵义县、汇川区，西接桐梓县，北靠正安县。有207省道和303省道贯穿全境，遵义市区至绥阳县的高速公路正在建设中，预计2011年10月建成通车。县域紧临210、326国道以及渝黔高速公路，以县域周边的川黔铁路、新舟机场为依托，距川黔铁路李家湾火车站22公里，距遵义市区31公里，距贵阳市180公里，距重庆市260公里，处于黔北经济圈和重庆经济辐射带。全县年平均气温15℃，常年最高气温35℃，常年最低气温-3℃，年平均无霜期285天。全县森林覆盖率43%，城镇化率34%。人均居住面积28平方米。县城规划建成区面积18平方公里，目前县城人口7万余人，建成区面积约6平方公里，人均基本建设用地85平方米。今年已完成小城镇固定资产投资4亿元，新农村建设、农村危房改造正在有序推进。

一、城乡规划编制情况

为积极对接遵义市打造200万城市人口规模架构的总体思路，绥阳县提出了打造20万城市人口规模架构的目标。2008年8月，聘请了重庆大学城市规划设计院对1997版城市总体规划进行了第二轮修编，新修编的总体规划将靠近遵义城区且地形相对较好的风华镇、蒲场镇纳入县城总体规划范围，形成一主两辅的组团式城市架构，规划基期末年2030年形成主城区15万城市人口，两组团分别2.5万人口的城市发展目标。建成区面积为主城区12.5平方公里，风华、蒲场组团分别为2.5平方公里。结合县城地形地貌特征，提出了未来城市的发展应具有快速发展的城市经济、功能提升的基础设施、逐步完善的社会服务、内涵独特的城市文化、别具一格的城市风貌和良好的生态环境、较高水平的城市管理的发展目标；同时将城市打造成具有“山水田园、诗意栖居”的绿色生态现代化城市。

近年来，为充分发挥规划对城乡建设的指导作用，进一步完善规划体系编制，我县相继编制完成了《绥阳县城南部新城控制性详细规划》、《绥阳县南部新城修建性详细规划》、《绥阳县近期建设规划》、《绥阳县旅游发展总体规划》、《绥阳宽阔水风景名胜区总体规划》、《绥阳县旅游发展控制性规划》以及建镇部分总体规划和修建性详细规划；同时，严格按照规划编制推进，今年全县预计完成控规覆盖率50%，乡镇控规覆盖率30%以及全面完成乡镇总体规划编制的目标。

二、城乡规划建设管理情况

近年来，我县认真贯彻落实党的十七大精神，以邓小平理论和“三个代表”重要思想为指导，深入贯彻落实科学发展观，按照遵义市委、市政府总体部署，紧紧围绕创建功能完善型、管理创优型、环境友好型的“山水田园、诗意栖居”的绿色生态现代化城市发展目标，坚持科学发展的理念，全面贯彻实施《城乡规划法》，引导城乡建设统筹发展，以城镇建设拉动经济发展，以经营城市为抓手，以城市“净化、绿化、美化、亮化、文化”建设为重点，以强化优质服务为宗旨，不断完善城市功能，提升城市品位，塑造特色城市形象，增强城市集聚力和辐射力，努力构建城乡一体、和谐优美的生态园林城市，实现城乡建设管理又好又快、更好更快发展。

（一）突出体现规划龙头效应，用新规划推动新发展

一是抓规划定位的前瞻性。为有效促进城镇第二、第三产业的集聚，形成规模发展效应，紧紧围绕创建国家级卫生县城和遵义市城市“后花园”，积极融入遵义市主城区主体功能城市目标，多方筹措资金，高起点地编制完成第三轮城市总体规划和诗乡映像城市景观修建性详细规划，雅泉生态示范园区规划、风华镇工业园区规划等，为城市建设提供法律依据，为创建综合服务型区域次中心作出新的贡献。二是抓规划布局的合理性。在总体规划的指导下，按照“高起点规划、高标准设计、高水平建设”的要求，重点发展生态旅游、工业园区、现代服务等产业，完善详细规划，为展开项目布局搭建平台，确保项目建设更加科学合理，实现协调发展。三是抓好规划管理的严肃性。严格实施“一书两证”的规划管理制度，认真把好规划定位关、建筑造型关。在土地处置和项目建设前期，对建设单位从建筑

红线、体系、规划前置条件、造型、色调、风格等方面提出科学的规划设计要求，达不到要求的坚决不予审批；同时，坚持推行城市规划会审和建设方案技术审查制度，对重要地段、重点项目的建设工程以及规模较大的工程进行规划会审，避免规划审批的随意性和盲目性，使规划在指导建设中真正发挥作用。将审批后的项目纳入规划管理的重要环节，实行三级规划验收制度，即基础竣工规划验收、主体竣工规划验收和项目完工规划综合验收，尽可能地避免建设期间随意修改规划的现象发生。

（二）突出城市扩容升位，用新思路推动新发展

为加快城市扩容升位步伐，我县引入了市场运作机制，全方位推进房地产、旧城改造、新城区扩容和集镇建设以及新农村建设，进一步拓展城市发展空间，提高城市品位。一是抓外引内联，多渠道筹集城市建设资金。先后有城市土地一级开发“诗乡映像”建设项目、移民新村建设项目、绥遵高速公路连接线项目等采取BT模式引资建设。加强与金融机构合作，先后从农业发展银行融资1.5亿元用于移民新村建设，积极搞好农村危房改造项目，完成农村危房改造1689户。二是抓土地储备，完善土地交易机制。将垄断土地一级市场作为经营城市的重要资金来源，按照“土地资源—土地资本—货币资本—更高层次的土地资本—更大的货币资本”的经营思路，完善土地储备机制，强化政府在土地供应上的主导地位，发挥土地效益，走以城建城、以城养城、滚动发展的路子。三是抓协调发展，稳步推进旧城改造。近年来，采取“社会投入为主、政府投资为辅”的方式，多渠道筹措建设资金推进旧城改造和市政基础设施建设，使城市配套设施日益完善，服务功能日益健全。

（三）突出城市综合管理，用新理念推进新发展

在进一步深化城市管理体制改革的基础上，围绕提高城市居住质量和城市品位，强化了城市资源的管理。一是强化城市交通管理。树立城管、交通“一盘棋”的思想，加强工作衔接，抽调交警参与城市管理。通过组织专项整治活动，狠抓城区车辆的规范停靠和机动车辆的清理整顿，加强了城区摩托车的停放管理，启动城市交通智能系统建设，强力维护了城市交通的安全有序，城区车辆通行能力不断改善。二是强化城市卫生管理。树立“城管无小事”的理念，新建了污水处理厂和垃圾卫生填埋场，对城区主干道城市垃圾做到日产日清。与沿街单位和业主签订了“门前三包”责任书，进一步落实“门前三包”制度，充分发挥沿街单位和业主参与管理城市的自觉性。严格建筑渣土运输和城区户外广告管理，有效控制了渣土污染，进一步规范了户外广告的设置。三是强化综合治理。树立“常抓不懈”的理

念，严格依法查处违法违章行为，市容市貌和卫生状况得到较大改观。总之，通过全面综合治理，使城市既充满活力与生机，又协调有序和健康发展。

三、结束语

展望新世纪，在经济全球化和科学技术飞速发展的形势下，城市在人类物质文明和精神文明建设中将发挥更加重要的作用、在全国加快推进社会主义现代化建设、全面建设小康社会的新阶段，城镇化进程将继续加快。在新的形势下，城市建设面临着许多机遇和挑战，城市工作的内涵更加丰富、任务更加艰巨。作为城市领导者，我将登高望远，锐意创新，积极适应时代的要求，扎实工作，努力开创城市工作的新局面。

坚持科学发展　建设特色彝州

云南省楚雄彝族自治州副州长 吕琳麟
（2009年3月）

楚雄彝族自治州成立于1958年4月，是全国30个自治州中的两个彝族自治州之一。地处滇中腹地，是省会昆明通往滇西的必经之地和北出四川省的重要通道，自古有“省垣门户、迤西咽喉”之称。辖9县1市，面积2.9万平方公里。2008年末全州总人口260.36万，其中少数民族人口87万，占总人口的33.5%；彝族人口70.6万，占总人口的27.1%。

改革开放以来，在党民族政策的光辉照耀下，在党中央和省委、省人民政府的正确领导下，历届州委、州人民政府团结带领全州各族人民，解放思想、务实创新、艰苦创业，使千里彝山发生了巨大的变化。2008年，全州实现生产总值(GDP)306亿元，比上年增长11.5%，人均GDP11389元。财政收入突破65.56亿元。到2008年年底，全州城镇化水平达29.6%，城镇规划区面积323.7平方公里（其中城市规划区面积177.9平方公里），城镇建成区面积124.32平方公里，城市污水处理总量1462万吨，污水处理率达到56.45%；城市生活垃圾无害化处理率达到27.3%。现有城市自来水厂11座，城市供水普及率93.7%，城镇绿化覆盖率达到20.8%，人均公共绿地面积6.65平方米，城镇建成区规模不断扩大，人居环境不断改善，城镇中心地位进一步凸显。

进入21世纪，特别是近几年来，楚雄州委、州人民政府高度重视城市建设科学发展，将“扩城”作为州委、州政府经济社会发展的一项重要工作来抓。确立了“高起点规划、高品质建设、多元化筹资、精细化管理”的理念，着力推进城市建设又好又快发展，促进大中小城市协调发展。主要做法及体会如下。

一、高度重视，主导城镇科学发展

州委、州人民政府十分重视城镇化发展工作，把城镇建设作为全州经济社会发展的重要工作来抓。一是齐抓共管，形成合力。将城镇建设列入各级党委、人大、政府的重要议事日程和党委、政府工作报告的重要内容之一。形成了党委议建设、政府抓建设、人大、政协支持城镇建设的良好氛围。二是健全机构，加强领导。州和县（市）先后成立了“城乡建设规划委员会”，讨论城镇规划的发展定位，审查城镇建设的重大方案，审批城镇规划的重大设计，协调解决城镇规划建设中的矛盾，监督城镇规划的执行情况。三是制定政策，规范管理。州委、州人民政府先后下发了《关于加快城镇建设的意见》、《关于加快市政公用行业改革的意见》、《关于进一步加强城乡规划监督管理的意见》、《楚雄州城乡特色规划管理暂行办法》、《关于加快全州县域特色经济发展的意见》、《楚雄州四个省级旅游小镇近期建设实施意见》等规范性文件和工作措施，为规范管理奠定基础。四是配强力量，强化培训。在建设系统选调优秀干部担任各县（市）长助理，充实县（市）城建工作领导力量，并且分批次组织领导干部培训学习。先后组织赴深圳、北京大学、同济大学和新加坡学习、考察城市规划建设工作。近几年来，组织各级领导干部到国内外考察学习城镇建设经验九批共190多人次，进一步开拓领导干部视野、学习和借鉴外地经验。

二、高起点规划，引导城镇科学发展

城市建设发展实践证明，规划的效益是最大的效益。一是理顺管理体制，建立健全城乡规划管理体系。州委、州人民政府首先从建立健全规划管理机构入手，于2005年成立州规划局，楚雄市、禄丰、元谋、姚安等县(市)相继成立了县（市）级规划局；在全州103乡镇设置了村镇规划建设站（所），确定编制240人，已经配备人员170人，由县（市）级规划建设部门垂直管理，形成了州、县、乡完善的规划监督管理机构。二是健全科学的规划决策机制。州政府和县（市）政府都分别成立了城乡建设规划委员会、城乡规划专家咨询委员会，建立了规划评审专家库，规划方案和建筑方案专家审议制度，开放城乡规划设计市场，形成公开、公平、公正的城乡规划和建设设计的竞争机制。保证城乡总体规划编制、重要地区和重大项目规划方案的审定、调整依照法定程序，科学、民主决策。三是完善发展思路。从楚雄州实际出发，提出了“建设楚雄特色大城市为核心、禄丰工业城市及八座县城为重点、一批特色小镇和旅游小镇为基础，沿三纵三横交通干线集聚发展，符合彝州实际的四级城镇体系”的发展思路。着力构建大中小城镇协调发展、空间分布合理、功能完善、特色鲜明的城镇体系。四是以规划引导城镇特色建设。从城乡统筹、提高城镇化水平着眼，将民族特色、地方文化与城市景观、绿化、建筑紧密结合，规划具有地方特色的个性化城镇，充分发挥城镇规划的引导作用。五是进一步完善城乡规划。近几年来，全州各级政府共投入城乡规划资金达5000余万元，完成了9县1市城市总体规划第二轮调整或修编，并批准实施；完成了《楚雄州域城镇总体规划》修编，编制了《楚雄滇中特色大城市战略规划》，全州城镇规划控制区面积达到2621.7平方公里。全州控制性详细规划编制面积达48.9平方公里。一批指导城市近期发展的片区控制性详细规划编制完成付诸实施，如委托新加坡CPG集团完成的州职业教育园区修建性详细规划。楚雄市东南片区10平方公里、西北片区15平方公里的彝族文化大观园等项目都有序推进实施。六是强化监督管理。建设部门着力加强规划集中审查管理，加强规划监督环节，建立健全规划监督制约机制，推行阳光规划，确保规划落实。

三、高品质建设，打造城镇特色品牌

城镇的品质如何，关键看其是否具有其独特的文化内涵，鲜明的文化特征是城市发展的脊梁和灵魂，一个没有文化的城市，是一个没有灵魂的城市。在知识经济大发展的今天，一个地方是否有吸引力、竞争力，最重要的是看它的文化资源、文化氛围、文化发展水平。因此，我们将打造彝族特色文化品牌作为提高城镇建设品质的重要内容来抓。

一是注重用强烈的文化意识指导城市建设。随着近几年的快速发展，我们不少地方的城镇建设就像在流水线上生产出来的产品一样，格调单一、风格趋同，这是缺少文化意识的具体表现。因此，我们注重将独特的彝族文化装进城镇建设的方方面面，做到科学规划、精心设计，增强文化意识，加速文化与城镇的融合，把地方历史文化传统与现代文化精粹紧密结合起来，铸就丰富多彩的城乡文化，塑造各具特色的城乡个性。

二是注重保护和开发利用文化遗产。楚雄作为彝族自治州，决定了我州彝族文化的城市特色研究方向。因此，我们按照建设“滇中特色大城市”的战略要求，积极赋予楚雄市以彝族文化内涵，并使城市文化和城市功能有机结合，提出“建成集浓郁彝族特色、山水园林风光的优秀旅游特色大城市”目标，进而带动经济社会的全面发展。在城市建设中，充分利用楚雄州“一彝三古”丰富的民族文化、历史文化资源，加强对独特文化的研究，找准城镇历史文脉、文化底蕴，努力营造城市的文化氛围，提升文化品位。把彝州各县（市）丰厚的历史文化遗产作为搞好城乡规划建设管理最重要的资源和财富。在加快楚雄彝族文化大观园、禄丰恐龙谷二期、元谋东方人类祭祖坛等大型项目开发建设的同时，加快黑井、石羊、光禄、炼象关等旅游小镇的开发建设，将历史文化的保护与旅游文化产业开发有机结合起来，以开发促保护。在开发建设中，更加注重历史文化与现代文明的交相融合，更加注重宜人气候与民族风情的优势打造，更加注重功能风格与特色品位的和谐统一，更加注重城市形象的包装推广，努力打造特色鲜明、独具个性、彰显魅力的城市形象，使彝州历史文化、自然风光、民族风情、现代文明之美得到充分展现。特别是彝人古镇被评为国家4A级旅游景区，2006年7月至今，累计接待国内外游客600多万人次。使我们的城市成为旅游观光、休闲娱乐的山水园林城市，促进全州旅游产业发展。

三是注重深入挖掘和塑造建筑文化。建筑是凝固的音乐、立体的绘画、实用的雕塑，是一个地方文化风貌最生动、最直观、最形象的体现。努力把城市文化特征体现在街道建筑的立面上，体现在每一个线条和细节之中，使城市充满灵性和个性。2003年开始，我州开展“彝族建筑特色”课题研究，编辑出版了研究成果《中国彝族现代建筑研究图集》，随后制定了《楚雄州城乡特色规划管理暂行办法》，对城市形象塑造提出指导意见及具体规定，划定彝族特色建筑保护区。在城乡建设中，注重广泛听取和认真吸收各方面的意见建议，找准优势和特色，充分把握城乡建设的总体轮廓，对建筑造型、建筑色彩、建筑符号等进行科学设计，精雕细琢，塑造既能折射地方文化，又能彰显时代特征，并与周围自然环境相协调的城乡建筑。彝人古镇和楚雄桃源湖街区特色改造等项目充分体现了彝族建筑研究成果，彰显出风格独特的地方建筑文化。结合乡风文明示范带建设，充分体现彝州风情的米依噜风情谷、福文化园、山菌园等相继建成。

四是注重旅游特色小镇保护开发。对我州国家级历史文化名镇黑井和石羊、光禄、炼象关3个省级历史文化名镇（村）进行保护性开发建设，州政府及时印发《楚雄州省级旅游小镇近期建设实施意见》，采取政府策划定位，招商引资，经营权益转让，政府配套完善公共基础设施。州县政府安排信用合作资金4000万元，在各级政府和投资商的共同努力下，旅游小镇项目推进顺利，形成了旅游新亮点，年游客接待量达到20万人次，实现年旅游接待总收入3000万元，黑井镇被评为国家3A级旅游景区、云南省十大名镇之一。

四、多元化筹资，促进城镇持续发展

没有大投入，就没有城市建设的大发展。城市规模的扩张、城市功能的完善、城市品位的提高，都离不开资金的投入。城市建设资金仅靠财政投入是远远不够的，必须进一步解放思想、开拓思路，多渠道筹集城市建设资金，广拓资金来源。一方面，要加大向上争取扶持力度，抓住国家扩大内需的有利契机，积极争取上级对城市重大基础设施建设资金的扶持；另一方面，在确保严格执行城市建设规划的前提下，把城市建设全方位推向市场，按照“谁投资、谁开发、谁管理、谁受益”的原则，开展招商引资，广泛吸纳外资、民资参与城市建设，实现“双赢”。充分利用市场机制，拓宽视野，在更大范围、更多领域、更高水平上合理配置、盘活和综合使用城市各类资源，推进城市的可持续发展。

一是搭建平台。紧紧围绕把楚雄发展成滇中特色大城市目标和四级城镇体系建设发展思路，在增加财政投入的同时，充分应用市场融资手段，发挥财政资金四两拨千斤的作用，州人民政府早在2003年就成立了面向金融市场融资的工作平台——州开发投资公司，先后与国家开发银行达成18亿元融资计划，与州内金融机构开展了短期融资合作业务，并建立了偿债准备金制度，解决了钱从哪里来的问题。我们还在楚雄、禄丰、元谋和楚雄开发区成立了城市建设开发投资公司，广泛吸纳银行资金、社会资金投入城镇基础设施建设。通过融资平台筹集建设资金4.6亿元，有效扩大了城市建设的投入。近两年，楚雄市每年投入城市建设的资金2.5亿元左右、禄丰县投入达1.7亿元。

二是政府引导。近几年来，州人民政府每年财政预算安排一定的建设项目偿债准备金，专项用于城市建设贷款的还本付息。安排项目前期经费3000万元，推进一批重点市政和社会项目前期工作，为融资建设奠定基础。各级财政对基础设施的扶持，每年拉动县市对市政基础设施建设投资4.5亿~6亿元。

三是特许经营。对于城市供水、污水处理等具有稳定收入的公用事业和社会公益性项目，引入市场竞争机制。建立和完善特许经营制度，积极探索实行“产权管理、资本运营”的方式，扩大直接融资力度，逐步改变完全依靠政府投入的建设和运行模式，促进市政公用行业按照“市场化运作、企业化经营、合同化管理”的方向发展。州政府还将与云南水务集团合作，建设和经营全州10县市城市供水和污水处理设施。充分利用云南水务集团资金和管理优势，提高我州城市供排水设施经营管理水平。

五、精细化管理，构建彝州和谐城镇

俗话说，“三分建设，七分管理”，创造美好的城市，不仅要靠建设，更重要的是靠管理。规范高效的管理，是推动城镇科学发展的关键，也是提高城镇综合实力的重要手段。

一是转变工作方式，进一步加强对城市管理的领导。城市规划建设管理工作十分庞杂、非常具体，州政府要求各级领导干部脚踏实地、求真务实、下真工夫，各级领导干部要按照“一线工作法”的要求，置身一线，靠前指挥，由被动抓变成主动干，做到决策在一线落实、问题在一线解决、创新在一线体现、成效在一线检验。

二是创新体制机制，努力实现城市管理的制度化与精细化。进一步解放思想，更新城市管理传统观念，加大城管创新力度，建立健全“两级政府、三级网络、统一管理、合理分工”的城管体制，健全和完善高效有序的城管系统层级管理责任体系，完善网络化层级责任管理，按照重心下移、属地管理原则，建立定地段、定人员、定时间、定责任的路段承包责任体系。开通“12319”城市建设管理服务热线，畅通人民群众信息沟通渠道，建立城市管理路面巡查督查考核机制，提高城市管理的快速反应能力。以城市管理精细化为突破口，对市容市貌、环境卫生、市政设施、居民小区管理等，制定严格的考核标准，并加强督查，做到违章行为及时处理、街头垃圾及时清除、环境面貌不断改观。把加强城市管理与提高市民素质结合起来，以科学的城市管理促进市民综合素质的不断提高，以高素质的市民来推动城市管理工作的不断进步，建立疏堵结合、以疏为主，教育惩戒结合、以教育为主的长效管理机制。

三是坚持以人为本，文明执法。坚持人性化管理，着力强化市民城市意识，提高市民素质，引导市民积极参与城市管理，实施公共治理，形成“人人爱城市、人人管城市”的良好局面。一方面，坚持方便群众、服务群众的理念，在现有城建基础设施不够配套的条件下，有计划地设置部分临时摊位疏导点、机动车停靠点，统一标准，规范管理，营造良好的城区秩序环境。另一方面，坚持文明执法。杜绝对群众“冷、横、硬”、拖沓推诿、作风粗暴、野蛮执法现象，在查处违法、违章行为时，多运用宣传、教育的方式，做到文明用语在先、亮明身份在先、指明违法事实在先、权利告知在先。通过耐心细致的思想工作，把国家法律法规和政策规定

及时传达到位，晓之以理，动之以情；通过细致入微的工作，真正体现“执法中管理，管理中服务”的理念，争取更多群众对城市管理的理解和支持。

四是更新城乡管理观念。充分运用科技手段来管理城乡，加速城市管理信息化，推动数字化、网络化技术在城市管理工作中的广泛应用，不断提高运行效率和管理水平。

总之，面对新形势、新任务、新起点，楚雄州将深入学习实践科学发展观，以更加开放的胸襟、更加优化的环境、更加有力的举措，全力推进城镇化进程，早日实现省政府提出的建设滇中特色大城市的发展目标，力争将楚雄早日建成国家级园林城市，充分发挥区域性中心城市的辐射带动作用，着力推进四级城镇体系建设，为建设活力楚雄、构建和谐彝州、全面建设小康社会而努力奋斗。

加快城镇建设　统筹城乡发展

西藏自治区亚东县委副书记、亚东县县长 王 平

（2010年7月）

近几年来，亚东县委、县政府坚持走“科学化、外向化、政府化”的小城镇发展之路，推进城乡统筹发展，建立健全社会公共服务体系，发挥城镇辐射带动作用，有力地促进了全县城镇化进程，为城乡一体化打下了坚实的基础。

一、基本情况

亚东县位于祖国西南边陲，西藏自治区南部边境，东与不丹接壤，西与印度、锡金相邻，属于亚热带高原季风气候，辖5乡2镇,有人口1.2万，2009年全县GDP达到22556万元，比上年增长14%，连续七年保持12%以上的增长速度，人均GDP达到18132元，比2009年增长12%。气候、地理环境、经济发展状况等因素，自然形成了南北两个经济区，南面以县城所在地下司马镇为经济中心，北面以帕里镇为经济中心。南部4乡镇气候条件优越，森林覆盖率高，平均海拔2800米左右，有西藏的江南之美誉。北部海拔相对较高，以高山草原草甸为主，属于牧区，经济发展水平较南部缓慢。

下司马镇镇区面积1.2平方公里，其中城镇规划区面积8.6平方公里，有街道5条，街道硬化率达100%，街道沿面路灯、绿化等设施齐全。城镇水、电、通信等市政基础设施逐步完善，城区供水管网和处理设施完善，能充分满足生产、生活、市政消防用水，城区自来水普及率和入户率达100%。投资4000多万元的水电站正在实施中。镇内驻有移动、联通、电信3家通信公司，网络覆盖亚东全境。电视、广播覆盖率达100%。环境卫生设施不断改善，现有环卫职工23人，垃圾填埋场1个，能满足生活所需。

帕里镇位于亚东县北部，镇区面积3平方公里，其中城镇规划区面积10.6平方公里，有街道3条，街道硬化率达100%，街道沿面路灯、绿化等设施齐全。城镇水、电、通信等市政基础设施逐步完善，镇区供水管网和处理设施完善，能充分满足生产、生活、市政消防用水，镇区自来水普及率和入户率达100%。镇内驻有移动、电信两家通信公司。

二、主要做法

一是立足长远，科学规划。一直以来，县委、县政府把小城镇建设作为拉动区域经济增长，统筹城乡发展的大事和实事来抓，为确保此项工作取得实效，成立了下司马镇、帕里镇城镇规划领导小组并下设办公室，由1名副县长担任组长，发改、建设、国土、水利、交通等为成员单位，负责规划的具体事宜；同时，为保证规划体现科学性、前瞻性、可操作性，在财力十分紧张的状况下，挤出资金，邀请中国建筑科学院专家深入亚东县下司马镇、帕里镇实地调研，多方听取意见，立足当前和长远发展需要，科学制定了《下司马镇镇区规划》和《帕里镇小城镇发展规划》。在规划的编制中，坚持把改善投资环境、改善人居环境、发挥辐射带动作用放在突出位置，重点解决供水、供电、道路、通信等设施的配套建设以及文化、娱乐、广播电视、医院、学校和市场等设施建设，完善城镇功能，为乡镇农牧业产业化发展提供坚实的载体。规划出台后，我们把规划视为城镇建设的生命线，狠抓从项目选址、用地许可、规划条件、工程许可、工程竣工验收等环节的审批和制度的落实，较好地推进了规划的完善落实，城乡规划管理制度体系逐步建立。“一书三证”发证面已覆盖规划区。经过几年来的努力，下司马镇已初步形成井然有序、环境优美、布局合理、功能齐全、具有浓郁民族风情的边境小镇。帕里镇已初步形成具有藏区高原民居特色为主、商贾云集的商品集散地。

二是推进建设，彰显特色。为突出亚东牧区与林区各异的建筑风格，在规划中注重保护差异性，初步形成了北部以帕里镇为中心的着重体现高原风貌，展现高原牧区粗犷豪放特点的以石头及泥砖为主要材料的民居。南部逐步形成了以下司马镇为中心的着重体现林区西藏江南的亭台轩榭石木结构为主的建筑民居。在基础设施建设和民房建设中，把生态保护作为首要任务，注重与林区自然风光的协调一致，在外墙涂料、屋面材料等方面做到与周边环境条件匹配。大力推广使用煤气、沼气、太阳能等清洁能源。国家投资实施的公共项目做到与建设点的民居协调一致，外立面与民居保持色调协调。在市政配套设施建设中，充分考虑民族建筑的整体性与协调性，将路灯设计成雪莲花形状，做到了美观与实用性的有机统一。在帕里镇投入资金4000多万元，硬化了4个村居的道路，修建了广场，完善了学校设施。在下司马镇投入资金2000多万元，着重打造下司马镇民族风情街，对沿街建筑进行统一改造，科学布局绿化，保护好现已逐渐消失的20世纪40~50年代建设的木质建筑。与此同时，为保证历史沿革，结合当前正在实施的农牧民安居工程建设为突破口的社会主义新农村建设，注重吸纳群众意见，绘制了农牧民安居工程建设施工图供建房者使用，确保了新建民房更加符合群众意愿、更加切合亚东实际、更加突出民族风情，形成了下司马镇珠居村为代表的社会主义新农村示范点，建筑风格的有效保护和延续，为传承民族文化、吸引游客提供了条件。

三是发展产业，统筹城乡。在城镇建设和发展过程中，我们着力在三个方面下工夫，一是在辐射带动作用上下工夫。主要是围绕服务城镇这一中心，提高农牧产品商品率、开辟致富路、发展商业等引导群众发挥主导作用，积极参与到经济活动中来，从中得到实惠。二是在配套设施上下工夫。以民生事业为重点，在确保城镇基本功完善的基础上，把电源建设、垃圾处理、村居道路硬化、供排水、自来水入户、宅前屋后亮化美化、绿地建设等作为配套设施，连续投入资金8000多万元加以推进。项目的实施，为居民提供便利的同时，改善了城镇周边农牧民的生产生活，为推进城乡一体化奠定了坚实的基础。三是在扶持发展产业上下工夫。针对城镇功能设施不断健全、往来人员增多、商贸发展强劲的实际，结合亚东优势，争取国家投资700多万元，实施了亚东鱼人工养殖，目前项目已经获得成功，群众参与积极性高涨，产品销路良好；争取国家投资400多万元，实施了亚东木耳人工种植项目，目前项目已初具规模，参与种植的10余户群众收入在5000元以上；争取资金370多万元，实施了帕里牦牛产业基地建设，带动了北部三乡镇畜牧业的发展；争取资金100余万元，新建林下资源加工厂，加快了林下资源深加工进程，有效增加了群众的收入。在此基础上，抓住乃堆拉山口恢复开放，仁青岗边贸市场投入使用的机遇，鼓励边民参与边境互市贸易，发展第三产业，多方增加收入，有效推进了“边贸富县、旅游强县”战略的实施。四是在健全社会公共服务体系上下工夫。在确保基础设施投入稳步增加的同时，进一步健全社会公共服务体系，方便群众生产生活。经多方面筹措资金，投入400余万元，新建农贸市场；投入资金近2000万元，新建藏医院、实施县卫生服务中心改造、中学附属工程建设等项目；投入资金50万元，购买了垃圾清运车、垃圾桶等设施，及时清运垃圾；投入资金400多万元，建立健全惠及全县所有农牧民群众的医疗保险、失业保险、教育助学等社会保障网络体系，使广

大农牧民群众共享健全的公共服务。

四是强化管理，共享成果。加强小城镇管理，给居民和周边群众提供干净、优美、清洁的环境。一是整治环境卫生。对镇区道路重新划分清扫保洁路段，强化环境卫生清扫保洁责任，推行沿街垃圾定时定点上门收取及“门前四包”责任。开展村庄环境整治活动，环境卫生条件有显著提高。二是整治市容秩序。将镇区主干道的临时占道摊点向部分次干道和小街巷疏导，对镇区占道经营、非机动车停放、摊点乱摆、户外广告进行长期整治。通过各项措施，市容市貌有明显提升。三是整治队伍建设。狠抓执法队伍思想政治教育和队伍内部管理工作。强化执法人员法律法规知识的学习和培训，定期对执法人员进行政治学习和业务知识培训，提高业务水平和工作能力。四是吸纳群众参与。按照人民城市人民管、人民城市人民建的要求，采取定期召开镇人大代表、沿街单位、商户和管理对象代表座谈会，广泛听取社会各界意见和建议，主动整改，发挥居民的主人翁意识，自觉地参与到城市管理中来。五是共享成果。城镇的发展，带来了公共事业的日益进步，越来越多的农牧民转化成了居民，他们住上了宽敞明亮的房，用上了干净卫生的水，走上了宽敞平坦的路，子女入学方便了许多，看病难的问题得到有效解决，困难群众和弱势群体按月领上了最低生活保障金。

三、主要经验

一是统筹城乡经济发展是提升农牧区科学发展整体实力的根本途径。推进城乡一体化要有强大的经济基础作支撑；提高农牧民生活质量要有相应的收入水平作支撑。为此，一是积极培育发展农牧区产业。城乡统筹协调发展要把统筹城乡经济发展放在突出位置，以工业化的思维和理念谋划农牧区经济发展，积极培育新的经济增长点，加速农牧区传统产业的转型升级。二是加快发展农牧业产业化。充分发挥专家、科研单位的优势，推动发展现代高效农牧业，大力推进在农牧业产业化龙头企业带动之下的农牧业产业结构调整。积极推进农业科技创新，增加对农业科技的投入，建立政府主导、社会参与的农牧业科技投入体系，形成支持农牧业科技创新的长效机制。三是加强农牧业现代流通体系建设。大力推进发展农牧产品、农牧生产资料和消费品连锁经营。加强农牧区市场体系建设，加快“万村千乡”工程建设，建立城乡一体化的现代服务业体系。

二是统筹城乡规划一体化，形成以城带乡发展新格局是有效方式。统筹城乡发展规划和布局，是形成城乡经济社会发展一体化新格局的前提。其一是科学编制城乡发展规划。牢固树立规划先行的理念，立足统筹区域经济发展的高度，对照城乡规划全覆盖的总体目标，坚持规划的科学性、前瞻性和权威性相一致的原则，把农牧区和城镇作为一个有机整体，在统一制定土地利用总体规划的基础上，明确分区功能定位，统一规划基本农田保护区、居民生活区、生态保护区等，努力使城镇和农牧区规划无缝对接、互相促进。其二是统筹基础设施建设。统筹供水、供电等工程的配套建设，使城市基础设施、社会公共服务事业向农牧区延伸辐射，切实加强农牧区道路、生态等基础设施建设，让农牧区居民共享政府提供的公共设施服务，切实改善城乡居民生产生活环境。其三是全面优化城乡生态环境。严格执行环境评价制度，采取综合措施大力推进节能减排。大力发展循环经济和清洁生产，努力以最少的资源消耗和环境代价，实现城乡经济、环境和社会效益的最大化。

三是统筹城乡公共资源配置，促进城乡公共服务均衡发展是根本措施。缩小城乡之间公共服务水平的差距，是扭转城乡发展差距扩大趋势的基础。要按照有利于逐步实现基本公共服务均等化的要求，加快完善公共财政体制，加大公共财政向农牧区教育和公共卫生等方面的转移支付。大力发展农牧区公共事业，扩大公共财政覆盖农牧区范围，全力推进优质社会事业资源进入农牧区，使广大农牧民与城镇居民共享更多的质优价廉的公共服务，逐步实现城乡基本公共服务均等化。其一是大力办好农牧区教育事业。继续加大教育投入，实施城乡帮持机制，提高教育资源优化配置水平，提升教育教学质量，改善农牧区各类学校的办学条件，促进教育均衡化发展，着力构建优质、均衡、和谐的教育发展新格局，加快城乡教育一体化进程。其二是加大农牧区公共卫生服务建设。在新型农牧区合作医疗覆盖面、卫生服务体系健全率全面提升的基础上，加大城乡公共卫生服务建设，全面提高农牧区医疗保障水平。推进乡镇卫生院运行机制改革，进一步整合城乡卫生资源，健全以乡镇卫生院为骨干、村卫生服务站为基础的布局合理及功能完善的农牧区医疗卫生服务网络，促进城市医疗卫生优质资源向农牧区倾斜。三是加强城乡文化服务体系建设。不断加大文化基础设施建设力度，着力建立城乡联动机制，加快形成满足农牧民文化需求的公共服务网络体系。

四是统筹城乡保障体系建设，筑牢城乡保障基础是基本方法。真正使广大农牧民享有“老有所养、病有所医、住有所居”，必须始终坚持以人为本，大力推进城乡社会保障一体化，让发展成果普惠于民。其一是推进农牧民养老保障。根据解决农牧区民生问题的新要求，增加政府投入，提高统筹层次，建立农牧民养老新机制，提高新农牧区保险和农牧区低保覆盖面。其二是推进农牧民医疗保障。积极

探索建立城乡一体化的基本医疗保障管理体系，全面推行城镇居民基本医疗保险制度，加大政府对新型农牧区合作医疗投入力度，完善补助政策，提升补助标准，不断提高医疗保障水平，缓解农牧民“看病难”的问题，实现“病有所医”。其三是推进农牧民住房保障。以农牧民安居工程建设为契机，加大对农牧区危旧房改造力度，不断改善居民居住条件。

西北地区

落实科学发展观　建设现代新渭南

陕西省渭南市市长 徐新荣

（2009年3月）

渭南地处陕西关中平原东部，是一座新兴的中等城市。实施《城乡规划法》几年来，我们深刻地体会到，规划是城市的龙头，只有城市规划力不断提升，才有可能实现城市建设与发展的日新月异。

一、站在战略高度，准确把握城市定位

城市定位，决定着城市的发展方向和目标，是做好城市工作的重要前提，必须站在战略高度科学谋划。一个城市的定位，主要应当依据这个城市的客观条件，包括它的历史沿革、地理区位、资源禀赋、经济结构、社区建设、科技文化教育卫生等状况，以及这些条件在区域发展战略中的地位和作用来确定。近年来，我们进行了大量的调查研究，在充分听取专家和群众意见的基础上，对渭南中心城市的定位取得了比较统一的看法。

第一，渭南中心城市应该成为国际山水文化旅游城市。渭南地处黄河中游，渭河、洛河穿境而过，西岳华山“奇险天下”，洽川湿地景观别致，渭北唐帝王陵墓群气势恢弘，韩城古城及党家村古建号称民居瑰宝。在渭南，字圣仓颉创造出文字，酒圣杜康酿造出美酒，史圣司马迁写出我国第一部纪传体通史《史记》。渭南山河壮丽，人杰地灵，被誉为“华夏之根、文化之源”。历史上曾出过6位皇帝、80多位宰相和300多位将军，也是著名诗人白居易等历史文化名人的诞生地，现代又是抗日名将杨虎城、老一辈无产阶级革命家习仲勋、著名政治活动家屈武、水利大师李仪祉、著名作家杜鹏程等贤达名流的故里。西岳庙、太史祠、仓颉庙、魏长城、两周古墓群和桥陵、泰陵、惠陵等文物古迹，秦腔、同州梆子、华阴老腔、提线木偶等众多戏曲剧种和民间工艺，与渭南独特的山岳河塬交相辉映，形成了特色鲜明

的旅游资源。特别是经过多年发展，华山旅游已经成为陕西乃至西部山水文化旅游的强势板块。渭南发展成国际山水文化旅游城市不仅有着资源优势，而且占据天时地利，成为加快发展的现实条件。

第二，渭南应该成为关中东部新兴工业城市。工业短腿、大市弱中心是渭南的实际。但经过多年的发展，渭南的能源化工、冶金建材、装备制造、纺织食品等工业也形成了一定优势。为顺应省委、省政府关中率先发展战略，我们按照“依托产业建市、壮大产业兴市”的思路，适时做出加快推进新型工业化和城镇化的决定，提出要立足本地优势、突出地方特色，大力培育区域支柱产业，重点发展装备制造、精细化工、高新技术、食品工业、商贸流通和职业教育，建设城市经济骨干群体和新的产业链条，努力形成产业发展—人口增加—城市扩张的良性循环。目前，金钼股份、韩城龙钢、渭河化肥、中联重科土方机械、八鱼油脂、北人印机等企业，在全国同行业占据一定优势，渭南高新区和渭北产业园已经成为区域经济新的增长点。

第三，渭南应该成为秦晋豫黄河金三角商贸物流中心城市。渭南东襟黄河与山西、河南毗邻，西望长安与西安、咸阳相接，南依秦岭与商洛为界，北枕桥山与延安、铜川接壤，是西北地区进入中原的“东大门”。古有“三秦要道、八省通衢”之称，现居西部大开发的“桥头堡”，在秦晋豫黄河金三角地区有着举足轻重的地位。多条国省道、高速公路和铁路网布全境，为发展现代商贸物流提供了条件。充分依托良好的交通网络，以发展现代物流为重点，建设各类专业市场和加工贸易中心，大力发展连锁经营、物流配送、电子商务、大型会展、中介服务等新型业态，建设一批高档次的休闲娱乐场所和星级宾馆酒店，引领城市消费，把渭南打造成秦晋豫金三角最大的商贸物流城市，已经成为渭南加快发展的战略选择。

第四，渭南应该成为关中适宜人居的绿色生态文明城市。城市是人口的聚集中心，适宜人居必须成为城市的第一要素。特别是城市生态环境，不仅能带来可观的经济和社会效益，而且还会全面提升市民的生活质量。我们以创建国家卫生城市为抓手，突出一个“绿”字，唱响一个“水”字，重点实施了南塬绿化、湭河综合治理和城市主干街路生态景观工程，着力构建“大水”、“大绿”、“大空间”的城市格局，初步形成林园相映、林城相融、河湖泉一水贯通、水绿文一体和谐的城市形象，渭南正在发展成为西北地区最美丽的滨河城市。

二、遵循城市规划，推进城市建设

规划是城市的灵魂，是建设的基本依据。近年来，我们坚持规划为纲，严格实施城市规划，精心组织城市建设，较好地实现了中心城市的改装换容。

一是以人为本。人是城市的主体，满足不同人群的生产生活需要，则是城市的第一功能。近年来，我们在城市规划建设中，始终坚持以人为本，高度关注城市居民的吃住行医购，下大力抓了一批生活服务设施的建设。开通了中心城市直达周边乡镇的城郊公交。规划建设了28个专业市场，引进了华润万家、晶众等现代超市。开工建设了渭南高中、实验初中、三贤路小学3所学校，实施了中心医院搬迁等项目，开工建设朝阳公园、湭河综合治理等休闲场所。这些都从不同程度上改善了人民群众的生活，使长期积累的“老大难”问题得到了较好的解决或缓解，受到群众普遍好评。

二是以拆促建。由于历史和现实的原因，渭南中心城市基础设施欠账较多，市容市貌相对落后，是典型的农村城市和大村堡。我们以实施城市主干街路规划带动道路两侧的详细规划，坚持新修与拆除并重，近期与长远结合，有计划有步骤地组织实施城市“三拆一透”，取得了较好效果。累计拆除临街违章建筑84处11370平方米，“三拆”植绿143处，建成街头绿地5处，新增共享绿地广场32个。不仅使城市的载体功能有了很大提高、城市面貌得到明显改观，而且对于提升城市品位、提高市民生活质量起到了很大作用。

三是加快建设。建设是城市的主题，更是提高城市综合承载能力的关键。特别是基础设施，更是建设现代化城市、提高城市综合功能的基本条件。我们按照“拉大框架、完善配套、提升形象”的思路，坚持对城市建设项目分类排队，每年确定一批重点，集中人力物力克难攻坚，干净利落地办成几件实事。2008年，我们投资6亿多元，相继完成华山大街、仓程路、朝阳大街等道路部分路段的拓宽改造，新建改建城市道路7公里。今年，我们安排城建重点项目36个，力争完成投资45亿元，将建成滨河大道、胜利大街等11条主次干道，完成310国道城区段改造等项目。在安排城市建设项目中，我们十分注意规划与项目的衔接，始终做到以规划指导建设。对于一时拿不准的一般先控制起来，绝不让“今天建、明天拆”的现象继续出现。坚持多干打基础、利长远的事情，努力克服“重地上、轻地下”的思想，高度重视供水、排水、燃气、供电、电信、有线电视等各类专项规划和详细规划的编制，实现基础设施和各种资源最经济配置、最优化利用，满足经济社会发展和居民生产生活的需要。

四是城乡统筹。渭南距省会西安只有50多公里，完全具备依托西安发展的优势和条件。我们主动融入西安、接轨西安，巧借西安居新亚欧大陆桥最大中心城市和承东启西、接南通北的功能作用，抓住“西安都市圈”建设的战略机遇，以规划为指导、产业为支撑、基础设施为纽带，巧借大城市的极地优势，全力推进产业集聚与城市扩张。目前，渭南高新区已与西安未央、临潼等区县签署战略合作意向，西安市区的一些大企业、大项目和大专院校也开始落户渭南。渭南是11个县市区的中心城市，在拉动区域经济发展中占据着举足轻重的战略位置。我们注重发挥西潼、西禹高速及过境国省公路的交通优势，以构建“一个中心、三个层次、两横两纵”的城镇体系为目标，进一步密切中心城市与各县市和小城镇的联系，促进城乡共同发展。

三、注重规划管理，规范行政行为

规划是城市管理的法定标尺。规划的权力至高无上，远远大于市长。我们坚持把维护规划的权威放在重要位置，出台硬措施，采取硬办法，有效保证了规划的执行力。

一是高起点编制规划。立足战略性、突出前瞻性、讲究艺术性、强调科学性、注重生态性，是现代城市规划的基本理念。只有树立超前、现代、精品的城市规划意识，才能解决好千城一面、千街一面的问题，才能使城市规划不留缺憾，才能让人民群众通过规划长信心、增盼头、添干劲。2008年3月，我们成立了由市长、专家和部局长共同组成的城乡规划委员会，涉及城市规划的大事要事和难事，一律提请大家民主审议，集体决策，尽量不让规划出现大的失误。随即，我们又启动了新一轮城市总体规划修编，聘请北京清华规划设计院修编城市总体规划以及城中村改造规划、城市绿地景观规划等一系列详细规划。目前，中心城市总体规划已经修订并通过评审，重点区域的控制性详细规划全部完成，规划覆盖率达到了100%。各县市也以全省城乡规划和关中经济带城镇规划为指导，全方位启动县城和重点镇总体规划的修编工作，加快控制性和修建性详细规划的编制。

二是严格规划管理。理顺规划管理体制，将中心城市所在地的临渭区以及紧邻的高新区、渭北产业园区规划，纳入市级城市规划部门统一管理。严格“五线”管制，对涉及用地项目和所有建设，坚决实行市长“一支笔”审批，对已批准的规划项目，严格按照“规划一张图、审批一支笔、管理一个法”的原则，把好选址、设计、审批、放线和竣工验收五个关口，有力地保证了各项基础设施建设和房屋拆迁工作的顺利进行。强化规划监督稽查，对城市范围内违法违章用地和建设行为坚决查处，使一些违章建筑和棘手的遗留积案得到有效解决。

三是营造舆论氛围。为强化公众参与和社会监督，我们高度重视规划的公示与宣传工作，设立了城市规划展馆，每年都要组织开展规划集中宣传活动，通过悬挂横幅、展示规划项目、发放征求意见表、召开座谈会、组织干部群众观展等多种形式，宣传规划工作，普及规划知识，增强规划意识。为提高规划的透明度，我们还对重要规划项目、重大规划审批进行公示，公开让群众评议监督。同时坚持把信访与规划管理紧密结合，着力解决群众普遍关心的热点难点问题，不搞形式主义，不搞假大空，努力使人民群众对规划放心满意。

用文化包装城市　靠特色提升品位
全力打造特色鲜明的国际旅游名城

甘肃省敦煌市市长　马世林

（2009年10月）

敦煌市位于甘肃省河西走廊最西端，地处甘肃、青海、新疆三省（区）交会处，总面积3.12万平方公里，总人口18万。敦煌历史悠久，文化灿烂。汉唐时期曾是东西方文化交流的窗口、中国历史上率先向西方开放的地区和丝绸之路上的咽喉重镇，素有“西部明珠”、“戈壁绿洲”之称，被誉为佛教艺术的殿堂和飞天艺术的故乡。敦煌物产资源丰富、旅游景点众多，境内有世界文化遗产莫高窟、国家4A级景区鸣沙山·月牙泉、国家地质公园雅丹地貌、千古奇关阳关、玉门关等240多处人文和自然景观，是甘肃省对外开放的窗口和旅游业发展的龙头。1979年被列为我国第一批对外开放城市，1986年被命名为“中国历史文化名城”，1998年被评为全国首批优秀旅游城市，是享誉中外的一座国际旅游名城。

一、敦煌市城市规划建设管理工作基本情况

2006年以来，敦煌市“把城市作为景观建，把单体建筑作为景点建”、“以城市建设促进旅游发展，以旅游发展带动城市建设”，围绕火车站、飞机场等重大基础设施建设项目及省道313线、国道215线改造，打通市区交通干线连接线，连续三年实施了以敦煌风情城、城市临街建筑物立面改造等为重点的“十大城市建设工程”，并充分运用敦煌文化元素，全面加快了城市特色化改造建设步伐，“汉唐风格，敦煌特色”的城市风格初步形成，丝路文化氛围浓厚、汉唐建筑风格突出、功能布局合理完善、舒适精巧极具人气的特色旅游城形象日渐显现。近三年来，敦煌市先后被评为“感动世界品牌城市”、“国家旅游名片”、“中国县域旅游品牌十强县市”、“中国最佳生态旅游目的地”、“市民最满意城市”等。

二、敦煌市城市规划建设管理工作的主要做法

近年来，特别是2006年以来，敦煌市把城市建设与经济发展统筹考虑，把加快城市建设作为发展优势产业的突破口，规划与建设齐抓、新建与改造结合、功能与特色并重、管理与整治并举，重点推进“三改造、三整治、三配套”，使城市面貌发生了显著变化。

“三改造”，一是大力实施旧城拆迁改造。近年来，敦煌市按照“总体规划，分步实施，重点推进，拆建结合”的思路，对城区平房及有碍观瞻建筑占地进行了前所未有的大规模拆迁、置换和出让，全市累计拆迁占地面积达25万平方米，将昔日尘土飞扬的党河道改造成了碧波荡漾的党河风情线，将昔日粗放型经营的市场改造成了现代时尚的敦煌风情城和集餐饮娱乐购物于一体的商业步行街，新建高标准的迎宾花园、丝路花园、飞天家园等住宅小区8个，全面拉动了城市经济的快速发展。二是大力实施临街建筑物立面改造。按照新建筑外观设计必须凸显特色化、旧建筑逐步实施特色化改造的工作思路，采取“穿靴戴帽”的方式，通过制作安装浮雕、装饰线条及挂件、重新粉刷等措施，对城区临街建筑物外立面分批次进行了“换肤”改造，目前已分批对全市主要大街的重点建筑物进行了立面改造，城市形象得到了明显提升。三是大力实施城区道路管网改造。按照“一街一景”的定位，突出敦煌特色，用古钱币砖、莲花砖、敦煌景点景区砖铺设人行道，建成了“钱程似锦”人行道、“步步生莲”人行道和“敦煌景点”人行道，提高了城市的文化品位；同时，对城市主要街道架空线路进行全面改造，全部实行地埋，消除了架空线路对城市形象的影响。

“三整治”，一是全面整治市容环境卫生。连续三年动员全民参与，在全市组织开展了“清脏治乱”、“房屋清顶”、“景点景区沿线”、“国省道两侧”、“乡容市貌”等十大市容市貌整治活动，全面整治了城区各类脏乱破旧的巷道、节点、围墙、城区户外广告牌匾、城乡结合部的环境卫生，彻底改善了市容市貌和环境卫生状况。二是全面整治临街节点巷道。按照“大工程树立形象，小工程改善民生”的工作思路，对城区10个重要节点进行了集中整治；按照“旧材料与新投资”相结合的办法，利用在主街道改造中拆除下来的道牙砖等旧材料对城市小巷道进行了全面改造；按照“拆除一批、改造一批、新建一批”的原则，对市区60多处不符合规划的围墙进行了改造，并用文化元素进行包装，实现了拆墙透绿、拆墙还路。三是全面整治城区广告牌匾。按照“统一设计、统一材料、统一安装、统一启闭、统一管理”的要求，结合临街建筑物立面改造和夜景灯光设置，对城区主要街道的所有户外广告和门头字

号牌匾进行了全面的清理规范，使原来杂乱的广告牌匾变成了敦煌夜晚的一道亮丽风景。

“三配套”，一是配套实施了夜景灯光工程。按照“总体规划、单体设计”的思路，对临街建筑物包括绿化树木都设置了夜景灯光，在主要街道安装了飞天莲花灯、单臂藻井功能灯、景观灯等，打造了流光溢彩的西部不夜城。二是配套完善了城市家什家具。在主要街道及广场设置了休闲长椅，重新布设造型独特的垃圾桶。在主干道两侧树穴内摆放了卵石，在树穴间隙摆放了党和国家领导人及著名学者、书法家在敦煌的题词石刻。每年在市区主要节点和路段摆放鲜花装扮城市，打造了亮丽的城市形象。三是配套完善了城市基础设施。围绕改善和提升城市生产生活环境，先后建成了日处理垃圾150吨的垃圾处理厂和日处理污水3万吨的污水处理厂，提升了城区绿化档次，改造了供排水管网、电网等基础设施，开工建设了新建党河大桥、城市集中供热等基础配套工程；同时，新建了沙州大酒店、飞天大酒店等一批三星级以上的旅游接待宾馆，改造了敦煌宾馆、太阳大酒店等星级宾馆饭店的接待设施，城市的载体功能和接待水平得到了进一步提升。

三、敦煌市城市规划建设管理工作的几点启示

城市是一个县市经济社会发展的重要载体和基础。城市生存生活环境的改善，对推动区域人才、物资、资金、信息向城市流动集中，拉动县域经济社会发展都具有非常重要的作用。为此，科学规划、建设、管理城市将成为新形势下推动地方经济社会健康快速发展的一个重要突破口和切入点。通过对城市建设管理知识的系统学习，结合敦煌城市建设管理的工作实践，我深有体会。

1.准确把握城市定位和发展方向是加快城市建设的前提

科学合理的城市定位是城市建设、发展方向和目标。在近年来的发展实践中，要加快城市建设，首先要围绕以下三方面来定位城市发展建设的方向、规模、特色。一是立足县域经济发展特色来定位城市发展方向。敦煌的资源优势和条件决定，敦煌经济发展的出路在旅游。所以在城市建设上，我们围绕旅游，把敦煌定位为国际性的区域旅游中心城市，坚持把城市作为景观来建设，积极整合规划、建设等方方面面的资源，为旅游发展搭建平台、构筑载体，有力地推动了全市经济社会的健康快速发展。二是紧扣社会发展的现实来定位发展规模。敦煌现有人口规模和基本自然条件决定，在考虑城市一体化统筹发展的前提下，将敦煌城市未来人口定位在18~20万。因此，在城市建设上也按照“宜小不宜大、宜精不宜粗”的指导思

想和“精、细、巧”的建设理念开展工作。三是依托城市历史文脉来定位城市发展特色。作为历史文化名城，敦煌具有悠久的历史传承和丰厚的文化积淀。按照建设“魅力敦煌、艺术之都”的要求，把城市建设风格与历史文脉背景相结合，运用莫高窟壁画为主的敦煌文化元素，以丝路文化为题材，以壁画雕塑为点缀，着力塑造“汉唐风格、敦煌特色”的城市风格，充分展现了敦煌的文化艺术特色。

2.严格执行规划是加快城市建设的关键

城市规划是城市发展的龙头，是建设和管理城市的基本依据，也是引导和调控城市发展资源，实现城市发展目标的重要手段。在发展的实践中，我认为，要加快城市建设，就必须围绕以下三方面抓好城市的规划工作。一是规划要远，突出前瞻性。我们从城市长远发展考虑，按照城乡统筹一体化发展的要求重新修编城市总体规划，并将各类专门性规划、城市重大基础设施及风景名胜区的规划纳入了城市规划管理体系之中，逐步建立了一套完整的规划发展体系，进一步明确了城市性质、规模、布局、产业发展方向。二是规划要实，突出可操作性。规划旨在指导建设，必须具备可操作性。我们在规划中按照“专业对口、实际适用”的原则，既注重规划设计单位的总体水平和名气，更注重专业化程度和实际操作能力。在规划设计工作中，不仅选聘美国RHM（美国国际工程设计研究院）、上海同济大学等国内外知名设计单位，也选聘一些对不同专项规划具有专长的规划设计专家，既提高了敦煌规划工作水平，也提升了规划对建设管理的实际指导性。三是规划要严，突出控制性。坚持“规划一张图、建设一盘棋、审批一支笔、配套一条龙”的原则，成立了规划委员会，由专家和相关职能部门参加，对每项建设工程的规划选址、规划设计方案都进行严格审查。特别对党河风情线、敦煌风情城等重大项目，都聘请各层次专家广泛研讨，严格把关。其次是严格执行规划及规划法规，坚决查处城乡建设中不批就建、少报多建、乱搭乱建、擅自改变规划方案以及未经审批乱圈地等违法行为，有力维护了规划的严肃性。

3.凸显个性特色是提升城市品位的内在要求

特色是城市的灵魂，也是城市的个性和魅力所在。要提升城市品位，就必须深入挖掘地方文化内涵，把城市建设风格与当地历史文脉背景相结合来推动城市特色化建设。近年来的建设实践证明，城市建设重点要从以下三个方面凸显个性特色。一是从整体风格上体现特色。近年来，我们按照“汉唐风格、敦煌特色”、“新建筑一律推行汉唐风格异型顶，旧建筑逐步改造推行坡屋顶”的建设理念，从建筑物的整体色调到建筑物的外观造型，从立面改造的浮雕图案到人行道改造的

石刻花纹，都充分体现了敦煌特色。二是在主题文化上体现特色。我们在城市景观建设上，始终体现“一路一景、一路一灯、一路一品”的建设思路。利用敦煌大量的历史文化艺术资料和题材，精心选择了敦煌石窟壁画中隋代、唐代的莲花砖、藻井图案及从春秋战国到清代的古币，在街道人行道建设上，分别铺装了“莲花街”和“古币街”；在主要大街人行道上铺设了守土开疆、天马故乡、沙漠之舟、物华天宝四个篇章的“古代沙州文明史”，边关烽燧、西传东渐、人杰地灵、盛世乐舞四个篇章的“古代沙州开放史”；在市中心建筑群上，安装了以凿空西域、天马故乡、华戎都会、地灵人杰、丝路花雨为主题的组合浮雕。三是在细节刻画上表现特色。我们在城市建设过程中，不仅注重通过细节严把质量关，而且通过细节刻画特色。在具体建设上，我们不论是在路灯的灯座、灯臂的造型、图案，还是垃圾箱、人行道及休闲椅、广告牌、建筑立面改造中的挂件、线条，围墙改造的图案，都融入了古币、莲花、飞天、藻井、浮云等敦煌文化艺术元素，使人感受到一种厚重的本土文化气息。目前，我们正在积极策划论证敦煌古城恢复建设项目，建成后将再现敦煌汉唐时期的繁荣盛景。

4.用市场化理念经营城市是经济欠发达地区加快城市建设的必由之路

城市建设发展，需要注入大量的资金。如果没有资金作保障，建设也将无从谈起。对于经济欠发达地区来讲，加快城市建设就必须走市场化运作的路子，积极挖掘自身潜力，不断创新筹资理念，走适当举债搞建设的路子。在建设过程中，我们主要从以下四个方面筹措城市建设资金。一是搭建平台，利用金融市场筹资。敦煌通过成立旅游投资公司，主动寻求金融机构支持，捆绑优良资产，包装运作了一批贷款项目，与国家开发银行达成合作协议，通过开行贷到建设资金2.39亿元；同时，积极与甘肃省信托投资公司合作，先后发行三期信托产品，争取到信托资金贷款4554万元。二是盘活资产，通过经营资产筹资。重点是依靠经营盘活城市存量资产筹集资金，通过对企业化管理事业单位的产权改革和资产处置，盘活资产4848万元，政府实现收益2330万元；依靠经营城市土地资源筹集资金，通过对土地一级市场的垄断，采取土地置换、转让等方式，集中优势资金，采取拆迁一片、拍卖出让一片的方法，先后成功出让11宗土地，拍卖成交金额达到1.24亿元，充分利用有限资金实现滚动拆迁，推动城市改造。三是政企共建，通过拓展投资渠道筹资。重点是通过制定实施鼓励性政策，以政府投资为引导，鼓励各单位、各部门尤其是驻敦单位参与城市建设。如在立面改造及城市夜景灯光设置等工程上，采取各产权单位出资70%，政府补贴20%，对按期完成者奖励10%的政策，调动了社会各方面积极投身城市建设的积极性。四是节支增收，通过调剂地方财政支出筹资。面对开工建设工程多、财政紧张、资金严重缺乏的现状，积极推行节支增收等措施，仅今年从财政渠道投入城市建设资金就达8759万元，占到了我市本级财政收入的50.8%。

5.强化管理是提升城市发展水平的有效保障

城市“三分建设，七分管理”。提升城市品位，不仅需要基础设施等硬环境建设，更需要城市的软环境建设。城市管理水平是城市社会文明程度的重要标志，也是优化城市发展环境、提高城市运行效率的迫切需求。在建设管理过程中，要提升城市发展水平就必须从以下三个方面加强城市管理。一是健全组织，从力量上强化管理。成立城市综合管理、房屋拆迁管理机构，按照重心下移、条块结合、以块为主的原则，在各乡镇先后组建综合执法队伍，在社区居委会分别设立街道城市管理组织，逐步形成了“两级政府、三级管理、四级网络”的城市管理模式。二是完善制度，从机制上规范管理。制定《市容市貌管理暂行办法》、《户外广告宣传品管理办法》等一系列城市管理办法，设立专门的举报电话，出台举报奖励制度；同时，积极探索城市市容和环境卫生管理的新路子，推行以门前“包卫生、包绿化、包美化、包看护、包秩序”为内容的“五包”责任制，取缔了设置在城市主街道人行道的所有自行车、摩托车停放点，落实“周检查、月评比”制度，加强环境卫生的监督检查，聘请义务监督员24小时巡查，实现了从职能部门单一管理向群众参与多渠道管理的转变。三是强化措施，从重点环节突破完善管理。坚持以人为本，加强城市供水、排水、燃气、供热、道路、路灯、绿化等市政公用设施的日常管理维护。强化社区物业管理，健全楼院物业管理规章制度，全市住宅实现了物业企业专业管理或业主自治管理。四是全程监督，从细节上加强管理。重点围绕建设精品工程，建立健全了政府监督、业主负责、企业自控和社会监理的质量保证体系。在具体工作中，我们从工程建设的每个细小环节着手，全面落实工程监理工作制度，严把工程建设的各个环节和关口，有力保证了城市建设的工程质量。

6、全民共建是推进城市建设的重要基础

城市建设是一个复杂的系统工程，需要大量人力、物力、财力去建设、管理、经营，更需要社会各界和广大市民的广泛参与、积极配合和大力支持。要全面推进城市建设，就必须坚持“人民城市人民建”的思想，充分依靠人民群众和社会各方面力量共同建设。在建设管理过程中，要推进城市建设就必须从以下三方面推进全民共建。一是宣传引导，凝聚民心支持城市建设。通过广泛开展“我爱敦煌”教育活动，及时向群众宣传城市建设的重大意义，统一了思想，凝聚了人心，为城市建设管理注入了强大的精神动力。2006年，在城区平房房屋清顶工作中，用30天时间完成了城区98%的平房和所有楼房的清顶任务；在敦煌风情城场地征迁工作中，382户房屋仅用88天就全部完成了征迁工作，创造了敦煌历史上规模最大、速度最快的拆迁纪录。二是畅通渠道，集中民智谋划城市建设。我们将规划内容的模拟图、规划效果图等通过网站和在人流集中地段进行公示的方式，广泛征求群众意见，使规划更加完善，更加符合敦煌实际。三是积极发动，依靠民力参与城市建设。通过积极发动，先后组织开展了万人义务植树活动和清理河道垃圾活动，在清理整治旅游沿线、城郊村、城中村及城乡主次干道环境卫生工作中，在清理整治居民点街道、树沟垃圾、拆除有碍观瞻的建筑物工作中，始终都是以广大人民群众为主，促使敦煌城乡面貌发生了明显改观。

统筹城乡发展 构建和谐门源

青海省门源回族自治县县长 马应寿

（2010年7月）

近年来，门源县委、县政府坚持以邓小平理论和“三个代表”重要思想为指导，以科学发展观为统领，紧紧抓住西部大开发的历史机遇，按照“科学规划、以城带乡、以工促农”的发展思路，统筹城乡经济发展、统筹城乡规划建设、统筹城乡社会进步，努力解决“三农”问题，实现了城乡经济社会的统筹协调健康发展。

一、县情概况

门源回族自治县位于青海省东北部、祁连山脉东段，东北与河西走廊中部的甘肃省天祝、肃南、山丹县接壤，南接本省大通、互助县，西与本州祁连、海晏县毗邻，历史上曾为“丝绸之路”的辅道，是青海省的“北大门”。辖区总面积6902.26平方公里，辖4镇8乡、109个行政村，省属单位有浩门农场、门源种马场。地区总人口15.33万，其中农牧民12.76万人，占人口总数的83.2%；有回、汉、藏、蒙古、土等21个民族，其中少数民族9.33万人，回族6.81万人，分别占人口总数的61.1%和44.4%。我县小城镇沿省际岗青公路呈“串珠式”连线分布，主要有浩门、青石嘴、东川、泉口四个小集镇。浩门镇为县府所在地，距省会西宁152公里，平均海拔2850米，全镇总面积378.37平方公里，城镇建成区面积5.4平方公里，城镇人口3万，城镇化水平达到27%，2002年被列为全省重点建设城镇之一。

门源是一个以农为主、农牧结合的县份，主要有农牧、水能、矿产、动植物、旅游等优势资源。农牧业资源独具特色，辖区耕地总面积60万亩，其中县属44.3万亩，农作物以油菜、青稞为主，兼有豌豆、小麦、马铃薯、蔬菜等，是全省最大的商品油料基地、藏区青稞制种基地和重要的蜂产品基地。境内各类草场面积686.4万亩，其中可利用草场583.16万亩，存栏各类牲畜56.2万头（只），是省州现代高效畜牧业示范基地和牛羊育肥贩运基地。水利资源尤为丰沛，是河湟地区和河西走廊重要的水源涵养区和补给地，仅流域面积50平方公里以上的河流有31条，水能资源蕴藏量为56万千瓦，黄河二级支流大通河境内流程176公里。矿产资源储量较大，主要有煤、铜、铁、沙金和铜锌等16种，其中煤储量达5574万吨，是全省已探明储量最大的无烟煤生产基地。森林及野生动植物资源丰富，森林总面积36.68万公顷，覆盖率达35.1%，仙米国家森林公园是全省面积最大的天然林区。旅游资源得天独厚，自然风光神奇秀美，多种民俗文化交融荟萃，西部是祁连山金牧场和环湖地区海拔最高的岗什卡雪峰，中部是国家4A级百里油菜花海景区，东部是仙米国家森林公园，其间还有卡约、辛店文化遗址，东晋岗隆岩雕，汉、唐、宋年间的多处古迹，浩门"古八景"（即鸾城翔凤、狮子古崖、花海鸳鸯、照壁凝翠、朝阳涌翠、雾山虎豹、冷龙夕照、骆驼曲流），74座清真寺和3座藏传佛教寺院，形成了"十里不同风"的民俗文化，构成了门源丰富多彩的自然人文景观。

二、主要做法及成效

（一）解放思想，更新观念，统筹城乡经济社会全面协调发展

统筹城乡经济社会发展，加快城乡一体化进程，是党中央从战略高度作出的全面建设小康社会的重大决策。近年来，我们把农牧业增效、农牧民增收、农牧区繁荣作为全县工作的重心，牢固树立城乡一体同步发展、以城带乡促农（牧）发展、以工促农（牧）快步发展的理念，坚持以人为本，统筹城乡规划建设、产业发展、劳动就业、社会保障，实行产业联动、城乡联动、区域联动，着力解决好增加农牧民收入、提高农牧民生活质量、维护农牧民合法权益、提供平等的发展机会等问题，让农牧民共享改革发展和城镇建设带来的社会文明成果。

一是积极调整农牧业产业结构，大力推进农牧业经济发展。门源是一个以农为主、农牧结合的多民族县份，缩小城乡差距，实现城乡二元结构向现代城乡一体结构转变，全面构建和谐社会，重点和难点在农牧区，实现城乡一体的关键和基础是要加快农牧业的经济发展。近年来，我县坚持以产业化经营为方向，以加快发展现代高效畜牧业为着力点，以农牧业增效、农牧民增收为核心，按照统筹规划、合理布局、分类指导、示范先行、产业带动、分布推进的原则和"种草养畜、为养而种、为牧而农、农牧互动"的发展思路，动态性调整种养结构、区域生产结构、品种品质结构、组织结构和劳动力结构。以发展农牧业集约化经营和生态畜牧业建设为重点，积极培育龙头企业和各类专业合作经济组织，形成了农牧业产业化发展新

雏形，初步探索出生产方式和经营方式双转变、经济效益和生态效益共赢的“双转双赢”发展路子。到目前，全县62个村以股份制、租赁、联合、租赁加委托、租赁加代耕、农机专业服务等形式开展了农牧业集约化经营工作，整合耕地2.7万亩、草场41.4万亩、饲草料基地1万亩、牲畜6.1万头（只），参与集约化经营的专业合作社达50个；以牛羊育肥、羔羊专业化生产为重点，农区养殖和草地畜牧业互动，草畜经济得到较快发展；以改造提升青稞、油菜传统产业，培育蔬菜豆、杂交油菜制种等特色订单种植业为重点，打破了传统的二元经济结构，大力发展现代避灾农业，农业效益得到提升；以设施农牧业为重点，大力发展暖棚经济，推动传统农牧业向现代高效农牧业发展；以劳动力培训转移为重点，大力发展劳务经济，成为农牧民增收的新亮点。

二是立足资源优势，不断调整优化工业经济结构。积极采取宏观调控措施，转变县域经济发展思路，坚持把工业发展作为壮大县域经济整体实力的重大产业重点培育扶持，发展形成了以水电、煤炭、多金属选冶、农畜产品加工为主的资源型工业经济体系，使县域工业从无到有、从小到大、从弱到强，使工业经济结构得到了有效调整，从而促进了县域经济增长方式的转变。目前，仙米、雪龙滩等装机容量达11.8万千瓦的16座水电站已相继建成发电，正在建设的有石头峡、纳子峡等装机容量达20万千瓦的8座水电站，大通河“水电走廊”已具规模。通过整合、技改、新建，无烟煤开发初步形成了以原煤生产带动，向洗净煤加工及热电联产延伸的产业链。依托县境内丰富的铜、金等金属，发展形成了集采掘、选冶、加工为一体的多金属产业。围绕藏区青稞、小菜籽油、牛羊肉、蜂产品、乳产品、绒毛等优势农畜产品资源，发展形成了特色农畜产品加工产业，并正在向产业聚集发展、产品精深加工、资源综合利用方向转化。2009年，工业总产值达到4.65亿元，增加值达到1.78亿元，工业经济占GDP的比重达到13%。

三是以旅游业为龙头，引领第三产业发展。围绕建设高原旅游名县的目标，加大投入力度，强化景区景点建设，提升接待服务水平，精心打造“中国最美油菜花海”旅游特色品牌。“十一五”以来，共接待旅游人次250.3万，实现旅游收入1.73亿元，年均分别增长26%和33%。旅游业的迅速发展活跃了商贸、交通、运输、通信和其他服务业，带旺了本地市场，拉动了内需，以旅游业为龙头的第三产业发展格局初步形成。截至目前，个体私营经济总户数达到4170户，从业人员达到1.3万人，非公有制经济占GDP的比重为27.7%。

四是加大生态建设力度，努力构建“绿色门源”。坚持以科学发展观为指导，大力实施“生态立县”战略，着力加强生态建设和环境保护，扎实推进环境污染整治和节能减排。“十一五”以来，全县累计完成人工造林5.7万亩、荒山种草2万亩，退耕还林6.2万亩、封山育林13万亩，四旁林网植树1000余万株，全县森林覆盖率达35.1%；同时，严格执行环保“三同时”制度和环保准入制度，深入开展节能减排工作，全面排查治理环境安全隐患，严格控制污染物排放总量，生态环境进一步趋于好转。

（二）统筹城乡基础设施规划建设，加快推进城乡一体化建设步伐

一是以完善规划为前提，构筑统筹城乡发展框架体系。统筹城乡发展，加快城乡一体化进程，科学规划是前提。门源县围绕优化布局结构，推进城乡一体化的要求，按照科学规划、合理利用的原则，突出“小而美、小而特、小而精”的城镇特点，先后聘请省、市专家对我县各镇进行实地勘测和规划，科学编制完成了全县12个乡镇和109个行政村的村庄和浩门镇总体规划、浩门镇中心区控制性详细规划、浩门镇5.4平方公里控制性详细规划，使城镇规划编制率达100%。按照做优一产、做强二产、做大三产的目标，结合全县工业化、城镇化加速推进的阶段要求和现状，对全县三次产业布局进行了整合优化。在农业优势相对突出的乡镇重点发展集约农牧业、规模农牧业、生态高效农牧业和休闲观光农业。在县城和中心城镇规划了生态工业集中发展区及矿产品深加工和高载能工业集中发展区，形成以矿产、农畜产品、藏毯加工、家用采暖炉生产、制氧、彩钢生产等为主的企业集中发展区。按照产业集聚区和新农村新牧区建设规划，围绕建立城镇化的基础设施体系、社会保障体系和社会事业发展体系目标，编制完成了以道路、供水、污水、垃圾处理、电力、通信等为主要内容的基础设施建设专项规划，以文体广电、教育、卫生医疗、计生服务等为主的公共服务设施建设专项规划和以社会保障体系为主要内容的社会事业发展专项规划，着力构筑支撑城乡统筹的公共服务平台。

二是以提升人居环境质量为宗旨，大力推进城镇公共服务体系建设。按照“上争、外引、内联”相结合的方式，创新经营机制，加大城乡基础设施投入，加快建设高原旅游名县进程。“十一五”以来共投入资金5亿多元，重点进行了城乡道路、供排水、供热、供电、通信、河道治理、园林绿化、广场建设、垃圾处理、照明等一大批基础设施和公共服务设施建设工程，城镇综合服务功能日趋完善，承载能力明显增强；同时，实施了通村道路硬化，全县主要道路实现了“村村通”，基本形成了四通八达的农村公路网络。改革城镇建设投融资机制，利用举办“油菜花文化旅游节”等活动，加大招商引资力度，积极引进县外经济实体参与房地产开发。

2006年以来，引进资金2亿元，房地产开发建筑面积达18.41万平方米，城镇居民现住房总建筑面积62.5万平方米，城镇人均居住面积由20世纪80年代的6.8平方米增加到现在的21平方米，极大地改善了居住条件，走出了一条“以地生财，社会化投资”的城镇建设道路。

三是以新农村新牧区建设为重点，着力改善城乡面貌。建设社会主义新农村，是统筹城乡发展、缩小城乡差距、构建和谐社会和全面推进小康建设的重大举措。充分利用国家建设新农村新牧区建设的政策，抢抓国家财政投入倾斜农村机遇，按照“生产发展、生活宽裕、乡风文明、村容整洁、管理民主”的总体要求，累计投入资金达1000余万元，扎实推进新农村新牧区建设。其一是巩固和加强农牧业基础地位，加强农村牧区公共服务设施建设，在对水、电、路以及科教文卫等基础设施建设的同时，努力达到村村建有一个规范化的卫生室，有一个功能齐全的党员活动室，有一个群众性文化活动场所。村通硬化路，户通自来水、电视、电话，家有畜棚、沼气池、太阳能灶；同时以“三清、四改、治六乱”为突破口，加大村容村貌整治力度，村容村貌得到较大的改善。其二是调整优化农牧业结构，发展“一村一品”专业村。兴办和扶持以菜籽油、牛羊育肥贩运、蜂产品等为主的农畜产品加工龙头企业，发展订单农牧业和“公司+农牧户”的经营模式。其三是组织实施扶贫开发整村推进项目，落实部门、单位扶贫帮困责任制，建立和完善农村牧区新型合作医疗制度、养老保险制度和最低生活保障制度，形成以就业帮助、医疗救助、教育救助等为补充的多元化新型社会救助体系。2008年以来，投资9000余万元，先后实施了以城镇廉租房、农村困难群众危房改造和游牧民定居、国有林场贫困职工危旧房改造和奖励性住房建设工程，使3500多户困难群众实现安居。

四是以构建和谐文明城镇为目标，不断提高城镇管理水平。全面加强了农村宅基地、农村建房、城镇建设、集聚区等建设的规划控制和规划执法，建立了“全覆盖、无缝隙”管理模式，形成了县乡互动、部门联动、定期巡查、执法到村的工作机制，实现了县域规划全覆盖和重点区域的严格控制。其一是加强城镇管护职能，明确管理目标。结合门源实际，整合内部资源，深化体制改革，进一步强化责任，增添措施，突出重点，整体推进，按照属地管理的原则，对四个建制镇成立了城镇管理监察大队，明确了职能，划分了卫生责任区，实行了单位卫生区域承包责任制，各部门、各乡镇间建立定期沟通、定期联席、工作人员直接深入第一线开展工作、群众广泛参与的工作机制，真正做到了定目标、定时限、定责任，包协调、包速度、包质量，相互配合、相互支持，共同维护、共同发展的工作格局。其二是开

展立法活动，加大城镇管护力度。县人大、县政协等部门多次开展城镇管理视察和调研，并根据有关规定起草了《门源回族自治县城镇市容和环境卫生管理条例（草案）》。按程序召开论证会，县人大进行了立法，为今后推进我县城镇市容和环境卫生事业的发展打下坚实的基础。其三是加大了环卫工人队伍建设，提高了工资待遇，落实"门前三包"等责任制度，实行全天候保洁。今年投资80多万元，对县城各主要街道的标线、道路指示牌等进行了彻底更新、规范。其四是广泛开展"争创省级文明城镇"、"文化娱乐广场"等群众性精神文明创建活动，不断满足城镇居民日益增长的精神文化需求，竭力营造文明和谐、健康向上的城镇精神风貌。

五是以构建和谐门源为目标，着力提升平安建设水平。以"保稳定、促发展、促和谐"为主题，深入开展"五五"普法、"平安门源"创建和民族进步创建活动，维稳工作扎实有效，安全生产总体形势保持平稳，民族宗教管理水平不断提升，社会主义新型民族关系进一步巩固，社会应急管理体系进一步加强。我县先后获得了"全国创建平安家庭先进县"、"全国平安建设先进县"的殊荣，为城乡统筹协调发展营造了平安、和谐、稳定的社会环境。

（三）统筹城乡公共服务体系建设，促进城乡社会事业协同进步发展

坚持教育优先发展战略，加强师资力量培训，下大力气改善教育基础设施条件，建立了义务教育经费保障机制，设立了县民族教育资助奖励基金，全额落实了"两免一补"和奖励扶助政策，深入开展了"一对一"捐资助学活动，职业教育办学规模不断扩大，成人、幼儿教育健康发展，启动实施了教育布局调整和教育资源整合工作，可有效缓解教育"三缺一难"问题，全县"普九"人口覆盖率达100%。以人人享有基本医疗卫生服务为目标，改扩建县乡医疗机构，城乡医疗卫生条件明显改善，农牧区新型合作医疗制度不断完善，县乡医疗单位费用实现了全额财政拨款，稳定了医护技术人才，实行了医疗费用垫付直报制度，村卫生室和村医覆盖面达100%，新农合参合率达100%，城镇居民医疗保险参保率达84.5%，群众看病难和看病贵的问题得到缓解；计划生育"少生快富"和"奖励扶助"政策全面落实，计生优质服务深入推进，人口出生率控制在11.3‰以内。开展了教育、卫生、计生等事业单位职称评定兑现工作，解决了长期以来以教师为主的职称工资不能按时兑现的问题；提高了公益性岗位补贴和企业退休、退职人员养老金。着力实施积极的就业政策，千方百计拓宽就业渠道，一批"4045"人员、高校毕业生等相继实现就业再就业，建立健全了专项救助制度，建成了首个县级敬老院，落实了一批整村推进、游牧民定居、城镇廉租住房和农村困难群众危房改造项目，启动了城镇贫困人口住

房补贴，农牧区新型社会养老保险试点工作进展顺利，城镇和农牧区低保面进一步扩大，基本实现了应保尽保，农村低保金、城镇居民最低生活保障金、残疾人康复扶贫贷款、再就业资金和各类救灾救济物资等及时发放到位，社会救济、特困群众救助覆盖面进一步扩大，群众幸福感不断提升。

三、几点体会

回顾和总结“十一五”以来门源的城乡规划及管理和城乡统筹发展工作，我们在不断探索创新和生动实践中，深深感受到，门源这样一个经济社会发展相对滞后的地区，加快城乡一体化进程，促进城乡经济社会统筹协调健康发展，必须做到以下六个始终坚持。

一是必须始终坚持解放思想。解放思想是党的思想路线的本质要求，是推动改革发展的重要法宝。我们必须始终坚持以解放思想为先导，以革新的胆识准确把握时代特征，立足县情实际，用科学的思维、发展的眼光、改革的思路、开放的办法、创新的精神解决城乡规划及管理和城乡统筹发展中不断出现的问题，开创门源改革发展的新局面。

二是必须始终坚持抢抓机遇。门源能有今天的大好局面，相继建成了一批事关全县城乡统筹发展的大项目、好项目，这得益于西部大开发战略实施等各项国家支持西部民族地区发展的政策措施带来的历史机遇，得益于门源各族干部群众积极抢抓发展机遇。机遇是流动的资源，只有牢固树立机遇意识、竞争意识，抢抓改革机遇，抢占发展先机，才能紧跟时代前进的步伐，加快推进改革发展进程。

三是必须始终坚持改革开放。要始终保持改革开放的正确方向，继续采取“引进来”与“走出去”相结合的办法，用海纳百川的姿态聚集发展优势，用稳妥积极的举措赢得发展空间，为城乡统筹协调发展注入强大动力，不断地增强自我发展的能力。

四是必须始终坚持改善民生。实践证明，在统筹城乡协调发展中，只有坚持保障和改善民生，才能赢得群众的信任、拥护和支持；只有不断提升各族群众的幸福感，才能凝聚民心、集中民智、发挥民力，从而形成和谐社会人人有责、人人共享的生动局面。

五是必须始终坚持科学发展。作为一个以资源型为主的县份，在发挥好资源优势的同时，我们必须要从县情实际和阶段性特征出发，坚定不移地贯彻落实科学发展观，正确处理好资源开发与统筹发展、环境保护与统筹发展、当前与长远的关

系，着力实施资源转换和城乡一体化战略，不断调整优化产业布局，积极转变发展方式，协调好各方利益，才能走出具有时代特征、门源特色的科学发展之路。

六是必须始终坚持党的领导。事业成功，关键在党。一直以来，我们不断适应时代发展的要求，大力加强党的思想、组织、作风和制度建设，不断提高党员干部尤其是领导干部的思想素质、领导水平和驾驭市场经济的能力，增强基层党组织的凝聚力、创造力和战斗力。因此，只有始终坚持加强和改善党的领导，才能保证正确的政治方向，才能确保改革发展事业的顺利推进。

门源县经济社会发展面临着国家扩大投资、拉动消费、加快结构调整，增加“三农”及民生工程投入，继续实施西部大开发战略，支持藏区发展等政策机遇。我们将坚持以科学发展观为指导，进一步用足用活国家扶持发展的各项政策措施，坚定信心，抢抓机遇，开拓创新，锐意进取，不断开创全县经济社会跨越发展、绿色发展、和谐发展、统筹发展的新局面。

科学规划　突出特色
奋力打造沿黄城市带上最具魅力城市

宁夏回族自治区吴忠市委常委、常务副市长 赵永清

（2010年3月）

吴忠市地处宁夏回族自治区中部，辖利通区、红寺堡区、青铜峡市、盐池县、同心县5个县(市、区)，总人口135.08万，其中回族68.58万，占全市总人口的51%，是全国回族人口比例最高的地级市。近年来，市委、市政府积极响应自治区党委、政府的号召，严格按照自治区党委、政府提出的加快沿黄城市带建设、打造“黄河金岸”的战略部署，紧紧围绕“塞上江南”、“回族之乡”两张名片和黄河穿城而过的独特优势，以打造具有鲜明塞上江南风光和浓郁民族特色的滨河生态水韵城市为目标，以黄河标准化堤防工程建设为龙头，大力实施城市西移东扩和项目带动“两大战略”，纵深推进国家园林城市、国家卫生城市和中国优秀旅游城市“三城联创”活动，做活路、水、绿、特“四篇文章”，加快规划编制、基础设施、产业发展、区域市场、生态环保、公共服务、城乡发展“七个一体化”进程，有力地推进了沿黄城市建设，滨河生态水韵城市建设已初具规模。目前，市区城市规划区面积由不足30平方公里扩大到67.5平方公里，建成区面积由23平方公里扩大到58平方公里，市区城市化率达到50%，并顺利通过了自治区园林城市、卫生城市的检查验收，获得“中国最佳休闲旅游城市”入围奖和“中国旅游竞争力显著提升城市”称号。辖区各县（市、区）建成区面积平均发展到15平方公里，全市县以下建制镇建成区面积平均发展到3平方公里，初步形成了结构合理、功能匹配的市域城镇体系。

总结我市城乡建设和管理工作，我们深深感到，只要把城乡建设和管理工作的出发点、落脚点始终定位在解决老百姓最关心、最直接、最现实的利益问题上，就没有解决不了的矛盾和问题；只要多谋善谋敢谋、敢想敢干、狠抓落实，就没有干

不成的事情；只要不断解放思想，创新体制机制，就没有破解不了的难题，就一定能推动城乡建设和管理工作跨越式发展。

一、推动城市建设和管理工作，必须要高起点编制城市规划，切实做到以规划引领建设

城乡建设规划是城乡发展战略的具体体现，是城乡建设的行动纲领和城镇管理的基本依据，也是政府指导、调控城乡建设和发展的基本手段。随着城镇化进程的加快，对提高城乡规划管理水平提出了更高要求。城市定位要在规划中体现，城市特色也要在规划中体现，城市建设有没有定位，城市形象有没有特色，不是建筑企业、开发企业的责任，而是政府的责任。为此，我市在编制城乡建设规划时，既尊重历史，又有前瞻性；既注重当前，又着眼长远；既注意借鉴，又注意突出特色，坚持做到跳出吴忠、跳出宁夏，面向国内外编制城乡建设规划，以大思路、大视野、大气魄、大手笔引领吴忠城乡建设，力争使我市的城乡规划五十年乃至一百年不落后。一是科学编制城乡发展规划。我们始终坚持规划先行、分步实施的原则，突出规划的龙头作用，充分发挥规划的导向功能、技术功能、财富功能和调控功能，把城市规划纳入自治区《沿黄城市带（群）总体规划》的框架内，科学定位城市功能、规模、产业分工、发展方向，突出建筑风格与整体风貌相协调、单体建筑与周边环境相协调、人居环境与自然环境相协调。立足市区距黄河2公里、小坝城区距黄河6公里的实际，委托天津大学规划设计院、上海禾木设计有限公司和同济大学规划设计院，高起点、高标准地编制完善了城乡总体规划、市区西片区13.5平方公里和青铜峡市小坝东区7.5平方公里的控制性详细规划；编制完成了全市所有村庄布局规划、村庄居民点规划和一批个性鲜明、古朴典雅、风格迥异、功能完善的黄河小镇、穆民人家、黄河古镇、农家乐园等特色村镇规划；同时，坚持城乡规划与产业发展、环境保护、旅游产业、土地利用等专项规划协调衔接、相互促进、良性互动。二是高起点地实施城乡规划。严格执行《城乡规划法》，综合运用红线、蓝线、黄线、绿线等调控措施控制城市。全市各县（市、区）均建立了科学的规划决策机制，严格实施城乡规划委员会制度、城乡规划专家咨询审查制度，实行重大项目下管一级制度。在建设项目规划方案审查中，严格按照规划控制指标，从用地性质到建筑层高、日照间距、容积率、绿地率、建筑风格及色彩造型等方面提出明确要求，由市规划领导小组召开专题会议审查。在规划审批过程中，逐级审查、严格把关，对重要规划方案和重大建设项目均组织专家、学者及专业技术人员进行论证

和评审；同时，实行城市规划行政审批公示制度，通过报纸、规划公示栏等形式，对各类规划编制、建设工程设计方案的总平面图、规划调整、容积率审定许可等规划项目进行公示，广泛征求群众意见，接受群众监督。三是注重批后监管工作。我们从机制上加强对规划建设工程和村镇规划的管理，建立了城乡规划跟踪检查监督机制，制定了建筑施工图审查、建设工程规划许可证审批、放验线和项目负责人等制度，严肃纠正和查处随意变更调整规划、降低或提高各项规划设计指标和违反规划批准使用土地等行为。对未按审定的建设方案进行建设的，联合建设部门不予规划验收。尤其是在村镇管理上，对已经批准的村庄布局规划和村庄居民点建设规划实行一支笔审批制，由县（市、区）“一竿子”管到户；同时，夯实基础，提高城乡规划服务水平，通过招聘、选拔、公开招考等方式增加规划管理人员，分期分批组织到区内外学习培训，提高业务素质，并建立发改、建设、招商、规划等部门对接工作机制，对重点项目开辟“绿色通道”，确保重大建设项目顺利推进。总之，在规划方面，必须始终坚持“规划一张图、审批一支笔、建设一盘棋”，讲规划不讲关系，讲原则不讲感情，做到一张蓝图管到底、建到底，争取每个建筑都是一个标志性建筑，不留遗憾工程。

二、推动城市建设和管理工作，必须要高标准建设城市，充分体现城市特色和个性

规划是建设的龙头，没有规划，建设就会失去科学依据。同样，有了科学的规划，不按照规划去建设，也建不出精品。为此，我们在城乡建设上，既注重城乡规划，又注重建设标准，严格按照规划，高标准建设城市，使我们的城市具有其他城市没有的人文特色、文化特色和建筑特色，使我们的城市有灵气、有内涵，让每一个来吴忠的人一进吴忠，便能感受到强烈的滨河水韵生态城市风格和现代化都市气派，创造最适合人居的环境。一是体现特色、注重内涵。特色是城市的魅力所在，一定要防止趋同，努力做到合而不同。吴忠市是全国回族比例最高的地级市，回族特色鲜明，历史文化悠久、生态优势突出，各县（市、区）也各具特色。为此，我们立足吴忠的地理特点、民族特色、时代特征和文化特质，使这些在城市建设中都得到彰显。通过“道路扩城、生态连城、项目带城、水系活城、特色塑城”，加快黄河两岸30平方公里区域开发建设，先后开工建设了民俗博物馆、文化艺术馆、中国伊斯兰文化中心、新月广场等一大批凸显回族特色的标志性建筑。二是体现文明，注重文化。我市有深厚的文化底蕴和人文资源，黄河文化、大漠文化、丝路

文化、回族文化在这里交相辉映。我们努力把这些文化底蕴都挖掘出来，注重人文资源和自然景观的有机结合，做到既尊重传统和地方特色，又符合时代发展需要，打造内涵丰富、特色鲜明的滨河生态城市。在黄河两岸规划建设了占地1700亩的教育园区和体育中心、黄河楼、黄河圣坛以及一批个性鲜明、古朴典雅、风格迥异、功能完善的黄河小镇、穆民人家；同时，结合"塞上农民新居"建设、危窑危房改造和社会主义新农村建设，按照产业集聚、布局集中、用地集约的要求，规划建设了一批中心村、千户村，形成特色鲜明、功能互补的城市体系。三是统筹兼顾，注重产业。产业是立市之本、兴业之基、富民之源。没有产业作支撑，形不成人流、物流和资金流，生产要素便难以向城市聚集。城市是地区的名片，产业是城市的名片。我市立足传统优势产业和民族产业基础，扬长避短，加大财政扶持、贷款贴息等方面的支持力度，大力培育壮大房地产业、清真食品穆斯林用品产业、清真餐饮、回族文化等特色产业，初步形成了以"两城五园"为龙头的工业经济、以"十大基地"为重点的现代农业、以"四个中国号"为品牌的清真食品穆斯林用品产业和以民族、历史、生态为三块金字招牌的房地产业；同时，挖掘资源，精品引领，全力发展沿黄城市旅游业，紧紧围绕108塔、金沙湾、鸟岛、牛首山等旅游资源，完善了《青铜峡大峡谷旅游区总体规划》，积极争取项目资金支持，把黄河大峡谷建设成国家4A级景区，使其成为沿黄城市带上的一颗璀璨明珠和宁夏第四大旅游支柱。四是坚持标准，注重质量。建筑是凝固的艺术，要达到这样的效果，规划设计是基础，建设是关键。我市的城市建设项目全部通过招投标来选择施工队伍，实行项目监理制，严把选址定点、方案设计、竣工验收"三道关"。所有的工程项目建设都公开、公正、公平地进行招投标，绝不允许采取议标或其他人为因素私下商定工程发包。在施工企业的选择上要求也很高，均选择具备乙级资质以上的工程队伍来施工，并且看其过去的业绩；同时，选择好的项目负责人、选择好的项目监理单位，因为质量的问题是一个全方位过程的控制，监理就是工程全控制的一个重要抓手。我们也经常深入现场一线指挥，市政、监管委等部门的负责人经常到现场把关，形成了一个完整的指挥、监管系统，保证了工程质量和工程进度。

三、推动城市建设和管理工作，必须要高效益经营城市，充分发挥城市综合效益

规划和经营是城市建设的"两条腿"。不仅要建好城市，还要通过经营城市，使其发挥最大的经济效益和社会效益。为此，在经营城市上，我们坚持以全新的观

念研究资源，以全新的方式运作资源，以全新的手段管理资源，力争实现城市管理的最优化。一是牢固树立经营城市的理念。我们始终坚持走市场化的路子，用市场来配置资源，坚决破除体制性障碍，将经营理念贯穿于城市规划、建设、管理的各个环节，将已经形成的城市资产，包括土地资产、各种城市设施等有形资产和历史文化遗产、城市特色文化等无形资产都作为经营城市的资本，最大限度地发挥每一项城市资产在城建经济中的作用。对可以市场化运作的公共资源进行了市场化整合，将所有可以推向市场的城市资源推向市场，提高了市场运作的本领，也破解了城市建设资金短缺的难题。二是坚持科学运筹，盘活土地。土地资源是城市最大的存量资产，是政府最大的财富。我市结合构建保障和促进科学发展的土地管理新机制试点工作，制定了《吴忠市人民政府关于进一步加强建设用地全程管理的意见》和《吴忠市闲置土地处置办法》，提出了建设用地全程管理的概念，明确了土地预审、报批、利用等各个阶段的管理任务和具体内容，规定了各相关部门在建设用地全程管理中的职责，建立了系统性、可操作性强的管理机制。加强建设用地批后监管，启动实施了建设项目用地验收制度，完善了土地市场动态监测制度，更加有力地提高了政府对土地市场的调控能力，盘活了土地资源；同时，强化对土地一级市场的垄断，真正做到“一个口子进、一个池子蓄、一个渠道出”，彻底杜绝隐形市场和分散、多头供地。三是拓宽渠道，综合开发。大力推进城市投融资体制改革，放宽了准入条件，按照“谁投资、谁建设、谁经营、谁受益”的原则，吸引企业、个人及外商积极参与城乡综合开发，建立政府启动、多元化投入、市场化运作的城乡建设投资机制。财政注资1亿元成立了城乡建设投资开发公司，采取以房带路、以路兴商、经营权和特许权转让等市场配置的办法，把城市道路、广场、公园、学校以及绿化、美化等基础设施与城乡开发建设项目捆绑在一起，整体考虑，统筹安排，缓解了城市基础设施建设投入不足的矛盾。成立了开源信用担保公司，采取贷款担保、用地优惠、政策倾斜、放开投资领域等措施，吸引和鼓励民间资金、外资更多地进入城乡建设领域，带动了城市发展。

四、推动城市建设和管理工作，必须要高度关注民生，坚持做到以人为本

城乡建设的出发点和落脚点必须体现在让老百姓得到实惠，为老百姓提供方便，体现出社会效益。城建工作历来是百姓关注的热点，也是群众意见比较集中的焦点。我们一方面花大力气拉开城市框架，完善基础设施，改善城市环境；另一方

面做了大量的工作，解决好百姓关心的供水、供暖、供电、供气和住房等实际问题，真正让老百姓享受改革发展的成果。一是妥善解决征地拆迁补偿安置问题。吴忠市区征地拆迁项目自2003年至今，跨度达7个年度，涉及征地拆迁补偿协议总额1.8亿元，补偿安置遗留问题较多，工作难度极大。市财政积极筹措资金，在全区率先完成征地补偿费清理工作，兑付征地补偿费1.84亿元，自2003年以来拖欠的征地补偿费得到全面清理兑付；通过货币补偿、实物（安置楼）补偿等方式，投资8.82亿元建设了总面积达65.3万平方米的安居工程；建设廉租房750套3.75万平方米，将符合条件的1240户城市低收入家庭纳入廉租住房租赁补贴，有效缓解了全市城市低收入群体的住房困难。并组织劳动和社会保障、国土、农牧、民政、财政、公安、统计等部门，对被征地农民基本情况进行了详细的调查摸底，借鉴外地经验和做法，制定了《吴忠市区被征地农民社会保障实施办法》，建立了被征地农民社会保障制度；同时，加大被征地农民职业技能免费培训和免费就业指导力度，建立培训与就业相结合的激励机制，提高被征地农民的创业就业能力，促使被征地农民积极向第二、三产业转移，增加收入，改善生活。二是妥善解决居民行路难、如厕难、灯不亮、暖不热、水不净等问题。对百姓反映的问题，坚持现场办公，切实做到件件有回音、事事有着落。投资6500万元对13条街巷进行了彻底改造；筹措资金6000万元购买50辆豪华公交车，开通了3条公交线路，方便了市民出行；改建城市公共厕所24座，并将市所有公管公厕免费对市民开放；投资6000万元新安装、更换、维修了市区所有街道的路灯；投资7000万元改造老城区供热管网，并将市区零散居民楼全部纳入集中供热；实施了市区水源地保护工程，先后对城市供水管网进行了改造、清洗和维修。三是妥善解决活动无场所的问题。坚持把群众的需求放在第一位来满足，针对群众无活动场所的实际，开工建设了占地54亩、投资2500万元的秦韵休闲广场，占地23.3亩、投资700万元的唐风文化广场和拆迁1.2万平方米、占地46亩的开源商业广场等三大广场，全部竣工投入使用；2009年又新建了面积达4.6万平方米的兴隆公园，现已投入使用；占地266亩、投资达7000万元的新月广场也已投入使用；秦渠两侧公园、清宁河生态走廊、清丽园、庆华园、树木园等公园绿地附属设施配套建设任务全面完成，为广大居民提供了休闲娱乐场所。四是妥善解决生态环境问题。切实解决城市污水、垃圾处理等问题，投资1.13亿元完成了城市集污和污水处理工程；投资2000万元建成了第二污水处理厂和中水回用项目；建成了垃圾压缩中转站和废旧物资回收市场。同时，完成了9个应急避难场所和人民防空疏散基地建设任务，成功举办了两次防震减灾演练活动，防震减灾能力进一步增强，防震减灾工作在全国市县防震减灾工作综合评比中获得三等奖。

五、推动城市建设和管理工作，必须要高水平管理城市，努力实现综合治城

“三分靠建设、七分靠管理”。城市的魅力和吸引力来自城市的高水平管理。管理的好坏直接决定着市政公用设施功能的发挥。城市环境好了，地皮就会增值，整个城市就会增值。吴忠城市管理存在不少问题，比如环境污染、乱贴乱画的问题，占道设摊、乱搭乱建的问题，交通不畅、乱停乱放的问题，甚至存在打架斗殴、欺行霸市等现象。问题的症结主要在管理体制上，有的是因为管理职能交叉，管理上“撞车”与真空并存；有的是城市管理的职权不配套，有权管的看不见，看得见的管不了；有的是城市管理的约束机制和激励机制不完善，管得不严而且又监督乏力；有的是城市管理的法制建设不配套，有法不依与无法可依的问题并存。针对这种现状，市委、市政府果断决策，在全市开展了城乡环境综合整治暨绿化美化“两大工程”。通过实施“两大工程”，城乡面貌发生了显著变化，城乡居住环境得以显著改善，群众的生活质量显著提高，城市的管理水平显著提升；同时，按照“依法治城、管教结合、标本兼治”的原则，探索建立城市管理的长效机制，切实加强城市管理。我们始终认为城市都是管出来的。搞好城市综合管理，核心问题就是要把城市管理纳入法制化、规范化轨道，强化城市管理效能，降低管理成本，提高执法效率。因此，在城市管理过程中，抓了三个重点，即抓好一支队伍，推行综合执法管理体制改革，变联合执法为综合执法，变多口管理为归口管理；建立一套章法，要求城管部门执法必严，各单位要有法必依，无论谁违犯了都要追究责任，绝不姑息迁就；形成一种机制，对破坏城市形象、秩序的人和事敢于出狠招、动真碰硬去根治，对城管部门执法不严、不公或是消极应付的，敢于“打板子、摘帽子”。同时，形成城市管理的强大合力，在城市广大群体中叫响“城市管理，人人有责”的口号，切实增强了全市人民的城市意识，形成了齐抓共管、上下联动的管理体系；加大宣传力度，增强了市民的道德意识、守法意识，使市民对城市有自己家园的认同感，对管好城市有责任感，形成了人民城市人民建、人民城市人民管的社会氛围。

六、推动城市建设和管理工作，必须要强化目标责任，以硬作风落实硬任务

我们始终认为，在城乡建设上要实现新突破，就不能再按部就班，依赖常规思维、惯性发展，而必须加强领导，严明责任，狠抓落实。一是明确责任。市委、市政府每年都把城市建设各项任务纳入年终考核评比的一项重要内容，定期召开城乡建设工作会议，与各级政府签订目标管理责任书，切实把责任落到实处。辖区各县（市、区）党委、政府也要高度重视城乡建设工作，“一把手”认真履行“第一责任人”的职责，充分发挥把关定向、组织协调的作用，做到重大项目亲自部署、重大问题协调解决；同时，完善目标考核体系、奖惩机制，对工作不力、进度缓慢、影响建设和发展大局的部门、单位和有关人员追究责任。二是形成合力。城乡建设是一项十分复杂的系统工程，需要方方面面的协作配合、共同努力，发挥最大的整体效能。我们要求各部门强化大局观念，从城乡建设的全局出发，思想统一，步调一致，既各司其职、各负其责，又加强协调、相互配合，形成上下一心、条块结合、各方参与、齐抓共管的合力攻坚机制。对涉及城乡建设的重大问题，以高度的政治责任感、对人民群众的深厚感情和特事特办的效率，积极协调解决。三是强化纪律。城乡建设不仅事关全局、事关长远，而且往往涉及巨大的利益。对这项涉及认识问题、工作问题和利益问题的工作，必须要用铁的纪律来保证。四是转变作风。作风就是形象，作风就是旗帜。加快城乡建设，必须要有好作风、硬作风的干部作保证。我们要求全市党员干部必须以强烈的事业心和忘我的敬业精神，尽职尽责，大胆创新，真抓实干，做到干一方、兴一方，干一行、兴一行，全力投身城乡建设的大潮。坚持搬掉干部制度上的“铁交椅”，真正做到“庸者下，能者上”，坚决让那些作风漂浮、只说不干、没有创造性、打不开局面的人没有面子、混不下去，在全市兴起了有作为才有地位的创业精神，实现了城市建设和管理的新突破。

科学规划 依法管理
努力打造高品质现代化世界石油城

新疆维吾尔自治区克拉玛依市副市长 杨晓伟

（2010年3月）

新疆克拉玛依市地处准噶尔盆地西北缘，于1958年建市，现为新疆维吾尔自治区设区的地级市，下辖克拉玛依、独山子、白碱滩、乌尔禾四个行政区，总面积9500多平方公里，居住着汉、维、哈萨克等38个民族，人口40余万。辖区内有新疆油田公司、西部钻探公司、独山子石化公司、克拉玛依石化公司、克拉玛依润滑油厂等中国石油直属企业。当年，伴随着新中国第一个大油田——克拉玛依油田的诞生，一座崭新的石油城市在戈壁荒原上拔地而起，其辉煌的创业成就被朱德副主席誉为“一个动人的神话”，其美丽的名字也随着一曲《克拉玛依之歌》传遍大江南北，克拉玛依被誉为“中国石油工业的西圣地”、“祖国大西北的一颗黑色宝石”。

一、克拉玛依市情介绍

建市50多年来，在石油工业快速发展的有力推动下，克拉玛依市的经济和社会各项事业得到了长足的发展，城市面貌发生了翻天覆地的变化，已成为一座以石油石化工业为主、经济快速发展、城市功能完善、显示着蓬勃生命力的现代化新型石油城市。2009年，全市实现地区生产总值480亿元，地方财政收入35.7亿元，经济总量继续位居自治区各地州市前列。随着经济的快速发展，人民生活水平有了较大提高。2009年，城镇居民人均可支配收入15395.2元，农牧民人均纯收入7876元。主要教育指标及教学硬件设施配套水平居全国前列；每千人拥有医生数、床位数居全国先进水平；每百户居民拥有私家车、家用电脑、钢琴数均居全疆前列；城镇登记失业率连续9年控制在2%以内，居全国领先水平；以“水节”系列活动为代表的群众性文化体育活动蓬勃开展，文化体育产业健康发展。今天的克拉玛依，已初步进入小康社会，人民生活基本达到小康水平。根据中国社会科学院发布的2009年中国城市竞争力蓝皮书，克拉玛依市的城市生活质量竞争力在全国294个地级以上市中名列第7位。有关专家认为，克拉玛依是我国西部城市中最具发展实力的城市之一，也最有条件在新疆率先基本实现城市现代化。

克拉玛依是一座特色鲜明的资源型城市。克拉玛依油田所处的准噶尔盆地油气资源极为丰富，石油总资源量达86亿吨，天然气总资源量达2.1万亿立方米。目前，已经探明石油地质储量17.5亿吨、天然气储量728.4亿立方米，石油探明率仅为20.4%，天然气探明率只有3.5%，勘探总体上仍处于初级阶段，发展潜力巨大，是中国陆上石油“稳定东部、发展西部”最为现实的战略接替区。除准噶尔盆地的油气资源外，途经克拉玛依的中哈原油管道和西气东输二线的建设，为我们利用哈萨克斯坦乃至中亚地区的石油天然气资源提供了得天独厚的条件，克拉玛依的石油石化工业和经济建设将得到更加充足的资源保证。油田开发建设50多年来，已累计生产原油2亿多吨，天然气300多亿立方米。2008年，原油产量1222.49万吨，天然气34.24亿立方米，原油产量实现连续28年稳定增长；累计加工原油944.76万吨，生产乙烯25.86万吨。西部大开发的标志性工程——独山子石化公司1000万吨炼油和120万吨乙烯改扩建工程即将竣工试产。今天的克拉玛依，已经形成了包括油气资源勘探开发、石油工程技术服务、油气集输、炼油化工、科研开发一体化完整的上下游一体化石油石化工业体系。

克拉玛依是一座设施完善、环境优美，具有浓郁现代特色的文明城市。作为在戈壁荒原上发展起来的石油工业城市，克拉玛依经过50多年的发展，昔日的戈壁荒地已变成绿树成荫、环境优美、空气质量位居全国前列的宜居之地。近10年间，我们不断完善城市规划体系，加大城市建设力度，旧城改造与新区建设同步进行，城市基础设施日趋完善，城市面貌焕然一新，城市综合功能不断提升，实现了“一年一变样、五年大变样、十年变大样”的目标。目前，克拉玛依建成区面积达53.29平方公里，高楼大厦鳞次栉比，城乡道路四通八达，公路交通得到极大改善，现代化的4D机场建成通航，奎北铁路建设全面实施，对外交流合作更加便捷。公共基础设施和市政公用设施得到不断完善，城市综合服务功能明显增强。持续不断地开展城市环境基础设施建设和专项整治，大力实施绿化工程和生态建设，全市76个居民小区环境的改造和克拉玛依河景区、世纪公园、城区生态防护林体系等绿化美化项目的建成，极大地改善了城市环境面貌，克拉玛依已由一个坐落在戈壁荒滩、自然环境条件恶劣的工矿区，发展成一座环境质量优良、资源合理利用、生态良性循环、城市优美洁净、基础设施完善的石油城市。随着新一轮城市总体规划的批准实施，各项城市建设重大项目进展顺利，文体中心、科技博物馆等文化体育设施即将开工建设。在城市管理上，以城市网格化管理为突破口，加快数字城市建设步伐，一批按数字城市规范建设的信息化项目正在有序实施。目前，克拉玛依污水处理率、生活垃圾无害化处理率已分别达到89.07%和75.02%，全市绿地率达38.65%，空气质量Ⅰ、Ⅱ级天数已达全年天数的98%以上，地表水源、地下水源水质状况均良好。近年来，克拉玛依市先后荣获“国家卫生城市”、“中国人居环境范例奖”、“国家环保模范城市”、“中国优秀旅游城市”、“全国工业旅游示范点”、“国家园林城市”、“全国科技进步先进市”、全国首届“未成年人思想道德建设工作先进城市”等荣誉称号，多次获得“全国创建文明城市工作先进城市”荣誉称号。

作为资源型城市，多年来，克拉玛依市委、市人民政府高度重视经济社会和环境的全面、协调、可持续发展。1996年基于引水工程项目的立项，克拉玛依提出了经济发展“四大战略”（大石油、大石化、大农业、大市场），并相继启动了农业综合开发区、石化工业园区建设；2000年提出了在全疆率先基本实现城市现代化的奋斗目标；之后几年，我们在经济建设、社会建设、生态建设等方面出台了一系列政策措施，推进克拉玛依的可持续发展；2007年又进一步完善了“两步走”的奋斗目标，即在2010年全面建成小康社会，2020年在全疆率先基本实现现代化。10多年来，围绕以上目标，我们进行了坚持不懈的奋斗，在可持续发展方面取得了一定的成绩。

在实现可持续发展的实践中，两个园区的建设成效显著。农业综合开发区建设于1999年全面启动，累计投资和吸引资金8亿多元，完成了开发区一期27万亩土地的基础设施建设和开发工作，建成了10万亩减排造林基地和优质肉牛良种繁育基地、现代生态农业基地。与近80家农林院校和科研机构进行合作与交流，建成了集科学研究、技术开发和培训交流为一体的国家级专家大院。石化工业园区自2004年开工建设以来，市财政累计投入资金10多亿元进行基础设施建设，基本形成了园区起步区的基础框架。在《2004—2010年新疆石油化学工业发展规划》中，自治区将独山子—克拉玛依石化基地列于全疆重点建设的四大石化基地的首位，并将克拉玛依煤化工产业纳入了《新疆煤化工产业发展规划》。2007年被评为自治区“十佳工业园区”。在煤盐化工方面，我市已与周边的煤盐资源产区达成了经济融合发展的框架

协议，并与国内大型煤炭企业进行了广泛沟通，达成了一致意见。

克拉玛依拥有丰富的油气资源和雄厚的工业基础，具备广阔的发展前景。中央西部大开发战略的深入实施，国务院32号文件的出台，自治区深化优势资源转换战略、加快新型工业化建设的不断推进，中石油“西部快发展”战略及建设世界一流综合性国际能源公司目标的提出，都为克拉玛依市的大发展创造了千载难逢的机遇。今后一个时期，全市将按照市委确定的在2010年全面建成小康社会、2020年在全疆率先基本实现现代化的总目标，全面加强经济建设、社会建设、生态建设，不断推进城市的可持续发展。到2015年前后，新疆油田力争年产原油1600万吨以上、天然气100亿立方米，实现由大油田向大油气田转变的历史性跨越，全面建成绿色、数字和人文特征鲜明、充满生机与活力的现代化大油气田。克拉玛依建成上中下游一体化的国家级石油石化生产加工基地和能源转化基地。依托石油石化工业的雄厚基础，推动产业结构优化升级和城市全面协调可持续发展，努力打造富裕、和谐、法治、文明、平安、秀美的北疆区域中心城市，到2020年在全疆率先基本实现现代化。

克拉玛依是一座美丽、富饶、开放、文明的城市，充满着朝气和希望。今天的克拉玛依已经进入了一个新的大发展时期，以石油工业为主导，现代农业、旅游业等新兴产业共同发展的多元化经济健康协调发展，展现了克拉玛依市美好的前景。2005年以来，胡锦涛、温家宝、习近平、曾庆红、回良玉、曾培炎、王乐泉等党和国家领导人先后来到克拉玛依视察工作，对克拉玛依今后的发展提出了更高的要求，寄予了更高的期望，令全市人民备受鼓舞，也更加坚定了我们加快发展的信心和决心。我们深信，通过全体克拉玛依人的不懈努力，克拉玛依会有更加美好的明天。

二、城市规划编制及组织实施

（一）总结克拉玛依市的建设和发展过程，不断提高并注重城乡规划对城市建设的指导作用，是最重要的经验。

克拉玛依市是矿区生活基地转型的城市，自从1958年建市以来，城市建设大致经历了三个阶段：

第一阶段是1958~1978年，当时油田首要的任务是保证国家的石油供给，提出的建设目标是先油田生产，后生活后勤，生活基地围绕或靠近生产单位建设。1964年编制的矿区建设规划主要是路网布局规划，城市建设比较缓慢。

第二阶段是1979~1999年，这个时期的重点是改善居住条件，大部分职工住进了楼房，开展了大规模的城市建设。城市急剧扩张，市政基础设施不断完善，1986年编制的城市总体规划为居住区建设和市政基础设施奠定了良好的基础。1996年随着国家大二型引水工程的建设，我市人民政府组织编制了1997—2010年城市总体规划。这一轮规划是首次得到自治区人民政府批准，是有法律效力的总体规划。规划提出了要把克拉玛依市建设成新疆北疆经济中心城市的宏伟目标，对城市的性质和空间布局给予了确定，明确了功能分区和道路骨架以及市政基础设施的安排。

第三阶段是2000年至今，这一阶段是克拉玛依城市建设全面发展的阶段。2002年原油生产突破千万吨大关，城市经济发展出现了较快增长，城市公共服务设施不断完善，居民生活环境不断改善，生态环境不断完善，市领导提出的“一年一变样、五年大变样、十年变大样”的目标逐步实现，城市规划工作开始得到高度重视。2005年市政府开展了新一轮的城市总体规划修编工作，并于2009年1月经自治区人民政府批准开始实施。按照总体规划定位，克拉玛依市是新疆西北部中心城市，要发展成“以石油化工和现代大农业为主，第二、三产业协调发展的综合性城市”。2020年市域城镇人口达到50万，跨入大城市行列，在全疆率先基本实现现代化。这个阶段，城市规划编制工作和城市建设工作都取得了很大的成绩。

（二）通过多年的探索和实践工作，我们深刻体会到要实现城市的快速发展，建设高品位城市，首先应抓好城市规划的编制工作。城市规划要有科学性、合理性、前瞻性和可操作性，并且要做好各类城市规划与经济社会发展、交通、国土、水利、生态建设和环境保护等规划的衔接。只有高质量的规划才能作为正确指导城市规划建设的依据。为此在新一轮城市总体规划编制前，我们加强了前期的研究论证，开展了区域经济与城市化协调发展、生态环境与城市发展、人口发展预测、交通、旅游、节能等6个专题研究报告，论证了城市定位、发展方向、产业结构等主要问题，提出了以建设北疆区域中心城市为总体目标的经济社会发展战略与城镇体系发展战略。为了更好地保证总体规划的实施，我们开展了专项规划研究和控制性详细规划的编制工作。

（1）开展了克拉玛依城市风貌规划编制工作，为了避免“千城一面”的现象，努力体现出具有石油创业文化和历史的现代石油城市风貌，我们开展了城市风貌规划研究工作，对城市建筑风格、建筑色彩、市政设施、广告店招、绿地景观、灯光照明、城市雕塑等方面进行了规划研究，有针对性地提出城市专项设计原则，为提高城市形象奠定了良好的基础。

（2）开展了克拉玛依西部新城的规划设计，按照城市总体规划制订的空间发展计划，西部新城作为我市未来一段时期打造高品质城市重点建设区域，将规划建设为“生态的、富有活力的、宜居的”城市新区，并为大力发展金融、信息、旅游和教育培训产业构造良好的环境平台，逐步完善和拓展城市功能，力求将西部新城规划建设成提升城市形象和品位的现代化城区。

（3）为了进一步提高老城区公共服务功能和改善绿化环境、停车场等设施条件，市政府决定对串城河以北的老城区编制控制性详细规划。老城区总用地面积为26.8平方公里，为了使老城区改造收到实效，我们组织了对老城区文体设施、为老服务、医疗设施、停车场、商业网点、城区绿化、市政基础设施、道路交通等多方面的专题研究，同时组织编制了城区主要道路两侧的城市设计，组织编制了《克拉玛依河（胜利路西）控制性详细规划》。

（4）为了解决市民住房问题，市政府从2000年开始，连续9年，把经济适用房规划建设用地面积控制在居住用地面积总量的70%以上，解决了我市中低收入群众住房难的问题。每年都组织编制多项经济适用房、廉租房小区控制性详细规划，为下年度经济适用房、廉租房建设创造条件，这项措施也有效地遏制了普通商品房房价的过快上涨。

（5）组织编制了市重大文化体育设施、交通设施的规划设计方案。为了建设高品质的城市，政府对飞机场、火车站、文化体育公园、城市公园等重大项目都组织了规划设计方案竞标，通过优选方案使规划设计水平有了很大提高。已建成的飞机场候机楼、世纪公园等项目都独具特色，受到市民的好评。

从2000年开始，克拉玛依市进入了城市建设和发展的高峰期，过去的10年，可以说是城市变化最大的10年。市政基础设施配套完善，新建污水处理厂两座，垃圾无害化填埋场一座，医疗垃圾焚烧场一座，净化水厂四座，城市集中供热率达到85%以上，城市大气环境优良天数率达到99%，城市环境综合考核位于全疆第一。城区绿化率达到38.9%，人均公共绿地达到12平方米，从2002年开始，市区政府每年拿出资金为60多个老居住区进行环境改造，使旧居住区绿地率达到25%以上，通过园林化改造，使老百姓居住环境有了很大改善。对城区原有防风林进行改造，建成了文化步行街，对克拉玛依河两岸进行了拓宽改造，达到了4A级景区的标准，建设了面积28公顷的世纪公园，正在建设64公顷的南新生态公园，为克拉玛依市全力打造“城在林中、城中有林”的生态城市打下良好基础。完成了作为油田企业和市政办公设施基础建设，形成了集中布局、景观优美，体现现代风格的行政办公区。受到市民关注的文化体育公园已开工建设，计划5年建成，共有科技博物展览馆、文化馆、青少年活动中心、图书馆、大剧院、体育馆等6个项目，火车客站将于今年动工建设。

（三）为进一步加强我市的规划管理工作，促进经济社会持续快速健康发展，我们提出了“建立科学、民主的规划决策机制，由粗放型管理向精细化管理转变”的规划管理工作思路，经过几年的不断摸索、创新、总结，这一思路日渐成熟。

（1）2005年，克拉玛依市人民政府正式成立了克拉玛依市规划委员会，委员会下设四个专业规划工作组，审查范围涉及旅游、文化、体育、卫生、工业、电力、商业、科技、信息化、土地、城建、环保、交通、农林水牧、矿产资源等二十多个行业和部门。规划委员会的成立是我市规划工作制度化的开端。随后出台了《克拉玛依市城市规划委员会工作章程》，进一步规范了管理，提高了工作效能。2008年制定了《城市规划委员会专家评审制度》，将专家评委的意见作为我市城市规划决策的重要依据，之后又调整了市规划委员会成员构成，增加了非公务人员委员数量，市规划委员会成员更具有广泛代表性，使城市规划向科学决策迈进了一大步。

（2）以阳光规划为目标，把为公众利益服务作为城市规划工作的出发点，修改完善了《城市规划公示制度》及《城市规划听证制度》，将公众参与作为城市规划的一项重要工作，通过现场、电视、报纸、网络等多种途径加强了规划前期调查、展示、征求意见、项目的批前及批后公示等工作，使公众真正参与到城市规划工作中来。形成了“政府决策、部门把关、专家咨询、社会监督”的规划评审管理机制。

（3）2009年，出台了克拉玛依市第一部有关城市规划管理方面的规定《克拉玛依市城乡规划管理规定》，内容涵盖城乡规划的编制与审批、规划实施、城乡用地规划、城乡规划工程管理、工程施工规划管理、监督管理及责任等方面，共5章66条。这个规定的出台标志着我市城市规划管理工作已经由过去的粗放型管理向精细化管理转变。

（4）一直以来，我们从加强“二书四证”的审批管理、严格控制各项规划指标、加大城市规划执法工作力度三个方面来强化日常规划管理工作，有力地促进了规划的实施。针对规划审批的重点环节，制定了建设项目审批程序，加强了竣工规划验收的强制性要求，对规划审批的重点环节加强了管理。为保证建设项目的各项功能，在建设项目日常审批工作中，严格控制各项规划建设指标，以保证各项建设的功能合理性：一是严控绿化指标：按照“国家园林城市”的要求，依据《城市绿线管理办法》、《新疆维吾尔自治区实施城市绿线管理规定》，严格按照规定标准配套建设绿地。二是严控停车位指标：对于新建的经济适用房小区及商业建筑，按照国家及自治区规范要求，结合我市实际，提高了停车指标要求，并切实做到停车泊位与建设项目同步规划设计、同步建设施工、同步交付使用，来缓解市区停车难的问题。

会同执法部门常年开展城市规划管理综合执法专项治理工作，对违法、违规项目，按照情节轻重，依法进行了行政处罚。并给违法情况较为严重的建设单位下发了《通报》，要求其他各建设单位要引以为戒，认真汲取教训，并加大对《城乡规划法》的学习、宣传力度，提高工作人员素质，确保依法办事，全力维护了《城乡规划法》的权威性。

在过去的十几年，我们通过科学编制规划，严格实施规划，充分发挥规划对城市和建设的主导作用，做到了以科学发展观统领城市规划工作全局，牢固树立城市规划以人为本和可持续发展的理念，不断完善城乡规划体系，强化城乡和区域协调发展，为我市经济社会的发展作出了积极的贡献。

三、今后城市规划建设管理思路

2010年是实施“十一五”规划的最后一年，也是我们建成全面小康社会，在全疆率先基本实现现代化总目标由打基础向加快发展转变的关键一年。我市提出了一个目标：世界石油城；五大基地：油气生产基地、油气技术服务基地、炼油化工基地、国家石油战略储备基地、技术工人培训基地；三大产业：金融产业、信息产业、旅游产业；两大平台：高品质的城市、最安全的城市，共同组成了“世界石油城”的宏伟构想。

分解开来主要是着眼长远发展和战略发展，有序调整经济结构，大力发展以油气产业、新兴产业和多元产业为主体的地方经济，推动城市可持续发展的工作思路，重点是做大做强石油石化这一核心产业，把克拉玛依建设成集油气生产、油气技术服务、炼油化工、国家石油战略储备和技术工人培训为一体的、国内最重要的石油石化基地，打造成世界的石油城；大力发展金融、信息、旅游三个新兴产业，积极培育多元产业，大力发展地方经济，增强地方经济发展活力。为实现上述目标，培养、引进和留住高素质的人才是关键。为此，我们还提出要建设宜居城市，重点是以打造功能完善、设施一流、信息畅通、管理有序、秀美宜居的生活环境为抓手，抓好城市发展规划，加强基础设施、公共设施和生态环境建设，大幅度提高城市的现代化水平；以发展一流的教育、建设一流的医疗、打造最安全的城市为重点，大力发展教育、医疗、文化、体育、慈善等社会各项事业，加强民族团结，全力维护社会稳定，大幅度提高城市的美誉度。这样做的最终目的，是通过扎实有效的工作，不断提升城市的现代化品质，增强全市各族人民热爱克拉玛依、发展克拉玛依的自豪感和使命感；同时，提升城市竞争力和知名度，吸引人才汇集和大企业总部落户克拉玛依，使之成为推动我市可持续发展的动力支撑和创新源泉，从根本上保障发展目标的实现。

（一）完善城市规划体系，强化规划落实与管理

规划是城市发展的蓝图、建设和管理的基本依据，是一项全局性、综合性、战略性的工作，更是政府合理配置资源、调控经济发展、维护公众利益的重要手段。切实做好规划的战略研究和前瞻性研究，尽快完成远景设计，充分发挥好城市规划的调控作用，为城市建设提供有力保障。

加强规划的前瞻性研究，明确各功能区的发展定位。我市城市总体规划已经自治区批准实施，全市规划总体效果图的绘制正在完善中。结合总体规划，以战略眼光加强规划实施的前瞻性研究，做好修编性详细规划和控制性规划的编制工作，以指导和控制城市建设的具体行为，增强规划的可操作性。加快西部新城建设的前期工作，加快职业教育基地的规划工作。进一步加强老城区控制性规划的修编工作，切实解决好居住区公共服务设施和水、暖、电、天然气配套不完善等问题。突破地域界限，认真研究克拉玛依区和白碱滩区的融合发展，明确功能定位与发展规模，优化产业空间布局，实现资源共享、优势互补、共同发展。围绕金融、信息和旅游这三个新兴产业的发展，做深做细规划布局研究。做好商业网点布局和地下空间的前期规划工作，既要有近、中、远期目标，又要落实分步实施项目。统一规划管理，做好各区、各部门专项规划的有机衔接。

抓好规划的有效落实。坚持“先规划后建设”的原则，把规划设计条件作为土地出让和开发的前置条件，严格规划管理，抓好容积率、绿地率等强制性指标的落实。强化城乡规划监督和管理，把规划管理的重点放在规划强制性内容的实施监督上，未经法定程序，决不允许变更强制性指标，以确保规划的严肃性和权威性。健全城乡规划公众参与机制，最大限度地保护广大市民的根本利益，把和谐城市的理念落实到城乡规划的综合配套服务项目中去，建设和谐人居、创建和谐空间，确保公共资源不被浪费。高度重视民意的落实与表达，在各类重要规划批前批后通过各种途径向社会公示，征求广大人民群众的意见，力求规划科学合理。

（二）加强基础设施建设，完善城市载体功能

完善的基础设施、公共设施和良好的人居环境，是提高城市综合承载能力、促进经济发展、构建和谐社会的重要基础和条件。我们重点抓好以下工作：

抓好项目前期工作。城市建设要良性发展，除了完善的规划，充足的项目储备也必不可少。我们在项目的规划和储备上，力度还远远不够。从今年开始，我们更加重视项目规划计划的前瞻性研究，切实做好建设项目的论证、筛选和储备工作，积极争取国家、自治区的资金支持，形成滚动开发的良性循环机制。

抓好一批重点、民生项目建设。我市确定的市文体中心、火车客运站、第二污水处理厂、南新公园一期、社区卫生服务设施、老年服务设施、石化园区基础设施等重点建设项目，都是民生工程。一方面，强化项目管理，严格工程监理，确保工程质量；另一方面，树立精品意识，注重城市景观的整体效果，建造富有克拉玛依特色的建筑精品。强化项目资金的管理，既要坚决做到项目资金的安全使用，又要厉行节约，确保项目预算实施到位。

加强市政公用设施建设与管理。进一步完善城市道路、公交站台、供排水管网、集中供热、天然气利用等涉及民生的城市公共设施建设力度。加快实施城乡抗震安居工程和城乡重要建（构）筑物抗震防灾工程。抓紧完成无障碍设施改造任务，加快无障碍城市创建的软件建设。依靠科技进步，发展建筑节能产业，推广普及建筑节能成熟技术、配套产品和材料，将我市建筑节能工作提升到一个新的发展水平。

（三）提升绿化美化水平，营造和谐人居环境

城市绿化美化水平是城市现代化的重要标志。做好绿化工作，必须把握以下三个方面：

根据城市发展定位和水资源状况，因地制宜地开展城市绿化，更加注重绿化质量。重点是要围绕公园、道路、社区、单位庭院等重点区域、部位、地段的绿化，实施精品建设，推进城市绿化建设不断向广度和深度发展。

进一步提高绿化科技水平。重点是要围绕提高苗木成活率、保存率和品种优良率，积极引进具有抗寒、抗旱、节水、美观等特点的植物品种和适用技术，鼓励技术人员精心培育和推广适合本地区生长的乔灌花草。

学习借鉴先进城市的园艺技术，在城市绿化建设过程中注重人与自然的和谐发展，营造园艺与街景环境相协调的景观。工作重点是加强对公园、绿地、街景的植物配置设计，讲究层次、空间、季相、景观，达到多彩舒适的视觉效果，进一步增

强城市绿化美感。

（四）坚持以人为本，打造一流城市管理

规范高效的城市管理，是推动城市健康发展的关键，是提高城市综合承载能力的重要手段。我们在不断研究城市管理内涵、模式和机制的基础上，健全城市管理的标准和规范，加强城市管理队伍建设，推动城市管理向科学化、法制化、规范化、人性化和精细化转变。

更新城市管理观念，切实把思想从重建设轻管理转变到建设与管理并重，通过加强城市管理，提高城市建设和运行效率，为构建“大城管”综合管理模式奠定良好的基础。

健全和完善地方性管理规章，逐步建立健全一整套城市管理工作评价、考核及奖惩机制，将城市管理工作与绩效、政绩挂钩，落实领导责任制，充分发挥市、区两级城市管理委员会的作用，进一步加大组织、指导、协调、监督的工作力度，做到依法、规范、有序地管理城市。

着眼长效管理，完善管理体制，将管理触角向街道、社区延伸，充分发挥社区在城市管理中的基础和支撑作用。建立管理部门间的协作机制，明确职责权限和任务分工，真正建立起“上下联动、齐抓共管、建管并举、综合治理”的长效管理模式。

坚持以人为本，疏堵结合，把维护公共利益与维护弱势群体利益统一起来，做到既严格执法，又人性化操作，切实树立起文明执法的良好形象。

不断创新城市管理手段，依托数字油田建设成果，统筹市、区信息化建设项目资源，按照“五统一”原则，稳步推进城市管理数字化建设。充分发挥各区城市管理数字化平台和“12319”监督指挥中心的作用，不断提升城市的智能化管理品质。

（五）强化专项整治，促进房地产业健康发展

住房问题始终是人民群众最关心、最直接、最现实的利益问题。我们要在已取得成绩的基础上，切实解决好城市中低收入群众的住房问题，认真分析研究存在的问题，坚持统筹兼顾、突出重点，在解决事关百姓切身利益的热点、难点问题上狠下工夫。

建立和完善住房配套政策，保障住房供应。健全住房保障制度体系，调整、补充和完善已出台的相关政策。进一步健全廉租住房管理制度，完善廉租住房建设资金筹措办法，确保住房保障工作的制度化、规范化。

加大房地产市场宏观调控力度。加强对房地产市场形势的综合研判，切实稳定住

房价格，完善住房价格监管和调控措施，针对新情况、新问题，及时提出应对措施。

坚持不懈地抓好房地产市场秩序专项整治工作。通过房地产市场秩序专项整治，使房地产市场秩序得到根本好转，为全市经济和社会发展创造良好环境，促进房地产市场健康有序发展。

（六）加强服务管理，支持建筑企业不断发展壮大

建筑业是拉动经济增长的先导性产业，它的作用不仅仅在于自身产值的贡献，更重要的是对数十个相关产业的拉动。2007年，我市建筑业产值为54.2亿元，2008年达到了66.45亿元，2009年在金融危机的影响下也实现了62亿元的产值。

积极支持企业开拓市场。加快建筑业由内生型向外向型转变，支持本地企业在牢牢把握本地建筑市场的前提下，千方百计拓展疆内外市场。

进一步提高建筑企业发展的能力。重点培养和建立多层次、高素质的经营管理人才和工程技术人才队伍，加快建立以企业为主体的建筑业技术创新机制，推动建筑业企业向技术创新型、管理效益型转变，增强建筑业持续发展的能力。

努力营造建筑业发展的良好环境。主动为企业搞好服务，主动为企业排忧解难。制定必要的政策性措施，加快推进建筑业发展。

（七）高度重视安全生产，切实维护社会稳定

加强建设行业质量安全管理。建设系统是生产安全事故多发领域，重点做好工程参建各方责任主体的安全质量行为和对工程重要部位的监督检查。加大监督指导和督促检查力度，强化城市供水、供气、供暖等事关群众切身利益的市政公用事业安全监管，完善重特大事故预警和应急救援体系，不断提高应对各种突发事件的能力，促进全市安全生产形势持续稳定。

积极做好群众信访工作。建设系统涉及的窗口行业多，与人民群众的切身利益息息相关。倾听人民群众的利益诉求，解决好涉及他们的利益问题，对于维护社会稳定意义重大。进一步健全信访工作机制，使群众信访工作真正做到组织落实、工作落实、责任落实。进一步建立健全处理信访问题的领导机制、部门协调机制、信息沟通机制和督查督办机制，不断增强信访接待和矛盾化解的能力。

打造世界石油城、共创克拉玛依美好明天，我们深感荣幸，也深感责任重大。“世界石油城”的建设，是一项庞大的系统工程，天时、地利、人和，缺一不可。只有竭智尽力、鞠躬尽瘁，不断增强忧患意识，努力发扬进取精神，积极主动地投身到“打造世界石油城”的伟大事业中来，才能共创我们的幸福生活，才能共创克拉玛依的美好未来！

考察篇

第二期赴澳大利亚现代城市管理专题研究班学习考察报告

中组部、建设部组织的第二期现代城市管理专题研究班于2007年11月15日至12月2日举办。本期班学员共有22人，主要由来自16个省（自治区、直辖市）的17位市（区）长、副市（区、县）长组成。学员们于11月15日在京预培训，主要内容包括现代城市管理理念、城市可持续发展的理论与实践、安全教育、外交礼仪、外事纪律和澳大利亚概况，16日赴澳大利亚进行培训学习。

本期班的研究主题是现代城市管理，澳大利亚阿德莱德大学负责本次培训的教学组织和考察安排。

本期班在上一期的经验基础上做了改进，课时安排更加合理，考察内容贴近主题，不仅对阿德莱德、堪培拉、悉尼等城市进行了一般性市容市貌的参观，还对学员所关心的问题组织了针对性较强的考察，不仅会见了联邦政府、州政府、地方政府官员，还与公司及私人业主进行了接触，比较全面地了解了澳大利亚在现代城市管理方面的做法、理念，引发了学员们对很多问题的思考。学员们都较好地遵守外事纪律和外事礼仪。此次赴澳大利亚学习考察，由于举办单位高度重视，承办单位周密安排，授课人员精心准备，学员们积极互动，使学员们增长了知识、开阔了眼界、启迪了思路。该班是近年来所组织的境外培训较为成功的班次。

一、澳大利亚城市管理的机制与方法

澳大利亚城市管理的机制严紧、简洁，方法行之有效。

1.精简高效的管理架构

澳大利亚实行联邦政府、州政府和地方政府三级管理架构，层次简洁，富于效率。

澳大利亚的市长制是澳大利亚地方政府组织制度的核心。三级政府中，据有核心地位的是州政府，它具备制定本州地方政府组织法的权限和调整地方政区划分，统管各州范围内的经济贸易发展，基础设施建设，社会治安秩序等的权限，只是将部分宏观权限(如外交、国防、中央货币等)归集到联邦政府。

市政府的最高管理机构是市政委员会，一般由7~9人组成，直接选举产生，负责本市政府管理决策，与州及联邦政府按法律各自运行，无明确的上下级管理，但在安排地方重大发展项目、跨区域的发展协调或应对困难时仍需接受州、联邦政府援助和协调审批，这种扁平式组织结构，使决策责任明确、信息传递成本低。

市政府即地方政府在澳大利亚有三千多个，这些地方政府均为有限责任政府，主要负责社区管理、基础设施养护、文化集庆和小型建设项目安排等，同时有独立税赋手段进行财政平衡。

澳大利亚城市运行管理机制主要由三个部分构成，一是保障机制，强有力的法律体系为多元主体参与城市运行管理提供了保障；二是激励机制，开放基础设施社会投资市场，实行基础设施维护、管理社会化、产业化和专业化，实行公共服务的市场化；三是控制机制，主要是建立一套规范的运行城市和监督程序，建立相应的民主决策和大众监督机制，从而提高了管理的科学性和实效性。

此外，澳大利亚地方政府工作的重中之重是编制和实施城市规划。其规划管理的层次分为城市战略规划、城市控制图则、建设项目管理三个层面。规划编制过程中由于广泛地、多渠道、多层次听取各类人群的需求和诉求，复合性更强，也更加贴近市民感知，生活性往往强过生产性（尤其不考虑产业发展体系），体现了澳大利亚地方政府开展工作的微观传统。

2.行之有效的管理方法

澳大利亚城市管理采用间接方式管理政府日常事务，由民众直接选举的市长和市政委员会，聘请城市经理班子，并由城市经理班子决定公务员录用。政府成员负责主持礼仪活动，听取选民意见，决策重大事项，但日常工作由城市经理在授权范围内组织落实。其管理方法归纳如下：

（1）法制管理。城市运行的法制化管理就是通过法律法规对城市政府管理的各项活动、各个环节进行调节和规范。澳大利亚城市政府将管理的系列技术方法（如节能、防火、建筑标准等）、协调手段、行为方式、步骤和程序法律化、制度化，最大限度地减少人治因素和对管理活动的干扰。

（2）经济管理。澳大利亚建立了城市运行维护和公共服务产品的财政评价制度，对城市运行各个环节的投入产出均有明确的规定，以南澳洲为例，所有地方政府平均财政支出的次序为道路交通24%、文娱体育18%、垃圾处置14%、图书文化24%、社区设施及服务8%、规划编制与住房发展6%、社会福利6%、健康4%、公共安全3%及其他。在财政收入来源上，对使用者收费占16%，接受联邦政府项目拨款占14%，而独立收取的不动产税占到66%。其中，中心城区高达80%，农村社区较少在35%左右，而公司营业税和个人所得税等依照分权法律由联邦和州征收。

（3）目标管理。澳大利亚城市管理注重管理效率和效果。其管理目标设定明确，在南澳战略规划中有六大目的，98个目标，个个目标都可以衡量，具体深入，贴近生活。此外，还十分注重目标的可操作性，目标在实施中有相应程序控制，在组织上、经费上、监督上都得以落实，这种目标管理使得城市运行得以有效进行。总之，澳大利亚城市的正常运行是建立在各种目标管理基础上的。

二、澳大利亚城市管理的理念与特色

澳大利亚城市管理体现了现代城市管理理念，其特色也十分明显。

1. 以人为本

城市管理的目的是什么？这是一个根本性的问题，它关系到城市管理各项措施制定的依据，是构建整个城市管理制度体系的支撑理念。南澳城市管理的根本目的是通过保持良好的城市自然环境和社会环境，以及提供高效的城市公共服务，促进城市发展，提高居民生活品质，充分体现了以人为本。州以下地方政府在城市管理中紧扣南澳战略规划的管理理念，在制定相关制度时将人及人的需要放在第一位，对“物”的管理绝对服从“人”的需要，如南澳洲坚持优美的自然资源属于公共资源公民享用，政府不得出售、私人不得占用城市中优良的自然资源。所有绿地、草坪，居民、游客均可进入踩踏，这充分体现了“人”在城市中的主导地位和“物”的从属地位。澳大利亚城市管理者认为城市首要的不是一种景观，而是一种服务，牺牲功能性的市容美是一种矫情，是华而不实的政绩工程，是城市平民消受不起的奢侈品。

2.城市管理是保持城市秩序与城市活力之间平衡关系的重要手段

城市的健康发展和正常运转既需要活力也需要秩序，因此澳大利亚城市政府十分重视民间团体的作用。而这些社会中间组织也经常组织市民讨论他们关心的问题，并把情况反映给各级政府，政府再根据这些信息及时调整政策，如在南澳州为了大力发展葡萄酒业，政府允许机动车司机饮两杯红酒后上路驾驶。这些社会中间组织为政府在城市秩序和城市活力之间寻找恰当的平衡点作出了巨大的贡献。

3.城市资源和公共服务全民共享

城市是高密度的人类聚集场所，这决定了城市资源短缺的必然性。不同社会群体在获取资源和公共服务方面的能力依他们的社会资本和人力资本的不同而有很大差异。一般来讲，社会中弱势群体获取资源和公共服务方面的能力比较差，因此澳大利亚城市政府在公共政策的制定上向弱势群体倾斜，以确保弱势群体也能与其他社会群体共享城市资源和公共服务。如南澳州政府规定，凡低收入者均可由政府给予一次性住房补贴十万澳元，并立法规定商品房开发项目中，要拿出15%的房源作为低收入人群的经济适用房。此外，公民从出生到死亡都享受范围极广的福利待遇，如公民的医疗和教育等费用基本全由政府支付；同时，还有名目繁多的福利津贴，如失业救济金、养老金等。城市资源和公共服务全民共享的理念，有助于促进城市社会的公平，进而促进城市的和谐发展。

三、若干思考与建议

中澳两国政治体制不同，国情也不同，我们不能简单照搬其做法，但有些方面还是值得借鉴。

1.贯彻科学发展观的要求，树立以人为本的政府管理理念

坚持以人为本，树立全面的协调可持续的发展观，促进经济社会和人的全面发展,是新世纪、新阶段党中央作出的新的重大战略部署，是中国共产党人对社会主义建设规律认识的重大飞跃。这要求在我国城市政府管理体制创新中，首先应树立以人为本的管理理念，充分体现全心全意为人民服务的宗旨，实现由政府本位向社会本位、官本位向民本位的转变，政府要从划桨人向掌舵人转变。因此，城市政府职能要向为公民提供最好的公共服务转变，强化公共服务职能，加大政府对公共产品与服务、公益性事业的投入，包括发挥非政府组织、民营机构、企业团体的作用，共办社会公益事业，不断加强城乡公共基础设施建设，发展社会就业、社会保障服务和教育、科技、文化、卫生、体育等公共事业，逐步缩小不同群体之间获得公共服务水平的差距，应把城市社会建设水平作为评价政府工作的首要标准。

2.优化城市职能配置

要向忧民所忧、乐民所乐的服务型政府转变，必须从无限责任政府向有限责任政府转变，尽可能使城市管理机制扁平化，为此须处理好四大关系。

（1）政府与企业的关系。当前应当坚决禁止各级政府代替企业招商引资，层层分解并考核招商引资指标。

（2）政府与市场的关系。城市政府工作的重点是营造公平、公正、公开的市场环境，充分发挥市场机制配置资源的基础性作用。凡是市场机制能发挥作用的，政府的影响越小越好，一般不要直接干预。政府应远离直接配置市场资源，要从市场资源的分配者变为监督者。

（3）政府与社会的关系。城市政府要通过社会公共政策的制定来管理城市，妥善协调各种利益关系，倾向弱势群体，强化危机管理意识，建立健全各种突发事件应急机制。

（4）政府与社会组织的关系。城市政府要更大程度地发挥社会组织的作用，将政府所承担的某些技术性、行业性、服务性、协调性职能转变为社会组织承担；同时加大规范和监督力度，通过处理好上述“四个关系”，切实把城市政府职能真正转到经济调节、市场监管、社会管理和公共服务上来。

3.完善依法行政体系，提高城市管理法制化水平

提高城市管理法制化水平，是推进城市管理体制创新的重要内容，特别是重视社会管理、公共服务方面的立法。加快建立权责明确、行为规范、监督有效、保障有力的行政执法体制。另外，要坚持科学民主决策，坚持专家咨询、社会公示与听证、决策评估等制度，以便为严格执法提供必要的科学依据和群众基础。建立行政问责制度，开展绩效评估，行政问责制度是现代城市政府强化和明确责任、改善政府管理、提高行政效能、建设有限责任政府的本质要求，也是推进依法行政的重要保障。城市政府应按照权责统一、依法有序、民主公开、客观公正的原则，加快建立以行政首长为重点的行政问责制度，并把行政问责制度与行政监察、审计监督结合起来，有责必问，有错必纠，努力建设责任政府。

4.重视城市战略规划

澳大利亚城市政府的城市战略规划是城市政府安排任期内各项工作的总纲，是政府工作的宣言书，此做法值得我们借鉴。城市战略规划从内容体系上更多注重经济社会发展的综合设想，超越了我国一般意义上总体规划的内容，类似于我国的经济社会发展计划、总体规划大纲及土地利用规划的合成。我国的城市空间布局和空间规划应当以符合合成规划的政策性要求为前提，来合理配置建设资源，这样确定战略规划和空间规划关系，可以节约行政成本，避免部门之间的矛盾与扯皮。

5.积极稳妥推进城镇化

城镇化水平是衡量一个国家现代化程度的重要标志。大城市有着良好的聚集效应，在资金吸纳、基础建设、产业结构方面有诸多优势，但大城市的弊端“负效应”应成为我们的“前车之鉴”。如印度、巴西大城市“贫穷化”教训值得汲取。澳大利亚重视发展中小城市，建设中小宜居城市。我国在城市化进程中，应该坚持发展中小城市，尽量坚持建设中小宜居城市，鼓励农民就地城市化或向小城镇聚集，要防止大量失地、没有专门技能的农村人口过度涌入城市。要把城市发展是否均衡、是否活力、是否宜居、是否舒适方便作为发展目标，不能囿于城市规模、经济功能而忽视城市繁荣、居民素质产业素质的提高、城市环境的改善、城乡关系的协调，要积极探索研究中国特色的城市化道路。

学员名单：

杨戌标　浙江省杭州市市委常委、副市长
董万章　中央组织部中国浦东、井冈山、延安干部学院理事会副秘书长
宋言平　全国市长培训中心副主任
张　忠　北京市东城区副区长
孙树田　天津市南开区副区长
白劼夫　内蒙古自治区建设厅副厅长
刘宁绥　辽宁省葫芦岛市副市长
胡　俊　上海市崇明县副县长
张曙光　安徽省池州市常务副市长
杨荣郎　福建省南平市副市长
袁秀和　山东省德州市市委常委、副市长
王代全　湖北省襄樊市副市长
石芳飞　广东省清远市副市长
谭灯耀　海南省东方市市长
王银峰　重庆市江津区区长
罗荣彬　贵州省安顺市副市长
张仕雄　贵州省福泉市市长
曹复兴　甘肃省平凉市副市长
王国新　新疆维吾尔自治区阿勒泰地区行政公署常务副专员
赵　琦　建设部人事教育司机关人事处处长
苏会泽　全国市长培训中心城市发展研究所所长
马金凤　全国市长培训中心教务处干部

第一期赴荷兰城市公共设施体系建设与安全运行管理专题研究班总结报告

由中共中央组织部、住房和城乡建设部及中国科学技术协会共同举办，全国市长研修学院具体承办的第一期“城市公共设施体系建设与安全运行管理专题研究班”于2011年11月12日至27日赴荷兰进行了为期16天的培训、考察。现将有关情况报告如下。

一、基本情况

本期研究班学员由地级市市长、地级市分管城乡建设工作的副市长、地级市人大领导、直辖市的区分管领导以及县级市市委书记组成，共17人。全国市长研修学院（住房和城乡建设部干部学院）常务副院长王忠平同志担任团长，山东省青岛市副市长王建祥同志担任副团长，全团在北京预培训2天，之后赴荷兰进行培训和考察16天。

2011年11月10日、11日，本研究班在国内就城市基础设施建设与管理、中国的外交形式及中荷关系和外事安全等方面的内容进行了预培训，住房和城乡建设部仇保兴副部长作了《重建微循环》的专题讲座。

在荷兰期间，本研究班围绕我国快速城镇化发展现状和城市公共设施体系建设中面临的挑战，重点学习了荷兰的城市基础设施特别是防洪设施的建设、水管理体制、城市垃圾和污水处理、地下管网建设、城市公共安全和应急管理以及绿色交通等方面的内容，拜访了阿姆斯特丹、海牙和鹿特丹三个城市的市长和市政府官员，并与荷兰国家安全调查委员会官员进行座谈交流，还先后考察了阿姆斯特丹旧城区、阿姆斯特丹地铁南北线、阿姆斯特丹垃圾处理中心、新沃特伟赫的阻浪闸、海牙污水处理厂、鹿特丹港口、代尔夫特理工大学防洪实验室等。

AGT国际集团荷兰分公司首席执行官即荷兰王子皮特克里斯坦先生热情接待了

研究班，并对荷兰的城市发展情况和AGT国际集团的具体情况作了介绍。皮特王子还亲自陪同研究班进行教学和考察活动并认真听取反馈意见。

全体学员十分珍惜这次培训机会，集中精力认真学习，积极思考研讨问题，严格遵守各项纪律，圆满地完成了学习培训任务；同时，大家还利用多种机会与荷兰方面的官员和专家学者进行交流，介绍我国城市基础设施建设、节能减排和促进可持续发展的情况以及经济社会全面协调发展的理念和成效，树立了良好的对外形象。

二、学习考察感受

（一）荷兰印象

1.荷兰——洪水威胁中的安全之邦

荷兰人民有着强烈的忧患意识，面对国家生存的重大危机——水患，研究非常细致、深刻、系统，建设的防洪设施标准达到万年一遇，使低于海平面的荷兰成为世界上处于洪水威胁地区中最安全的国家。这值得我们在城镇化建设中对“科学”和“质量”重新进行深刻的认识。

2.荷兰——绿色交通之国

荷兰是世界上人口密度最大的国家之一，人口密度超过了每平方公里400人。但整体上却不显拥挤，道路规划合理，交通顺畅，人们出行以公共交通、自行车和小排量私家车为主，特别是一切交通工具要“为自行车让路”的理念值得我们学习。

3.阿姆斯特丹——一座有历史的城市

通过参观阿姆斯特丹的旧城区，我们发现它在城市的扩张建设中很好地保存了历史文化古迹，现代城市中还保留着400年前的木质建筑、各种博物馆和皇家宫殿，而且未遭任何人为破坏。其对历史文化保护的成功经验，值得我们在快速的城市化进程中加以借鉴。

4.海牙——国际和平正义之城

通过与海牙市市长和市政府官员的会谈，我们了解到海牙市政府为城市的发展超前定位，并不懈努力使之成为国际化城市。目前，入驻海牙的国际机构达到300多个，是世界上拥有国际机构最多的城市之一，其中最著名的就是海牙国际法庭。可见，城市定位对城市发展至关重要。

（二）城市管理

通过AGT国际集团组织的专家讲座以及对荷兰城市的考察了解，我们应在以下几个方面加强探索和实践。

1.城市管理理念

为我们授课的Lutz Heuser 博士提出对未来城市管理的全新模式：像管理大型企业一样管理城市，使之能高效运转。这种模式理念超前、实用性强。而我们目前的城市管理模式存在着重建设轻管理、重经济效益轻社会效益、重短期利益轻长远利益的缺陷。如果能像管理大型企业一样管理城市，城市将会高效快速地发展。

2.城市管理体制机制

荷兰政府在城市管理中充分发挥其议会君主立宪政体的优势，既有女王“任人唯贤”的选拔机制，又有民主选举的制约机制，这使荷兰政府在城市管理过程中既尊重民意又提高了效率，从而建立了一整套行之有效的城市行政和管理机制，为民众创造了优越的城市环境，特别是其中的民主参与激励机制非常值得我们借鉴。

3.城市管理方法

荷兰在利用信息技术管理城市方面很先进，其智能城市和安全城市建设取得了突破性的成果。荷兰的城市管理系统利用对城市的多因素分析、模拟、预测和预警为城市管理者提供了有利的决策参考，也是实现城市科学管理、高效管理最有效的手段。在我国城镇化日益发展的今天，这些城市管理方法对我国的城市管理有着尤为重要的借鉴作用。

三、学习考察收获

通过在荷兰16天的学习和考察，让我们增长了见识、开阔了视野，受益匪浅。

（一）提高了对城市公共设施体系建设与安全运行管理重要性的认识，增强了做好工作的责任感与事业心

随着我国城市化水平的不断提高，城市在国民经济和社会发展中的产业聚集、吸纳人口和缩小三大差距等方面作用日益明显。与此同时，城市公共设施体系建设与安全运行就显得更加重要。水、电、气、热的保障供应，污水垃圾的科学处理，道路、桥梁和轨道的科学规划、建设与运行，城市园林绿化与城市运行的有序管理，这些都是城市建设与管理中面临的重大基础性课题。而荷兰恰恰在这些方面为我们提供了有利的依据和实践经验，我们完全可以站在巨人的肩膀上将我们的工作做得更好。

（二）对我国城市建设和管理面临的问题、形势与任务有了更深刻的认识，增强了加大城市建设与管理力度的紧迫感和使命感

通过对中荷对比的分析，我们深刻意识到，快速的城镇化给我国的城市建设和

管理带来了巨大压力和挑战。公共设施规划、建设与配套、交通、环境、卫生和社会服务等都难以跟上城镇化进程的需要；加之地下管网运行问题突出、内涝灾害频发、防灾减灾能力不足，违章建筑、摊点、停车、垃圾与污水等城市管理矛盾日益突出，我们迫切需要认清形势、重视问题，加强建设质量监督、强化管理。作为城市建设和管理先行者的荷兰，在以上方面样样出色，其先进的管理理念和机制都是城市有序、优质发展的保证。因此，学习其先进的城市管理之道对于改善我国城市建设和管理的不足有着重要意义。

（三）应充分学习和借鉴荷兰等发达国家城市建设与管理的经验和做法，结合本国和当地的实际，加强城市公共设施体系建设与安全运行管理

通过本次学习与考察，我们体会到了荷兰作为一个先进国家其发达的城市交通体系，完善的管理制度与智能化、人性化的管理系统，城市建设的独特风格，城市居民良好的生活习惯和低碳化的高度自觉，防水、治水、利用水资源的科学态度，城乡基础设施的统筹与协调发展，以及环境、生态与历史传承。作为发展中国家我们应当认真吸取其先进的经验，取其精华、扬长避短，促进发展。

1．关于城市规划与建设

注重规划，坚持统一，在个性宣扬中实现整体和谐。我们考察的城市，无论是规划建设理念，还是城市功能的实现，都立足于时尚与复古的统一，现代节奏与古典文化的和谐，人与自然、历史的完美融合。注重城市公共设施建设标准，科学论证、规划先行，并强化了规划的法律地位，不会随意改变和调整。

同时，城市建筑突出特色和历史，在现代气息中彰显人文底蕴。置身于城市的大街小巷，在感受城市的现代与繁华之时，也体验到了欧洲文艺复兴时期的文化氛围，建筑中少了鳞次栉比的摩天大楼，却多了历史的积淀与生活的宁静和闲适。

2．关于交通体系建设

注重交通体系规划、建设，不断优化交通路网，同时鼓励自然环保的交通方式，在缓解交通压力之时实现低碳环保。荷兰处于欧洲的中心，交通重要性不言而喻。他们一方面根据交通需要不断优化道路网络，在系统发展航空港、海运港的同时，注重高效、低污染的地铁和轻轨等交通工具的运用，形成了一体化的立体交通网络；另一方面大力倡导自行车和小排量汽车，设置专门的自行车专用线路，实行自行车优先等政策，使城市运行顺畅、高效和有序。

3．关于城市运行管理

重视智能化城市建设与管理，注重细节，在以人为本中展现城市素质。荷兰成

功建立了人、车及地面交通与轨道交通并行的交通模式，其智能化管理成效显著，同时将交通信号灯设置于和人视线平行的位置上，并加设了人行按钮调节系统，更多了几分人性的色彩；机动车给行人和自行车让道，更在彰显低碳环保的同时体现了以人为本；无论城市、街镇，还是背街小巷，都做到了环境优美、干净整洁，既体现了其管理水平，也反映了国民的素质。

4．关于民主决策程序

注重依法行政和依规划建设，决策中充分尊重民意。政府的每一个建设项目，无论是规划、论证，还是动迁、建设都要经过严格的审批程序和广泛听取民意，否则项目必须调整，其决策的过程就是充分反映民意和方案调整的过程。

5．关于宜居城市建设

在注重城市公共设施综合配套及高标准建设的同时，注重生态与环境保护。随处可见公园、森林、河流，注重垃圾的无害化与无污染处理，注重污水的达标排放；同时，结合排水需要，大力鼓励屋顶绿化与街头绿化，使整个城市都处于郁郁葱葱的环境与清新的空气中，体现了天人合一、自然生态的绿色建设理念。

四、几点建议

城市公共设施体系建设与安全运行管理，是需要不断探索和积极实践的课题，此次培训是对这一课题的首次探索。通过对这次培训活动的思考与总结，研究班提出如下建议。

1.适当拓展培训范围并进一步改进培训工作

举办此类研究班很有必要，今后可将培训范围适当延伸到县级市政府分管领导和地级市有关部门负责人。针对领导干部的特点，在培训课程的设置上，宜更加突出管理和体制、机制方面的重点，对技术方面应侧重了解创新情况和发展方向，注意培训强度，适当安排学员在国外讨论和相互交流，以进一步提高学习考察的效果。

2．希望多了解城市建设、管理、技术方面的前沿性政策、理论和实践案例

专题讲座可考虑部分放在国内预培训进行，到国外以现场教学为主，多考察实际案例。在外期间希望能增加与国外市长和市政官员进行实质性交流的时间，从而进一步了解国外城市政府的实践性管理经验。在国内预培训期间，组织深入讨论，带着讨论的问题到国外去学习和考察，效果会更好。

3．深化城市示范工作并更好地发挥其引领作用

可以围绕城市公共设施体系建设与安全运行需要重点探索和突破的内容，系统和有针对性地选择不同示范类型和不同地区作为全国示范城市，并由住房和城乡建设部等部委进一步加强指导；同时强化部委之间的联动和上下之间的互动，及时总结推广示范经验，有效指导和有力推动各地工作的开展。

学员名单：

王忠平　全国市长研修学院（住房和城乡建设部干部学院）常务副院长

王建祥　山东省青岛市副市长

张宽治　内蒙古自治区锡林郭勒盟行政公署副盟长

金忠彦　辽宁省阜新市人大常委会副主任

林玉成　吉林省白城市副市长

朱效利　黑龙江省鸡西市副市长

皮德艳　江西省高安市市委书记

杨邦维　重庆市沙坪坝区区委常委

代荣民　宁夏回族自治区银川市副市长

陈新发　新疆维吾尔自治区克拉玛依市市长

谢继玄　新疆生产建设兵团农六师五家渠市副市长

欧　嘎　西藏自治区那曲地区行政公署副专员

章林伟　住房和城乡建设部城建司水务处处长

贺　筠　全国市长研修学院（住房和城乡建设部干部学院）院务办公室干部

刘　悦　全国市长研修学院（住房和城乡建设部干部学院）教研部助理研究员

张　宁　全国市长研修学院（住房和城乡建设部干部学院）教研部助理研究员

郭　崇　全国市长研修学院（住房和城乡建设部干部学院）对外合作部研究实习员

案例篇

案例1　新乐市城市发展方向确定

河北省新乐市副市长 赵新生

（2006年6月）

新乐市位于河北省中南部，面积525平方公里，人口45万，地理位置优越，交通便利，历史上有“九省通衢、三辅重地”之称。南距省会石家庄38公里，北距首都北京248公里，京广铁路、107国道、京深高速公路纵贯全境，朔黄铁路从北部通过，石家庄国际机场距市区仅7公里，为全省25个县域经济发展示范县之一。

一、事件背景

新乐市邻近首都经济辐射圈南部边缘，《新乐市城市总体规划》是1995年6月经河北省人民政府批准发布实施的。实施10年来，城市建设取得了显著成绩，全市社会经济条件发生了很大变化，城市规模和结构基本成型，但城市建设也在一定范围内突破了城市总体规划布局，城市总体规划与城市建设不相适应的问题日益突出。从宏观来讲，十六届三中全会以来，以人为本，全面、协调、可持续的科学发展观已成为指导城市建设的基本原则，城市发展目标、发展方向、产业布局、空间布局以及工业土地资源配置等问题都有待调整，城市发展应寻求高效益、健康、和谐的发展模式，兼顾经济效益与自然生态系统的平衡，使城市发展与自然生态系统循环具有可持续性；同时，新一轮石家庄市域城镇体系规划也要求新乐发展要以石家庄的整体发展为条件。从城市发展实际来看，一是现有城市总体规划中的工业用地指标已基本占用，剩余的部分零散用地远远不能满足新上项目的需要，需进一步扩大工业用地规模。二是城区的发展趋势和重心逐步北移，东南规划的城市公园已建成森林公园，市中心地带修建了长寿花园广场，城区北侧的伏羲文化园已纳入城市公园，突破了城市总体规划范围。三是撤销了原长寿镇，成立了长寿街道办事处，下设十个居委会，办事处管辖的范围与总体规划的地域存在差异，给城市管理工作和今后的城市发展带来了许多不利的影响。

基于以上原因，为进一步加快中等城市建设步伐，合理确定城市发展布局，扩大城市规模，提升城市档次，修编城市发展总体规划已经势在必行。

二、城市发展的客观限制条件

从市区所处的地理位置和交通条件看：新乐市地势西北高、东南低。京深高速公路、107国道、京广铁路、南水北调中线工程自东向西南北向穿过市区，在给全市带来便捷交通的同时，也将市区割裂开来，给城市规划发展带来不利影响。同时，出市通道主要以107国道为主，107国道在市区东部、京广铁路以东，东西向交通通道只依靠两座地道桥，东西交通不畅。市区北部5公里左右有大沙河、南部3公里左右有木刀沟横亘东西，局限了市区的长远发展。

从市区现有的发展情况来看：经过多年来的建设与发展，市区基本形成了"东部以发展工业为主，北部以发展办公和居住为主，中部以发展商贸、餐饮为主，各功能分区又相互交叉"的格局。市区东部有重污染企业新化公司，市区北部有污染企业东方热电公司，给发展办公和商居带来不便。市区东部建有日处理污水4万吨的污水处理厂。

2004年，新乐市委、市政府经多方考察比较，聘请上海同济大学以王德教授为首的规划设计专家，开始对城市总体规划进行修编，按照"功能分区清晰、发展方向明确、城市特色突出"的总体要求和"城容城貌好、生态环境优、文化品位高、商机人气旺"的城市发展目标，对城市的发展方向和用地范围进行调整，以指导和促进城市健康有序发展。

三、确定城市发展方向时出现不同意见

规划修编工作伊始，市政府通过各种形式向社会进行了公布，广泛征求社会各界对城市发展定位、发展方向、近期重点工作等的意见和建议，社会各界对规划修编给予了极大关注，市民表现出极大的参与热情。归纳大家的意见和建议时发现，市民在城市发展方向上存有明显分歧。

（一）A意见：工业应向东发展，居住和商业应向北发展

其主要理由是：（1）上一轮规划实施10年中，铁路以西地区已经形成了南北方向以礼堂街和鲜虞街为主线和东西方向以新开路为主线的城市公共活动轴线，以

"两纵一横"公共活动轴线为骨架形成了布局完整的居民生活区。（2）向北发展的空间相对较大。距北侧村庄约有3公里的发展空间。而且北侧的村庄小而散，动迁或改造成本相对小。北部地势平坦，村落分散，交通便利，可利用开发的土地较多，发展空间大，北部已形成功能齐全配套的居住小区和一些公共设施，适宜发展商业、居住、办公，城市基础设施建设成本增加较少。（3）市区铁路东部地区形成了以新化公司为代表的重工业区。向东南方向，围绕高速公路、107国道发展工业，便于产品的运输及工业污水的排放，这样体现了以人为本和可持续的发展观。（4）城市的现状向北有两条主要交通干道便于协调组织交通。南水北调纵贯市区西北，能为市容市貌增加景观要素。

不足之处主要是：（1）北部现存有几个小型化工厂，污染不严重，但需要动迁或防护。（2）向北发展居住可能造成远距离的工作通勤交通，增加居住成本。（3）北部地势平坦，地价较高。（4）由于市区西北高、东南低，向西北发展供水、供热难度较大。（5）工业向东发展，可能造成生产区与居住区分离，生活及运输通道受高速公路只有一个通道口的限制，物流不畅。（6）城区基础设施跨过高速公路向东延伸，成本太高。

（二）B意见：工业向南发展，城市整体向西发展

其主要理由是：新乐市城市发展现状一个明显不足就是公共空间少，市区内绿地面积仅占总用地面积的1.52%，供市民生活活动使用的公共空间也十分少，仅有人民广场和花园广场两处，不能满足城市发展和市民生活的需要。工业向南发展，可以避开高速公路，城市中心向西发展，可以延续上次规划，与正在建设的南水北调工程相衔接，受南水北调明渠的影响，有效增加绿地和公共活动空间，大大提高生态系数，营造适宜人居的城市环境；同时，该市地势西高东低，向西发展便于城市污水的组织排放，也可以提高土地开发强度。

不足之处主要是：（1）向西发展存在两个村的改造问题，村庄基础设施差，动迁费用高。（2）我市的主要对外交通包括107国道、京广铁路在内的多条高等级公路为南北方向，向西扩张造成与城市主要对外交通联系方向不一致，增大了东西向交通压力，给公共设施布局选址和服务带来了很大困难，也增加了城市各部分的联系成本。（3）如考虑城市的发展远景，城市西侧为南水北调河渠，发展空间受限，如沿河渠两侧发展，势必要架设2~3座跨河大桥，将大大增加城市建设成本。（4）在市区的西侧存在110千伏高压线，对将来城市发展会造成分割。

四、最后确定意见及补救措施

在规划修编过程中，该市围绕两种意见，深入征求专家和社会各界意见，共组织专家论证会3次，老干部、社会各界征求意见会5次，并向社会公开征求意见建议。大多数意见认为，城市向西发展空间小，且成本大，南水北调这一门槛是我们不可逾越的障碍。向北发展才能实现全面、协调和可持续发展，通过上一期规划也可以证明，十年来向西部扩展的趋势很小，相反向北已经跨过了北环路；同样，城区北部土地价格的增值也表明了社会资本的投入和城市发展方向的自主转移。向东南发展工业，紧临省级道路无繁公路，西侧靠高速路出入口，向南为通向石家庄机场的道路，交通便捷，便于招商引资；基础设施完善，而且大部分设施可以与北侧卫星化工厂共享；地质条件优越，均为沙荒地，可以减少用地审批条件。最后该市市委、市政府决定城市住宅和商业中心向西北发展，工业中心向东南发展。

按照这一城市发展总体思路，市委、市政府遵循市场经济规律，自觉运用市场经济的观点、方法、措施建设城市，引导城市发展。首先，畅通了物流通道。为引导城市中心向西北发展，市委、市政府集中有限的资金，优先建设了北环路和北环路跨107国道、京广铁路高架桥，畅通了城市又一个东西通道，一下将城区向北延伸了2公里，创造了城市北部巨大的发展空间。今年，市委、市政府又规划了新华路立交桥，向北延伸了育才街、礼堂街，为城区北部搭建了四通八达的路网。其次，疏导汇集了人流。完善的路网形成了便捷的交通，便捷的交通吸引了大量的人流、物流向城区北部聚集。随着元亨家园、滨河小区等一大批居住小区的开发建设和近1000多户居民的入住，以及随后占地180多亩的伏羲小区的开发，在城市北部必将形成一个大规模的现代化居住区。最后，解决了阻碍城市发展的一系列问题。随着城市发展速度的加快，该市对影响向北发展的几个问题采取了一系列的补救措施，对几个小型化工厂正在采取转产或增加防护绿地的方法加以解决；在城区北部，修建了日供水4万吨的二水厂，以解决将来城区北部的供水问题。正在规划建设总投资4.5亿元的石家庄新乐东方热电二期工程，建成后将新增供热503万千焦，以解决城区北部集中供热问题。

五、城市发展现状

近几年来特别是今年以来，该市牢固树立并落实科学发展观，坚持“以人为本”，把城市的土地、山水、空间等自然资源，供水、道路、通信网络等基础设施资源和人力、文化、科技等人文资源以及由此派生出来的其他资源作为资产，用市

场手段去经营，“不求所有、但求所在，不求所有、但求所用”，吸引社会资本进行建设，不断加快城市建设步伐。目前，该市路、电、水、暖、信等基础设施日趋完善，市区“一环四纵四横”的路网格局基本形成，实现了集中供水、供热、供电、供气和治污。供水，建有日供水能力4万吨的自来水厂两座，实现了城区全覆盖；供热，建设了新乐热电厂，城区集中供热达到了100%；供气，利用国家西气东输工程，建设了城区范围集中供气工程；供电，全市有22万伏变电站1座、11万伏变电站2座、3.5万伏变电站11座，电力充裕，是河北省首批电气化达标县市；公交，有城市公交公司和出租汽车公司，实现了石市、邻县以及城乡之间通公交车；通信，网通、移动、联通、铁通四大通信公司登陆新乐，实现了村村通电话，城乡电话普及率达到每百人24部，小灵通业务全面铺开，移动电话用户达6万部，互联网用户4000多户。城市载体和服务功能日益增强，建成区面积发展到15平方公里，城市人口达到13万，城市化水平达到22%，中等城市框架基本形成。

六、感想

城市发展方位的确定，不仅涉及一个城市的发展定位、城市形象、发展速度和发展成本等，还涉及一个城市所有居民和企业的切身利益。在城市总体规划修编中确定城市发展方向时，应该如何坚持以人为本，应该如何体现科学的发展观是一个值得深思的问题……

案例2 “龙湖山庄”的违法建设

山西省永济市副市长 高春宁

（2006年6月）

一、“龙湖山庄”建设基本情况

“龙湖山庄”是西部某城市海纳投资发展有限公司开发建设的住宅小区，位于该市银吉街，共2栋10层商品住宅楼，用地面积839平方米，总建筑面积2274平方米。1999年12月开工建设，2001年3月竣工。该地块原为工业用地，1998年依法调整为住宅用地，1999年4月该市规划行政主管部门组织制定了该地区的“法定图则”。1998年3月，海纳投资发展有限公司通过协议转让方式取得该地块土地使用权。

二、审批过程

1998年10月，市计划局批准该房地产开发项目立项。

1999年9月，市规划行政主管部门核发建设用地规划许可证，规定该用地规划设计要点为：建筑容积率2.0，层数不得高于12层，建筑面积17280平方米，其中住宅16780平方米。

2000年3月，正式办理土地使用权出让合同补充协议。

2000年4月19日，市规划行政主管部门核发建设工程规划许可证，核准建设2栋11层住宅楼，总建筑面积19950平方米，其中住宅建筑16630平方米，商业500平方米，设备用房150平方米，核增一层架空停车空间2670平方米，并在报建施工图纸上盖章。

2000年6月22日，市建设局补发建筑工程施工许可证。

2001年6月4日，市规划行政主管部门在核发商品房预售许可证时，对建筑施工图核算建筑面积，发现图纸面积比建筑工程规划许可证批准的建筑面积超出2794.04

平方米。

2001年8月16日，市规划行政主管部门与海纳投资发展有限公司签订土地出让金补偿协议，以协议方式同意违法建筑面积免于处罚予以保留，对超建的建筑面积补交土地出让金、土地开发金、市政设施配套金。

2001年10月，市规划行政主管部门在原核发的建设工程规划许可证上确认超建面积2794.04平方米（其中住宅2584.71平方米，商业82.12平方米，设备及管理用房127.23平方米）合法。

2001年3月，申请规划验收，该市规划行政主管部门发现“龙湖山庄”存在首层架空层增加一层，住宅楼屋顶增加一层、未按规划要求建设停车场等配套设施；未形成消防通道等问题，责令整改，未予验收。

三、违法事实

在“龙湖山庄”开发建设、销售、设计、施工、监理单位及质量监督部门都存在违法行为，政府管理部门也存在审查不严、监管不力。在规划方面主要是：

（1）违反城市规划（“法定图则”）的规定，超面积建设。建设单位在超建2794.04平方米情况下，又擅自在首层架空增加一层，住宅楼屋顶增加一层，使该地块的容积率大大超过“法定图则”规定的2.0指标。未按规划要求建设停车场等配套设施，未形成环形消防通道。

（2）建设单位报建的施工图面积与建设用地许可证规定的规划设计要点确定的面积严重不符。

四、违法建设产生的原因

1.开发建设单位法制意识淡薄、急功近利

为了追求最大利益，明知有关城市规划管理的法规规定，采取多建少报、擅自加层等方式，尽量增加建筑面积，提高容积率，肆意违反城市规划。

2.规划行政主管部门在项目规划审批中把关不严、监管不力

在建设项目申请建设工程规划许可证时，没有认真对施工图进行审查，致使设计面积超过了规划设计要点规定的容积率允许建筑面积。在发现超面积建设后，本应对这一违法行为给予行政处罚却没有依法进行处罚。不顾已经生效的“法定图则”确定的该地块容积率不超过2.0的规定，以协议认可了违法建设的面积，并同意

对增加的面积补缴地价款，致使建设单位的违法建设行为合法化。

五、处理结果

2001年12月5日，“龙湖山庄”被该市省级电视台新闻调查栏目曝光后，上一级建设主管部门组织稽查组先后三次前往该市，会同市规划主管部门、市建设局对违法事实进行核查，对建设过程中存在的一系列违法违规行为进行处理，并对该市有关管理部门进行了严肃处理。对开发单位违反城市规划超建2794.04平方米以外的违法行为，市规划主管部门已经责令开发建设单位改正，并对建管相关审查人员根据不同情况进行通报批评，扣发奖金、调离工作岗位等处置。在市场经济条件下，受利益的驱动，城市规划部门如何主持公正，以维护法律的严肃性值得我们深思。

案例3　某市城区供水市场化之路如何走

江西省瑞金市市长　杨中茂
（2005年11月）

一、城区供水告急，政府面临考验

某市是中部欠发达地区的县级市，城区供水长期依靠十多年前建设的八一自来水厂。2003年夏，该市城区供水矛盾陡然加剧，居民用水严重不足，工业企业频频喊渴，出现农业灌溉用水与城区居民、企业争水现象。据调查，造成该市城区供水紧张的主要原因：一是供水能力滞后于城市快速发展带来的急剧增长的供水需求。八一自来水厂建于1994年，日供水能力3万吨。10多年来，该市城区面积由5平方公里扩展至现在的13平方公里，城区人口由6万增至现在的11万，工业企业增加了近百家。而且按照城市总体规划和经济发展趋势，城区人口和企业数将快速增加，原有供水能力已满足不了城区居民生活和工业生产用水的需求。二是取水点八一水库先天不足。该水库是一座小（一）型水库，具有供灌溉、生产生活用水、发电等综合利用功能，总库容量680万立方米，年供水能力900万立方米。加之库区树木减少，树木调节径流作用低，使水库在枯水期来水量少，造成阶段性蓄水不足，供水缺乏足够的安全性和稳定性。三是降雨少。水库集雨片区降雨995毫米，比历年同期平均降雨少500毫米，加之连续三季干旱，八一水库长期水位低。

解决城区供水问题迫在眉睫。该市通过实施人工降雨、科学调度用水、倡导全民节约用水、改善库区植被等措施，渡过当时城区供水难关的同时，从根本上解决城区供水这一关乎市计民生的难题，无可回避地成为该市上下关注并考验新一届政府施政能力的试金石。寻找长远解决供水难题的具体办法迅速摆上决策者的议事日程。

二、建设方案引争议，科学决策破难题

根据城市发展规划，经多方论证，该市2010年供水规模当为日供水5万吨；2020年日供水当为10万吨。如何建设适应城市发展要求的水厂？困难不少：走政府投资建设之路，作为仍是“吃财政饭”的欠发达县市，财力明显不足；走市场化建设之路，该市所在省还尚无先例。决策者深思熟虑后，决定通过招商引资，走市场化建设之路，探索市政公用事业市场化建设新途径。

该市有关部门经过调查研究，认为红色水库库区和八一水库库区均能建设适应未来若干年发展需求的供水设施，两库区基本情况如下表所示：

数量 单位 名称	红色水库引水建厂	八一水库扩容供水
集雨面积	237平方公里	152.51平方公里
库容	780万立方米	680万立方米
调节库容	红色水库靠英雄水库1000万立方米调节	上游建2个小(一)型水库可达800万立方米
灌溉农田面积	17000亩	3200亩
正常年景流失量	1.48亿立方米	0.82亿立方米

由此提出了红色水库引水建厂和八一水库扩容供水两种招商引资建设方案。方案①提出：投资商买断八一水库、自来水公司经营权，在八一水库上游建2个小（一）型水库，改造成日供5万吨水厂。总投资6550万元。采用收益现值法进行评估预测，此项目未来30年，如日销售水量达5万吨，保持现有价格水平，保持现在的平均利润率26%的情况下，投资回报率为10%，投资回收期为15.5年。方案②提出：投资商买断八一水库、自来水厂经营权，在红色水库建日供水5万吨供水厂，待城市用水需要再启用八一水厂供水。总投资1亿元。采用收益现值法进行评估预测，此项目未来30年如日销售水量达5万吨，保持现有价格水平，保持现在的平均利润率26%的情况下，投资回报率为4.1%，投资回收期为20年。

方案提出后，意见分歧较大。坚持方案①的人士认为：从投资效益角度看，作为微利经营的供水项目，方案①比方案②对外商更具吸引力，项目实施现实可行性强。前者投入相对较少，仅为后者的65%；投资回报率更高，前者投资回报率10%，

比后者高5.9个百分点；投资回收期更短，前者投资回收期15年，比后者提前近5年收回投资。从当前实际供水需求看，还不需要双向供水，如使用新建水厂供水，原八一水厂就得停止供水。从利用资源看，前者可充分利用现有设施、设备和八一水库水资源，不会因八一水厂停止供水而增加对该水厂的保养、保修和管理投资。而且在枯水季节，前者比后者在供饮用水与农田灌溉上矛盾相对少些。而坚持方案②的人士则认为：借鉴先进县市城市建设发展经验，供水设施规划建设应当适度超前。从理论上测算，方案①最多能满足未来5年的发展所需，而实行方案2新建5万吨供水厂后，与原八一水厂能形成8万吨供水规模，可满足未来近15年的发展需求。同时，在当前激烈的招商引资竞争中，可构筑该市发展工业水资源优势，抓住沿海发达地区加快用水型产业向外转移的趋势，增强招商引资竞争力，吸引用水型企业，做大做强当地工业。2003年冬，该市决策者在决策研究中认为，城区供水规划建设必须有较快的发展速度与城镇化加速发展期相适应相配套，供水建设规划上必须适度超前，方案①在长远方面显然存在不足；方案②超前建设理论上能解决未来近15年供水问题，但根据城市实际发展速度和市场规模，进行投资收益成本分析比较，实行方案②将在未来5年内造成供水能力过剩，部分资产、投资闲置沉淀，不符合市场投资规律，在当前建设显然又超前。而且由于水资源的有限性和规模经营等原因，决定了供水企业在一个城市中是属水资源垄断和市场垄断的，无论从城市规划要求还是投资规模效益要求，不可能由两个投资者分阶段搞成两套供水系统建设。因此，决策者在两个方案的基础上最终确定了新的建设方案：择优选择一家中标者，让其买断八一水库、自来水公司经营权，在八一水库上游建2个小（一）型水库，5年后引红色水库水新建日供5万吨水厂。

三、项目实施起波折，周密筹划谋双赢

经过多渠道、多形式的招商引资推介，该项目吸引了不少投资商。2004年春，经过在全国范围内招投标确定了投资商，设定供水经营期限30年。由于该市所在省尚无供水市场化经营经验，在项目进行到签订协议阶段时，社会各界对其中许多关键问题提出意见并引发争议：（1）政府是否入股或控股问题。支持方认为，有利于对企业供水行为、水价服务质量与城市建设配套等方面进行监管；反对方认为，既然推行供水市场化就应由依法注册的企业法人独立经营，政府不应出钱。（2）投资方如不施行引水建新水厂问题。供水经营是微利项目，投资水厂是易进不易出的项目，沉淀成本巨大，无法在市场变化时把固定资产及时“变现”，投资方非常容易

因市场和经营效益等原因届时不投资。（3）经营期满资产移交问题。第一期八一水库扩容供水建设与第二期红色水库新建水厂项目间隔时间为5年，如按经营期满30年资产整体移交原则，新建水厂经营期则少5年。决策者经过召开政府常务会、四套班子会、政协常委会和人大常委会等会议，对这些新涉及的诸多可能出现的问题进行讨论征求意见，商议建立有效的监管体系，并决定：政府不入股。规定投资方在经营期间必须接受政府机关的监督管理，非正常情况下政府将采用应急接管预案，确保正常供水。在正式合同中载明经营权期限分别为30年和25年，还明确规定签订协议后如未履行“五年内红色水库引水新建5万吨水厂”条件的为违约，招标单位可中止合同，并按协议由违约方承担违约与赔偿责任。

2004年春，项目投资协议正式签订。目前，八一水库扩容供水工程进展顺利，2个小（二）型水库正在紧锣密鼓加紧施工。

如今，包括供水在内的公用事业市场化改革已成为不可逆转的新潮流。政府在公用事业一股独大的垄断局面由此被打破，政府角色也由过去的直接经营管理者转变为政策制定者和市场监管者。而事实上，公用事业的公益性、安全性、自然垄断性特征决定了政府不能“一卖了之”，将责任转嫁给公众。公用事业市场化，该市只是迈出了退出行政垄断公用事业的第一步。

未来的市场化进程里，供水改革是否能实现最佳预期？不同的智慧和作为将作出不同的回答。

案例4　实施行政中心迁建工程加快推进城市化步伐

山东省龙口市市长 董希彬

（2005年11月）

一、决策的作出

多年来，由于历史的原因，龙口市形成了东西相距20公里的两个城区。随着近几年工业化、城市化进程的不断加快，又形成了南山工业园、北部海滨经济园区两个南北相向、初具规模的新城区。山东省委、省政府关于山东半岛城市群建设的总体规划，明确提出了龙口在半岛城市群中区域副中心城市的发展定位。根据省规划和龙口实际，我们于2002年确立了建设现代化中等港口城市的目标，并适时提出了在东城区以西建立城市新区的设想。为加快新区建设，我们从2002年开始迁建行政中心，以此加快新区建设、实施“建新城、带老城”、促进城区组团融合的可行性进行研究论证，并计划在充分研究论证的基础上，科学作出决策，尽快付诸实施。

迁建行政中心的设想提出后，全市社会各界给予了极大的关注。群众围绕迁建行政中心对经济社会发展特别是城市建设的利弊影响产生了争议。

市委、市政府认为：搬迁行政中心将对实施新区建设产生直接促进作用，进一步拓展城市发展空间，加快城市组团的融合步伐，这一决策符合省委、省政府对龙口城市建设发展定位的要求，符合龙口实际和群众的愿望，有利于推进城乡一体化，有利于促进第三产业发展，有利于提高机关办事效率，更好地方便群众。主要是基于以下几点考虑：

一是基于办公场所安全的考虑。龙口处于环渤海地震高危区，旧办公场所始建于20世纪70年代，为二至三层砖混建筑，受当时条件限制，从设计到施工都存在一定的缺陷，已属于危房，达不到国家规定的抗震标准，不再适合办公；同时，旧的办公场所正处于城市的商业中心地带，就地改造已没有空间。

二是基于产业结构调整的考虑。多年来，我市第三产业滞后于第一、二产业的发展。市委、市政府原住址地处商业核心区，严重阻碍了商贸流通业的发展，适应不了产业结构调整和完善城市功能的需要。为此，将市委、市政府迁出老城区，构筑全市商业中心成为当务之急，对办公原址进行商业开发，既可加快旧城改造步伐，改善城市环境，又可使黄金地段不断延伸扩展，繁荣发展第三产业，提高群众生活质量。

三是基于完善城市功能、提高城市化水平的考虑。多年以来，由于经济快速发展，城区交通拥挤现象日益严重，特别是老行政中心办公区作为商业集聚地带，交通拥挤尤其突出。随着家庭轿车普及步伐的加快，交通拥挤正在成为制约我市城区经济发展的焦点性问题。通过搬迁行政中心和对办公原址进行高标准的改造，既可有效缓解东城区交通拥挤的状况，提升商业核心区的档次和水平，又可体现市委、市政府加快新区建设的决心，拉动相关要素向新区集中，加快新区的建设步伐，拓展城市发展空间。

四是基于政府提速增效、降低办公成本、方便群众的考虑。市委、市政府所属的几十个机关和事业单位，分散于旧城区各个角落，不仅运行成本高，而且各部门之间联系和群众办事很不方便，影响工作效率的提高。新建行政中心，可将90%的机关事业单位集中办公，完善行政审批中心，既有利于加强对机关事业单位的管理，节约办公费用，提高办事效率，又有利于推行“一站式”服务，方便群众办事；同时，对办公原址进行拍卖变现，又可以增加城市建设资金，更好地推进城市建设。

持不同意见的人士则认为：行政中心搬迁将造成城市建设的重心向新区转移，将影响旧城的改造步伐和旧城区居民生活质量的提高。其对行政中心搬迁的疑问主要集中在以下几点：

有的认为：行政中心搬迁涉及面广，耗费资金多，工程大，几年之内很难搬迁，对搬迁行政中心的可能性产生了怀疑。

有的认为：搬迁行政中心需要耗费大量财力，投入大量精力，处理好旧城改造和新区建设的关系，会造成城市建设投入向新区倾斜，减少旧城改造的投入，影响旧城改造步伐，从而影响旧城区居民生活质量的提高，也可能出现旧城改造放慢步伐、新区建设受到影响的局面。

还有的人认为：以目前的财力和各方面条件，城市建设的重点应该放在旧城改造上，不宜实施新区建设，更不宜实施行政中心搬迁，或者在完成旧城改造之后再

进行新区建设。

尽管群众对迁建行政中心有各种各样的疑问，但经过充分研究论证，我们认为迁建行政中心是切实可行的，是推进新区建设和促进五大城市组团融合的必然要求和现实需要。基于这一认识，我们于2002年年初正式作出了迁建行政中心的战略决策，市委、市政府机关于同年9月下旬完成了动迁，11月4日举行了行政中心奠基仪式，行政中心迁建工程正式启动。

二、决策的实施

迁建行政中心是对一个地方长远发展具有深远影响的重大问题，决策作出后，能否按期顺利完成迁建任务，全市人民予以极大关注，也是对我市各级干部执政能力和领导水平的一次检验。为确保行政中心迁建工程的如期顺利完成，我们着重抓了以下几个方面的工作：

一是加强组织领导。在工程开工之前，市里成立了由市委书记挂帅的新区建设领导小组，定期听取行政中心及新区建设进展情况的汇报，及时研究解决工程实施过程中遇到的突出问题。2002年以来，市里每年都把行政中心及新区建设工程列入全市重点工程，实行无障碍推进原则，定期进行重点督查和考核；同时，从有关部门抽调工程管理专业人员，专门组建了新区建设领导小组办公室和行政中心筹建办公室，具体负责对新区和行政中心建设管理、协调等工作，保证高质量、按进度推进。

二是搞好舆论引导。通过实行规划批前公示和批后公示，广泛征求社会各界对行政中心及新区规划的意见建议，增强行政中心及新区规划的科学性和群众参与的积极性。同时，由宣传和规划建设等部门牵头，通过电视、报纸等媒体，对行政中心搬迁和新区建设的重大意义进行了广泛宣传，统一思想认识，赢得了全市上下对行政中心搬迁的广泛支持。

三是精心组织实施。重点把好了“三关”：一是手续关。行政中心及新区建设各项工程的立项、选址、规划许可、供地等，均按照上级要求、有关法律法规的规定和程序进行了手续报批，得到了上级有关部门的批复许可。二是质量关。行政中心、新区主干路网等各项建设工程的施工单位、监理单位，均通过面向全国公开招标的形式，确定具有较高资质的单位，保证建设的高标准、高质量。三是稳定关。对行政中心及新区建设过程中涉及的征地、拆迁、补偿等敏感问题，我们都严格落实上级的有关政策和规定，充分做细群众的思想工作，尊重群众意愿，努力为行政中心和新区建设创造和谐稳定的社会环境。

三、决策的成效

目前，行政中心迁建工程顺利完成，在各方面的预期效应初步显现。主要体现在以下几个方面：

一是有效加快了城市化进程。经过三年的不懈努力，我们如期顺利完成了行政中心建设工程和新区建设第一阶段的任务，拉开了新区建设的大框架。2003年年底，新区主干路网建设工程顺利竣工投入使用，绿化工程也已于2004年年底全面完成。今年9月，新行政中心如期落成并投入使用。行政中心和新区建设的顺利实施，将我市原来分散发展的东城区、西城区、南山工业区和北部海滨经济园区有机地联系起来，初步形成了“东城西城相融、南山北海呼应、新区居中、组团式发展”的城市建设新格局，极大地拓展了我市的城市发展空间，促进了城乡经济社会的统筹协调发展。在最近国家统计局公布的第四届全国综合实力百强县排行榜中，我市比上年提升了4个位次，位居山东省第3位、全国第21位。

二是有效繁荣了商贸流通业。2002年，围绕搞好市委、市政府办公原址的开发改造，我们采取挂牌拍卖的形式，吸引外资进行综合开发。香港金都投资公司以每亩90万元、总金额5841.9万元竞拍成功。通过两年的开发建设，市委、市政府办公原址已顺利改造成繁华的综合商业区，并有效带动了周边区域的开发改造和商业流通业发展。2002年以来，在此地段周边先后崛起了三处大型商贸企业，总投资超过6亿元，最大限度地释放了消费潜能，提升了我市的商业档次和市民的消费层次。

三是有效提高了办事效率、方便了群众。2005年9月，新行政中心落成后，54个市直部门和单位、1800多名干部职工入驻办公。结合行政中心搬迁，我们在入驻部门和单位中，认真开展了以新大楼、新作风、新形象、新效率和让全市市民满意、企业满意、社会各界满意为主要内容的集中教育活动，进一步完善了行政审批中心和管理制度，从而有效提高了机关办事效率，方便了群众。

四是有效促进了社会和谐稳定。近期以来，结合行政中心搬迁，我们在入驻市直部门中扎实开展了与行政中心周边村的结对共建活动，帮助周边村解决长远发展问题和修桥、铺路、改善村容村貌等现实问题，进一步密切了市直机关与周边村的联系，促进了社会的和谐稳定。

案例5 中小城市如何破解城市管理中的“三轮车问题”

山东省邹城市市长 朱庆安
（2005年11月）

某市是某省南部的一个县级城市，近年来随着该市经济的快速发展、城市化进程的不断加快，城区客运三轮车出现了快速增长，到2003年年底，客运人力、机动三轮车已达4000多辆。三轮车数量的骤增，日趋呈现出其不合理性和无序性，严重影响了这个城市交通的安全畅通、市容市貌的整洁亮丽和人民群众的出行安全。但是，从事三轮车营运的人员大多数是处在社会底层的弱势群体，他们用自己特有的方式维系生计。面对市民群众的“出行”和弱势群体的“生计”，该市认为：客运三轮车在城市发展进程中曾经发挥了重要作用，这是不争的事实；但是，客运三轮车给城市的管理、城市的交通带来了很多麻烦同样是不争的事实。任何事物都是从初级向高级发展，任何落后的工具都将被先进的工具所替代。当然在这个过程中，一部分人的利益可能暂时受到一些影响，但从更长远、更大的范围来看，广大市民包括当时受到影响的个人都是会受益的。因此，该市要实现更快更好地发展，全面整治直至取缔客运三轮车势在必行。

一、整治城区客运三轮车的动因

（一）依据国务院办公厅转发《建设部、交通部等部门〈关于清理整顿城市出租汽车等公共客运交通意见〉的通知》（国办发【1999】94号）的有关规定，客运三轮车不属于城市公共客运体系的组成部分，并且城区营运的机动、人力三轮车大部分无行车牌证、无合法营运手续、不缴纳税费，属非法营运，依照法律法规的有关规定，应当予以取缔。

（二）从事三轮车营运的人员大都没有经过正规培训，经营中一些三轮车驾驶员无视城市交通规则，拒不服从管理，在城区内横冲直撞、乱停乱放、乱闯红灯、乱营运、乱拉客，严重影响了正常的公共交通。特别是城区的一些主要街道和重要公共聚集场所更是成了三轮车盛行的地方，每天都有成百上千辆三轮车游荡寻客，很难管理，经常造成交通拥堵，严重影响了群众的正常出行，市民群众纷纷要求尽快取缔非法营运的客运三轮车。

（三）城区营运的三轮车类型各异、车型复杂，一些车主为了便于经营，非法私自改装车辆、加装顶棚，部分从业人员着装不整、袒胸露臂，既影响了市容市貌，又损害了城市形象，降低了城市品位，与该市建设“国家历史文化名城、山水园林生态城市、循环型经济强市”和现代化中等城市的目标很不相称。

（四）城区的三轮车从业人员整体素质较低、交通安全意识不强，车辆状况参差不齐、安全性能较差，加之机动三轮车普遍存在车速过快的现象，极易引发一些交通事故，已经成为市民群众出行的一大安全隐患。据该市公安交警部门统计，仅2003年由于客运三轮车违规违章造成的交通事故就高达152起，伤76人，直接经济损失30多万元。

（五）城区拥有公共汽车90多辆，开通营运线路10条，拥有规范化管理的出租汽车公司4家，出租汽车832辆，已基本形成较为完善便捷的公共交通网络，完全可以满足广大市民的出行需要，而较为落后的三轮车已经完成了其历史使命，应该逐步退出历史舞台。

二、整治之初社会各界的反应

市委、市政府作出全面整治城区客运三轮车的决定之后，引起该市社会方方面面的极大关注。

决策者的观点：整治城区客运三轮车已经酝酿了很长时间，特别是2003年以来城区客运三轮车辆无序快速增加，社会反应非常强烈，市民经常要求对此整顿取缔。鉴于客运三轮车给城市管理带来的一系列难题，无论从当前还是从长远来看，依法整治城区客运三轮车都势在必行；同时，考虑到三轮车问题直接关系到从业人员的生计，如果单纯因为三轮车给城市管理带来的问题而完全牺牲困难群众的利益，也有悖于以人为本的科学发展理念。因此，应当按照“以人为本、依法行政、疏堵结合、稳步推进”的原则，依法整治、逐步取缔城区客运三轮车，为广大市民群众营造安全畅通文明的交通环境，树立良好的城市形象。

市民群众的观点：有的认为，整治三轮车是好事，能使城区的道路变宽敞、交通更畅通，老百姓坚决支持拥护，希望有关部门坚持长期治理，千万不要“虎头蛇尾”。有的认为，城区的客运三轮车已经处于一种发展失控、组织无序的状态，以致引发出诸多不能容忍的交通肇事、环境污染等问题，已经严重影响了城市的发展，有关部门必须下决心予以取缔。有的认为，整治三轮车后，应当增开公交线路，扩大公交车运行区域，延长运行时间；同时加强出租车行业管理，提高服务水平，真正满足广大市民的出行。还有的认为，政府在履行社会管理职能时既要当好“管理者”，又要当好“服务者”，绝对不能简单地“一刀切”，毕竟该市还是一个县级城市，下岗人员较多，就业压力较大，必须维护好三轮车从业人员特别是下岗职工和残疾人的利益，允许他们进行经营。

三轮车从业人员的观点：他们认为，在城区从事客运三轮车经营的应该说是一个相对比较特殊的群体，他们当中大多数是生活比较困难的群众，由于受年龄、职业、行业以及个人能力等方面的限制，只好选择这种方式来谋生，他们呼吁政府在整治规范三轮车的同时，应该采取一些行之有效的办法帮助他们解决好就业问题。有些从业人员对整治三轮车表示理解，他们认为，经过这么多年的发展，城市规模不断扩大、道路不断拓宽、交通越来越完善，终结三轮车应该说是城市进步的一种体现，并且他们已经做好了从事其他行业的准备。

该市在综合考虑各方面意见的基础上，先后召开了市长办公会、市委常委会专题研究整治城区三轮车工作，并认真征求了市人大代表、政协委员和市民群众的意见。在经过深入调查论证、权衡利弊得失之后，决定从2004年6月1日起，依法整治城区客运三轮车，到2006年6月1日三轮车全部退出城区客运市场。

三、整治城区三轮车的具体措施

在整治城区客运三轮车的过程中，该市始终坚持依法依规办事，深入细致地做好三轮车从业人员的思想工作，按照“循序渐进、合乎市情”的要求，分阶段推进整治工作，切实做到了依法行政、文明管理、有情操作，确保了整治工作平稳有序的开展。

（一）宣传发动

（1）召开有关部门和相关人员参加工作会议，部署整治城区三轮车工作。（2）市政府下发《整治规范城区客运三轮车营运秩序的通告》，利用新闻媒体加大宣传力度，营造良好的工作氛围。（3）城区三个街道办事处和公安、交通等部门联合搞好客运三轮车的统计工作，摸清车辆数量和经营业户状况，澄清从业人员的基本情况，为开展工作提供准确依据。（4）市公安交警大队设置城市畅通工程示范街，完善必要的设施，实行限时段、限路段管理，禁止客运三轮车通行。

（二）整治规范

（1）按照“严格资质、规范管理、逐步减少”的思路，重新设定客运三轮车的暂保留条件：①从业人员具有城区常住户口；②年龄在18周岁以上，55周岁以下，身体健康；③有职工下岗证或居民待业证明；④车辆符合交通安全管理规定，机动三轮车有行驶证、驾驶证、第三者强制保险证。（2）对符合条件的人员集中办理申报登记手续：①有关人员持身份证明、职工下岗证或居民待业证明、行车执照等向社区或单位提出书面申请；②由三个街道和经贸局、财办、建设局、粮食局等主管部门对从业人员进行资格审查，确定人员名单，予以社会公示；③市交通部门进行复核，对复核合格者与其签订营运合同、审验车辆、发放营运牌照（有限期至2006年6月1日）。（3）从市公安、交警、交通、城管等部门抽调人员组成联合执法队伍，采取动静结合、点面结合、流动巡查的办法，展开联合整治活动，严查无行车牌证、无营运手续等违规违章车辆，形成路面整治的高压态势。

（三）巩固提高

（1）集中整治活动结束后，进一步研究制定规范化管理和完善城市服务功能的具体措施，建立长效管理机制。（2）从有关执法单位（市交通、公安交警、城管部门）抽调人员，组成专门的城区交通秩序执法队伍，常年坚持路面检查，防止出现反弹。（3）加强城市交通基础设施建设。建设、规划、公安、交通等部门抓紧研究制定城市公共交通规划，完善城区交通基础设施，维护交通畅通和安全。

（四）统筹兼顾

在整治城区客运三轮车的同时，该市按照疏堵结合的办法，一方面，进一步加大对城区出租汽车和公交营运车辆的管理力度，规范出租车运输市场，扩大公交车运行区域，延长运行时间，进一步提高出租车、公交车的服务水平。另一方面，要求有关部门、镇街及时靠上做好客运三轮车从业人员的转行及再就业工作：（1）对符合城乡低保条件的从业人员，统一纳入最低生活保障范围；（2）对从事其他个体

经营的，帮助安排经营摊位，享受有关个体从业人员的优惠政策；（3）部门、镇街和村居有条件的，积极帮助客运三轮车从业人员重新就业；（4）对进城从事三轮车经营的农民，引导他们在搞好土地种植的同时，重新择业从事其他经营活动或者帮助他们外出务工。

通过一年多的整治，城区的道路“宽敞了”，交通“畅通了”，客运三轮车的数量明显减少了，秩序也规范了，市民群众普遍叫好。但是，客运三轮车能否按期退出城区客运市场？退出后如何防止出现反弹？怎样才能建立起与现代化中等城市相适应，以城市公交为主、出租车为补充规范有序的客运市场体系？这些问题仍然需要有关部门作进一步的研究和探讨。城市要发展，行业要规范，社会需要和谐进步，人民需要安居乐业，某市要走的路还很长很长。

案例6　诸城市环卫、园林、道路养管事业改革的实践及效果

山东省诸城市市长　邹庆忠

（2005年11月）

诸城市是山东省的一个县级市，市区规划面积60平方公里，建成区面积46平方公里，常住人口达到30万。先后被评为省级文明城市和村镇建设先进市，被国家建设部列为全国乡村城市化试点市。近年来，市里为进一步提高城市管理水平，改善城市环境，提升城市形象，对城市环卫、绿化、道路养管等市政公用事业进行了改革。

一、改革的缘起

诸城市的环卫、园林绿化及道路养管这三项市政公用事业，原来分别由环卫处、园林处和城市道路养管处负责。环卫处最早成立于1965年，期间几经更迭，于1984年正式划归建设局主管，2003年划归城市管理行政执法局主管。该处全面负责城市的环境卫生工作，属差额拨款事业单位，共有干部职工158人，其中事业编制79人，企业编制79人，另有临时工450人，市财政每年拨付人员工资360万元。园林处成立于1993年，全面负责城市园林绿化工作，属差额拨款事业单位，共有事业编制36人，临时工100多人，2003年又将原市绿化中心企业编制62人划入该处，市财政每年拨付人员工资近100万元。城市道路养管处成立于2004年，全面负责城市的道路和桥梁等养护工作，属自收自支事业单位，共有干部职工11人。按原来的管理体制和作业模式，上述三处实行条条管理、各管一块。近年来，随着诸城市经济社会的快速发展，城市建设和管理的投入不断加大，城市面貌日新月异，人民群众对城市管理的期望值和要求也越来越高，原有的管理体制和作业模式已不能适应形势发展的

要求，严重制约了城市管理水平的提高。主要表现在：一是原“三处”管干一体，既当运动员，又当裁判员，工作中缺乏有效的监管。因此，虽然市财政在城市环卫等方面的投入逐年加大，但是环卫、园林及道路养管的整体水平提高不快，城市形象的提升幅度与财政投入的增长幅度极不相应。二是原“三处”是按职能行使管理权，但各自为战，对同一区域的市政事业管理 “各扫门前雪”。 虽然管理部门、作业人员不少，但缺少综合性、整体性，容易出现管理部门和作业人员之间职责不清、相互推诿扯皮的现象，扫地的不管花草树木和路况，园林工人不管卫生和道路，道路养护人员不管卫生和花草树木，严重影响了城市管理的整体效果。三是市财政既要养事又要养人，不能将有限的财力更有效地投入到城市的建设和管理中去，资金使用效益不高。四是原来的管理体制中间环节过多，程序冗杂，落实工作拖拉。同时，市里的监管不能直接插到底，不能适时掌握一线工作的情况，影响了决策的时效性和针对性。五是因为行业的特殊性，还在一定程度上存在“大锅饭”现象，调动不起干部职工的工作积极性，工作缺乏动力，更谈不上创新。

鉴于以上情况，我们认为：必须对这种落后的管理体制进行改革，而改革的方向就是市场化。为此，诸城市根据上级有关公用事业改革的指示精神，借鉴先进地区的经验做法，结合本市实际，于2005年1月开始，对环卫、园林和道路养管等市政公用事业单位进行市场化改革。

二、改革的主要内容

经过广泛征求各方意见和深入调查研究，市里确立了管干分离、市场化运作的指导思想，并初步提出了两种改革模式：一是小改，实行管干分离。就是保留原来各处的管理职能，在本单位公开考选管理人员后，其他人员全部剥离出来，成立股份制公司，推上市场，参与市场竞争，环卫、园林和道路养管作业全部实行市场化运作。这样改的好处是，管干分离，保留了各处的管理职能，稳定了管理队伍。缺点是，条条管理和推诿扯皮的问题不能得到彻底解决。二是大改，实施综合管理。即将“三处”的管理职能合并，成立一个实施综合管理的单位，从原单位中公开考选部分管理人员，其他人员除按政策办理退休外全部参与改制，进入新的作业公司。同时，对上述公用事业项目通过招投标实现市场化运作。这样改革比较彻底，能大幅度精简管理人员，也能减少作业人、降低管理成本，但这种改革触动利益面大，阻力也相应加大。

经过市政府和城管等有关部门的认真讨论研究，并征求了原来三个单位广大干部职工的意见，最终选定了第二种模式。

改革分步实施。首先通过学习有关文件、召开动员大会、进行专题讨论、多方征求意见等方式，广泛宣传改革的意义，统一了广大干部职工的思想认识，取得了广泛的理解和支持，为改革营造了良好的舆论氛围；同时对原“三处”进行了清产核资和国有资产评估，摸清了家底。在此基础上，严格按照上级政策，实行“阳光操作”，对原环卫处、园林处和道路养管处进行改制，原“三处”的干部职工，除部分参加公用事业监管处的考选或按政策办理退休外，其他人员全部参加改制，进入新的股份公司。由“三处”改制的3家公司与从原环卫处、园林处剥离出来的2家公司，全部实行市场化运作。市国资局安排专人对城区的环卫、园林和道路养管面积进行了丈量核实，对有关作业项目切块划段，实施了以道路为载体的“捆绑式”综合发包。上述5家公司通过招投标，担负起市区道路清扫、垃圾清运、公厕保洁、行道树和绿地养护及雨水井清淤、人行道养护等市政基础设施的管理养护任务。

为保持平稳过渡，支持改制公司发展，市政府给予了新公司3年的过渡期保护政策。一方面，保证5家公司通过竞标有活干；另一方面，保留事业编制人员的身份，并保证工资待遇等不低于改制前。这样既保证了改革的顺利进行，也保障了改制干部职工的切身利益；同时，经市政府批准，通过公开考选、择优录取的办法，从环卫处、园林处及道路养管处分别考选了一部分学历较高、有专业特长的人员，组建了21人的诸城市市政公用事业监管处，承担起原环卫处、园林处和道路养管处的管理职能，制定了环卫、园林和道路养管标准，对改制后各公司作业情况进行监管，初步形成了管干分离的监管机制。从2005年7月份开始，监管处按新机制实行监管，环卫、园林及道路养护作业按新模式运作。

三、改革的初步效果

一是理顺了管理体制。实行环卫、园林及道路养护改革，由于管干分离，理顺了公用事业的监管机制，监管人员和作业人员的职责更加明确。原先各处对同一路段分别进行条条管理，一旦出现管理养护问题，往往出现互相推诿扯皮的现象，有些问题监督管理部门也难以分清到底是谁的责任。现在实行以道路为载体的“一揽子”发包，管理区域和责任非常明确，只要是责任区内的问题，不管是园林绿化、环境卫生，还是道路养管，都由中标公司全面负责；同时，监管力度明显加大，现在城区环卫、园林和道路养管作业，形成了市政府、城管部门、监管处、作业公司和路段管理人五层监管的格局，增加了监管层次，细化了监管内容，增强了监管效果。

二是降低了管理成本，减轻了财政负担。通过改革，市财政由原来的养人养事兼顾变为现在的重点养事，不仅最大限度地提高了财政资金的使用效益，而且大幅度降低了管理成本。改革前，原“三处”共有事业编制人员120多人，工资全部由市财政负担；改革后，由市财政供养的管理人员只有21人，每年仅工资支出一项就可减少200多万元。同时，市里对各公司承担的作业路段实行“一揽子”招标发包，且发包额一定三年不变，也促使各作业公司最大限度地减少作业人员，提高作业效率，降低作业成本。原来市里统管22条街道，环卫保洁面积251万平方米，养护绿地39.4万平方米，管理人员126人，作业人员560人。现在市里统管29条街道，保洁面积近290万平方米，养护绿地39.4万平方米，行道树4.5万棵，保洁公厕18座，管理维护雨水井2198个，虽然作业量大了，但作业人员比原来减少80多人。

三是提高了管理水平，提升了城市品位。改革后，全部实行市场化运作，作业水平、作业质量都直接与个人工资挂钩，无论是监管人员，还是企业负责人、中层管理人员，直至基层作业人员，都普遍感到工作压力大了，责任感强了，焕发出前所未有的工作热情。环境卫生、花草树木及道路养护等基础管理水平和作业效果明显提高，城市容貌焕然一新，城市品位得到大幅度提升。市民普遍反映：现在的城市树更绿了、花更艳了、道路更干净了，生活在这样的环境中心情更舒畅了。

随着城市化进程的加快，市政公用事业改革已是大势所趋。近年来，诸城市不仅在环卫、园林、道路养管等领域进行了民营化改革的探索，而且在城市供水、供热、公交、污水处理等方面也进行了市场化运作的尝试，迈出了全面推进市政公用事业改革的坚实步伐。但是，面对新形势下建设现代化城市对增强市政公用事业服务功能、提高服务水平的新要求，诸城市市政公用事业改革还有许多课题要去研究，推进市政公用事业改革的路还很长。我们要通过探索和努力，真正形成“企业化经营、市场化运作、产业化发展、法制化管理”的市政公用事业发展模式。

案例7　历史文化名城的现代防洪堤

四川省阆中市市长 魏顺泽

（2005年11月）

有着2300多年历史的国家历史文化名城某市古城，地处长江上游，它四面环山、三边绕水，现有古城面积2平方公里，街道27条，是全国保存最完好的四大古城之一，素有“风水宝地”之美誉。

一、修筑防洪堤是为了使古城更亮

1997年该市决定投资2亿元，修建10公里长的现代防洪堤，使古城更亮，百姓生活更舒适，他们认为：

（一）防洪堤的建成可以有效地保护古城。据历史记载，该市曾有八次洪水进入了古城街道，其中最大的两次是所有街道都进入了洪水，使古城受到了侵害，国家和人民的财产受到了损失，百姓的生命受到了威胁。为了使古城不受到洪水冲毁的威胁，唯一的办法就是修建防洪堤。

（二）防洪堤建成后，再在十里长堤上修建休闲走廊，既可美化古城江边的环境，又给百姓提供一个安逸的休闲场所，可以说是一举多得的好事实事。

（三）修建防洪堤能带来较好的经济效益，在保证泄洪的情况下，通过合理选择堤坝位置，可造城市建设用地500亩，收回土地出让金5000多万元；与此同时，还可向国家有关部门申报防洪堤建设项目，争取国家投入资金5000万元左右。

领导者们的思想统一，立即变成了行动上的一致。市里很快成立了建堤指挥部，开展了可行研究，得到了项目建设批准，进行了施工设计，1998年10月正式开工建设。在强大的宣传攻势和有力的项目攻关下，干部、职工、百姓踊跃集资捐资，国家防洪部门也批准给予防洪工程资金支持。

经过三年多的努力，10公里的防洪堤基本完工，其中古城江边高7~10米、长5公里的防洪堤全面竣工。

二、修筑防洪堤破坏了古城的历史原貌

随着国家经济的不断增长，人民生活水平的不断提高，一个被人们看好的旅游业开始在祖国大地升温，不少游客慕名来到该市观光游览，体验风水宝地、文化古城的魅力。决策者们认识到只要努力打造、推介，古城的旅游业完全可以成为该市的支柱产业。2001年他们请来古城保护专家，旅游界知名人士及国家、省内相关单位、企业，商讨保护古城、发展旅游的大计，编制古城保护、旅游发展规划，启动古城申报世界历史文化遗产相关工作。径过长达半年的意见征求、反复论证，有关单位、学者、专家一致认为：

（一）该市旅游资源丰富、地理位置优越、旅游要素具备，应该大力发展旅游业。

（二）古城当年评定国家历史文化名城时，是国家历史文化名城中保护最完整的古城之一。之所以它最完整，是因为：除了它的明清建筑和历史街巷保护得完整外，还有一个最突出的特点，就是其风水古城的历史原貌保护得最完整，城在水间、水在城周，城在山间、山在城周。山、城、水、人融为一体，人水之间亲如“一家”，但修的防洪堤犹如一堵围墙，完全破坏了这些固有的历史风貌，不但不能申报“世界遗产”，还应该取消其国家历史文化名城的称号，旅游优势已经大大降低。

（三）修筑防洪堤完全是画蛇添足，几千年的历史古城没有防洪堤，但古城仍然保护得很好。从古城地理位置看，它上游有山岭抵挡洪水，下游泄洪能力极强；从古城街道布局看，涌进的洪水没有冲力，而且消失的速度也很快，不用担心冲毁古城建筑。相反，修筑防洪堤占用了泄洪面，为古城的安全酿下了祸根，因此应该重新认识防洪堤。

三、保护古城历史原貌的补救

为了古城的保护，为了世界文化遗产的申报，为了旅游业的提升，该市根据专家意见，决定采取补救措施，充分保护历史名城的原貌。

一是将古城沿江5公里长的防洪堤降低5~8米、修建石梯至江边；对通向江边的古城街道安砌石板，以保持古城及古城百姓与江的亲水性。

二是在修筑古城沿江5公里防洪堤新增的建设用地上，修建与古城协调一致的古

建筑，以缩短古城与江水的距离，再度重现城在水间、水在城周的历史原貌。

三是在通向江边街道上建造与古城相协调的防洪闸，每逢洪期来临之前，再准备一定数量的沙袋，以备防洪之用。

当人们了解了上述情况后，又会如何认识防洪堤的修筑和古城保护呢？随着历史的推移，谁是谁非只有让实践来检验了。

案例8　和田市城市房屋拆迁存在的问题及解决途径

新疆维吾尔自治区和田市市长　沙迪尔•努尔买买提

(2005年11月)

和田市位于新疆维吾尔自治区西南端，地处昆仑山北麓、塔克拉玛干大沙漠南缘。城区规划面积27.59平方公里，已建成面积16.56平方公里，是和田地区的政治、经济、文化、交通中心。近年来，和田市紧紧抓住国家实施西部大开发这一战略机遇，依托地区中心城市的区位优势和资源优势，积极实施"发挥优势、内引外联、内涵挖潜、城乡协调发展"的工作思路，一大批招商引资项目相继建成和运营。为加大城市开发建设力度，市政府还先后确定了数十项市政建设工程，2004年，以招商引资的方式引进了7家房地产开发企业，仅一年时间开发面积便达143660.24平方米，共对14个地段、4.9万多平方米、513户公私房进行了拆除。2005年上半年共拆除300余户，拆迁面积达15000多平方米。房屋拆迁关系到千家万户，是人民群众生活中的大事，如果解决不当，就有可能加重、激化社会矛盾，影响安定团结，妨碍城市建设。因此，深入研究并解决房屋拆迁中存在的问题迫在眉睫。

一、存在的问题及原因分析

(一)房地产业起步晚，缺乏拆迁专业管理人员

和田市经济发展落后，城市建设起步较晚。于2003年刚摘掉国家级贫困市的帽子，但仍属自治区级贫困市。2002年才成立了第一家房地产开发公司，共用一年多时间开发建设了和田市第一幢商业住宅楼。2004年上半年之前，和田市尚没有一家房屋拆迁公司，直至下半年才成立了第一家拆迁分公司。由于以前接触的拆迁事件少，拆迁管理工作经验不足，加之房产部门平时对拆迁法律法规不注重学习，面对

大量的拆迁任务，在缺少专业管理人员的情况下，盲目地认为只要能把房子拆了，就是把任务完成了。

(二)拆迁程序不合法，拆迁补偿费用不合理

由于和田市城市建设、城市改造工作尚处在起步阶段，为了尽快完成拆迁任务，具体拆迁工作要么由房屋所有人自行拆除，要么由该片区拆迁负责人组织人员拆除。一开始的不正规给以后的管理工作带来了很大的难度。此外，个别拆迁人为赶工程进度，实施野蛮拆迁，严重伤害了群众的感情，使之产生抵触情绪，影响了拆迁工作的正常进行。在补偿费用问题上，也存在标准不统一的现象。这些现象的产生有的是因个别工作人员讲人情、讲关系造成的，有的则是因对相关政策掌握不透彻造成的。近年来，和田市因房屋拆迁引发了多起上访事件，上访者不断赴地区、自治区甚至中央相关部委，市政府为此耗费了大量精力。这些情况的发生，严重影响了和田市的政治稳定、经济发展和社会各项事业的整体推进。

(三)房地产隐形交易活跃，拆迁难度增大，国有资产大量流失

房地产的隐形交易主要表现在城市改造、以产权换产权、房屋的私下交易等方面。在城市改造中，未办理土地有偿使用手续，私自将其改造还建后余下的城市商业门面和住宅，以市场价格出售和租给单位或个人，并没有向国家缴纳除开发成本所获收益以外的土地收益；不少用地单位将房屋或使用场地出租，以土地联建公房；一些通过划拨无偿使用的土地通过私下的隐形交易，转给其他使用者，从中获得大量的土地增值收益。这些现象的存在，既给拆迁工作带来了极大的难度，同时土地资产也随之流失。

二、解决途径

城市房屋拆迁工作将在和田市持续相当长一段时期，该如何处理上述问题呢？笔者认为，坚持以人为本，研究和把握新形势下拆迁工作的特点和规律，掌握国家有关政策、法规知识，提高城市拆迁工作人员的素质和能力，依法解决问题是较为明智的。目前，相关的法规有《城市房屋拆迁管理条例》、《中华人民共和国合同法》、《中华人民共和国民法通则》、《中华人民共和国城市规划法》、《中华人民共和国房地产管理法》、《城市房屋拆迁单位管理规定》等法律法规均已颁布实施。这对于加强城市房屋拆迁的管理，维护拆迁当事人的合法权益，保障城市建设的顺利进行发挥了积极的作用。此外，房屋拆迁是一项政策性非常强的工作，在拆

迁前一定要做好动员、说服、宣传、教育等工作，使被拆迁人及群众学法、懂法、用法，避免在房屋拆迁过程中有争议。

对于房屋拆迁中产生的纠纷处理的途径，按房屋在拆迁前有无拆迁补偿安置协议来分别对待、处理。

（一）对于达不成房屋拆迁补偿安置协议的拆迁纠纷主要有三种处理途径，首先通过行政裁决来解决，当裁决不行时再通过其他途径来解决

1.行政裁决

当双方当事人对拆迁补偿方式、补偿金额或安置房面积、地点、搬迁期限、搬迁过渡方式等事项有分歧、相互扯皮、互不相让、达不成协议时，经双方当事人同意，由房屋拆迁管理部门在30日内作出裁决。其裁决的主要内容包括：拆迁补偿方式、补偿金额，安置用房面积、安置地点，搬迁期限、搬迁过渡方式、过渡期限等事项。房屋拆迁管理部门在裁决时要以城市规划和现房为根据，以《城市规划法》、《城市房屋拆迁管理条例》等法律为准绳，综合各种因素，作出合情合理的决定，让大多数人满意。

2.依法起诉

如果拆迁当事人一方对行政裁决不服，或拆迁当事人对有关拆迁的其他决定不服的，可以在接到裁决书之日起3个月内向人民法院起诉。需要注意的是，如果拆迁人已对被拆迁人提供了安置用房、周转用房或已给予了货币补偿，则诉讼期间不停止拆迁的执行。

3.强制拆迁

在城市房屋拆迁工作中，有极少数被拆迁户对补偿安置提出过高要求，无理拒绝执行房屋拆迁管理部门作出的裁决，在规定的期限内未搬迁的被拆迁人，可实施强制拆迁。强制拆迁是拆迁工作的最后一招，具有极强的强迫性。实行强制拆迁是不论其是否正在进行补偿安置方面的诉讼而进行的。这里要强调三点：强制拆迁必须以裁决为前提；必须是在裁决规定的搬迁期限内未搬迁的；必须由房屋所在地的人民政府责成法院、城管、公安等部门具体实施。

（二）达成拆迁补偿安置协议后，在拆迁期内，又发生拆迁纠纷的处理途径

1.司法救助

当双方当事人达成拆迁补偿安置协议，构成了房屋拆迁当事人之间民事权利和义务的合同关系时，对当事人均具有法律的约束力。其协议纠纷，也适用于《民法通则》、《合同法》、《城市房屋拆迁管理条例》等法律来调解，如果拆迁人在搬

迁期限内拒绝搬迁，属于民事合同纠纷，应当采用司法救助方式来解决。通过普法教育，使被拆迁人增强法律意识，协议如果是依法成立的，就应受到法律的保护，就应对当事人均具有约束力，当事人则应当按协议的约定履行自己的义务，不得擅自变更或解除协议。

2.仲裁

仲裁是争执双方同意由第三方对争执事项作出的决定。当达成房屋拆迁协议，在拆迁过程中又出现纠纷，司法救助也没得到解决的情况下，可以使用仲裁方式来解决。仲裁协议包括在房屋拆迁补偿安置协议中订立的仲裁条款和在纠纷前、后达成的请求仲裁的协议。仲裁实行"一裁终局制"，即裁决作出后当事人就同一纠纷再申请仲裁或者向法院起诉的，仲裁委员会或法院均不予受理，当事人没有仲裁协议的，一方申请仲裁的，仲裁委员会不予受理。

3.起诉

拆迁当事人签订有拆迁补偿安置协议，在房屋拆迁期间又发生纠纷而未达成仲裁协议的，拆迁人任何一方都可以向法院提起民事诉讼。拆迁期间，可不停止拆迁工作的正常进行。

总之，城市房屋拆迁问题，是一个牵扯面较广、政策性较强的棘手问题。而和田市的拆迁工作又处在刚起步阶段，需要广泛发动、宣传和教育，需要全市各族人民的共同支持和关心、理解和爱护，使人人都能熟练用好《城市房屋拆迁管理条例》、《城市规划法》等法规，拆迁工作才能少走弯路，城市建设才能顺利展开。

案例9　某市依法科学进行东山治理的实例

云南省宣威市市长　朱兴友

（2005年11月）

动因：某市市区东面3公里处有一座大山，山中坐落着一座当地很有名的寺庙，因而该山成为某市的生态屏障。长期以来由于距城区相对较远，加之生态保护意识淡薄，东山成为该市建筑沙石材料和以石灰石为主要原料的水泥厂的采石场。方圆3公里的范围内居然建有91户采石、采沙企业，经多年开采，一眼望去，满目疮痍，与某市的生态屏障背道而驰、格格不入。随着城市的不断发展和生态意识的加强，人们对已和城区连为一体的东山治理要求越来越强烈，信访件不断，人大代表、政协委员提出意见、建议，对东山进行治理的问题摆在了该市政府决策者的桌面上。

过程：东山治理是一个社会十分关注的涉及面广、情况极其复杂的系统工程，为确保治理依法、有效、稳妥进行，在初步查清情况的基础上，市政府分别召开了办公会议和常务会议，进行深入细致的研究后作出决定，向市委报告后向市人大常委会提出议案。市人大常委会接政府议案后，组织人大代表进行了深入的调查。调查后认为，东山治理是事关该市的一件大事，广大市民和社会各界要求非常强烈；同时又由于历史的原因，东山治理涉及水泥厂和采石、采沙场企业主及几千名职工的切身利益和实际困难，治理的重要性、必要性与困难性并存，要求采取依法、合理和稳妥的措施才能实施，否则会引发社会热点、难点问题。据此作出决议，要求市政府治理过程中要在认真调查、摸清情况的基础上，做好广泛的宣传发动工作，依法、合理、稳妥地处理好治理中涉及的各种问题。接到市人大常委会对东山实施治理的决议后，市政府又召开会议作了认真的研究，成立了由主管副市长为组长、相关职能部门和基层政府主要领导为成员的治理领导小组，落实了经费和工作人员。领导小组成立后，在原有调查资料的基础上，进一步开展了深入细致的调查工作，针对实际情况涉及的相关法律法规，拟定了治理实施方案，报经市政府同意后组织实施，方案中提出了治理时间为6个月，分3个阶段，每个阶段2个月。第一阶段为自检自查阶段。由各采石、采沙企业根据《矿产资源法》、《水土保持法》、《林业法》、《环境保护法》、《公司法》等相关法规进行对照检查，并对自检自查中存在的问题和困难提出具体的意见。通过自检自查查明了91户采石、采沙企业中有35户无合法手续，证照不全，属非法开采；有53户有关证照到期，正在申报办理相关手续过程中；有3户属矿山已被企业征用，各种证照手续齐全合法，通过自检自查进一步摸清了情况。第二阶段为治理实施阶段。针对自检自查的情况，按实施方案及有关法规作出处理意见并组织实施。对35户无证非法开采的沙石场，作出了立即关停，限期1个月内自行撤除设施的行政处罚决定书；对53户有关证照到期的沙石场，作出“不再办理新的证照，期满后立即关停并在1个月内自行撤除设施”的行政处罚决定书；对3户证照齐全合法开采的企业、在相对离城较远、环境影响较小的地方统一规划一个采石场，办理相关证照后依法开采，并对企业给予一定的补偿，具体与企业协商后签订协议，协议签订后1个月内自行关停原采石场并撤除相关设施。上述决定作出后，落实了部门领导及工作人员的责任，包干负责处理决定的推进落实工作。由于工作的依法、合理、稳妥实施，除少数几户企业以关停后存在的困难要求解决为由，到市政府上访外，所有的企业均按期停止生产，但就设施的撤除以各种理由尚未实施，实际上是等待观望，但均未在法定时限内提出复议和起诉。为此，期限过后的第二天，有关作出行政处罚的各职能部门向市法院提出了要求强制执行的申请，在有关部门的配合下，市法院开始实施强制执行，强行撤除了部分企业的开采设施。在此带动下，其余企业相继撤除了开采设施，整个治理工作在依法、合理、稳妥的过程中完成了任务。第三阶段为巩固治理成果阶段。围绕建立长效机制来巩固治理成果，首先市政府作出了有关东山片区的管理规定，禁止了采石、采沙活动；其次明确了基层政府和相关部门的管理责任；最后将关停的91个采石场划分给91个责任单位和部门实施义务植树绿化，第一年造林，第二年补植补造，第三年验收，届时验收不合格的要追究有关单位和部门领导的责任。通过治理，现在的东山一派生机盎然，重新恢复了其作为市区生态屏障的本来面貌，社会各界反应非常良好。

几点启示：第一，生态环境的保护是利国利民的大事，社会各界和广大人民都十分关心和支持，作为政府一定要高度重视切实做好生态环境的保护工作。第二，政府在行政过程中，一定要依法、合理、稳妥实施，并要进行广泛宣传、发动人民，得到广大人民的理解、关心和支持才能把事情办好。第三，确定科学的发展观是各级政府行政的重要前提。

案例10　龙泉自来水调价冲突事件

浙江省龙泉市市长 梁忆南
（2005年11月）

一、冲突的背景

龙泉市自来水厂始建于1973年，最初设计规模为日供水800吨。随着城市的不断扩大，生产生活对自来水的需求也日益增加，企业通过挖潜改造，供水能力由日供800吨增加到3000吨，直至11000吨，仍然满足不了社会的需求。1998年最高日用水量已达16000吨，建设一座新自来水厂已是迫在眉睫。

1999年9月，新的自来水厂开工建设。设计总规模为日供水8万吨，一期日供水3万吨。

2001年10月，新的自来水厂竣工投产。决算总投资3600万元，其中政府资本金900万元，银行贷款2000万元，建设欠款700万元，每年仅利息支出达203万元，而全年售水毛收入只有398万元。

据测算，2002年制水成本为每千吨1900元，按原先1.1元/吨的水价计算，全年预计亏损约380万元。

怎么才能消除亏损呢?

- 加强管理，降低企业生产运行成本。
- 补充资本金，降低利息支出。
- 扩大供水量。
- 提高水价。

从理论上分析，如果前三种办法管用，当然效果最佳，不会引起市民的不满。

但从实际上考虑，前三种的力度是有限的。

- 作为国营体制下的自来水厂，裁员是很难执行的，因此通过管理是很难降低成本的。

- 作为欠发达的县级市，建设资金稀缺，补充资金是有限的。
- 扩大供水量的前提是管网建设，其初始阶段的边际成本也是很高的。

当然，有难度并不意味着放弃努力，毕竟从周边城市的对比中，我们发现在现行条件下，提高水价是走出亏损困境的首选办法。

二、冲突的分析

自来水作为自然垄断的产业，价格的确定一直是市民关注的敏感话题，尤其在现阶段的中国，对于从计划经济走过来的广大市民而言，自来水是政府提供的公益性大众福利事业。许多城市就是因为自来水提价，导致市民的不满，引发市民和政府的冲突。作为政府出资，政府定价的特殊产品，自来水提价引起市民对政府的不满甚至冲突是可以理解的。

根据理论计算，要消除每年380万元的亏损，仅仅运用改价格的办法，即水价必须由1.1元/吨提到2.1元/吨，提价幅度达91%。显然，即使市民经济上可以承受，心理上也是难以接受的。

果然，自来水要提价的风声传出后，市民们议论纷纷，不能理解，很难接受。自来水厂和政府面临很大的压力，潜在的冲突似乎一触即发。

根据国家的定价政策，自来水提价必须召开听证会。提出一个好的调价方案，争取市民和社会的理解与支持，是开好听证会的基础，而开好听证会又是解决这场冲突的唯一办法。

分析表明，对自来水价格最敏感的有两类群体。

- 低收入家庭，承受价格上调的能力很弱，很小的变化都会影响他们的日常生活。
- 高耗水的大用户，因为年耗水量大，价格上的细小上调都会导致总水费的大幅上升。

这两类群体将是政府面临的主要冲突对象，冲突强度会比较大。至于中间的各类群体，关键是要做好沟通和政策宣传，讲清道理，冲突强度比较小。

三、冲突的解决

解决冲突有以下5种行为意向：

- 竞争（自我肯定但不合作）。
- 协作（自我肯定且合作）。

- 回避（不自我肯定也不合作）。
- 迁中（不自我肯定但合作）。
- 折中（合作性与自我肯定性均处于中等程度）。

针对自来水调价冲突中的不同群体，我们采取了不同的行为意向。

- 低收入家庭。采取迁就的办法。根据民政部门登记掌握的情况，核定了226户特困户，对他们的用水不予调价，反而每年免费供水36吨。
- 高耗水的大用户。采取协作的办法。龙泉是一个水资源丰实的地区，人均水资源是全省平均水平的3.5倍。新水厂制水能力远大于目前的需求量，平均每天有1.8万吨的能力放空。对这部分用户，我们采取特殊价格，以量定价，量越大价越低，鼓励用水。水厂的供水量上去了，企业的单价下来了，便做到了双赢。
- 中间群体。这部分人的量最大，但对调价的敏感性不是很高，采取折中的办法。当冲突双方都放弃某些东西，而共同分离利益时，则会带来折中的结果。在折中里没有明显的赢者或输者。他们愿意共同承担冲突问题，并接受一种双方都达不到彻底满足的解决办法。

首先把调价的道理和他们进行充分的沟通，同时充分考虑他们的接受能力。在预定的三类调价方案中，采取比较温和的中间方案，也就是每吨水由1.1元调升到1.5元，而不是原来确定的2.1元和1.8元。

在确定调价政策的同时，我们采取了以下措施：

- 利用新闻媒体进行广泛深入的舆论宣传，做好与市民的沟通。
- 召开各个阶层的座谈会，进行面对面的沟通。
- 充实部分资本金，降低利息支出。
- 抓好内部管理，降低运行成本。
- 政府加大管网投资，尽量扩大供水量。

在此基础上，我们适时召开了有各界代表参加的自来水调价听证会，因为准备充分、沟通到位，听证会一次即成功。

2002年7月，调价方案平稳出台，没有引起任何冲突。

案例11　一条路推动一座城市的发展

重庆市江津市常务副市长 许金刚

（2005年11月）

江津，隶属重庆市，位于长江上游、三峡库区尾端，是中华人民共和国开国元勋聂荣臻元帅的出生地，也是中共创始人陈独秀晚年寓居客死处。辖区面积3200平方公里，人口146万，距重庆市中心46公里。1997年被确定为重庆发展战略中九个区域性现代化中等城市之一；2002年被确定为重庆市发展中六个区域性现代化大城市之一。全市2004年国内生产总值129.74亿元，工业总产值118.69亿元，地方财政收入4.99亿元。江津为组团城市。城区几江、德感、支坪三个办事处沿长江南北点状布局。市委、市政府所在地几江办事处，东、西、北三面环江，南倚鼎山，状如一个“几”字形半岛，面积15平方公里，人口15万。近年来，凭借长江滨江路的建设，江津的城市形象发生了质的飞跃，从小县城跨进了中等城市行列，正朝着现代化大城市迈进。

一、江津城市建设进行了三种探索，得到三种结果

改革开放以来，江津城市建设大体经历了旧城改造、开发区建设和滨江路建设三个阶段，但效果不一。

1.旧城改造而不美

江津旧城区面积4平方公里，城市人口主要集中在这一区域。1980年以前，建筑多为清末民初所留的木结构平房，建筑密度大，街道狭窄，居住、商贸条件差。人均居住面积为3.55平方米，缺房户、危房户约占42%，城区道路平均宽度为5~6米，是典型的农村县城格局。为改变这种面貌，从80年代中期开始了大规模的旧城改造。经过艰苦努力，到90年代初，人均居住面积达到7平方米，道路拓宽为18~25米，新建设了幸福路、三通街等街道，旧城区的居住条件和基础设施有了一定的

改善。但由于指导思想和认识上的偏差，加之受经济条件的局限、开发商追逐眼前利益的影响，改建后的旧城区到处是行列式的方格子，千楼一面，缺乏个性与生气。由于改建后的旧城区建筑容量大、人口密度高，每平方公里人口密度高达两万多人，从而造成交通拥挤、基础设施不堪重负，公共设施、公共建筑、公共绿地无法合理安排。旧城改造后的主城区并没有跳出农村小县城的格局，与周边区市区相比，差距反而越拉越大。

2.开发区启而不动

旧城改造的失败，使我市下决心另辟城市建设的蹊径，1993年5月经四川省人民政府批准，我们在主城区南部设立了9平方公里的省级经济技术开发区，为尽快启动，市委、市府提出了“新区开发为主、旧城改造为辅”的思路，制定了一系列吸引外来投资者的优惠政策，积极招商引资，鼓励机关、企事业单位到新区建厂修房。但由于开发区缺乏“人气”，加之受市民习惯性影响，除与旧城紧密相连的铜锣小区启动较好外，经济技术开发区的主体——琅山新区却没有得到很好的启动。开发区呈现“政府热、百姓冷”的现象，一时难以启动。

3.滨江路立竿见影

长期以来，城区所处的长江几江和德感段河岸一直处于天然状态，受江水侵蚀，岸线参差不齐，沿江河垃圾成堆，污水横流，脏、乱现象极为突出，每年汛期，沿江房屋、道路、码头被淹，造成巨大的经济损失。为了防洪抗灾，建设新城，经过多年考察论证，市（县）委、市（县）府毅然决策：在市区长江边分期筑起绵延20公里，集抗洪疏航、绿化治污、开发河滩、缓解交通矛盾等多功能的长江护岸大堤。1992年4月动工修建了滨江路试验段（中段）1.2公里，随后，相继开工建设了滨江路西段一期、二期工程3.84公里；滨江东段一期、二期工程5.05公里；德感滨江路一期工程1.2公里。滨江路的建设，推动了江津的城市发展，使江津城市形象急剧提升。

二、江津滨江路成为构筑江津现代化大城市的脊梁

经过近13年的综合整治，滨江路已成为江津的形象工程，显现出巨大的经济效益和社会效益。

工程改造河滩新增土地918亩，改造低洼旧城区地1500亩。工程为沿江旧城区的改造创造了条件，仅中段就吸引了1.94亿元旧城改造资金，拆除危旧房近8万平方米，新建房屋243万平方米，区内人均居住面积达25平方米。

——工程改造将河岸线的防洪标准从5年一遇提高到50年一遇。沿江环境污染得到彻底根治，每年近10万吨垃圾不再倒入长江，河岸水土流失得以大幅度减少。

——工程改造完善了城区道路网络，缓解了城市交通紧张的状况。沿江56米宽大道与环城干道、长江大桥形成交通环线，同时又将东城区、西城区顺畅连成一体，构筑起对外联系通道。

——工程改造美化了环境，增加了城市功能。滨江路的建成，为城区提供了一条宽20~50米的绿色长廊，增加绿化面积27万平方米。坚实美观的护岸大堤、宽阔平坦的道路、绿树成荫的人行道、新颖别致的建筑群、绿色带状的公园，使之成为人们休闲游览和开展丰富多彩文体活动的好去处。

——工程改造发挥了强有力的辐射作用。依托滨江路工程，我们正着手对原有的城市街道进行大胆的改造，从滨江路向开发区开通五条纵向大道，其中穿越了旧城区，实现了滨江路、旧城区、新城区的有机连接。在一些连接点上，我们精心规划设计了商贸区、文化区、休闲区，设置了不少绿点、亮点，使整个城市面貌焕然一新。

——工程改造发挥了示范作用。滨江路工程受到各级领导、专家的好评，长江沿线的区县市纷纷到江津参观考察；同时，它也对本市沿江乡镇产生了强烈的示范作用。我市白沙、珞璜、朱杨等镇已提出了修建滨江路的规划，有的已开始实施。

三、江津滨江路建设留给我们的几点启示

滨江路的建设历经13载风雨，成为长江岸边一道亮丽的风景线，留给我们以深刻的启示。

1.一个城市的规划必须突出特色

规划是城市建设的龙头，特色是城市的灵魂。在城市建筑日新月异的今天，随着高楼大厦的耸立，“千城一面”的弊端也日益显现。一座卓尔不群的城市，少不了鲜明的城市个性和丰富的城市景观。我们在旧城改造、新区开发、滨江路建设中深刻体会到了这一点。江津在构筑中等山水园林城市的框架中，正是把握住了依山傍水的特点。强化了有山更有水的优势，城市建设才显现了活力。

2.城市建设必须尊重科学、相信科学

滨江路的建设，是在经过重庆交通学院充分论证作出方案，水利部长江水利委员会认真评审后才开工建设的。根据专家建议，我们将滨江路防洪堤标准提高到199.2米，防洪能力提高到50年一遇。在滨江西段的建设中，改试验段重力式挡土墙

技术为加筋土挡墙，仅此一项，就节约资金5000万元，收到了投资省、见效快、质量好的效果。滨江路工程已历经了洪水，特别是经受了1998年特大洪水的考验，安然无恙。

3.城市建设必须坚持“以人为本”的思想

人是城市的主体、城市的根本。城市已不再是僵硬的各种机构、厂房，不是简单、机械的构筑物，而是以居民的生活为中心的温馨家园，讲究优美舒适、方便快捷和可持续发展。滨江路建设充分照顾了人民群众的愿望，满足了群众的需要，做到了政府满意、人民满意。

4.城市建设必须改革投资体制

目前，依靠财政投入搞城市的路子越来越窄，为此必须按照市场经济规律办事，改革和完善城市建设的投融资体制，变过去单一由财政投入为多渠道投入。江津已建成的滨江路（防洪堤）总投资达10亿元，除财政解决一点很少启动资金外，其余资金主要来源于招商引资和盘活土地资产。由于滨江路是江津的黄金宝地，土地价格较城区的其他地方高出2~3倍，政府通过收取土地出让金，为滨江路建设积累了大量的建设资金。

5.城市建设要打总体战，要有统筹观念

滨江路建设需要回填土石方1400多万立方米，而江津旧城改造、新区开发又有很多弃土废渣要倾倒。因此，我们确定了把滨江路工程建设与本地其他重点大型工程结合起来统筹考虑的总原则，详细制定施工方案，兼顾汛期、工期、资金等因素，取得了一箭双雕、一举多得的效果。

我国是一个多湖多河的国度，沿江临湖的城市很多，完全可以通过对河岸、湖岸的整治，促进当地的城市建设和发展，从而变害为利，造福人民。

案例12　关于调整NQ新城的规划（发展走向）的案例

上海市奉贤区副区长 徐剑萍

（2005年7月）

FX区位于某市西南部，全区区域面积为830.5平方公里。NQ新城是FX区政治、经济、文化中心，区政府所在地，其位于FX区中心偏西方位。NQ新城是该市总体规划中的重要新城之一，距市中心20公里。目前城区面积为17平方公里，人口20万。

为进一步优化NQ新城的规划布局，提升新城经济社会发展要素，该区于2004年上半年对NQ新城规划进行了国际招标，澳大利亚、德国、意大利以及中国的四家设计公司参与竞标，最终意大利的公司中标，但在确定NQ新城规划先期的发展方向时，意见不是很统一，中标方案也未阐述清楚。因此，该区在中标方案的基础上，根据现状和实际情况进一步优化NQ新城的规划方案。从现状条件来看NQ城区的南侧是XF高速公路，东侧是JH高速公路（高架）。城区西侧规划了接通市区的轻轨，北与市级工业区生活区还未能连成一片，其间约有3平方公里的区域。由于受现状用地的局限，向西和向北发展的用地规模仍然不够。因此，NQ新城必须跨过高速公路向南或向东发展。

2004年8月22日下午，FX区政府召开第36次常务会议，专题讨论NQ新城的总体规划问题。区规划局丁局长把规划局的意见向各位区长、副区长作了汇报。他在汇报中进一步明确NQ新城的功能定位：其为FX区的政治、经济、文化中心，且以市级工业区为依托，要发展成具有工业、居住、贸易等多种功能的中等规模城市。城区的人口规模预测至2020年为40万人，规划城区面积为35平方公里。镇域总人口预测至2020年约为50万人。对NQ新城的发展走向问题丁局长也同时作了说明，他说：“NQ新城向西和向北发展那是必然的。因为NQ新城西侧是规划中的轻轨站点，所以必须预留2平方公里的城市发展用地面积。向北发展才能使市级工业区与NQ新城真正

相连接，况且XF高速公路的出入口就在那，这块区域的规划城市发展用地面积为3平方公里。目前，主要问题是要确定向东或向南发展的哪一个可能性更大。按目前的态势来看，我们提出了向南发展的思路，在JH高速公路南侧规划11平方公里的新城发展区域。但并不排除向东发展的可能性，因而向东也伸了一只脚过去，规划约2平方公里的区域。”

对于NQ新城规划的功能定位、人口及用地规模等问题，与会者均表示认同，但对发展走向问题，大家意见不一。有的认为，跨过JH高速公路向南发展的腹地大，有利于NQ新城整体向南发展，也有利于打造崭新的新城形象。尽管JH高速公路对NQ新城向南发展有阻断，但东西向的JH高速公路还未完全建设，可在JH高速公路下设置下穿道路，以解决NQ老城与NQ新城间的南北向交通问题。带来的主要问题是南部区域的基础设施比较差，要发展的话基础设施投入较大。向东发展的优势是XF高速公路已建成了高架路，NQ新城东部区域的基础设施现状较好，且已与NQ老城相沟通，并且有一所高等级的中学已落户东部区域。但向东发展的劣势也很明显，若市级农业园区规划无法调整，则东部的发展腹地不是很大。也有的认为，NQ新城的北侧就是市级工业园区的生活区，目前该生活区已初具规模，但还未与新城完全连接，其间有约长2千米、宽约1.5千米的区域依然未开发建设，属于典型的城乡结合部。如果NQ新城向北延伸发展，就能与市级工业园的生活区连为一体。有利于增强市级工业区的公建及其他生活服务设施的配套功能。还有的认为，NQ新城向东发展的理由更加充分一些，南北向的XF高速公路施工时，已经架空为高架路，因而NQ老城向东延伸的一些交通主干道没有受到影响，所以NQ新城向东发展可与市级农业园区相连接，两者可相互依托，使市级农业园区成为NQ新城的一叶“绿肺”，从而使NQ新城生态质量更佳，而市级农业园区的配套条件则会更好。另外还有的认为，NQ新城应该重点向西发展，因为西侧是规划中的轻轨站点，靠轻轨站点必有人流，适宜规划商贸及普通住宅区。在听取大家的意见后，江区长明确：NQ新城是我区的政治、经济、文化的中心，新城规划是事关全局的大事，我们在决策时必须十分慎重。下一步，在区内我们要广泛征求区人大、区政协及广大市民的意见，让老百姓也来参与我们的决策；同时，我们要向市政府领导、市规划局等职能部门汇报我们的规划方案，并邀请市规划专家们对NQ新城规划进行评审。在此基础上，区政府再作决策。

会后区政府就NQ新城规划方案，特别是发展走向问题征询了区人大和政协的意见，区人大和政协都认为向东发展比较有利，前提是市级农业园区规划需要调整。

在市规划局牵头召开的规划专家对NQ新城的规划评审会上，专家们均提出NQ新城的发展区域宜单边布局，避免“摊大饼式的城市发展模式”，他们认为市级农业园区的规划需要作调整，从而让NQ新城以向东发展为主，主要布局在XF高架的东侧区域，向北和向西作适当完善考虑。市民对NQ新城规划也十分关注，根据抽样调查显示，有75%的市民也主张NQ新城向东发展。综上意见后，江区长认为为了更加科学合理地规划NQ新城，有必要向市政府进行专题汇报，对市级农业园区的规划作适当调整。

2004年10月8日上午，江区长就此问题，正式向市政府有关领导进行专题汇报，市政府有关领导认为该规划调整既有科学性，又有可操作性，同意区政府的请示，并要求对NQ新城规划做进一步的修改。按照市政府有关领导的要求，区政府又专题就NQ新城规划调整事宜进行了研究，提出了调整市级农业园区规划的意见。会后，区规划局组织NQ新城总体规划设计单位对NQ新城发展走向进行了调整，把原JH高速公路以南发展区域全部调整到XF高架东侧区域，包括市级农业园区的南部区域，作为NQ新城近期发展用地，从而使该区域的规划面积由原来的2平方公里增加至13平方公里。由此，NQ新城的发展方向主要确定在东部，向北向西作局部完善或预留考虑。

2004年12月16日下午，区规划局将调整的NQ新城规划方案向区政府第51次常务会议汇报时，大家一致认为，NQ新城与市中心城区之间的通道主要通过XF高速公路，其他交通干道也大都与东部区域相沟通，促使NQ新城向东发展。FX区的行政办公中心亦在向东建设，会带动NQ新城跨越XF高速公路向东发展。作为FX区的政治、经济和文化中心，NQ新城向东发展，可以更好地服务于整个FX区域的平衡发展。因此，大家一致赞成调整后的规划方案。2005年1月11日，市政府批准了该规划。

一个区域的发展走向，在规划中显得十分重要，该区在确定NQ新城发展走向时，根据实际情况进行了决策调整，从而有利于该区域规划能够更好实施，有利于促进该地区经济社会的发展，使决策更加优化、规划更加完善。

案例13　某市A工业区的执法风波

浙江省绍兴市副市长 徐焕明

（2005年7月）

一、问题的产生

A工业区是某市一个以发展工业为主的城市新组团。B公路是连接该市老城区和沪杭甬高速公路，并穿越A工业区的交通要道。随着工业化、城市化步伐的不断加快，B公路两边的土地成为“黄金宝地”。2003年年底，省城C汽车工贸公司（以下简称C公司）与位于B公路边的某工厂达成土地及房产转让协议，并依法取得了该工厂23000平方米工业用地性质的土地使用权和该地块上工业用房的所有权。2004年上半年，C公司参照自己在外地已取得的所谓成功“连锁”经验，在未经A工业区规划、国土部门批准的情况下，擅自将该土地用途转变为销售汽车、摩托车及零部件和汽车中介服务的场所，并取得了有法律效力的工商营业许可证。

针对C公司违反A工业区规划管理的问题，A工业区规划和城管执法部门在几个月的时间里多次上门进行查处，先后几次清除了违法违章设置的广告等构筑物和有关设施。但C公司阳奉阴违，变本加厉进行违法建设活动。A工业区规划和城管执法部门在发现C公司名义上为一幢厂房内部装修、而实际已在将该厂房整体改建成玻璃外墙的汽车销售展示大厅的施工现状后，立即向C公司依法送达了《责令停止违法行为通知书》和《停工通知书》，责令其立即停止违法行为。但在收到《通知书》后，C公司依然我行我素，不但不听教育，反而昼夜施工加快其继续违法建设行为。C公司这一违法建设行为，造成了严重的社会负面影响，B公路沿线的一些工业企业受此影响纷纷向A工业区提出将工业用地改为商业用地的要求。如不及时对这一严重违法问题进行坚决依法查处，A工业区规划和土地管理的法律严肃性将受到极大损害，规范有序的规划管理和土地市场管理秩序也将受到严重破坏。

二、艰难的执法

A工业区自1998年组建以来，按照省政府批准的建设中心城市新组团的规划目标定位，坚持建管并重的新城建设方针，一直十分重视土地使用性质变更管理和城市规划执法管理，对不符合市政府批准的《A工业区总体规划》，未经规划等部门批准，擅自将工业用地改为商、住土地使用性质的行为，不论涉及任何单位、任何个人，以铁的决心和铁的措施，坚决予以查处，较好地维护了在规划管理和用地管理上的一方净土。

A工业区管委会对C公司的违法建设行为高度重视，通过与司法部门及律师事务所的沟通探讨，认为C公司的建设行为已经违反了《浙江省实施〈中华人民共和国城市规划法〉办法》第二十八条“在城市规划区内新建、扩建和改建建筑物、构筑物、道路和其他工程设施的，须经由县级以上人民政府城市规划行政主管部门审核批准，并核发建设工程规划许可证后，建设单位和个人方可组织实施”的规定，违反了《中华人民共和国土地管理法》第四章第四款“使用土地的单位和个人必须严格按照土地利用总体规划确定的用途使用土地”和第五十六条“建设单位使用国有土地的，应当按照土地使用权出让等有偿使用合同的约定或者土地使用权划拨批准文件的规定使用土地；确需改变该幅土地建设用途的，应当经有关人民政府土地行政主管部门同意，报原批准用地的人民政府批准。其中，在城市规划区内改变土地用途的，在报批前，应当先经有关城市规划行政主管部门同意”等规定。同时，《浙江省实施〈中华人民共和国城市规划法〉办法》第四十八条也明确了“违反城市规划的单位和个人，在接到县级以上人民政府城市规划主管部门关于责令停止建设的通知后，应当立即停止建设；施工单位应当立即停止施工。继续违法建设或施工的，作出责令停止建设决定的机关有权予以制止，并拆除继续违法建设部分的建筑物、构筑物和其他设施”的法律规定。

2005年1月10日上午，A工业区规划和城管执法部门依法对C公司违法建设行为进行制止和实施拆除违章建筑时，遭到C公司及施工单位近200人的无理阻挠，多次冲击执法现场，围攻执法人员，并将执法人员用于拆除违章建筑的挖掘机挡风玻璃砸碎，致使执法工作一度受阻。A工业区公安分局迅速派出警力维护秩序，逐渐平息事态。在执法人员离开现场时，又遭到C公司近100人长达2小时的围攻，最后，在市公安局防暴支队的及时配合支持下，传唤了几名主要肇事者，才使这次清违拆违工作取得初步成效。

C公司通过各种途径和手段，事先专门邀请了一些省内外新闻媒体记者，在A工

业区规划和城管部门执法的现场进行录像等采访，个别新闻媒体不负责任、不加深入调查，立即进行所谓的“粗暴执法”等负面宣传报道，以此混淆事实真相，对A工业区执法部门施加压力。同时，C公司不服A工业区执法部门的行政强制措施，向市人民政府申请行政复议。市人民政府依法进行了复议，并于2005年5月20日作出维持强制拆除的行政强制措施的决定。

三、面临的难题

A工业区规划和城管执法部门立即依据市政府的行政复议决定书，对C公司违法改建的一幢厂房继续依法进行拆除并责令恢复原状。但这样的处理，只是使C公司的汽车展示销售大厅无法开张，影响其经营绩效，而C公司凭借其合法的工商经营许可证，利用厂房作为汽车等的仓库，利用大面积的厂前广场进行露天经销汽车的问题仍难以从根本上解决。事实上，这类变相改变土地和房屋使用性质，造成既成事实的问题在该市老城区相当普遍，房地产开发商和群众对此意见很大，这类问题引起了市委市政府高度重视，正在研究相应措施和对策。

目前意见集中在工商行政管理部门的工商登记审核把关上。按现行政策规定，工商部门进行工商登记时，需要检查营业场所是否有合法的权属证明。但该市工商部门目前的做法是，只要业主能够提供营业场所的房产证明或者房产租用证明即可办理登记，对营业场所的规划和用地性质是否合法没有具体要求。对此，该市政府多数职能部门，包括市政府法制办公室的同志认为，工商部门应该全面正确地理解把握“合法的权属证明”和土地权属证明，这样才能从源头上堵住产生这类违法问题的漏洞，避免政府机关互相矛盾的产生。但这方面达成共识难度不小，作为垂直管理的工商部门坚持认为，行业管理上没有这些具体要求，况且行政许可法实施后，不应有过多的前置。该市此类问题至今仍经常发生。

案例14　某市城区的集中供热改造

吉林省磐石市副市长 曹 锐

(2006年6月)

2005年12月，国家建设部、发展和改革委员会、财政部、人事部、民政部、劳动和社会保障部、国家税务总局、国家环境保护总局联合对15个省、直辖市、自治区下达了《关于进一步推进供热体制改革的意见》。可见，供热工作已被各级政府纳入重要议程，供热条件的改善已经成为一个城市进步的标志，城市供热采暖问题已经成为北方城市居民普遍关注的焦点问题。该市在此项工作上超前谋划，采取超常规措施，取得了可喜的成绩，创造了成功的经验。

该市是中国北方的一个县级城市，城区人口20万，目前城区总供热面积180万平方米。几年来，通过两次大的跨越使供热工作驶入了制度化、规范化的轨道。该市早在2001年春季就开始了城市集中供热改造工作，至2004年秋季改造工作全部完成。在此基础上，该市又实施了单户控制、单户供热改造工作。目前，城区10家供热公司全部实现了民营化，此项工作走在了全国北方县级城市的前列。

实施集中供热改造之前，该市城区供热总面积为135万平方米，供热锅炉117座，大烟囱102座，可谓锅炉满城、烟囱遍地。每到冬季取暖期，大小烟囱竞相排放，城区上空烟云滚滚，大气污染十分严重。市政府和环保部门几经努力，但终因污染源太多，治理措施难以真正实施，导致收效甚微，无法彻底根治。甚至电视台摄影记者都十分苦恼，取街景只能选近景，选远景则画面中怎么也避不开林立的烟囱。此外，分散供热还存在五个方面的不利之处：一是资源浪费十分严重。由于锅炉多，导致占地面积多、基础建设多、投入劳力多、燃料耗费多，造成了资源的极大浪费。二是供热收费不合理。同样住楼取暖，供热费用却由11~19元不等，且有的单位只是象征性收费，甚至不收费，滋养了一批特权受益群体，严重影响社会公平。三是税费损失相当严重。有些单位自管锅炉不缴纳营业税，还有些单位与煤贩子勾结，不开用煤发票，偷逃国家增值税。粗略估算，城区每年在供热上最少流失税费100万元。四是供热标准不一。由于分散管理供热，效益好的单位自行延长供热期、增加供热次数，造成个别楼甚至冬季也开窗放风，浪费能源；效益不好的单位不仅达不到供热基本温度，甚至供热期都无法保证，往往提前一个月就草草结束供热，用户怨声载道。五是存在的其他问题。自管锅炉折旧费不计入供热收费成本，将来锅炉更新改造缺乏资金；各单位各自为战，不利于污染治理，出现问题自然是能推就推；在锅炉管理上存在着严重的浪费现象；影响城市整体形象的提升。

针对上述问题，市委、市政府领导审时度势，毅然提出进行集中供热改造。通过学习考察，借鉴外地的成功经验，该市制定了详细、全面、可行的改造方案。成立了城区集中供热改造工作领导小组，由市政府主要领导任组长，分管市长任副组长，市政府办、环保局等12个部门的主要领导为成员。下设了领导小组办公室，抽调精干人员负责集中供热改造的具体工作，使供热改造工作有了可靠的组织领导保证。为了进一步落实责任，切实把供热改造工作落到实处，市政府相继出台了《某市城区集中供热改造实施方案》、《某市城区集中供热改造管理（暂行）办法》以及各种规章制度，明确提出了集中供热改造工作目标和各相关部门工作分工和职责，进一步理顺了相关部门的协作关系，为此项工作的顺利开展奠定了基础；同时，该市结合本地实际，采取了一系列强有力的措施，使集中供热改造工作得以稳步推进。一是在政府的宏观指导、严格监督和管理下，将城市集中供热改造工作推向市场，坚持“谁开发、谁投资、谁经营、谁受益”的原则，在建设期和经营期内给予开发商一定的优惠政策。二是遵循公开、公正、公平的原则，严格按照集中供热改造项目的招投标程序，面向社会择优选择开发商，确保集中供热开发改造工作透明、高效。三是积极开展协调工作，督促各有关部门提高服务水平，切实履行责任，对不支持集中供热改造的单位、个人实行行政和舆论监督。四是加大了监督管理工作力度。对各单位入网费收缴、供热标准作出了明确、具体的规定，并对工程设计及施工实施了全方位监督管理。

经过三年多的不懈努力，该市于2004年10月全部完成了集中供热改造工作。把城区原来的四个供热区域扩展为十个供热区域，全部实施了集中供热，并做到了三个统一，即统一供热时间、统一供热标准、统一收费标准，实现了大锅炉网络化集中供热。集中供热的好处也随之体现出来：一是有利于城市建设整体规划，社会效益好。用21台大吨位锅炉替代了117台小锅炉，即砍掉了100多个大烟囱，又腾出了1.5~2.5公顷锅炉建设用地，可用于城市美化、绿化，使城市整体形象大为改观；从环境上看，实施集中供热也可称作一项“蓝天工程、民心工程”。每年减少了7000多吨烟尘、1100多吨二氧化硫的排放，使空气中悬浮微粒的浓度下降了近80%，极大地降低了烟尘污染对市民健康的威胁和损害。二是节省资源，减少浪费，经济效益显著。实施集中供热后，每年可节省燃煤3万吨，节约用电300多万度，减少司炉人员260人，节约费用1200万元，并可增加税收150万元以上。三是减轻了财政压力，减小了机关单位的负担。由于有些单位是财政开支单位，以往在管理锅炉上的人力和物力投入，都由财政担负。集中供热后，不但财政甩掉了这个包袱，各机关单位在锅炉管理上的人力、物力和精力投入也相应减少了。四是有利于推动社区服务，提高物业管理水平。实施集中供热后，可以把城市供热纳入社区服务范畴，丰富了物业管理内容。在政府统一管理下，实现了一视同仁，收到了企业放心、群众满意的良好效果。

2004年在集中供热改造工作取得显著成效后，市委、市政府领导又把目光放在了分户控制单户供热改造工程上。由于该市的水质中钙离子超标，且城区内部分楼房的建筑年限已超过十年，导致室内管线腐蚀严重，部分管线堵塞，不但造成热源浪费，而且供热效果很差；另外，楼内管线的设计也不尽合理，不适应集中供热的管网要求；在维修上也存在极大难题，往往是一户维修，需全楼放水停供，给居民生活带来诸多不便。因此，该市决定利用三年时间把上述问题彻底解决，2004年9月下达了《某市人民政府关于住宅小区分户控制单户供热改造工作的通知》，进一步明确了供热企业与用热户的权利和义务，使供热工作驶入了制度化、规范化的轨道。为切实减轻用热户负担，规定由供热企业承担施工产生的人工费用。此项工作迅速在全市全面展开，2004年改造旧楼房10万平方米，改造后室温达标率超过了97%，原来不热的居室热了起来，绝大多数改造居民对市政府的这一举措表示满意。供热企业的积极性也被调动起来，改造后不但减少了热能损失，同时也降低了热费收缴难度。在各方面的理解和支持下，2005年该市又改造了51.8万平方米的旧楼房。

2006年是实行分户控制、单户供热改造工程的最后一年，在改造前，该市组织召开了市直机关、各企事业单位参加的单户改造工作动员大会，进一步加大了舆论宣传力度，印制了大量宣传单，市政府制定下发了更加科学、合理的改造方案，单户改造工作紧张有序地进行着。为进一步强化对供热工作的领导，2006年3月，该市将主管供热的物业管理办公室由隶属于建设局转变为隶属于政府办公室，由政府办公室副主任任物业办主任，通过公开招考的形式，配备了工作人员。目前，物业办工作人员平均年龄31岁，全部为大专以上学历，达到了年轻化、知识化和专业化的

要求，为供热工作的顺利开展提供了保证。

市委、市政府的正确决策及全市上下的共同努力，促进了该市供热事业的健康、有序发展，使供热工作走在了全省乃至全国的前列，受到了社会各界的普遍关注和一致好评。

案例15　高污染企业不合理布局催生癌症村

广西壮族自治区宜州市副市长 林盛兴

（2006年6月）

（本案例由广西壮族自治区宜州市副市长林盛兴编写，素材主要来自相关的新闻报道，案例中隐去了真实的省市名称。本案例分析旨在揭示不合理的工业布局导致的流域污染会带来严重恶果，付出沉重的生态环境代价甚至人民群众宝贵的生命。）

某省某市肖家店村是该省中部的一个普通的村庄，村民肖平原本拥有一个其乐融融的五口之家，然而短短3年过后，丈夫、公公、婆婆先后患癌症去世，这个五口之家却只剩下两个人。

1997年4月肖平的丈夫突然去世，年龄只有29岁，得的是食道癌。一个平时连感冒都很少得的年轻人，出人意料地患上了绝症。但噩梦并没有就此终结，不久，肖平的婆婆和公公也先后去世，死因同样是食道癌。肖平连续3年披麻戴孝，每年都失去一位亲人。这个原本热热闹闹的大院一下子变得空空荡荡。

虽然事情已经过去了几年，但肖平仍然生活在恐惧和忧虑之中，她和孩子时刻在担心，怕有哪一天可怕的病魔再次侵袭她们的生活。肖平的遭遇是不幸的，然而，肖家店村惊人的情况不仅限于此。村民张之举也是一个食道癌患者，2005年年初因为癌细胞扩散，他的整个食管已经被切除了14厘米。

张之举："我的食管完全截掉了，吃饭多点就吐、不合适也吐。"

没说上几句话，张之举就已经气喘吁吁。他的老伴说，由于没有了食管，现在他吃东西时，稍微不注意，胃里的食物就会被吐出来。

张之举的病来得很突然，去年年底刚刚感到吞咽食物困难，一去检查就已是癌症晚期。现在，张之举的胸部还经常的剧烈疼痛，不得不靠一些止痛药来维持。

肖家店村历年的死亡名单上面显示了更令人吃惊的数据：2000年，死亡人数17人，其中11人是因为癌症死亡。2001年，死亡人数16人，其中9人是因为癌症死亡。

2002年，死亡人数17人，其中10人是因为癌症死亡。2003年，死亡人数19人，其中12人是因为癌症死亡。2004年，死亡人数21人，其中14人是因为癌症死亡。

肖家店村，我听说癌症患病率高达12.5%，是正常值的60倍，正常值是10万分之200，究竟是什么原因让肖家店村的老百姓遭受着癌症的劫难呢？

肖家店村的老百姓世世代代住在这里，生活并没有太大变化。这几年，他们癌症发病率为什么会突然增加呢？从肖家店村的地理位置图上可以看到，这个村子位于大汶河的下游，距离大汶河和黄河的交汇点不远。最近十多年来，上游莱芜、泰安、宁阳等城市排放的污水不断增加，导致村边的大汶河严重污染。从此不仅他们村，附近马家洼村、李店村的癌症患者越来越多。在村里一条普通的小路边，就有5户人家得上了各种癌症，有的全家都到县城看病，门上已经挂起了铁锁。

一组当地环保部门拍摄的照片记录了2001~2004年工厂向汶河排放污水的画面。现在，河水仍然散发着一股刺鼻的臭味，水面已经变成了黄褐色，上面还漂浮着一层油腻腻的泡沫。

村民说："晚上水很臭，在河边住的晚上都不敢开门。原来这个大汶河的水，鱼也好，现在水成了酱油色，河里鱼都没有了。"

就是这样的水，环绕在肖家店村周围。尽管又臭又脏，但却是村里唯一的灌溉水源。

村民说："现在一浇地，庄稼都药死了，庄稼都受不了，就别说人喝了。"

肖家店村的村民祖祖辈辈都是在自家院子里打井吃水。由于紧邻大汶河，同时村子的地势南高北低，地下水实际上就是汶河水。在河水的水质恶化后，村里的井水也受到了污染。

由于井水有很大的异味没法再喝，在2003年，村里又集体打了一口13米深的井，让家家户户喝上自来水。但现在随着河水的污染，自来水也没法喝了。村民们的水壶里总是结着厚厚的水垢。

大汶河污水的主要源头就是上游的一些县市，我们从一张地图上看到：在大汶河南支流柴汶河畔有一个工业基地新某市，这里主要集中了造纸、印染、化工、机械、冶金、采掘等企业。在大汶河北支流牟汶河上游的莱某市，以钢铁、采矿、电力、机械、造纸等工矿企业为主；大汶河这边还有泰某市，这里的造纸、酿酒、食品加工、纺织、印染、机械、化工等行业也比较发达。大汶河流经的宁某县，有一批化工、造纸、农药及煤炭企业。肖家店村所在市本身也是一个新兴工业城市，重点发展采煤、炼焦、造纸和酿酒业。这些地方的重点行业都比较容易造成严重污染，而它们最后又都选择了大汶河作为排污通道。一份某环保部门对大汶河河水的检测报告显示，近年来大汶河流域的许多河段水质常年都是污染最严重的劣五类，并且其中的亚硝酸盐都严重超标，而这种物质正是一种强烈的致癌物。这也让肖家店村的村民更加坚信，他们的癌症和大汶河有关。

在丈夫、婆婆、公公先后死于癌症后，肖平就把孩子送到了县城读书，肖平认为，只要不再喝到受污染的水，自己的孩子就会远离癌症。而肖平自己却继续留在村子里种田，为孩子筹集学费。每次肖平去看自己的孩子，她的嘱咐都是相同的。

肖平说："我们不求富贵，只求平安，不需要吃好、穿好，只要身体好。"

肖平最恨的就是那些向河里排放污水的工厂，因为它们带来了疾病，整个毁掉了她的生活，改变了她的命运。和肖平不同的是，肖家店村的另外一个人肖传丰，对自己的遭遇却显得漠然。

肖传丰："挺不住能怎么样，挺不住就死，还能咋样。"

肖传丰今年75岁，2年前被诊断出胃癌，2年来，肖传丰没有进行过任何治疗。他只是靠在家门口，静静地等着生命的终点。

肖传丰："扛着，你说怎么办，没办法。"

肖家店村人均年收入只有1000多元钱，抛开花销，根本没有什么积蓄。村里得癌症的人多数都在家拖着，去不起医院。再说，天天都在喝这里污染了的水，吃药治病又能有多大的效果呢?

每当肖传丰感觉到记者的摄像机镜头对准他的时候，老人都会站得笔直，他说这怕是自己最后一次照相了。现在每次胃疼起来，间隔的时间已经越来越短，他知道自己剩下的时间已经不多了，也不知道还能不能见到汶河水变清的那一天了。

村里的老人们在家拖着，孩子则被送出了村子，尽管收入不高，但是许多村民都省吃俭用，把自己的孩子送到外地读书、生活。他们说，不管怎样也得救救孩子，不要让癌症的阴影，再在孩子身上延续下去。

村民们认为，正是这些污水把癌症带到了这个村子。但村民的观点也只是一种推断，实际情况是不是真的是这样？还需要进一步调查。2005年4月份，中国地质科学院的专家到肖家店进行了调研。

中国地质科学院的专家从北京赶到肖家店村后，他们立即召集一些熟悉情况的人座谈。

专家林景星教授："我想了解最重要的问题是发病时间，有没有一个时间界限，比如说哪一年以前这个病没有或者很少，哪一年以后突然发病，而且多起来。”

村医生：“1989年以前少，从1989年以后，年年增多。”

林景星教授：“河水是从哪年开始变浑的?”

村支书：“从1985年以后污染加重，造纸厂、农药厂都往大汶河里排污水。”

林景星教授曾经多次对环境污染和癌症的关系进行实地调研。他发现，肖家店村癌症的高发期与水质受到污染的时间基本吻合。在排除饮食习惯、家族遗传等因素之后，林教授进一步对村里的土壤、农作物进行了分类取样。

在长达一个月的检测过程中，肖家店村的村民们也在急切地期待结果。5月30日，国家地质实验测试中心对检测结果有了初步结论：检测证实，该村的土壤、蔬菜以及人的毛发均不同程度受到剧毒元素的污染。其中，小麦中的铬含量超标1.7倍，白菜中的铅超标2倍；菠菜的镉含量超标达到9倍，铬含量超标12倍；莴笋叶中的镉含量超标2倍，铬含量超标4倍。这些被严重污染的粮食蔬菜，已经成了一种致癌食品。

林景星教授：“其中超标比较厉害的就是镉，镉是一种剧毒元素，超标会引起各种各样癌症，比如说肠胃癌、食道癌、还有肝癌。”

林景星教授认为，这次取样化验虽然品种有限，但仍然能看出一个大的方向。肖家店村的病极可能是由于生态环境的改变而导致的一种特殊的疾病——生态环境病，如水质受到污染，导致土壤污染，土壤的污染又直接使蔬菜等食品污染，而通过食物，这些污染物质就会进入人体。

林景星教授：“水饮用、要浇地，污染物质就会通过蔬菜粮食转移到人体，所以水污染是最重要的问题。”

测试中心的专家注意到这样一个现象：肖家店村边的河水里检测出微量元素锰超标57倍，而锰过量就会导致癌症，与此同时，在患有癌症的村民肖传丰的头发样品中，也检测出锰元素超标2~3倍的情况。

对于这个检测结果，村里人并不感到惊讶，因为这也没有出乎他们的预料。村书记杜现富说，因为癌症和水污染的问题，2005年年初，肖家店村的村干部专门去市里找过有关部门，环保局也专门派人到这里进行了检查，但是情况却不尽如人意。

村干部：“检查时工厂不放水、不排污，检查过去后污水又排出来了。”

在肖家店村西边的这片树林里，几座新坟平添了几分凄凉，这些死者又大多是死于各种癌症的。10年前的肖家店村有2100人，如今常住人口只剩下1350人。在这次污染样品检测后，村支书杜现富又向有关部门汇报了肖家店村的现状，他盼望着河水污染的问题能够尽早解决。

大汶河上游的新某、泰某、莱某，包括肖家店村所在市，在某省都是经济发展比较快的地区。但是大汶河下游的村庄，却在承受着污染的代价，癌症死亡者的名单，或多或少都是这个代价的其中一部分。希望这份名单不要再添上新的名字，希望被迫离家的孩子能早一天安心地回到他们的家。

思考题

1. 如何设计更为科学的评价指标体系，更为全面地评价一个城市或者区域内的经济社会发展情况？

2. 从生态和环保角度看，您所在地区的工业布局是否科学合理？应该如何进行调整？

3. 不同城市规划之间应该如何进行合理的衔接，促进区域内产业、人口和基础设施更为科学合理的布局？

相关材料链接

污染引起的儿童癌症

出生于靠近工业污染地的儿童，在成年以前，死于白血病和实体瘤的概率为其他孩子的20多倍，英国的《流行病学和社区健康杂志》上如是说。这一发现进一步证实了环境专家的担忧——即空气污染对工业区儿童的危害比铅的危害更大。伯明伦大学医学院的专家一直在研究大不列颠儿童死于癌症的情况。他们发现，儿童白血病和其他儿童癌症有“小区域聚集现象”。

1953～1980年，在英格兰、苏格兰和威尔士有超过2.24万例致死性的儿童癌症病例。从地理模型看，住家靠近工业区的儿童危险更大。研究者把工业大气污染分为两个主要类型：(1)源于石油的挥发气体；(2)高温炉子的烟雾和气体及来源于内燃机的废气。出生于距挥发性石油产物如溶剂、染料、塑料等工厂在5公里范围内的儿童，癌症死亡率最高。而靠近汽车制造厂，具有高温炉子的工厂如炼钢厂、水泥厂、砖瓦场、垃圾焚烧场等区域的儿童有相对高的白血病及实体肿瘤死亡率。生活在靠近主要公路、铁道、港口和机场这些涉及内燃机的地方，儿童癌症患病率也会增加。

研究者注意到，出生在上述污染区域的儿童，比出生后才移居到污染区域的儿童患癌的危险更大，医院、市政焚烧炉、汽油站、来自于家中的氡气渗漏等这些潜在的有害空气污染源，对儿童致癌的作用不是很明显。

工业污染区是儿童癌症高发区

随母亲吸入大量工业污染物的胎儿在出生后的患癌风险明显高于其他儿童。

儿童患癌在过去比较稀少。一千个孩子中癌症发生率大约为1个，但是在工业污染物严重的地方则高达3~4个。英国伯明翰大学的科学家根据一张标示有化学散发物的地图，对死于癌症孩子的记录进行分析。胎儿时期在有害化学散发物周围1公里地带度过的儿童，死于癌症的概率是生活在距离化学物16公里的2~4倍。

科学家认为，多数儿童的癌症或许是由于出生前的一段时间遭遇高浓度化学物质的影响。其中，生活在一氧化碳（内燃机的产物）或是丁二烯（生产合成橡胶的原料）环境下的胎儿患癌概率为最高。

恶性肿瘤居中国儿童死因第二

哈尔滨医科大学附属肿瘤医院院长徐秀玉介绍：在我国14岁以下儿童的死因中，恶性肿瘤已排到了第二位。中科院院士中国儿童医学专家胡亚美曾认为，环境污染中毒已成为当今儿童的主要杀手，白血病的病因与环境因素有关。

参考文献：

1. 工业污染催生天津癌症村（中国质量万里行）.
2. 我国水污染形势严峻 催生数“癌症村”（慧聪网水工业行业频道）.
3. 淮河污染夺命 癌症村十年夺命一百五十人（星岛网讯）.
4. 揭秘“死亡名单”（中央电视台《经济半小时》）.

编 后 语

《中国市长文集》系列丛书收录了近10年来市长研究班收集的课题研究报告、国外考察报告、经验交流材料和案例作业。在编辑过程中，我们力求尊重原文，仅对个别文字及标点符号作了修正，市长学员的职务均以当时情况为准。由于编者能力有限，在材料取舍和编辑方面可能存在不妥和欠缺之处，敬请诸位市长谅解；对于本书中可能出现的其他纰漏，也恳请读者给予批评指正，以便今后在工作中不断加以改进。

全书由王忠平、张庆风、宋言平同志主持编审，苏会泽、张海荣、王明珠、胡林林、刘悦、王江波同志参与全书的编辑工作和联系出版工作。中国城市出版社为本书的出版做了大量工作。在此，谨对所有给予本书帮助支持的单位和同志表示衷心感谢。

《中国市长文集》编委会

2012年5月